Handelsvertreter, Kommissionär und Handelsmakler

im deutschen und chinesischen Handelsrecht

Saarbrücker Studien
zum Privat- und Wirtschaftsrecht

Herausgegeben von Hannes Ludyga,
Michael Martinek (geschäftsführender Herausgeber),
Helmut Rüßmann und Markus Würdinger

Band 105

PETER LANG

Wenjing Sun

Handelsvertreter, Kommissionär und Handelsmakler im deutschen und chinesischen Handelsrecht

Eine rechtsvergleichende Untersuchung zur Grundlegung eines chinesischen Vertriebsrechts

PETER LANG

Bibliografische Information der Deutschen Nationalbibliothek
Die Deutsche Nationalbibliothek verzeichnet diese Publikation in der Deutschen Nationalbibliografie; detaillierte bibliografische Daten sind im Internet über http://dnb.d-nb.de abrufbar.
Zugl.: Saarbrücken, Univ., Diss., 2022

D 291
ISSN 1433-8866
ISBN 978-3-631-88749-3 (Print)
E-ISBN 978-3-631-89174-2 (E-PDF)
E-ISBN 978-3-631-89175-9 (EPUB)
DOI 10.3726/b20282

Peter Lang – Berlin · Bern · Bruxelles · New York · Oxford · Warszawa · Wien

Diese Publikation wurde begutachtet.

www.peterlang.com

Inhaltsverzeichnis

Vorwort

Die vorliegende Arbeit wurde von der Rechtswissenschaftlichen Fakultät der Universität des Saarlandes im Sommersemester 2022 als Dissertation angenommen. Einschlägige Literatur und Rechtsprechung konnten bis April 2022 berücksichtigt werden.

Mein besonderer Dank gilt zunächst meinem Doktorvater, Herrn Prof. Dr. Dr. Dr. h. c. mult. Michael Martinek, für die Betreuung dieser Doktorarbeit, seine wertvollen Ratschläge durch fachliche Diskussion und Doktorandenseminare und seine freundliche Unterstützung meiner Promotion.

Ebenfalls danke ich herzlich Herrn Prof. Dr. Dr. h. c. mult. Helmut Rüßmann für die Erstellung des Zweitgutachtens.

Schließlich möchte ich meinen Eltern, meinen Großeltern und meinem Bruder danken, deren großes Verständnis und liebevolle Unterstützung meine Promotion ermöglicht haben.

Abkürzungsverzeichnis

Abs.	Absatz
a.F.	alte Fassung
AGB	Allgemeine Geschäftsbedingungen
AGH	Allgemeine Grundsätze des Handelsrechts der VR China
AGZ	Allgemeine Grundsätze des Zivilrechts der VR China
Alt.	Alternative
AMG	Antimonopolgesetz der VR China
AMV	Bestimmungen des Obersten Volksgerichts zu einigen Fragen der Anwendung des Rechts in Verhandlungen wegen zivilrechtlicher Streitigkeiten aufgrund monopolisierender Verhaltensweisen
Art.	Artikel
ATZG	Allgemeiner Teil des Zivilgesetzbuchs der VR China
B2C	Business-to-Consumer
BGB	deutsches bürgerliches Gesetzbuch
BVM	Die vorläufigen Bestimmungen zum Verbot der Monopolvereinbarung
BVMMS	Die vorläufigen Bestimmungen zum Verbot des Missbrauchs marktbeherrschender Stellungen
bzw.	beziehungsweise
C2B	Consumer-to-Business
C2C	Consumer-to-Consumer
C2M	Consumer-to-Manufacturer
CCFA	China Chain Store and Franchise Association
E1	Erläuterungen des Obersten Volksgerichts zu einigen Fragen des Vertragsgesetzes ergänzt: Teil 1
E2	Erläuterungen des Obersten Volksgerichts zu einigen Fragen des Vertragsgesetzes ergänzt: Teil 2
ESiG	Erläuterungen des Obersten Volksgerichts zu einigen Fragen des „Gesetzes der Volksrepublik China über Sicherheiten“
f.	folgende
ff.	fortfolgende
GesG	Gesellschaftsgesetzes der Volksrepublik China
GUW	Gesetzes der VR China gegen den unlauteren Wettbewerb
HGB	deutsches Handelsgesetzbuch
h.M.	herrschende Meinung

Hrsg.	Herausgeber
Hs.	Halbsatz
HVR	Richtlinie 86/653/EWG des Rates vom 18. Dezember 1986 zur Koordinierung der Rechtsvorschriften der Mitgliedstaaten betreffend die selbständigen Handelsvertreter
HVS	Handelsverordnung der Sonderwirtschaftszone Shenzhen
i.V.m.	in Verbindung mit
lit.	littera
MVJ	Maßnahmen für die Verwaltung von Jingjiren
n.F.	neue Fassung
Nr.	Nummer
o.g.	oben genannte
OVG-UWE	Erläuterungen des Obersten Volksgerichts zu einigen Fragen der Rechtsanwendung bei Streitfällen zu unlauterem Wettbewerb
Rn.	Randnummer
S.	Satz
S.	Seite
SiG	Gesetz der Volksrepublik China über Sicherheiten
SKER	Staatliche Kommission für Entwicklung und Reform
SrG	Gesetz der Volksrepublik China über das Sachenrecht
SVIH	Staatliche Verwaltung für Industrie und Handel der VR China
SVMR	Staatliche Verwaltung für Marktregulierung
TWZG	Zivilgesetzbuch Taiwan
usw.	und so weiter
VG	Vertragsgesetz der VR China
VIOKF	Verwaltungsmethode zur Informationsoffenlegung im kommerziellen Franchising
VKF	Verwaltungsregeln für kommerzielles Franchising
VR China	Volksrepublik China
VRKF	Verwaltungsmethode zur Registrierung von kommerziellem Franchising
WTO	Welthandelsorganisation
z.B.	zum Beispiel
ZChinR	Zeitschrift für Chinesisches Recht
ZGB	Zivilgesetzbuch der VR China
ZPG	Zivilprozessgesetz der Volksrepublik China
ZVertriebsR	Zeitschrift für Vertriebsrecht

Einleitung

China hat sich in den letzten vierzig Jahren zu einem enormen Absatzmarkt entwickelt. Verglichen mit Deutschland hat in China diese Entwicklung hin zur Marktwirtschaft und damit zum marktwirtschaftlich organisierten Absatz von Waren und Dienstleistungen erst später begonnen und ist längst noch nicht abgeschlossen.

Das chinesische Recht[1] wird sowohl in der Rechtswissenschaft als auch in der Gesetzgebung vom deutschen Recht stark beeinflusst. Allerdings ist das in China bisher nicht eigenständige Vertriebsrecht als ein besonderes Rechtsgebiet davon ausgenommen. Die vorliegende Arbeit möchte das systematische und dogmatische chinesische Vertriebsrecht darstellen. Als Ausgangspunkt wird – basierend auf dem deutschen Vertriebsrecht – eine rechtsvergleichende Untersuchung zu drei klassischen Arten von Vertriebsverträgen durchgeführt – nämlich zum Handelsvertretervertrag, zum Kommissionär- und Kommissionsagentenvertrag und zum Handelsmaklervertrag.

Die Arbeit ist in fünf Teile gegliedert. Zu Beginn wird eine historische Untersuchung der Entwicklung der Vertriebstätigkeit vorgestellt. Nach ihrer Gründung wurde in der VR China lange Planwirtschaft betrieben, in der alle Produktion und Güterverteilung nach einem einheitlichen staatlichen Plan erfolgen musste. Ein freier Markt war damals in China unvorstellbar. Seit Einführung der Reform- und Öffnungspolitik 1978 wurde eine Reihe von wirtschaftlichen Reformen schrittweise umgesetzt. Somit wurden sukzessive ein freier Absatzmarkt geschaffen und ein modernes Vertriebssystem aufgebaut.

Der darauf folgende Teil untersucht das chinesische Handelsrecht. Vertriebsverträge als moderne handelsrechtliche Vertragstypen der absatzwirtschaftlichen Praxis werden aufgrund der Gestaltungsfreiheit der Vertragsparteien ständig innoviert. Das Handelsrecht wird als eigenständiges Rechtsgebiet erst seit 1992 entwickelt. Allerdings sind die für das Absatzmittlungsrecht bedeutenden handelsrechtlichen Grundbegriffe (etwa Gewerbe, handelsrechtliches Subjekt und Handelsgeschäft) in der Literatur und gerichtlichen Praxis immer noch umstritten und unklar. Dies führt dazu, dass Gerichtsentscheidungen hinsichtlich der aus Vertriebsverträgen erwachsenden Streitigkeiten nicht einheitlich ausfallen. Neuartige Vertragstypen oder innovative Vertragsklauseln

1 In der vorliegenden Arbeit ist mit China nur die Volksrepublik China gemeint. Das Recht der VR China gilt in Gebieten wie Taiwan, Hongkong und Macau nicht.

werden in einigen Fällen nicht als gewerbliche Tätigkeit anerkannt werden oder sogar als unwirksam angesehen. Insoweit ist es auch unwahrscheinlich, dass in Zukunft ein chinesisches allgemeines Handelsrecht einschließlich Absatzmittlungsrecht (Handelsvertreterrecht) kodifiziert wird.

Im dritten Teil wird versucht, auf Grundlage des deutschen Vertriebsrechtsgegenstands ein allgemeines chinesisches Vertriebsrecht zu skizzieren, nämlich ein Absatzmittlungsrecht (Recht der Vertriebsverträge) und ausgewählte Fragen aus dem Antimonopolrecht.

In China sollte in naher Zukunft das Vertriebsrecht als eigenständiges Rechtsgebiet entwickelt werden. Die Rechtswissenschaft sollte systematische und dogmatische Untersuchungen zum Vertriebsrecht nicht weiter vernachlässigen. Bisher wurden nur wenige und fragmentierte rechtswissenschaftliche Diskussionen zu einzelnen Rechtsfragen zum Vertriebsrecht geführt. Besonders mangelt es an einer Diskussion zu Merkmalen der Vertriebsverträge im Allgemeinen. In China bestehen bisher nur wenige spezielle Regelungen der Vertriebsverträge, nämlich zum Kommissionsvertrag, zum Maklervertrag und zum Franchiserecht. Für die typischen und klassischen Handelsvertreterverträge und Vertragshändlerverträge finden sich keine speziellen gesetzlichen Regelungen. Darauf sind die zivilrechtlichen Bestimmungen des Geschäftsbesorgungsvertrags und des Kaufvertrags als dispositives Recht anwendbar.

Die Vertriebsverträge enthalten nicht selten vertikale Wettbewerbsbeschränkungen beispielsweise Preis-, Gebiets- oder Ausschließlichkeitsbindungen. Allerdings wurde hinsichtlich solcher Vereinbarungen in China lange Zeit nur selten geprüft, ob diese den Wettbewerb beschränken oder ausschließen. Erst seit 2013 sind die Antimonopolvollzugsorgane bei Prüfung der vertikalen Wettbewerbsbeschränkungen aktiver, ihre Prüfung konzentriert sich auf vertikale Preisbindungen. Die Vereinbarungen können sowohl durch Volksgerichte bei der zivilen Rechtsdurchsetzung als auch durch Antimonopolvollzugsorgane bei der administrativen Rechtsdurchsetzung im Einzelfall geprüft und als verbotene vertikale Monopolvereinbarungen festgestellt werden. Problematisch ist, dass die entsprechenden Prüfungsmethoden nicht vereinheitlich sind: Die Volksgerichte wenden unter Einfluss des US-amerikanischen Rechts grundsätzlich das Prinzip der „Rule of reason" an, während die Antimonopolvollzugsorgane grundsätzlich mit dem Prinzip von „Verbot und Freistellung" (generelles Verbot mit Erlaubnisvorbehalt) arbeiten. Eine Vereinheitlichung der Prüfungsmethode und eine noch aktivere Prüfung der vertikalen Wettbewerbsbeschränkungen hinsichtlich des Absatzmittlungsrechts sind unausweichliche und vorhersehbare Entwicklungstrends des modernen Vertriebsrechts.

Nach der Untersuchung zum allgemeinen Vertriebsrecht werden drei konkrete klassische Vertriebsverträge im Vergleich mit deutschem Recht in drei Kapiteln ausführlich vorgestellt: der Handelsvertretervertrag, der Kommissionär- und Kommissionsagentenvertrag und der Handelsmaklervertrag; anschließend werden Verbesserungsvorschläge basierend auf deutschem Recht gegeben. Teilweise wird hier auch mit dem taiwanischen Recht verglichen, da es mit dem chinesischen Recht in enger Beziehung steht; zudem bietet das taiwanische Recht zum Handelsvertretervertrag für die chinesische Gesetzgebung ein mögliches Modell der Kodifikation: die Aufnahme des Handelsvertreterrechts ins Zivilgesetzbuch. Allerdings ist die Einführung dieses Modells in China in naher Zukunft eher unwahrscheinlich.

Zu jedem der drei klassischen Vertriebsverträge wird neben allgemeinen Aspekten wie Rechten und Pflichten des jeweiligen Absatzmittlers besonders auf einige der wichtigsten Themen eingegangen, die in Rechtswissenschaft und Rechtsprechung noch Schwachpunkte darstellen. Dazu zählen vor allem die Beendigung der Vertriebsverträge und die Ansprüche auf Ausgleich und Schadensersatz zugunsten des Absatzmittlers wegen Vertragsbeendigung. In der Praxis kommt es insoweit häufig zu Streitigkeiten, und durch die bestehenden Regelungen werden Absatzmittler nicht geschützt. Hierauf sollte sich die Entwicklung eines modernen chinesischen Absatzmittlungsrechts besonders konzentrieren.

Anschließend wird das Verhältnis zwischen Kommissionsgeschäft und Stellvertretungsrecht des Common Law diskutiert. Denn chinesisches Recht ist hinsichtlich des Stellvertretungsrechts sowohl vom kontinentaleuropäischen Recht als auch vom Common Law beeinflusst. Außerdem werden der Alleinauftrag und der Kausalzusammenhang zwischen der Maklertätigkeit und dem Hauptvertragsabschluss im Vergleich mit deutschem Maklerrecht analysiert. Die chinesischen Gerichte haben in der gerichtlichen Praxis die vereinbarte Verbotsklausel zum Vertragsabschluss des Auftraggebers unter Umgehung des Maklers – Verbot des Direktabschlusses und Verbot der Beauftragung eines weiteren Maklers –, und zur Vergütung bei mehreren Maklern nicht richtig verstanden.

Schließlich werden die Schwachpunkte des allgemeinen Rechts der Vertriebsverträge skizziert und Empfehlungen für die Entwicklung eines modernen Absatzmittlungsrechts in China beschrieben.

Da das Absatzmittlungsrecht hauptsächlich durch die Rechtsprechung der Volksgerichte geprägt wird, kommt diesen eine maßgebliche Rolle bei der Entwicklung der neuartigen modernen Vertriebsverträge zu. Allerdings sind die gerichtlichen Entscheidungen dazu häufig fragwürdig. Die Volksgerichte entwickeln bisher kein tiefgehendes Verständnis zu Vertriebsverträgen; dies führt zu Problemen bei der Rechtsnaturbestimmung eines konkreten Vertriebsvertrags und bei der Rechtsanwendung.

Als grundlegendes Problem ist hierbei das Fehlen eines speziellen Handelsvertreterrechts zu nennen. Die auf Handelsvertreterverträge anwendbaren Bestimmungen des Geschäftsbesorgungsvertrags wurden nicht ausschließlich für entgeltliche Verträge und ohne Berücksichtigung der Besonderheiten im Handelsverkehr entworfen. Die Anwendung einiger Bestimmungen auf Vertriebsverträge sollte ausgeschlossen werden, insbesondere das fristlose Kündigungsrecht jeder Vertragspartei ohne Angabe von Gründen. Verglichen mit europäischem Recht fehlt insbesondere eine Rechtsgrundlage für Ausgleich oder Schadensersatz zugunsten des Handelsvertreters wegen Vertragsbeendigung. Damit sind gleichzeitig Ansatzpunkte für eine mögliche Kodifikation zum Absatzmittlungsrecht angesprochen.

Kapitel 1: Geschichte und Entwicklung des Vertriebs von Waren und Dienstleistungen in China

Zunächst werden die Geschichte des Vertriebs und dessen wirtschaftlicher Hintergrund vorgestellt. Wirtschaftliche Entwicklung und nationale Politik beeinflussen die Vertriebstätigkeit stark.

Im alten China wurde der Handelsverkehr im Vergleich zur Landwirtschaft stark eingeschränkt.[2] Der Handel konzentrierte sich meistens auf Amtsgeschäfte, nur wenige Produkte des täglichen Bedarfs konnten privatwirtschaftlich verkauft werden.[3] Nach Gründung der VR China 1949 wurde landesweit Zentralverwaltungswirtschaft/Planwirtschaft betrieben, Produktion und Verteilung/Zirkulation von Produkten mussten nach Staatsplan erfolgen. Die Möglichkeit zu marktwirtschaftlicher Betätigung besteht erst seit der Reform- und Öffnungspolitik ab dem Jahr 1978. Der Markt wurde schrittweise geöffnet, wodurch nach und nach mehr Produkte frei verkauft werden konnten. Zunächst durften dem freien Markt nur ausgewählte Produkte – zudem auf instabilen Vertriebskanälen – gelegentlich zugeführt werden. Das starre mehrstufige Großhandelssystem wurde zuerst reformiert. Ab 1992 begann sich das chinesische Vertriebssystem in Richtung Modernisierung zu entwickeln. Immer mehr private Unternehmen, darunter auch ausländische, dürfen seitdem auf dem Absatzmarkt teilnehmen. Hersteller und Absatzmittler können nicht nur horizontal oder vertikal agieren, sondern sich auch als Netzwerk organisieren und miteinander zusammenarbeiten. Neue Geschäftsmodelle wie Handelsketten/Chain Stores und E-Commerce führten zur Revolution im Einzelhandel. Der ständig innovierte Vertrieb entwickelt sich in China kontinuierlich weiter.

I. Zeit der Planwirtschaft

Im Rahmen der seit Gründung in der VR China bestehenden Planwirtschaft wurden alle Produktionsmittel verstaatlicht und den jeweiligen

---

2 Wirtschaftspolitik „Unterdrückung des Handels und Förderung der Landwirtschaft" (重农抑商).

3 Fan Jian/Li Huan/Ding Fengling, On the Reform of China's State – owned Enterprises against the Background of the Traditional "Official Business" System, in: Journal of Yangzhou University (Humanities and Social Sciences), 2018, Nr. 6, S. 34 ff. (36).

Produktionsunternehmen entsprechend zugeteilt. Produziert und verteilt wurde insoweit nach Staatsplan. Anders als marktwirtschaftlich organisierte Betriebe verfügten die damaligen Produktions- und Handelsunternehmen über keine Betriebsautonomie, für private Handelsunternehmen war kein Raum.[4]

Ferner wurden die Produkte über sehr unflexible Verteilungswege vertrieben. Die Verteilung war vertikal organisiert: dreistufig auf Großhandelsebene und eine zusätzliche Einzelhandelsebene. Das dreistufige Großhandelssystem umfasste die staatliche Ebene, die Provinzebene und die städtische oder eine andere niedrigere Ebene. Die Verteilung musste innerhalb der Verwaltungsbezirke erfolgen. Es war unzulässig, Produkte außerhalb der Verwaltungsbezirke oder mittels Überspringen der vertikalen Stufen zu verteilen.[5]

II. Zeit des Übergangs von der Planwirtschaft zur sozialistischen Marktwirtschaft (1978–1991)

1978 setzte unter Führung von *Deng Xiaoping* in China eine Politik der Reform und Öffnung mit Wirtschaftsreformen im Inneren und einer Öffnung nach außen ein. Diese Politik ermöglichte den Aufbau eines freien Absatzmarkts und eines modernen Vertriebssystems.

Zu Beginn der Öffnungs- und Reformpolitik wurde die Planwirtschaft in China nicht vollständig aufgegeben, sondern der Markt wurde schrittweise in die Planwirtschaft integriert. Der staatliche Kontrollrahmen in Produktion und Distribution wurde nach und nach reduziert, während umgekehrt die Rolle des Markts immer wichtiger wurde.

Produktion und Distribution wurden in dieser Phase grundlegend verändert. Wegen Angebotsknappheit zielte die Reform (Reform in der Landwirtschaft und Reform der staatseigenen Unternehmen) zuerst auf Produktionsanreize ab. Folgende Produktarten erlangten bei der Umstrukturierung besondere Bedeutung: Agrarprodukte, an die Herstellungsunternehmen verkaufte industrielle Produktionsmittel (wie Rohstoffe, Halbfertigprodukte, Teile, Produktionsanlagen) und an die Endverbraucher verkaufte industrielle Konsumgüter (Kleinwaren des täglichen Bedarfs).

4 Liu Jianmin, Forschung zu den gesetzlichen Regelungen des Vertragsverhältnisses zwischen Einzelhändler und Lieferanten, S. 134 f.; Zhu Heliang, Regulierung und Entwicklung der Warenzirkulation in China, S. 5 f.

5 Zhou Changyun, Discussion on the Outlet of State-owned Commercial "Three-level Wholesale", in: Research on Economics and Management, 1991, Nr. 4, S. 55 ff. (55).

Anschließend wurde die Zirkulation der Produkte durch Reformen im Großhandelssystem und eine Preisreform gefördert. Jener Teil der Produkte, die nach Staatsplan verteilt wurden, waren als geplante Produkte bekannt, Produkte, die dagegen auf dem Markt gehandelt werden durften, wurden ungeplante Produkte genannt. Seit 1978 wurde der Markt neben den planwirtschaftlich hergestellten und verteilten Produkten teilweise für ungeplante Produkte geöffnet. Arten und Mengen der auf dem Markt gehandelten ungeplanten Produkte stiegen immer weiter an. Die Preise der ungeplanten Produkte wurden erst nach 1984 am Wertgesetz und der Angebots- und Nachfragemenge auf dem Markt ausgerichtet.

Die Zahl der am Produktions- und Distributionssektor beteiligten Akteure wuchs stetig. Neben staatseigenen Unternehmen wurden erstmals Kollektivunternehmen, Privatunternehmen und ausländische Unternehmen zugelassen.[6]

1. Produktionsanreize und Marktöffnung für einen Teil von Produkten

Zwischen 1949 und 1978 waren Produkte aller Art in China sehr knapp. Im Zuge der Reform- und Öffnungspolitik musste daher zunächst die Produktion in Landwirtschaft und Industrie stufenweise angeregt werden. Um Produktarten und -mengen schnell anwachsen zu lassen, wurde ermöglicht, den über die benötigen/geplanten Produkte hinaus hergestellten Teil auf dem Markt zu handeln.

Die Reformen betrafen zuerst die Landwirtschaft. Unter der Politik des einheitlichen An- und Verkaufs von Agrarprodukten[7] durften entsprechende Erzeugnisse seit 1953 einheitlich bei Bauern angekauft und dann weiter rationiert werden. Der Ankauf von Agrarprodukten musste unter strikter Einhaltung der vom Staat festgelegten Arten, Mengen und Preise erfolgen.[8] Zudem durften die Bauern ihre Agrarprodukte nicht selbst auf dem Markt verkaufen.

Nach der Landwirtschaftsreform waren die Bauern für Gewinne und Verluste ihrer landwirtschaftlichen Produktion selbst verantwortlich.[9] Deswegen stieg die landwirtschaftliche Produktivität rasch an, die Bauern arbeiteten

6 Zhu Heliang, Regulierung und Entwicklung der Warenzirkulation in China, S. 47.
7 统购统销.
8 *Anordnung zur Durchführung des geplanten Ankaufs und Verkaufs von Agrarprodukten* (关于实行粮食的计划收购和计划供应的命令).
9 Haushaltsverantwortungssystem (家庭联产承包责任制).

fleißiger, um mehr Gewinne zu erwirtschaften. Gemäß dem *Beschluss*[10] von 1983 durften die Bauern einen Teil der Agrarprodukte selbst verkaufen. Der Bauernmarkt (农贸市场) für Einzelhandel von Agrarprodukten ist seitdem wieder zulässig. Im Jahr 1984 wurde der *Beschluss des Zentralkomitees der Kommunistischen Partei Chinas über die Reform des Wirtschaftssystems*[11] (im Folgenden: *Beschluss 1984*) gefasst. Laut diesem *Beschluss 1984* wurden neben der Reform der Landwirtschaft auch in den Städten entsprechende Wirtschaftsreformen durchgeführt. Schwerpunkt bildete dabei eine Reform der in Städten ansässigen Unternehmen, insbesondere großer und mittlerer Unternehmen. Denn diese Unternehmen spielen bei den Aktivitäten z.B. von Industrieproduktion und Distribution von Industrieprodukten eine große Rolle für die wirtschaftliche Entwicklung. Bei der Reform der staatseigenen Unternehmen wurde das Betriebsrecht (经营权) des Unternehmens vom Eigentumsrecht des Staates am Betriebsvermögen gelöst (Trennung von Eigentums- und Betriebsrecht). Insoweit hatten Unternehmen unter Einhaltung von Staatsplan und Zentralverwaltung zunächst begrenzte Autonomie (Betriebsautonomie), die Produktions- und Distributionsaktivitäten selbst zu organisieren, Personal selbst einzustellen und zu entlassen und ihre Produktpreise innerhalb des vom Staat zugelassenen Rahmens zu bestimmen. Die Unternehmen waren relativ selbständig für Gewinne und Verluste verantwortlich. Zur erlangten produktions- und distributionsspezifischen Betriebsautonomie der staatseigenen Unternehmen gehören: Nach Erfüllung der geplanten Produktionsaufgaben konnten Unternehmen weitere Produktionsaktivitäten selbst bestimmen und sie konnten ferner die ungeplanten Produkte oder einen Überschuss an geplanten Produkten auf dem Markt absetzen.[12] Seit dieser Veränderung dürfen die unternehmerischen Produktions- und Distributionsaktivitäten sich schrittweise mehr und mehr an der Nachfrage des Markts ausrichten.

Der *Beschluss 1984* charakterisiert die chinesische Planwirtschaft als geplante Warenwirtschaft. Ein Teil der Produkte/Waren (wie Agrarprodukte und Kleinwaren des täglichen Bedarfs) und Dienstleistungen (wie Reparaturen), die eine ergänzende, aber unverzichtbare Rolle in der Volkswirtschaft spielen, durfte

---

10 *Beschluss des Zentralkomitees der Kommunistischen Partei Chinas über die Fragen der politischen Maßnahmen zur dörflichen Wirtschaft* (当前农村经济政策的若干问题).

11 中共中央关于经济体制改革的决定.

12 *Vorläufige Bestimmungen des Staatsrats zur weiteren Erweiterung der Autonomie der staatseigenen Industrieunternehmen* (国务院关于进一步扩大国营工业企业自主权的暂行规定), gültig vom 10.05.1984 bis 16.05.1994.

vollständig gemäß Angebot und Nachfrage am Markt produziert und gehandelt werden. Außerdem mussten (geplante) Produkte immer noch nach Staatsplan produziert und verteilt werden. Allerdings wurde das Planungssystem reformiert. Der Staatsplan umfasste sowohl staatliche verbindliche Planung als auch staatliche Leitplanung. Der Umfang der verbindlichen Planung sollte schrittweise eingegrenzt und der Umfang der staatlichen Leitplanung entsprechend erweitert werden.

2. Reform des Großhandelssystems

1984 wurde vom Staatsrat eine *Mitteilung*[13] erlassen, nach der das Distributionssystem reformiert werden musste, insbesondere das bis dahin nach Verwaltungsbezirken geordnete, starre dreistufige Großhandelssystem. Dadurch sollten Produkte effizient zirkulieren können. Die Handelszentren (贸易中心) als physische und freie Großhandelsmärkte für ungeplante Produkte des täglichen Bedarfs sollten schrittweise in allen Städten eingerichtet werden. Alle Personen (natürliche Personen, staatseigene oder private Unternehmen, lokale oder nicht-lokale Unternehmen) durften in den Handelszentren die ungeplanten Waren frei ankaufen und verkaufen. Das ehedem bestehende unflexible dreistufige Großhandelssystem musste nicht berücksichtigt werden. Kurze Absatzwege und überregionaler Absatz waren zulässig und wurden befürwortet. Ferner konnten die Anbieter in den Handelszentren für sich selbst als Hersteller oder Großhändler verkaufen oder als Handelsvertreter für ihren Auftraggeber veräußern.

Zugang der Anbieter zu den Großhandelsmärkten sowie deren dortige Geschäftstätigkeit werden von den Großhandelsmärkten selbst reguliert. Im Jahr 1994 wurden *Maßnahmen zur Administration des Großhandelsmarkts*[14] erlassen. Auf den mit Genehmigung von entsprechenden Behörden eingerichteten Großhandelsmärkten (§ 9) können Anbieter (Hersteller, Großhandelsunternehmen und andere Absatzmittler) Großhandel nur mit Genehmigung des Vorstands der Großhandelsmärkte (§ 31) realisieren. Kapitel 7 (§§ 48–52) regelt die Aufgaben von Handelsvertretern im Großhandel. Der Auftraggeber hat gemäß § 52 die Freiheit, den Handelsvertreter auszuwählen und soll die

---

13 *Mitteilung: Der Bericht zu den Fragen über die aktuelle Reform des städtischen Handelssystems* (关于当前城市商业体制改革若干问题的报告的通知), am 14.07.1984 in Kraft getreten.

14 批发市场管理办法, am 15.12.1994 in Kraft getreten.

Inhalte der Tätigkeit des Handelsvertreters mit diesem nach den Grundsätzen der Fairness und Angemessenheit vereinbaren und einen Handelsvertretervertrag abschließen. Der Handelsvertreter hat gemäß § 50 gegenüber dem Auftraggeber Vergütungsanspruch. Außerdem hat das Aufsichtsorgan der Großhandelsmärkte gemäß § 51 das Recht, die Geschäfte der Handelsvertreter zu kontrollieren, um das Interesse des Auftraggebers zu schützen.

3. Preissystem

Anschließend erfolgte die Reform des Preissystems.

Der *Beschluss 1984* wies auf das in Chinas Preissystem bestehende Problem hin, dass Preise für Produkte aller Art ganz und gar nicht dem Wertgesetz entsprachen. Deswegen mussten unangemessene Produktpreise dem Wertgesetz und der Angebot- und Nachfragemenge auf dem Markt angepasst werden.

Bedeutendes Beispiel der reformerischen Tätigkeit ist die seit 1984 unter der Politik des zweistufigen Preissystems[15] durchgeführte Preisreform für industrielle Produktionsmittel. Aufgrund der Knappheit war der „ungeplante" Marktpreis in der Regel höher als der „geplante" Preis für dieselbe Art von industriellem Produktionsmittel. Der „ungeplante" Marktpreis konnte doppelt bis fünfmal so hoch sein wie der „geplante" Preis.[16] Die Politik des zweistufigen Preissystems ermöglichte bestimmten Akteuren, sich im An- und Weiterverkauf zu betätigen, um durch die Preisdifferenz Gewinne zu erwirtschaften. Solche Akteure wurden *Daoye*/倒爷 genannt. Neben Produktionsmitteln durften *Daoye* auch andere Waren an- und weiterverkaufen. Ferner wurden private und amtliche *Daoye* unterschieden. Amtliche *Daoye* (Beamte) konnten ihre Amtsbefugnis nutzen, Produktionsmittel zum niedrigeren, nämlich „geplanten" Preis anzukaufen und beim Weiterverkauf enorme Gewinne erwirtschaften.

---

15 Demnach unterscheidet sich der Preis für dieselbe Art von industriellem Produktionsmittel nach „geplant" und „ungeplant". Die vom Unternehmen im Rahmen der geplanten Produktionsaufgaben des Staates produzierten industriellen Produktionsmittel mussten zu dem vom Staat festgelegten „geplanten" Preis verkauft werden; die über die geplanten Produktionsaufgaben hinaus produzierten industriellen Produktionsmittel durften zu „ungeplanten" Marktpreisen auf dem Markt verkauft werden.

16 Zhang Xuebing, The Rise and Fall of the "Crime of Illegal Speculation and Profiteering" in Contemporary Chinese History: As Seen from the Angle of Changes in the Economic System, in: CPC History Studies, 2011, Nr. 5, S. 35 ff. (43).

Daher wurden *Daoye* meistens scharf kritisiert.[17] Allerdings befand der damalige Handelsminister *Hu Ping*, dass die Rolle der *Daoye* beim Übergang von der Planwirtschaft zur sozialistischen Marktwirtschaft nicht unterschätzt werden sollte. Die *Daoye* nutzten hauptsächlich die regionalen und zeitlichen Unterschiede, um zu verkaufen. Solche Aktivitäten hatten sowohl positive als auch negative Aspekte. Die Mehrheit der *Daoye* war förderlich für die neue Wirtschaftsordnung, da jene aufgrund eigener Arbeit die Differenz der Marktpreise zu ihrem Vorteil nutzen konnten.[18]

Die damaligen *Daoye* verstanden sich als Absatzmittler. Ihre Tätigkeit des Ankaufs und Weiterverkaufs wurde lange mit illegalem Spekulieren und Profitieren[19] gleichgestellt und war strafrechtlich und verwaltungsrechtlich unzulässig. Nach § 117 des *Strafgesetzbuchs der VR China 1979*[20] war illegales Spekulieren und Profitieren als Störung der Ordnung der sozialistischen Wirtschaft strafbar. Es gab jedoch keine weiteren spezifischen strafrechtlichen Bestimmungen über den Umfang der strafbaren Handlung. Seit der Revision des Strafgesetzbuchs 1997 ist die Bestimmung zu illegalem Spekulieren und Profitieren weggefallen.

In einer verwaltungsrechtlichen Bestimmung[21] wurden zehn Handlungen als illegales Spekulieren und Profitieren aufgelistet. Dazu gehörten insbesondere Nr. 1 „Verkauf von Waren oder Gegenständen, deren freier Handel staatlich verboten oder eingeschränkt ist“ und Nr. 2 „Einkauf von sehr gefragter Ware im Einzelhandelsgeschäft oder über andere Kanäle und Weiterverkauf mit Preiserhöhung“. Nach Wegfall der strafrechtlichen Bestimmung 1997 war die verwaltungsrechtliche zunächst immer noch gültig, gegen die Unternehmen konnten wegen illegalem Spekulieren und Profitieren also weiterhin Verwaltungsstrafen verhängt werden. Bis zu ihrer Aufhebung 2008 wurde diese

17 Zhang Xuebing, The Rise and Fall of the “Crime of Illegal Speculation and Profiteering” in Contemporary Chinese History: As Seen from the Angle of Changes in the Economic System, in: CPC History Studies, 2011, Nr. 5, S. 35 ff. (43).

18 Zhang Xuebing, The Rise and Fall of the “Crime of Illegal Speculation and Profiteering” in Contemporary Chinese History: As Seen from the Angle of Changes in the Economic System, in: CPC History Studies, 2011, Nr. 5, S. 35 ff. (43).

19 Wer Marktchancen ausnutzt, um Produkte anzukaufen und weiterzuverkaufen, um einen hohen Preis betrügerisch zu erzielen.

20 Am 01.01.1980 in Kraft getreten, 1997 revidiert.

21 § 3 Abs. 1 *The Interim Regulation on the Administrative Punishment for Speculation and Profiteering* (投机倒把行政处罚暂行条例) der vom Staatsrat erlassenen verwaltungsrechtlichen Bestimmung, gültig vom 17.09.1987 bis 01.01.2008.

verwaltungsrechtliche Bestimmung in der juristischen Praxis allerdings wenig angewendet.[22]

Mit der teilweisen Marktöffnung wurde die Distribution von Produkten trotz fortbestehender Zentralverwaltung möglich. Unternehmen konnten einen Teil der ungeplanten und überschüssigen geplanten Produkte auf dem Markt absetzen – zunächst über lockere und instabile vertikale Absatzwege (Hersteller – Großhändler – Einzelhändler). Die umstrittenen *Daoye* als Gruppe von Absatzmittlern versuchten, die Preisdifferenz zwischen Angebots- und Nachfragemenge auf dem Markt zu nutzen.

Diese von 1978 bis 1991 andauernde Phase bildete den Anfang der Wirtschaftsreform. Von 1978 bis 1984 lag ihr Schwerpunkt auf der Landwirtschaft. Ab 1984 wurde die Reform auch in den Städten durchgeführt (Planwirtschaft als geplante Warenwirtschaft). In der folgenden Phase (seit 1992 bis heute) wird die Wirtschaftsreform umfassend beschleunigt und vertieft.

III. Modernisierung des Vertriebssystems seit 1992

1993 wurde der *Beschluss des Zentralkomitees der KP Chinas über einige Fragen zur Errichtung einer sozialistischen Marktwirtschaft*[23] (im Folgenden: *Beschluss 1993*) gefasst. Demnach soll der Markt unter staatlicher Makrosteuerung bei der Ressourcenallokation eine fundamentale Rolle spielen. Die staatliche Makrosteuerung erfolgt mit ökonomischen, gesetzlichen und notwendigen administrativen Mitteln. Dabei greift die Regierung nicht direkt in die Produktion und andere Geschäftstätigkeiten von Unternehmen ein.

Um eine sozialistische Marktwirtschaft zu realisieren, sah der *Beschluss 1993* für die Wirtschaftsreform folgende Schwerpunkte vor: Erstens sollten die staatseigenen Unternehmen weiter reformiert, ein modernes Unternehmenssystem aufgebaut und die Entwicklung privater und ausländischer Unternehmen gefördert werden; zweitens sollte ein einheitliches und offenes Marktsystem aufgebaut werden. Dazu gehörte die Reform des Preissystems. Dabei sollten die Preise von Waren und Dienstleistungen hauptsächlich von der Angebots- und Nachfragemenge auf dem Markt bestimmt und das o.g. zweistufige Preissystem möglichst schnell aufgehoben werden. Dazu gehörten ferner die Reform und Modernisierung des Vertriebssystems. Außerdem sollten Regulierung und

22 Zhang Xuebing, The Rise and Fall of the "Crime of Illegal Speculation and Profiteering" in: Contemporary Chinese History: As Seen from the Angle of Changes in the Economic System, in: CPC History Studies, 2011, Nr. 5, S. 35 ff. (45).

23 中共中央关于建立社会主义市场经济体制若干问题的决定.

Überwachung des Marktes einschließlich Markteintritt, Marktwettbewerb und die Transaktionsordnung auf dem Markt verbessert werden; drittens wurde die Öffnungspolitik ausgeweitet. Der chinesische Markt sollte umfassend nach außen geöffnet und das Außenhandelssystem sollte verbessert werden.

Ende der 1990er Jahre sind die Käufermärkte in China entstanden.[24] Seitdem besteht Absatzorientierung und die moderne und ständig innovierte Distribution von Waren und Dienstleistungen entfaltet sich rasant. Die Entwicklung der Distribution wird gefördert insbesondere durch die Globalisierung (Öffnung des chinesischen Absatzmarkts), eine Reihe von Revolutionen im Einzelhandel (insbesondere Handelsketten) und die Digitalisierung der Distribution (Onlinevertrieb, E-Commerce).

1. Öffnung des Absatzmarkts nach außen

Obwohl ausländische Direktinvestitionen seit Beginn der Öffnungspolitik in einigen Sonderwirtschaftszonen[25] zulässig waren, wurde der Zugang zum chinesischen Absatzmarkt für ausländische Unternehmen weitgehend beschränkt. Letztere durften in China weder Großhandels- noch Einzelhandelsunternehmen eröffnen. Lediglich durften ausländische Produktionsunternehmen ihre eigenen ungeplanten Produkte auf dem chinesischen Markt absetzen.

Der chinesische Absatzmarkt für ausländische Groß- und Einzelhandelsunternehmen wurde erst 1992 geöffnet.[26] Die Beschränkungen/Begrenzungen für ausländische Unternehmen, in den Regionen Handelsunternehmen oder Filialen zu eröffnen, hinsichtlich der Zahl der von den Behörden genehmigten Handelsunternehmen oder Filialen und des Umfangs der Geschäftstätigkeit wurden schrittweise gelockert.

1992 wurde mit der *Antwort des Staatsrats auf die Verwendung der ausländischen Direktinvestition im Einzelhandel*[27] verfügt, dass es versuchsweise zulässig war, ausländischen Unternehmen zu gestatten, zunächst in sechs Städten[28] und fünf Sonderwirtschaftszonen[29] jeweils ein bis zwei

---

24 Zhu Heliang, Regulierung und Entwicklung der Warenzirkulation in China, S. 29.

25 Zunächst wurden die Sonderwirtschaftszonen 1979 in vier Städten (Shenzhen, Zhuhai, Shantou und Xiamen) errichtet.

26 Zhu Heliang, Regulierung und Entwicklung der Warenzirkulation in China, S. 13.

27 国务院关于商业零售领域利用外资问题的批复, [1992] Nr. 82.

28 Beijing, Shanghai, Tianjin, Guangzhou, Dalian und Qingdao.

29 Shenzhen, Zhuhai, Shantou, Xiamen und Hainan.

Einzelhandelsunternehmen als Gemeinschaftsunternehmen[30] zu eröffnen und Einzelhandel zu betreiben.

1999 wurde *Measures for Experiment on Foreign-funded Commercial Enterprises*[31] erlassen; gemäß § 4 wurden die Regionen erweitert und umfassten ab sofort alle regierungsunmittelbaren Städte und alle Hauptstädte der Verwaltungseinheiten auf Provinzebene. Nach §§ 12, 13 durften Gemeinschaftsunternehmen nicht nur im Einzelhandel, sondern auch im Großhandel tätig sein. 2001 wurde die Shanghai Baihong Trading Co., Ltd. als erstes Großhandelsunternehmen mit ausländischen (japanischen) Investitionen in China eröffnet.[32] Die Gemeinschaftsunternehmen durften gemäß § 6 Nr. 5 aber nur Filialen/Regular Chains eröffnen, anderen Arten von Handelsketten wie Franchise-Ketten und freiwillige Handelsketten waren verboten.

Mit Beitritt zur Welthandelsorganisation (WTO) 2001 ist China verpflichtet, den Einzelhandelsmarkt für ausländische Unternehmen noch stärker zu öffnen. Die Beschränkung oder Begrenzung des Einzelhandels musste schrittweise entfallen. 2004 wurde *Measures for the Administration on Foreign Investment in Commercial Fields*[33] erlassen. Gemäß § 21 ist die Gründung von Einzelhandelsunternehmen mit ausschließlich ausländischer Beteiligung seit dem 11. Dezember 2004 zulässig. Die regionalen Beschränkungen für die Gründung ausländischer Einzelhandelsunternehmen und ihrer Filialen wurden gemäß § 22 zum 11. Dezember 2004 aufgehoben. Regionale Beschränkungen hinsichtlich ausländischer Großhandelsunternehmen wurden insoweit bereits zum 1. Juni 2004 aufgehoben.

Obwohl der Absatzmarkt für ausländische Unternehmen immer weiter geöffnet und die revidierte Negativliste für den Marktzugang zunehmend gelockert wird, bestehen in einigen Branchen weiterhin Verbote oder Beschränkungen. Die Negativliste für den Marktzugang ausländischer Unternehmen wird in *Special Management Measures for the Market Entry of Foreign Investment (2020 Revision)*[34] geregelt. Gemäß Nr. 11 ist es verboten, Groß- oder Einzelhandel mit

---

30 Gemeinschaftsunternehmen mit chinesischer und ausländischer Kapitalbeteiligung 中外合资 (Equity Joint Venture) oder kooperative Gemeinschaftsunternehmen 中外合作 (Contractual Joint Venture). Einzelhandelsunternehmen mit ausschließlich ausländischer Beteiligung waren damals noch immer verboten.

31 外商投资商业企业试点办法, gültig vom 25.06.1999 bis 01.06.2004.

32 Zhu Heliang, Regulierung und Entwicklung der Warenzirkulation in China, S. 15.

33 外商投资商业领域管理办法, am 01.06.2004 in Kraft getreten, 2015 revidiert, am 21.10.2016 aufgehoben.

34 外商投资准入特别管理措施 (2020), am 23.07.2020 in Kraft getreten.

Tabakblättern und Zigaretten zu treiben. Für ausländische Unternehmen gelten zudem die in *the Market Access Negative List (2020 Revision)*[35] enthaltenen Regelungen zur Negativliste für den Marktzugang inländischer Unternehmen. Die Beschränkungen (zulässig mit behördlicher Genehmigung) des Marktzugangs im Groß- oder Einzelhandel – Direktvertrieb (direct selling) und Groß- oder Einzelhandel von Arzneimitteln, Medizinprodukten und Alkohol – werden in Nr. 39–45 der *Special Management Measures for the Market Entry of Foreign Investment (2020 Revision)* geregelt.

2. Handelsketten (Chain Stores)

Bis zu den 1990er Jahren war im chinesischen Einzelhandelssektor keine wesentliche Entwicklung zu verzeichnen. Es gab lediglich unverbundene kleine Läden – etwa für Lebensmittel und Haushaltswaren –, die zudem nur relativ sporadisch anzutreffen waren. Vertikale und horizontale langfristige Kooperationen zwischen Lieferanten und Einzelhändlern waren damals unbekannt.

In den 1990ern begann die Modernisierung des chinesischen Einzelhandels. Dazu trug zunächst das neuartige Geschäftsmodell der Handelsketten bei. Letztere konnten durch Vernetzung von einzelnen Filialen/Geschäften und Handelsunternehmen eine Zusammenarbeit erreichen. Zu den Handelsketten gehören gemäß § 4 *The Standardization of the Operation of Chain Stores Opinion*[36] vertragsgebundene, aber rechtlich selbständige Franchise-Ladenkette (Franchising), rechtlich und wirtschaftlich unselbständige Filialketten (regular chains) und freiwillige Handelsketten (voluntary chains).

Several Opinions upon Promoting the Development of Chain Operations[37] wurde im Jahr 2002 erlassen mit Hinweis auf die Bedeutung der Handelsketten für die wirtschaftliche Entwicklung und auf Einleitung von Maßnahmen zur Förderung der Entwicklung der Handelsketten. Handelsketten sind ein modernes Geschäftsmodell, mit dem durch zentralen Einkauf, dezentralen Vertrieb und standardisierte Geschäftspraktiken für mehrere selbständige Einzelhandelsunternehmen Skaleneffekte erzielt werden können. Daher ist es für die Lokalregierungen notwendig, entsprechende Maßnahmen zu treffen, um in unterschiedlichen Branchen die Entwicklung international wettbewerbsfähiger

35 国家发展改革委、商务部关于印发《市场准入负面清单(2020年版)》的通知(2020修订), am 10.12.2020 in Kraft getreten.

36 连锁店经营管理规范意见.

37 关于促进连锁经营发展的若干意见, Generalbüro des Staatsrats [2002] Nr. 49, normatives Dokument des Staatsrats.

chinesischer Handelsketten zu fördern, die Standardisierung der Geschäftsprozesse aller in den jeweiligen Handelsketten zusammengeschlossenen Unternehmen zu verbessern und neben unselbständigen Filialketten auch Franchise-Ladenketten zu unterstützen.

Das moderne Geschäftsmodell wurde zunächst für Supermärkte[38] und die Gastronomie[39] entwickelt und anschließend auf viele Branchen ausgeweitet – etwa auf Elektronikläden wie *Suning* und *Gome*, Baumärkte, die Medikamenten- und die Bekleidungssparte. In der Dienstleistungsbranche werden Handelsketten ebenfalls in verschiedenen Branchen wie Schönheitssalons, Wäschereien, privaten Bildungseinrichtungen, Hotelketten und Fitnessstudios implementiert.

Auch die *China Chain Store and Franchise Association* (CCFA) als Branchenverband hat in 1997 gegründet. Zu den CCFA-Aufgaben gehören typischerweise, Brancheninformation zu sammeln und zu analysieren, technische, geschäftliche und rechtliche Standards zu erarbeiten und Mitgliedsunternehmen Unterstützung und Beratung anzubieten.

3. Innovation durch Internetvertrieb

Eine weitere Revolution im Einzelhandel stellt der E-Commerce dar. Dieser wurde in China in den letzten 20 Jahren massiv entwickelt.

Anfangs boten die Hersteller und ihre Absatzmittler neben stationärem Handel mit dem Online-Handel lediglich einen neuen Vertriebskanal (Multi-Channel-Vertrieb). Durch technologische und geschäftliche Innovationen einiger großen Handelsunternehmen konnten stationärer und Online-Kanal anschließend verschränkt (Crosschannel) und verschmolzen (Omnichannel) werden.

---

38 Die erste Handelskette – der *Meijia Supermarkt*美佳超市 – wurde gegründet, als 1990 deren erste Filiale in Dongguan in der Provinz Guangdong eröffnet wurde; eine weitere Handelskette, der *Lianhua Supermarkt*联华超市, wurde mit Eröffnung von deren erster Filiale 1991 gegründet, als deren erstes Geschäft in Shanghai eröffnet. Ausländische Ketten wie *Carrefour* und *Walmart* eröffneten 1995 in Beijing bzw. 1996 in Shenzhen ihre erste Supermarktfiliale.

39 Handelsketten in Gastronomiebranche entstanden zuerst im Zusammenhang mit ausländischen Fast-Food-Restaurants. Die erste Kette – *Kentucky Fried Chicken* (KFC) – wurde gegründet, als das erste KFC-Restaurant 1987 in Peking eröffnete. Die Fast-Food-Kette *McDonald's* wurde gegründet, als das erste Restaurant 1990 in Shenzhen eröffnete.

a) *Multi-Channel-Vertrieb*

E-Commerce ermöglicht Herstellern und ihren Absatzmittlern, ihre Waren und Dienstleistungen effizient zu verkaufen bzw. zu erbringen. In China spielen Online-Verkaufs- und Handelsplattformen eine größere Rolle als die Online-Shops der einzelnen Händler. Zwar können Kunden auch über Browser am Computer einkaufen, allerdings ist es üblicher, dies per Smartphone oder Tablets über mobile Applikationen (Mobile Apps) zu erledigen.

Zu den wichtigsten Handelsplattformen gehören z.B. *Taobao.com* und *Tmall.com* der *Alibaba Group*[40] und *JD.com* von *Jingdong*[41]. Obwohl der Onlinevertrieb durch Handelsplattformen bei Kunden beliebt ist und die Existenz des stationären Handels in vielen Bereich wie Bekleidung, Bücher und Elektronik bedroht, kann jener den stationären Handel nicht komplett ersetzen. Daher ist es notwendig, Online-Shops und stationäre Einzelhandelsgeschäfte eng miteinander zu verzahnen (Kanalintegration).

b) *Verschmelzung von Online- und Offline-Handel*

Online-Channel und Offline-Channel eines Unternehmens agieren nicht mehr ganz unabhängig voneinander. Zuerst wurde Crosschannel praktiziert. Dadurch sollte die E-Commerce-Entwicklung weiter gefördert werden – etwa per Click-and-Collect-Service (online bestellen und im stationären Geschäft abholen) und Lieferservice (online bestellen und durch lokalen Laden liefern lassen).[42]

Die Verschmelzung/Integration von Online- und Offline-Handel (Omnichannel) ist notwendig und wichtig, um Kunden ein noch bequemeres und nahtloseres Einkaufserlebnis zu bieten.

Das sogenannte New-Retail-Konzept wurde 2016 von Alibaba-Gründer *Jack Ma* eingeführt. Dieses Konzept unterscheidet sich vom traditionellen Retail dahingehend, dass es fortschrittliche Technologien zur Integration von Online- und Offline-Handel nutzt, um den Verkaufsprozess zu aktualisieren und das Einkaufserlebnis zu verbessern. Beispielsweise eröffnete Alibaba seit 2016 in verschiedenen großen Städten über 200 Filialen der Supermarktkette

---

40 2003 führte die Alibaba Group *Taobao.com* ein, eine Online-Einkaufsplattform für den C2C-Einzelhandel. 2008 folgte die B2C-Plattform *Tmall.com*.

41 Die B2C-Plattform *JD.com* wurde im Jahr 2004 eingeführt.

42 *Opinions of the General Office of the State Council on Promoting Healthy Development of Domestic Trade Circulation* (国务院办公厅关于促进内贸流通健康发展的若干意见), [2014] Nr. 51.

Hema, wobei entweder in den Filialen oder online per Smartphone-App eingekauft werden kann. Online-Bestellungen werden innerhalb von 30 Minuten von der Filiale geliefert, die sich innerhalb eines Drei-Kilometer-Radius befindet.

Ferner gibt es die vom Staatsrat erlassenen *Ansichten* zur Förderung der Integration von Online- und Offline-Handel: Stationäre Einzelhandelsgeschäfte sollen unterstützt werden, Waren und Dienstleistungen online anzubieten und zu verkaufen, Offline-Dienstleistungen wie Offline-Einkaufserlebnis, Lieferservice und Aftersale-Service zu verbessern, die Verschmelzung von Online- und Offline-Handel zu fördern und zu optimieren. Große stationäre Einzelhandelsgeschäfte wie etwa Einkaufszentren sollen unterstützt werden, ein reichhaltigeres Kundenerlebnis entstehen zu lassen. Neben Einkaufsmöglichkeiten werden Freizeit- und Unterhaltungsangebote wie Gastronomie, Kino und Indoor-Kinderspielplätze integriert; kleinere und mittlere Einzelhandelsgeschäfte mit dem Vorteil räumlicher Verbrauchernähe sollen zusätzliche Dienstleistungen wie Lieferservice und Paketshop-Tätigkeiten anbieten.[43] Ferner sollen Unternehmen Informationstechnologien wie mobiles Internet, Internet der Dinge und Big Data nutzen, um Online- und Offline-Handel in Aspekten wie Marketing, Payment und Aftersale-Service zu verbinden, damit die Verbrauchernachfrage jederzeit und überall befriedigt werden kann.[44]

Um den Handel online und offline nahtlos und effektiv realisieren zu können, entwickeln sich entsprechende Dienstleistungen wie Logistik, Lagerung und Mobile Payment durch Einfluss technologischer Innovationen rasant.

Alibaba und *Jingdong* investieren in smarte/intelligente und effiziente Logistik. *Jingdong* betreibt seit 2007 ein eigenes Logistiksystem (*Jingdong Logistics*). Mit seiner vergleichsweisen größten Infrastruktur bietet *Jingdong Logistics* Logistikdienstleistungen wie Lagerung und Transport für die gesamte Lieferkette in verschiedenen Branchen an. Im Angebot ist unter anderem auch Kühlkettenlogistik für frische und gefrorene Lebensmittel wie Gemüse, Obst und Meeresfrüchte. *Jingdong Logistics* setzt dabei auf verschiedene Spitzentechnologien wie künstliche Intelligenz und Big Data. Im Lagerhaus werden

---

43 *Opinions of the General Office of the State Council on Boosting Online and Offline Interaction and Accelerating the Innovative Development, Transformation and Upgrading of Commerce Circulation* (国务院办公厅关于推进线上线下互动加快商贸流通创新发展转型升级的意见), [2015] Nr. 72.

44 *Opinions of the General Office of the State Council on In-depth Implementation of the "Internet + Circulation" Action Plan* (国务院办公厅关于深入实施"互联网+流通"行动计划的意见), [2016] Nr. 24.

beim Picken, Verpacken und Transport von Waren Robotersysteme und automatisierte Prozesse eingesetzt. Um Schwierigkeiten bei der „Zustellung auf der letzten Meile" zu lösen, die Effizienz zu steigern und die Kundenerfahrung mit diesen Zustellungsarten zu verbessern, können die Pakete per Roboter, autonome Fahrzeuge oder Drohne zugestellt werden.

Alibaba arbeitet bei seiner eigenen Handelsplattform mit Logistikunternehmen zusammen, um gemeinsam ein Logistik-Netzwerk aufzubauen: Als deren Gemeinschaftsprojekt wurde 2013 *Cainiao Logistics* gegründet.

Bezahlen per Smartphone ist in China üblich und sehr verbreitet. Zwei Anbieter dominieren im Bereich Mobile Payment: *Alipay*[45] – betrieben von *Alibaba* – und das von *Tencent* betriebene *WeChat Pay*.[46] Nutzer können per QR-Code-Scan mit dem Smartphone online und offline bezahlen.

c) *Social Commerce*

Der auf Basis des E-Commerce entwickelte Social Commerce boomt in den letzten Jahren in China. Social-Media-Plattformen spielen heutzutage eine immer größere Rolle im Alltagsleben. Nutzer verbringen mehr Zeit denn je mit einschlägigen Entertainment-Angeboten, können dort vielfältig Content produzieren – etwa in Form von Text, Bildern und Videos – und mit anderen Nutzern kommunizieren (beispielsweise per like, Kommentar und der Teilen-Funktion). Solcher Content und entsprechende Interaktionen werden in den E-Commerce integriert. Beim kommunikationsorientierten Social Commerce geht es nicht nur um Online-Transaktionen, sondern auch darum, Händler und Käufer sowie mehrere Käufer eng zu verbinden. Auf den Social-Media-Plattformen können Nutzer Produktinformationen recherchieren, Produkte und Preise vergleichen, mit den Händlern direkt kommunizieren, eingekaufte Produkte bewerten und empfehlen und über ihr Einkaufserlebnis berichten. Durch die so kommunizierten Erlebnisse und Erfahrungen können (potenzielle) Käufer zusätzlich inspiriert werden, entsprechende persönliche Interaktionen auf den Plattformen schaffen hohes gegenseitiges Vertrauen. Kaufentscheidungen können von vertrauenswürdigen Nutzern im Sinne des Influencer-Marketings stark beeinflusst werden – zu nennen sind hier beispielsweise KOL (Key Opinion Leader) und KOC (Key Opinion Consumer). Online-Werbeformen im Vertrieb wie etwa Social-Media-Marketing und Influencer-Marketing werden

---

45 2004 rief die *Alibaba Group* das Onlinebezahlsystem *Alipay* ins Leben.

46 2013 wurde *Wechat Pay* als neue Funktion der mobilen Bezahloption in *Wechat* hinzugefügt.

ständig innoviert. Unternehmen können mit Hilfe von Big Data diverse Social-Media-Plattformen nutzen, um Waren und Dienstleistungen zu verkaufen und gezielt zu werben. Daneben sind auf den Plattformen private Nutzer vertreten; im Rahmen ihrer persönlichen Beziehungen zu Familie, Freunden und Bekannten kommunizieren sie dort über Erlebnisse und Erfahrungen und können einander beeinflussen.

Im Folgenden werden konkrete Beispiele für innovierten Social Commerce vorgestellt.

WeChat als wichtigste Social-Media-Plattform Chinas mit bereits über einer Milliarde aktiven Nutzern war – ähnlich wie WhatsApp – ursprünglich ein Kommunikationsdienst für Text- und Sprachnachrichten, dessen Funktionen nach und nach erweitert wurden. Auf Onlineshops aus dem B2B- und dem B2C-Bereich kann über Mini-Apps in *Wechat* zugegriffen werden. Kunden können Informationen über Unternehmen und Produkte beziehen und Letztere in *Wechat* per eigener Payment-Funktion direkt erwerben.

Pinduoduo als Plattform mit Merkmalen von Gruppenkäufen wurde 2015 gegründet. Nutzer können *Pinduoduo*-Produktverkauf-Links auf anderen sozialen Plattformen wie *WeChat* mit ihren Freunden oder Familien teilen und diese zu *Pinduoduo* einladen, um an Gruppenkäufen eines Produkts teilzunehmen und dadurch niedrigere Kaufpreise zu erzielen.

Als weiteres Beispiel mit Charakter von Gruppenkäufen ist Community-Commerce zu nennen. Dies findet zumeist in Chat-Gruppen etwa bei *WeChat* statt. Es handelt sich um Teilnehmer, die in derselben Nachbarschaft wohnen und sich wechselseitig hohes Vertrauen entgegenbringen. Gruppenkäufe werden beim Community-Commerce in der Regel durch Interaktionen der Kunden initiiert. Sie kommunizieren per *WeChat*-Gruppe mit ihren Nachbarn, tauschen sich in der Community über ihr Alltagsgeschehen aus, empfehlen beliebte, erkundigen sich nach benötigten Produkten und realisieren Gruppenkäufe mit Preisvorteilen. Die am häufigsten nachgefragten Artikel sind Lebensmittel wie frisches Obst und Gemüse. Nachdem ein Gruppenkauf beschlossen wurde, werden passende Anbieter gesucht. Diese suchen einen vereinbarten Treffpunkt in der Nachbarschaft auf, um alle bestellten Produkte gleichzeitig zu liefern. Die Händler werden beispielsweise in die *WeChat*-Gruppe eingeladen, damit die Kunden regelmäßig die gewünschten Produkte bestellen können. So entsteht ein Consumer-to-Business-Modell (C2B). Beim Community-Commerce profitieren sowohl Käufer als auch Händler. Erstere genießen das Einkaufserlebnis und Preisvorteile. Die Händler sparen Transport- und Verkaufskosten. Community-Commerce findet nicht nur im Rahmen von Gruppen statt, die alle im selben Gebiet wohnen. Nicht selten bestehen auch *WeChat*-Gruppen, deren Teilnehmer zwar räumlich weiter voneinander entfernt leben, aber gleichen Interessen nachgehen. So werden etwa in *WeChat*-Gruppen per Interaktion Informationen und Erfahrungen ausgetauscht und gemeinsam geeignete Produkte gekauft.

In den letzten Jahren besteht in China zudem die Tendenz zum Livestreaming-Commerce. Wegen der Corona-Krise boomt seit 2020 Livestreaming in China. Da der stationäre Handel schließen musste, versuchten die Unternehmen durch Onlinehandel zu überleben. Hosts[47] veranstalten in der Regel mehrstündiges Livestreaming auf einer Livestreaming-Plattform.[48] Während des Livestreamings kommunizieren die Hosts mit den Zuschauern in Echtzeit, zeigen, testen und empfehlen die ausgewählten Produkte[49] und präsentieren Produktlinks, die zum entsprechenden Onlineshop führen, der auf derselben oder anderen Verkaufsplattformen angesiedelt ist. Zuschauer kaufen die Waren dann direkt per Mausklick auf den Link. In der Regel kaufen die Zuschauer die Produkte sofort während des Livestreamings, weil der Kaufpreis nur dann so günstig ist.

Produktion und Vertrieb werden heutzutage immer mehr vom Verbraucher initiiert. Social-Media-Plattformen widmen sich daher unter Rückgriff auf Technologien wie Big Data und Künstliche Intelligenz der Entwicklung des Geschäftsmodells Consumer-to-Manufacturer (C2M). *Biyao* als erste C2M-Plattform wurde 2014 ins Leben gerufen. Die Plattform verbindet Endverbraucher und Hersteller. Die Verbraucher geben auf der Plattform Bestellungen auf,

---

47 Als Livestreaming-Hosts können in der Praxis verschiedene Akteure fungieren. Sowohl Hersteller oder Absatzmittler selbst als auch jene Personen, die mit Herstellern/Absatzmittlern bei den Werbeaktivitäten kooperieren, nehmen am Livestreaming-E-Commerce teil – beispielsweise Influencer und Prominente.

48 Viele Plattformen bieten Livestreaming-E-Commerce an, etwa Online-Handelsplattformen (Taobao Live von Alibaba und JD Live von Jingdong), Video-Plattformen (Kuaishou Live streaming und Douyin Live streaming) und Social-Media-Plattformen (WeChat Live streaming und Weibo Live streaming).

Die traditionellen Handelsplattformen wie Taobao Live und JD Live haben seit 2016 nacheinander Livestream-Funktionen hinzugefügt. Die anderen Arten von Plattformen haben nach und nach eine Livestreaming-Funktion ergänzt. Einige (z.B. Xiaohongshu, douban, Kuaishou) haben sogar begonnen, Verkaufsfunktionen in ihre eigenen Plattformen zu integrieren, um unabhängig von anderen Handelsplattformen zu sein.

49 Am populärsten sind beispielsweise Make-ups, Hautpflegeprodukte, Lebensmittel und Modeartikel.

die direkt an den Hersteller gesendet werden. Die Artikel werden anschließend von den Herstellern produziert und an die Kunden geliefert. Zusätzlich werden die Nutzerdaten gesammelt und Verbrauchermerkmale analysiert, insbesondere von Plattformen wie *JD.com*, *Taobao.com* und *Pinduoduo*. Dadurch können Design und Produktion den Verbraucherwünschen und -bedürfnissen angepasst werden. In diesem Zusammenhang kommt Livestreaming-Commerce ebenfalls in Betracht. Bestellungen und Zuschauerfeedback/-interaktion während des Livestreamings ermöglichen den Herstellern, direkte Anregungen für neue Produkte und Verbesserungsvorschläge zu erhalten.

In der Vertriebspraxis entwickeln sich Komplexität und Innovationen der Vertriebstätigkeit ständig weiter. Daher ist es notwendig, ein chinesisches systematisches Vertriebsrecht zu schaffen, das sowohl das allgemeine Vertriebsrecht als auch ein Recht der spezifischen Vertriebsverträge wie Handelsvertretervertrag, Kommissionsvertrag (Kommissionsagent und Kommissionär) und Handelsmaklervertrag enthält.

Kapitel 2: Handelsrecht in China

Vor der Vorstellung des Absatzmittlungsrechts muss zuerst das chinesische Handelsrecht diskutiert werden, da das Absatzmittlungsrecht wie Handelsvertreter (§§ 84–92c), Kommissionsgeschäft (§§ 383–406) und Handelsmakler (§§ 93–104) im deutschen Handelsgesetzbuch (HGB) geregelt wird. Demgegenüber wird in China lange diskutiert, ob in Zukunft ein allgemeines Handelsrecht einschließlich des Handelsvertreterrechts kodifiziert werden sollte. Außerdem betreffen die grundlegenden rechtlichen Fragen zu Absatzmittlern die Grundbegriffe des Handelsrechts – etwa das handelsrechtliche Subjekt und das Handelsgeschäft. Diese handelsrechtlichen Grundbegriffe können sich auf die Bestimmung beispielsweise der Qualifikation des Absatzmittlers, die Wirksamkeit von dessen Geschäftstätigkeit, die Rechtsanwendung in der gerichtlichen Praxis auswirken.

Das Handelsrecht als Rechtsgebiet hat sich in China erst sehr spät entwickelt. Lange wurde das Handelsrecht weder in der Rechtswissenschaft noch in der juristischen Praxis beachtet. Deswegen wird häufig gefragt, welche Stellung das Handelsrecht hat und wie das Verhältnis zwischen dem Handels- und dem Zivilrecht aussieht.

Zhang vergleicht das Handelsrecht mit einem Einsiedlerkrebs, da es in China formell und inhaltlich vom Zivilrecht abhängt. Das Verhältnis zwischen Handels- und Zivilrecht sei wie das Verhältnis zwischen dem Einsiedlerkrebs und leeren Muscheln: Sie sehen aus wie eine einzige, sind aber in Wahrheit zwei verschiedene Entitäten.[50]

In der Vergangenheit war die h.M., dass das Handelsrecht ein spezielles Recht des Zivilrechts ist. Inzwischen wird immer häufiger die Ansicht vertreten, dass das Handelsrecht stattdessen ein spezielles Recht des Privatrechts ist.[51]

---

50 Zhang Gu, Handelsrecht, dieser Einsiedlerkrebs – Über die Selbständigkeit des Handelsrechts und seine Merkmale, in: Tsinghua Forum of Rule of Law, 2005, Nr. 2, S. 1 ff. (21).

51 Vgl. Shi Tiantao, Die Wiederentdeckung der Handelsbeziehungen und die Aufgabe des heutigen Handelsrechts, in: Tsinghua University Law Journal, 2017, Nr. 6, S. 136 ff. (138).

Während des Gesetzgebungsprozesses zum *Zivilgesetzbuch der VR China*[52] (im Folgenden: ZGB), insbesondere zum Allgemeinen Teil, wurde das Verhältnis des Zivilrechts zum Handelsrecht wieder stark diskutiert. Erörtert wurde technisch vor allem, ob einer Einheitskodifikation des Allgemeinen Teils, also der Anwendung des Allgemeinen Teils des ZGB auf alle Zivil- und Handelsbeziehungen (Modell der Vereinigung von Zivil- und Handelsrecht), gefolgt oder ein eigenständiges allgemeines Handelsgesetz getrennt vom ZGB (Modell der Trennung von Zivil- und Handelsrecht) kodifiziert werden sollte.[53] Letztlich wurde die Vereinigung von Zivil- und Handelsrecht beschlossen.

Die Diskussionen über das Handelsrecht sind stark auf seine Kodifikation ausgerichtet, während es neben der Gesetzgebung viele weitere und wichtige Aspekte zu Fragen des Handelsrechts gibt.

I. Die Grundbegriffe

Da in China kein passender Kodex existiert, fehlen auch hinsichtlich des Handelsrechts die entsprechenden Legaldefinitionen. Solche Grundbegriffe werden lediglich in der einschlägigen Literatur definiert. Diese Grundbegriffe beschreibt die Literatur in Bezug auf das Handelsrecht bisher jedoch nicht einheitlich.

Zu beachten ist daher, dass im Folgenden verwendete Bezeichnungen wie „Kaufmann“, „Gewerbe“ oder „Handelsgeschäfte“ nicht mit den diesbezüglichen Begriffen aus dem deutschen Handelsrecht gleichgesetzt werden können.

1. 商/Handel

Der Begriff des „商/Handels/commerce“ hat sich über die Zeit gewandelt, da sich dessen Eigenschaften bzw. Merkmale mit der sozialen und wirtschaftlichen Entwicklung geändert haben. Aufgrund der engen Verbindung zwischen dem „Handel“ und den Aktivitäten im Wirtschaftsleben wird die Entwicklung des „Handels“-Begriffs niemals enden.[54] „Handel“ gab es in China bereits vor

52 中华人民共和国民法典, am 01.01.2021 in Kraft getreten; Die deutsche Übersetzung in: Ding Yijie/Peter Leibküchler/Nils Klages/Knut Benjamin Pißler, ZChinR 2020, S. 207–417.

53 Wang Liming, Die Kodifikation der ATZG unter dem Modell der Einheitskodifikation des Zivil- und Handelsrechts, in: Studies in Law and Business, 2015, Nr. 4, S. 3 ff. (3).

54 Miao Yanbo, Über die Zukunft und Perspektiven des chinesischen Handelsrechts, in: Journal of Daqing Normal University, 2018, Nr. 1, S. 56 ff. (58).

ca. 3.000 Jahren in der Shang-Dynastie.[55] Am Anfang war der Warenaustausch nicht primär auf Gewinnerzielung ausgerichtet, sondern diente der unmittelbaren Bedürfnisbefriedigung. Dabei tauschten die Handelspartner in der Regel direkt Ware gegen Ware. Mit der Entwicklung des Warenhandels bildete sich eine Klasse heraus, die den „Handel" gewerbsmäßig ausübte und daraus Gewinn erzielte. Deswegen veränderte sich der Begriff des „Handels". Sowohl die nicht gewinnorientierten Austauschaktivitäten als auch die gewinnorientierten Handelstätigkeiten gehörten zum „Handel". „商/Handel" im Sinne von gewinnorientierter Handelstätigkeit wurde auch als „商事" bezeichnet.[56] Ferner veränderten sich die Gegenstände des „Handels". Früher beschränkten sie sich auf körperliche und bewegliche Sachen, inzwischen gehören auch unbeweglichen Sachen, Dienstleistungen und immaterielle Güter wie geistiges Eigentum dazu.[57]

Außerdem bestehen hinsichtlich des „Handels"-Begriffs in Wirtschaftslehre und juristischer Lehre Unterschiede. In der Wirtschaftslehre wird unter „Handel" die Tätigkeit zwischen Produktion und Konsum verstanden, also nur die Distribution. Dagegen ist „Handel" in der juristischen Lehre weiter gefasst. Hier gehört nicht nur die Distribution, sondern auch die Produktion dazu, wobei jedoch nur die gewinnorientierte Betätigung darunter fällt.[58]

2. Handelsrecht

In der Literatur ist umstritten, was Gegenstand des Handelsrechts ist und welche Merkmale das Handelsrecht vom Zivilrecht abgrenzen.

a) Gegenstand des Handelsrechts

Unter dem Theorieeinfluss des „objektiven Systems" von Frankreich und des „subjektiven Systems" von Deutschland vertreten einige chinesische Juristen die Ansicht, dass das Handelsrecht ein Recht für bestimmte Personen (Subjekt des Handelsrechts/Kaufleute) oder für bestimmte Handelsgeschäfte ist.[59]

---

55 Miao Yanbo, Über die Zukunft und Perspektiven des chinesischen Handelsrechts, in: Journal of Daqing Normal University, 2018, Nr. 1, S. 56 ff. (61).

56 Fan Jian, Handelsrecht, 4. Aufl., S. 6.

57 Fan Jian, Handelsrecht, 4. Aufl., S. 7.

58 Fan Jian, Handelsrecht, 4. Aufl., S. 7.

59 Jiang Daxing, A Study on the Regulation of Commercial Legal Relation, in: China Legal Science, 2005, Nr. 3, S. 98 ff. (98).

Nach h.M. ist das Handelsrecht in China die Gesamtheit der Rechtsnormen für Handelsbeziehungen.[60]

Auch wenn der Gegenstand des Handelsrechts in China auf den Handelsbeziehungen basiert, kann die rechtswissenschaftliche Forschung nicht das Subjekt des Handelsrechts und das Handelsgeschäft ignorieren. Diese Untersuchungen werden teilweise vom deutschen und französischen Handelsrecht beeinflusst.

b) *Handelsbeziehung*

In der Literatur herrscht keine Einigkeit, was die wesentlichen Elemente einer Handelsbeziehung sind. Grundsätzlich geht es um das Subjekt der Handelsbeziehung, Handelsgeschäft, Gewerbe, Absicht der Gewinnerzielung. Verschiedene Juristen setzen dabei unterschiedliche Schwerpunkte.

Zunächst ist darauf hinzuweisen, dass in der chinesischen Literatur nach h.M. die folgenden Bezeichnungen gleichbedeutend sind und synonym verwendet werden: „Subjekt der Handelsbeziehung", „Subjekt des Handelsrechts" und „Kaufmann".[61]

Jiang weist darauf hin, dass eine Handelsbeziehung eine soziale Beziehung ist, die von mindestens zwei Personen durch eine Handlung begründet wird und bei der eine oder alle Beteiligten eine Gewinnerzielungsabsicht verfolgen. Hier können die beteiligten Personen nach Subjekten und Nicht-Subjekten des Handelsrechts unterschieden werden: beide sind Subjekte des Handelsrechts; ein Subjekt des Handelsrechts und ein Nicht-Subjekt des Handelsrechts –wie Verbraucher oder Aufsichtsbehörden (z.B. Registerbehörde) –; beide sind Nicht-Subjekte des Handelsrechts, wobei eine Person in Gewinnerzielungsabsicht agiert, z.B. wenn ein Verbraucher eine gekaufte Ware zu höherem Preis an seinen Nachbarn veräußert. Mit dieser Gewinnerzielungsabsicht erfüllt mindestens eine Person das Kernelement von Handelsbeziehungen. Ob beide Personen gleichberechtigte Rechtssubjekte sind und ob die ausgeübte Tätigkeit auf gewisse Dauer angelegt ist oder nur gelegentlich stattfindet, ist für die Handelsbeziehung nicht entscheidend.[62]

60 Jiang Ping/Wang Jiafu, Wörterbuch des Zivil- und Handelsrechts, S. 620; Shi Tiantao, Handelsrecht, 4. Aufl., S. 3; Fan Jian, Handelsrecht, 4. Aufl., S. 7.

61 Shi Tiantao, The Inheritance of the Concept of Merchants and the Dual Structure of the Commercial Subjects, in: Tribune of Political Science and Law, 2018, Nr. 3, S. 82 ff. (82).

62 Jiang Daxing, A Study on the Regulation of Commercial Legal Relation, in: China Legal Science, 2005, Nr. 3, S. 98 ff.

Shi vertritt die Ansicht, dass Kaufmann und Nicht-Kaufmann (beide kein Subjekt des Zivilrechts) an Handelsbeziehungen teilnehmen können. Beide sind demnach Subjekte des Handelsrechts. Kaufmann ist, wer selbständig (Selbständigkeit), planmäßig und auf Dauer ausgerichtete (Berufsmäßigkeit) Handelsgeschäfte tätigt, um Gewinn zu erzielen (Absicht der Gewinnerzielung). Nicht-Kaufmann ist, wer ein Handelsgeschäft tätigt, dem aber eines der drei o.g. Elemente fehlt.[63] Nach dieser Ansicht ist der Begriff „Kaufmann" nicht mit dem Subjekt des Handelsrechts identisch, sondern er beschreibt lediglich einen Typ eines Subjektes des Handelsrechts.

Nach *Fan* geht es bei Handelsbeziehungen um die Rechte und Pflichten, die dem Rechtssubjekt bei der Durchführung des Handelsgeschäfts zukommen. Dieses Rechtssubjekt kann sowohl zivilrechtliches als auch handelsrechtliches Subjekt sein.[64]

Nach Ansicht von *Hu* ist der Aspekt, dass die handelsrechtlichen Subjekte ein Handelsgewerbe betreiben müssen, vom deutschen Handelsrecht beeinflusst. Ferner brauchen sie grundsätzlich nicht in einem behördlichen Handelsregister eingetragen sein, um als handelsrechtliches Subjekt qualifiziert zu werden (kein Eintragungspflicht).[65]

Außerdem ist nicht eindeutig geklärt, was ein Handelsgeschäft ist und was dessen Umfang und Merkmale sind. Nach von *Fan* und *Miao* sollten die jeweiligen Arten von Handelsgeschäften im Gesetz aufgelistet werden. Ergänzend sollten demnach die Geschäfte des Subjekts des Handelsrechts/Kaufmanns, die zum Betrieb seines Gewerbes gehören, als Handelsgeschäfte gelten.[66]

Die gerichtliche Zuständigkeit in Zivil- und Handelssachen ist nach Mitteilung des Obersten Volksgerichts von Beijing so aufgeteilt, dass das Zivilrecht

---

63 Shi Tiantao, The Inheritance of the Concept of Merchants and the Dual Structure of the Commercial Subjects, in: Tribune of Political Science and Law, 2018, Nr. 3, S. 82 ff.

64 Fan Jian, Handelsrecht, 4. Aufl., S. 14.

65 Hu Xiaojing, Die grundlegenden Fragen des Aufbaus des Systems handelsrechtlichen Subjekten in China – basiert auf dem deutschen HGB, in: Commercial Law Review, 2012, Nr. 2, S. 3 ff. (8 ff.).

66 Fan Tao, General Principles of Commercial Law: An Ideal Choice of Chinese Commercial Legislation – Appendix: A Suggestion Draft of General Principles of Commercial Law of People's Republic of China), in: Journal of Henan University (Social Science), 2008, Nr. 3, S. 14 ff. (23); Miao Yanbo, By Chinese Commercial Law General Rule Architecture – Attaching: People's Republic of China Commercial Law General Rule Draft Suggestion Manuscript, in: Dangdai Faxue Luntan, 2008, Nr. 3, S. 16 ff. (22).

Vermögens- und Personenbeziehungen zwischen gleichberechtigten Subjekten regelt, wohingegen das Handelsrecht die Handelsbeziehungen von handelsrechtlichen Subjekten, die im Zuge von Markttransaktionen entstehen, regelt.[67] In der juristischen Praxis tendieren die Volksgerichte dazu, anhand des Kriteriums der Gewinnorientierung zwischen Zivil- und Handelssachen zu unterscheiden – selbst wenn die gewinnorientierte Handlung nur gelegentlich ausgeführt wird –, anstatt sich daran zu orientieren, ob es sich um ein Subjekt des Handelsrechts handelt (Eintragung in einer Registerbehörde).[68]

c) 营业/Business/Gewerbe

Nach Vorstellung der o.g. Elemente einer Handelsbeziehung kann konstatiert werden, dass im chinesischen Handelsrecht die Gewinnerzielungsabsicht für die Definition der Handelsbeziehung entscheidend ist. Nach deutschem Handelsrecht ist diese Gewinnerzielungsabsicht nur eine der Voraussetzungen des Gewerbebegriffs.[69]

Xu weist darauf hin, dass von allen einschlägigen Forschungen das Konzept „营业/Business/Gewerbe" erwähnt wird, auch wenn sich Juristen nicht auf den Gegenstand des Handelsrechts und die wesentlichen Elemente der Handelsbeziehung einigen können. „营业" als Kern des Handelsrechts ist der Standard zur Abgrenzung des Handelsgeschäfts vom Zivilgeschäft/von der Zivilhandlung.[70]

„营业" hat in Gesetzen und in der Literatur zwei Bedeutungen: Betreiben eines Gewerbes und Betriebsvermögen.[71] Betreiben eines Gewerbes bedeutet insoweit, dass das Subjekt des Handelsrechts auf Dauer angelegt gleichartige Geschäfte mit Gewinnerzielungsabsicht betreibt.[72] Betriebsvermögen im

---

67 *Mitteilung des Obersten Volksgerichts der Stadt Beijing über die Durchsetzung der „Bestimmungen zur Regulierung der Aufteilung der gerichtlichen Zuständigkeit in Zivil- und Handelssachen (versuchsweise durchgeführt)"* (北京市高级人民法院关于贯彻执行《规范民、商事审判庭案件管辖分工的规定(试行)》的通知), Jing Gao Fa Fa [2011] Nr. 228.

68 Zhou/Guan, General Principles of Commercial Law Theory and Practice Reconsidered: Applicable Law Perspective, S. 298.

69 Baumbach/Hopt/Hopt, Handelsgesetzbuch, 40. Aufl., § 1, Rn. 12.

70 Xu Xirong, Gewerbe: das Rückgrat des Aufbaus des Handelsrechts, in: Political Science and Law, 2012, Nr. 11, S. 106 ff. (109).

71 Ding Fengling/Fan Jian, Research on the Concept of "Business" in China, in: Journal of National Prosecutors College, 2018, Nr. 5, S. 138 ff. (139).

72 Jiang Ping/Wang Jiafu, Wörterbuch des Zivil- und Handelsrechts, S. 858.

hiesigen Sinn umfasst das gesamte Vermögen des Kaufmanns/Unternehmens, z.B. bewegliche und unbewegliche Sachen, Rechte (Sachenrechte, Forderungen, gewerbliche Schutzrechte) und Goodwill, über das etwa durch Veräußerung, Verpachtung, Belastung mit Hypotheken verfügt werden kann.[73]

II. Geschichte des Handelsrechts

Im Folgenden wird in chronologischer Reihenfolge die Entwicklung des Handelsrechts in China hinsichtlich Kodifikation und rechtswissenschaftlicher Forschung diskutiert.

1. Zeit bis Gründung der VR China

Im alten China wurden alle zivil- und strafrechtlichen Bestimmungen in einem Kodex geregelt. Das Strafrecht war dabei wesentlich wichtiger als das Zivilrecht.[74] Das alte China verfolgte lange Zeit eine Wirtschaftspolitik der Unterdrückung des Handels und förderte die Landwirtschaft. Dadurch wurde die Entwicklung des Handels lange Zeit behindert und verhinderte auch eine handelsrechtliche Kodifikation.[75] Auch wenn es gelegentlich zu Transaktionen/Handel kam, fehlten Ansätze, ein Handelsrecht zu gestalten.

a) Ende der Qing-Dynastie (bis 1911)

Handelsrecht im modernen Sinne kam in China erst am Ende der Qing-Dynastie auf.[76]

Dort gab es den *Great Qing Legal Code*[77], der mehrere strafrechtliche und einige zivilrechtliche Regelungen enthielt. Am Ende der Qing-Dynastie leitete Kaiser *Guangxu* eine Reihe von politischen, wirtschaftlichen und rechtlichen Reformen ein, wobei die Erarbeitung und Herausgabe eines Handelsgesetzbuches als eine Hauptstrategie für die Entwicklung von Industrie und Handel galt.[78] Daher wurde 1903 mit dem Entwurf begonnen und ein Jahr später das

73 Jiang Ping/Wang Jiafu, Wörterbuch des Zivil- und Handelsrechts, S. 859; Zhang Minan, Handelsrecht, S. 31; Shi Tiantao, Die Wiederentdeckung der Handelsbeziehungen und die Aufgabe des heutigen Handelsrechts, in: Tsinghua University Law Journal, 2017, Nr. 6, S. 136 ff. (142).

74 Shi Tiantao, Handelsrecht, 4. Aufl., S. 34.

75 Shi Tiantao, Handelsrecht, 4. Aufl., S. 34.

76 Fan Jian, Handelsrecht, 4. Aufl., S. 27.

77 大清律例.

78 Fan Jian, Handelsrecht, 4. Aufl., S. 27.

Great Qing Commercial Law[79] bekanntgemacht und in Kraft gesetzt. Es enthielt das Allgemeine Recht des Kaufmanns[80] und das Gesellschaftsrecht[81]. Dem folgte 1906 das *Insolvenzgesetz*.[82] Inhaltlich waren diese Gesetze stark vom deutschen Handelsrecht geprägt.[83] Die Kodifikation erfolgte damals getrennt in Zivil- und Handelsrecht.

Das *Great Qing Commercial Law* war noch nicht umfassend, weswegen 1909 *Der Qing-Entwurf des Handelsgesetzbuchs*[84] unter Mitwirkung japanischer Juristen formuliert wurde. Dieser Entwurf enthielt in fünf Büchern insgesamt 1.008 Artikel: Allgemeiner Teil des Handelsrechts (103 Artikel), Handelsgeschäfte (236 Artikel), Gesellschaftsrecht (312 Artikel), Seehandelsrecht (263 Artikel) und Scheck- und Wechselrecht (94 Artikel). Dieser Entwurf ist schließlich nicht in Kraft getreten, da sich die Qing-Regierung aufgrund der Xinhai-Revolution zurückgezogen hatte.[85]

b) Republik China (1912–1949)

Zu Beginn der Republikzeit wurde die Kodifikation des Handelsrechts auf Grundlage der Kodexe des Handelsrechts der Qing-Dynastie erneut bearbeitet und erlassen.[86] 1914 traten *The Ordinance for the General Regulation of Traders of the Chinese Republic*[87] und *Commercial Associations Ordinance of the Chinese Republic*[88] in Kraft.

Seit Beginn der Nanjing-Guomin-Regierung (1927–1948) erfolgte allerdings eine vereinigte Kodifikation von Zivil- und Handelsrecht. Zwischen 1929 und 1931 waren insgesamt fünf Bücher des *Zivilgesetzbuchs der Republik China* in Kraft getreten. Das Zivilgesetzbuch umfasste auch handelsrechtliche Bestimmungen. Beispielsweise waren im zweiten Buch – Recht der

---

79 钦定大清商律.

80 商人通律, umfasste neun Artikel: Definition des Kaufmanns § 1, Rechtsfähigkeit eines Kaufmanns §§ 2–4, Handelsfirma § 5, Handelsbücher §§ 6–9.

81 公司律, enthielt 131 Artikel.

82 破产律, 69 Artikel.

83 Fan Jian, Handelsrecht, 4. Aufl., S. 28.

84 大清商律草案.

85 Shi Tiantao, Handelsrecht, 4. Aufl., S. 34.

86 Fan Jian, Handelsrecht, 4. Aufl., S. 27.

87 中华民国商人通例, umfasste in sieben Kapiteln insgesamt 73 Artikel: Kaufmann, Kaufmannsfähigkeit, Handelsregister, Handelsfirma, Handelsbücher, Handlungsgehilfen und Handlungslehrling, Handelsvertreter.

88 中华民国公司条例, 251 Artikel.

Schuldverhältnisse – das Handelsvertreter-, Kommissions- und Maklerrecht geregelt. Auch wenn eine gemeinsame Kodifikation von Zivil- und Handelsrecht erfolgte, wurden die handelsrechtlichen Bestimmungen wesentlich aus dem deutschen Handelsrecht übernommen.[89] Dieses Zivilgesetzbuch gilt in Taiwan noch heute und wird im Folgenden in dieser Arbeit als *Zivilgesetzbuch Taiwan* (TWZG) bezeichnet.

Die weiteren handelsrechtlichen Bestimmungen wurden in Einzelgesetzen wie dem Gesellschaftsgesetz, dem Scheck- und Wechselgesetz, dem Seehandelsgesetz und dem Versicherungsgesetz geregelt.[90]

In der VR China und Taiwan folgt die Gesetzgebung bis in die Gegenwart dem Modell der Vereinigung von Zivil- und Handelsrecht.

2. Zeit seit Gründung der VR China 1949

Nach Gründung der VR China gab es bis 1978 weder Untersuchungen zum Handelsrecht noch eine entsprechende Kodifikation. Erst mit der Politik der Reform und Öffnung 1978 wurde mit der Gesetzgebung zum Handelsrecht begonnen. Wissenschaftliche Untersuchungen zum Handelsrecht haben sich erst seit 1993 entwickelt.[91]

a) 1949–1978

Mit Gründung der VR China 1949 wurde Zentralverwaltungswirtschaft eingeführt. Produktion und Konsum von Waren mussten den staatlichen Planvorgaben entsprechen, was die Entwicklung der Warenwirtschaft massiv behinderte. Das Handelsrecht verlor seine wirtschaftliche Grundlage.[92]

b) 1978–1992

Die Politik der Reform und Öffnung ermöglichte Chinas weitere wirtschaftliche Entwicklung und führte zu einem Wandel des Rechtssystems. Dies mündete auch im Aufbau eines systematischen Handelsrechts.[93]

---

89 Fan Jian, Handelsrecht, 4. Aufl., S. 28.

90 Fan Jian, Handelsrecht, 4. Aufl., S. 27.

91 Zhao/Xie, Studie zum Handelsrecht seit der Politik der Reform und Öffnung, in: Journal of East China University of Political Science and Law, 2017, Nr. 2, S. 106 ff. (107).

92 Shi Tiantao, Handelsrecht, 4. Aufl., S. 34.

93 Fan Jian, Rückblick und Überlegungen zum chinesischen Handelsrecht der vergangenen vierzig Jahre (1978–2018), in: Academic Forum, 2018, Nr. 2, S. 26 ff. (26).

Die wichtigsten Neuerungen in dieser Phase waren der Beginn ausländischer Direktinvestitionen und die Reform der staatseigenen Unternehmen.

Die erst in dieser Phase begonnenen Untersuchungen zum Handelsrecht konzentrierten sich damals hauptsächlich auf zwei Aspekte: einerseits auf die Interpretation und Analyse der neuen erlassenen handelsrechtlichen Gesetze (z.B. *Law of the People's Republic of China on Chinese-Foreign Equity Joint Ventures,*[94] *Law of the People's Republic of China on Chinese-Foreign Contractual Joint Ventures,*[95] *Law of the People's Republic of China on Industrial Enterprises Owned by the Whole People*[96]), andererseits auf die Kritik am bestehenden Rechtssystem und Vorschläge für die Kodifikation oder Änderung der entsprechenden Gesetze.[97]

In Fachkreisen war in China das Handelsrecht lange Zeit nicht als eigenständiges Rechtsgebiet anerkannt. Es wurde entweder dem Wirtschafts- oder dem Zivilrecht zugeordnet. 1992 wurde auf der Jahrestagung der *China Civil and Economic Law Society* das Verhältnis zwischen Zivil-, Wirtschafts- und Handelsrecht diskutiert. Das Handelsrecht wurde damit erstmals als eigenständiges Rechtsgebiet anerkannt.[98]

c) 1993–2001

1992 war als Ziel der Reform des chinesischen Wirtschaftssystems der Aufbau einer sozialistischen Marktwirtschaft bestimmt worden. Ab 1993 wurden wissenschaftliche Untersuchungen zum Handelsrecht und die Kodifikation des Handelsrechts beschleunigt.

Der Erlass des *Gesellschaftsgesetzes der VR China*[99] (im Folgenden: GesG) markiert den Beginn der rasanten Entwicklung der Handelsrechtskodifikation

94 中华人民共和国中外合资经营企业法, am 08.07.1979 in Kraft getreten, letzte Revision 2016, am 01.01.2020 aufgehoben.

95 中华人民共和国中外合作经营企业法, am 13.04.1988 in Kraft getreten, letzte Revision 2017, am 01.01.2020 aufgehoben.

96 中华人民共和国全民所有制工业企业法, am 01.08.1988 in Kraft getreten, Revision 2009.

97 Zhao/Xie, Studie zum Handelsrecht seit der Politik der Reform und Öffnung, in: Journal of East China University of Political Science and Law, 2017, Nr. 2, S. 106 ff. (107).

98 Fan Jian, Rückblick und Überlegungen zum chinesischen Handelsrecht der vergangenen vierzig Jahre (1978–2018), in: Academic Forum, 2018, Nr. 2, S. 26 ff. (29).

99 中华人民共和国公司法, am 01.07.1994 in Kraft getreten, letzte Revision 2018.

in dieser Phase.[100] Danach wurden mehrere handelsrechtliche Gesetze erlassen und in Kraft gesetzt. Dazu gehören z.B. *Gesetz zu Partnerschaftsunternehmen*,[101] *Gesetz zum Unternehmen mit alleinigem privatem Inhaber*,[102] *Seehandelsgesetz der VR China*,[103] *Versicherungsgesetz der VR China*,[104] *Wechsel- und Scheckgesetz der VR China*,[105] *Wertpapiergesetz der VR China*[106] und *Gesetz der VR China über den Unternehmenskonkurs*[107]. Auch die wissenschaftliche Forschung zu den entsprechenden Rechtsfragen wurde gefördert. Das Handelsrecht als Rechtsgebiet zog immer mehr Aufmerksamkeit auf sich.

1998 wurden vom *Ministerium für Bildung der VR China*[108] offiziell Kurse zum Handelsrecht in einen der vierzehn Kernkurse der rechtswissenschaftlichen Hochschulausbildung aufgenommen. Seitdem wurden viele Lehrbücher zum Handelsrecht veröffentlicht.[109] Außerdem wurde 2001 die *Gesellschaft des chinesischen Handelsrechts/China Commercial Law Society (CCLS)/*中国法学会商法学研究会 als nationale akademische Gruppe gegründet.

Während Untersuchungen zum Handelsrecht in dieser Phase rasch zunahmen, hatte hierbei gleichzeitig ein großes Manko bestanden: Die Forschung hatte sich damals vor allem auf die Schwäche der Gesetzgebung konzentriert, es fehlte an eingehenden Untersuchungen zur juristischen Dogmatik.[110]

---

100 Zhao/Xie, Studie zum Handelsrecht seit der Politik der Reform und Öffnung, in: Journal of East China University of Political Science and Law, 2017, Nr. 2, S. 106 ff. (109).

101 中华人民共和国合伙企业法, am 01.08.1997 in Kraft getreten, Revision 2006.

102 中华人民共和国个人独资企业法, am 01.01.2000 in Kraft getreten.

103 中华人民共和国海商法, am 01.07.1993 in Kraft getreten.

104 中华人民共和国保险法, am 01.10.1995 in Kraft getreten, letzte Revision 2015.

105 中华人民共和国票据法, am 01.01.1996 in Kraft getreten, Revision 2004.

106 中华人民共和国证券法, am 01.07.1999 in Kraft getreten, letzte Revision 2019.

107 中华人民共和国企业破产法, am 01.06.2007 in Kraft getreten; *Gesetz der VR China über den Unternehmenskonkurs (versuchsweise Durchführung)*, am 01.11.1988 in Kraft getreten.

108 Ministerium des Staatsrats der VR China.

109 Zhao/Xie, Untersuchung des Handelsrechts seit der Politik der Reform und Öffnung, in: Journal of East China University of Political Science and Law, 2017, Nr. 2, S. 106 ff. (111).

110 Zhao/Xie, Studie zum Handelsrecht seit der Politik der Reform und Öffnung, in: Journal of East China University of Political Science and Law, 2017, Nr. 2, S. 106 ff. (112).

d) *Seit 2002*

Die Globalisierung der Wirtschaft und der 2001 erfolgte Beitritt Chinas zur Welthandelsorganisation (WTO) förderten die Verbesserung des Handelsrechts in China. Seit 2002 liegt die Hauptaufgabe der Kodifikation des Handelsrechts in der Verbesserung der o.g. handelsrechtlichen Kodexe.[111] Zur Weiterentwicklung der handelsrechtlichen Regelungen waren weitergehende Untersuchungen notwendig.

Auch wenn sich die rechtswissenschaftlichen Untersuchungen zum Handelsrecht und die Kodifikation hinsichtlich der handelsrechtlichen Einzelgesetze in den vergangenen 40 Jahren schnell entwickelt haben, bestehen immer noch große Probleme im Aufbau eines systematischen Handelsrechts.

Die rechtswissenschaftlichen Forschungen zum Handelsrecht sind nicht gleichgewichtig vertreten. Die meisten Forschungen konzentrieren sich auf beliebte oder populäre Aspekte des Handelsrechts im Wirtschaftsleben, insbesondere auf Gesellschaftsrecht, Wertpapierrecht und Versicherungsrecht. Dagegen ist das allgemeine Handelsrecht, z.B. zu den Begriffen der Subjekte des Handelsrechts, zu Handelsgeschäften und zu den Grundsätzen des Handelsrechts, ein unpopuläres Forschungsthema. Dadurch hat sich keine systematische Theorie des allgemeinen Handelsrechts etabliert.[112]

Das Fehlen oder Unklarheiten der systematischen Theorie des allgemeinen Handelsrechts führen in der juristischen Praxis zu Problemen, etwa wenn Richter bei Entscheidungen in Handelsstreitigkeiten die Besonderheit der Handelssachen und des Handelsrechts nicht erkennen oder ignorieren.

Handelsrechtliche Streitigkeiten werden in China grundsätzlich vor Zivilkammern der Volksgerichte verhandelt. Es gibt keine gesonderten Volksgerichte oder Kammern für Handelssachen.

Im Wirtschaftsleben entstehen ständig innovative Handelsgeschäfte oder neue Geschäftsmodelle, die von den bestehenden Gesetzen nicht erfasst sind. Da in China Legaldefinitionen grundlegender Begriffe wie „Gewerbe“ und „Handelsgeschäft“ fehlen, ist es in der juristischen Praxis oft schwer, innovative Handelsgeschäfte oder Geschäftsmodelle als gewerbliche Tätigkeit zu erkennen.[113]

111 Fan Jian, Rückblick und Überlegungen zum chinesischen Handelsrecht der vergangenen vierzig Jahre (1978–2018), in: Academic Forum, 2018, Nr. 2, S. 26 ff. (29).

112 Fan Jian, Rückblick und Überlegungen zum chinesischen Handelsrecht der vergangenen vierzig Jahre (1978–2018), in: Academic Forum, 2018, Nr. 2, S. 26 ff. (33).

113 Jiang Daxing, The Possible Space for the General Rules of Commercial Law/ Commercial Code: Reanalysis on the Difference of Norm Content between

Richter sollten bei Entscheidungen zu Handelssachen die Besonderheiten der Geschäftstätigkeit im Handelsverkehr berücksichtigen. Neben der Billigkeit sollte das Handelsrecht stärkeres Gewicht auf Effizienz (Einfachheit und Schnelligkeit) und Sicherheit von Transaktionen legen. Hierzu gehört z.B. die Frage nach den Qualifikationen des Subjekts des Handelsrechts und der Schutz der Interessen Dritter. Richter sollten zudem die Effizienz der Transaktionen fördern und die Freiheit von Handelsverträgen schützen. Beim Auftreten neuer Vertragsarten oder innovativer Klauseln sollten diese von den Gerichten nicht starr als nichtig angesehen werden, vielmehr sollten die Merkmale der Gewinnerzielungsabsicht des Handelsrechtssubjekts bei der Geschäftstätigkeit Anerkennung finden.[114]

III. Diskussion über die Kodifikation eines allgemeinen Handelsrechts

China verfügt bereits über eine Vielzahl von Einzelgesetzen zum Handelsrecht, die verschiedenste Arten von Geschäftsbeziehungen in fast allen Bereichen abdecken. Nun fehlt lediglich ein systematischer Kodex, in dem das allgemeine Handelsrecht geregelt ist.[115] In Macau liegt neben dem Zivilgesetzbuch ein eigenständiges Handelsgesetzbuch[116] vor, das vom portugiesischen und vom deutschen Handelsgesetzbuch beeinflusst ist.

Ferner versuchte die Stadt Shenzhen als Sonderwirtschaftszone Ende des 20. Jahrhunderts, ein allgemeines Handelsrecht zu kodifizieren: *Handelsverordnung der Sonderwirtschaftszone Shenzhen*[117] (im Folgenden: HVS). Diese HVS wurde 2013 wieder aufgehoben, jedoch nicht eingehend wissenschaftlich

---

Commercial Law and Civil Law, in: Journal of Comparative Law, 2018, Nr. 5, S. 44 ff. (53 f.).

114 Zhao Wanyi, The Independence of Commercial Law and the Independency of Commercial Adjudication, in: Science of Law (Journal of Northwest University of Political Science and Law), 2012, Nr. 1, S. 54 ff. (56 f.).

115 Zhao Xudong, Aufbau der Struktur der Allgemeinen Grundsätze des Handelsrechts, in: Journal of National Prosecutors College, 2018, Nr. 3, S. 3 ff. (4).

116 Am 01.11.1999 in Kraft getreten.

117 Die HVS ist als lokale Rechtsbestimmung am 01.10.1999 in Kraft getreten und wurde am 25.12.2013 aufgehoben. Ihre Struktur wurde vom deutschen HGB beeinflusst: 1. Kapitel „Allgemeine Bestimmungen"; 2. Kapitel „Kaufleute"; 3. Kapitel „Handelsregister"; 4. Kapitel „Handelsfirma und Unternehmensveräußerung; 5. Kapitel „Handelsbücher"; 6. Kapitel „Angestellter des Kaufmanns"; 7. Kapitel „Handelsvertreter"; 8. Kapitel „Ergänzende Bestimmungen".

diskutiert. Sie kann als Vorbild für die zukünftige handelsrechtliche Kodifikation dienen, wobei sie durchaus verbesserungswürdige Aspekte aufweist. Vor allem stand die HVS immer noch im Schatten der Planwirtschaft. Sie konzentrierte sich weiterhin auf die Regulierung/Verwaltung von Kaufleuten (Verwaltungsnormen) und ignorierte gewissermaßen die Freiheit der Kaufleute beim Betreiben eines Gewerbes.[118]

Die intensive Diskussion zu gesetzlichen Bestimmungen des allgemeinen Handelsrechts in China ist jedoch bisher eine rein akademische. Denn noch existieren keine offiziellen Pläne für eine dahingehende Gesetzgebung; dies wiederum ist darin begründet, dass die Kodifikation des ZGB dem Modell der Vereinigung von Zivil- und Handelsrecht folgte. Strittig ist daher zunächst, ob ein eigenständiger Kodex des allgemeinen Handelsrechts notwendig ist, da China bereits über ein Zivilgesetzbuch und die handelsrechtlichen Einzelgesetze verfügt, die für handelsrechtliche Fragen angewandt werden können.[119]

Nach *Wang* besteht kein Bedarf an einer speziellen Kodifikation des allgemeinen Handelsrechts neben dem ZGB, da der Allgemeine Teil des ZGB als grundlegende Regelung für das Privatrecht auf alle Zivil- und Handelsbeziehungen angewendet werden könne. Ferner könne sich heutzutage jeder an Markttransaktionen beteiligen. Dies mache es immer schwieriger, zwischen Kaufmann und Nichtkaufmann, zwischen Handelsgeschäft und Zivilgeschäft/Zivilhandlung zu unterscheiden. Selbst wenn eine Besonderheit der kommerziellen Aktivitäten vorläge, berührte dies die Anwendung des ZGB nicht.[120]

Demgegenüber vertreten andere Juristen die Auffassung, dass in China die Kodifikation eines allgemeinen Handelsrechts notwendig ist. 1998 hatte *Jiang* über die Kodifikation des Handelsrechts diskutiert. Seiner Meinung nach ist es unnötig, die bereits erlassenen handelsrechtlichen Einzelgesetze wie Gesellschaftsgesetz, Wechsel- und Scheckgesetz, Seehandelsgesetz und Versicherungsgesetz in ein einheitliches Handelsgesetzbuch zu integrieren. Es gebe

---

118 Fan Tao, General Principles of Commercial Law: An Ideal Choice of Chinese Commercial Legislation (Appendix: A Suggestion Draft of General Principles of Commercial Law of People's Republic of China), in: Journal of Henan University (Social Science), 2008, Nr. 3, S. 14 ff. (18).

119 Shi Shaoxia, Die Formulierung der AGH ist eine Innovation des Rechtssystems und eine Notwendigkeit des Regierens der Marktbedürfnisse, in: Journal of National Prosecutors College, 2018, Nr. 3, S. 8 ff. (10 f.).

120 Wang Liming, Die Kodifikation der ATZG unter dem Modell der Einheitskodifikation des Zivil- und Handelsrechts, in: Studies in Law and Business, 2015, Nr. 4, S. 3 ff. (4 f.).

grundsätzlich zwei mögliche Modelle zur Kodifizierung des allgemeinen Handelsrechts: in einem künftigen Zivilgesetzbuch oder neben dem Zivilgesetzbuch in künftigen *Allgemeinen Grundsätzen des Handelsrechts der VR China* (im Folgenden: AGH).[121]

In ZGB wurde das von *Jiang* besprochene Integrationsmodell schließlich nicht übernommen. Allerdings herrschte in juristischen Fachkreisen des Handelsrechts lange die Ansicht vor, in Zukunft AGH zu kodifizieren.[122] Seit 2008 werden von Juristen (*Miao Yanbo*[123], *Fan Tao*[124] und der *Forschungsgruppe AGH*[125]) dazu Entwürfe vorgelegt. Die AGH seien eine notwendige Ergänzung zum ZGB, da das Zivilgesetzbuch nicht den gesamten Inhalt des Handelsrechts

---

121 Jiang Ping, Einige Ansichten zum Entwerfen eines chinesischen Zivilgesetzbuchs, in: Science of Law, 1998, Nr. 3, S. 3 ff. (5).

122 Jiang Daxing, The Possible Space for the General Rules of Commercial Law/ Commercial Code: Reanalysis on the Difference of Norm Content between Commercial Law and Civil Law, in: Journal of Comparative Law, 2018, Nr. 5, S. 44 ff. (44).

123 Miao Yanbo, By Chinese Commercial Law General Rule Architecture – Attaching: People's Republic of China Commercial Law General Rule Draft Suggestion Manuscript, in: Dangdai Faxue Luntan, 2008, Nr. 3, S. 16 ff. (21 ff.). Die wesentlichen Inhalte seines vorgeschlagenen Entwurfs für die AGH: 1. Kapitel „Allgemeine Bestimmungen"; 2. Kapitel „Subjekte des Handelsrechts"; 3. Kapitel „Handelsgeschäft"; 4. Kapitel „Handelsregister"; 5. Kapitel „Handelsbücher"; 6. Kapitel „Handelsrechtliche Haftungen"; 7. Kapitel „Ergänzende Bestimmungen".

124 Fan Tao, General Principles of Commercial Law: An Ideal Choice of Chinese Commercial Legislation (Appendix: A Suggestion Draft of General Principles of Commercial Law of People's Republic of China), in: Journal of Henan University (Social Science), 2008, Nr. 3, S. 14 ff. (19 ff.). Die wesentlichen Inhalte seines vorgeschlagenen Entwurfs für die AGH: 1. Kapitel „Allgemeine Bestimmungen"; 2. Kapitel „Kaufmann"; 3. Kapitel „Handelsregister"; 4. Kapitel „Handelsfirma"; 5. Kapitel „Unternehmen, Unternehmensveräußerung, Unternehmenspacht"; 6. Kapitel „Handelsbücher"; 7. Kapitel „Angestellter des Kaufmanns"; 8. Kapitel „Handelsvertreter"; 9. Kapitel „Handelsgeschäft"; 10. Kapitel „Kammer für Handelssachen und Handelsstreitigkeiten"; 11. Kapitel „Ergänzende Bestimmungen".

125 Forschungsgruppe AGH, A Suggestion Draft of General Principles of Commercial Law of People's Republic of China, in: Commercial Law Review, 2011, Nr. 20, S. 1 ff. Die wesentlichen Inhalte des vorgeschlagenen Entwurfs für die AGH: 1. Kapitel „Allgemeine Bestimmungen"; 2. Kapitel „Kaufmann"; 3. Kapitel „Handelsregister"; 4. Kapitel „Handelsfirma"; 5. Kapitel „Unternehmensveräußerung"; 6. Kapitel „Handelsbücher"; 7. Kapitel „Prokura und andere handelsrechtliche Vollmachten"; 8. Kapitel „Handelsvertreter"; 9. Kapitel „Handelsgeschäft"; 10. Kapitel „Ergänzende Bestimmungen".

abdecken könne. Die Grundsätze des Zivilrechts aus den §§ 4–9 ZGB[126] seien auch auf Tätigkeiten im Handelsverkehr anwendbar. Allerdings fehlten darin die speziellen Grundsätze/Charakteristika des Handelsrechts, z.B. Effizienz (Einfachheit und Schnelligkeit) und Sicherheit des Handelsverkehrs und die Freiheit zum Betrieb eines Gewerbes. Dieses Fehlen lasse Raum für die AGH.[127]

Der Vorschlag zur Verabschiedung der AGH wird wahrscheinlich kaum Unterstützung finden. Zuvörderst ist nicht nur in China, sondern auch in anderen Ländern wie Deutschland die Berechtigung einer eigenständigen Kodifikation des Handelsrechts umstritten.[128] Ferner muss das chinesische Handelsrecht nicht – wie in Deutschland oder Frankreich – in einem eigenständigen Handelsgesetzbuch kodifiziert werden. Es ist auch möglich, die handelsrechtlichen Bestimmungen wie z.B. in Italien und der Schweiz in das Zivilgesetzbuch zu integrieren.[129] In China sollten die Bestimmungen des Handelsrechts, insbesondere die Bestimmungen der Handelsgeschäfte bzw. handelsrechtlichen Verträge, im Vertragsrecht des ZGB integriert werden.[130] Problematisch ist, dass Absatzmittlungsrecht wie Handelsvertreterrecht nicht im Vertragsrecht des ZGB vorgesehen wird. Die Forschung zum Geschäftsbesorgungsvertrag, Kommissionsvertrag und Maklervertrag des ZGB gilt als Ausgangspunkt der Analyse des Vertriebs- und Absatzmittlungsrechts.

---

126 Diese Grundsätze umfassen: Grundsatz der Gleichberechtigung der Parteien; Grundsatz des freien Willens der beteiligten Parteien; Grundsatz der Billigkeit; Grundsatz von Treu und Glauben; Grundsatz der Sittengemäßheit; Grundsatz des Umweltschutzes.

127 Shi Shaoxia, Die Formulierung der AGH ist eine Innovation des Rechtssystems und eine Notwendigkeit des Regierens der Marktbedürfnisse, in: Journal of National Prosecutors College, 2018, Nr. 3, S. 8 ff. (11).

128 MüKoHGB/Schmidt, 5. Aufl., vor § 1, Rn. 4.

129 Baumbach/Hopt/Hopt, Handelsgesetzbuch, 40. Aufl., vor § 1, Rn. 2.

130 Xia Xiaoxiong, Systematic Orientation and Normative Expression of Commercial Act: Reexamination of the Historical Dimension of Commercial Law, in: Global Law Review, 2017, Nr. 1, S. 49 ff. (62).

Kapitel 3: Vertriebsrecht in China

In den letzten vierzig Jahren der Reform- und Öffnungspolitik wandelte sich der Vertrieb von Waren und Dienstleistungen in China vom kompletten Verbot über teilweise Zulässigkeit bis zur raschen Entwicklung. Die Entwicklung des Vertriebsrechts hinkt dabei der wirtschaftlichen Vertriebspraxis hinterher. Die rechtswissenschaftlichen Forschungen zum Vertriebsrecht bilden noch einen Schwachpunkt. In diesem Kapitel wird versucht, ein allgemeines chinesisches Vertriebsrecht zu skizzieren.

I. Gegenstand des Vertriebsrechts

In Deutschland ist das Vertriebsrecht ein junges, aber eigenständiges Rechtsgebiet.[131] Im engeren Sinne ist Vertriebsrecht ein Absatzmittlungsrecht (Recht der Vertriebsverträge/Recht der Absatzmittlungsverträge) des Absatzes/Vertriebs/der Distribution von Waren und Dienstleistungen. Im weiteren Sinne umfasst es auch z.B. Wirtschaftsrecht (Vertriebskartellrecht und Rechts des unlauteren Wettbewerbs).[132] Das Vertriebsrecht wird in Deutschland in Kommentaren zum Handelsgesetzbuch, eigenständigen Handbüchern/Kommentaren zum Vertriebsrecht[133] und sogar in Zeitschriften[134] ausführlich vorgestellt und entwickelt sich mit einer vielfältigen und ständig innovierten Vertriebspraxis weiter.

In China fehlen spezielle Bestimmungen zu typischen Vertriebsverträgen wie Handelsvertretervertrag. Die Gerichte wenden bei Entscheidungen in Vertriebsvertragsstreitigkeiten die nur fragmentiert geregelten zivilrechtlichen und verwaltungsrechtlichen Bestimmungen an. Die Rechtsprechung spielt eine wichtige Rolle bei der Analyse von konkreten Rechtsfragen im Zusammenhang

---

131 Martinek, Vertriebsrecht als Rechtsgebiet und Aufgabe – Zur Programmatik der neuen ZVertriebsR, in: ZVertriebsR, 2012, Nr. 1, S. 2 ff. (2).

132 Martinek/Semler/Flohr/Martinek, Handbuch des Vertriebsrechts, 4. Aufl. § 1, Rn. 4 ff.

133 Raimond Emde, Vertriebsrecht: §§ 84–92c HGB. Handelsvertreterrecht – Vertragshändlerrecht – Franchiserecht, 3. Aufl., 2014; Martinek/Semler/Flohr, Handbuch des Vertriebsrechts, 4. Aufl., 2016; Flohr/Wauschkuhn, Vertriebsrecht: Handelsvertreterrecht, Vertragshändlerrecht, Franchiserecht, Kommissionsrecht, 2. Aufl., 2018.

134 Zeitschrift für Vertriebsrecht (ZVertriebsR) seit 2012.

mit dem Absatzmittlungsrecht. Anders als im deutschen Recht verfügt China über kein Leitbild für Vertriebsverträge wie das Handelsvertreterrecht, daher fehlt der rechtswissenschaftlichen Forschung ein Schwer- und Ausgangspunkt.

Zwar befassen sich einige Lehr- und Praxisbücher mit Rechtsfragen zum Marketing. Allerdings sind diese Bücher nur allgemein gehalten, nicht eingehend und haben selten praktische Bedeutung für die Vertriebspraxis oder wissenschaftliche Forschungen. Im Folgenden werden die Inhaltsverzeichnisse von zweien solcher Lehrbücher als Beispiele aufgelistet:

Wangs Schrift *Rechtspraxis im Marketing*[135] umfasst etwa 240 Seiten: Grundlegendes Recht im Marketing (Rechtsbeziehung zwischen Subjekten im Marketing, relevantes Rechtssystem wie Stellvertretungsrecht, Schuldrecht, Sachenrecht), Produkte (Qualität und Preise der Produkte, Markenrecht), Rechtspraxis des Marketingprozesses (Zustandekommen und Durchführung der Verträge, Werberecht, Recht des unlauteren Wettbewerbs, Verbraucherrecht, Recht im E-Commerce), Rechtspraxis der Marketingkanäle (Recht des Direktvertriebs, Franchiserecht, Recht der Regierungsbeschaffung), Beilegung des Rechtsstreits (Gerichtsverfahren und Schiedsverfahren).

Die zweite Publikation ist *Zhus* etwa 210 Seiten starke *Rechtspraxis im Marketing*[136]: Recht der Subjekte im Marketing (Gesellschaftsrecht), Recht der Produkte (Preis und Qualität der Produkte), Vertragsrecht (Zustandekommen, Wirksamkeit und Durchführung der Verträge), die Ordnung im Marketing (Antimonopolrecht und Recht des unlauteren Wettbewerbs), Recht der Promotion (Werberecht und Verbraucherrecht), Recht des Personalmanagements (Recht der Arbeit und sozialen Sicherheit) und Beilegung des Rechtsstreits (Gerichtsverfahren und Schiedsverfahren).

Es ist notwendig, das auf Vertriebsverträge anwendbare Recht, rechtswissenschaftliche Untersuchungen und die einschlägigen gerichtlichen Entscheidungen zu analysieren, um ein chinesisches systematisches und dogmatisches Vertriebsrecht aufzubauen. Vertriebsrecht und sogar Handelsrecht sind in China lange vernachlässigte Rechtsgebiete. Aufgrund der rasanten Entwicklung der chinesischen Vertriebspraxis können diese Rechtsgebiete nicht mehr ignoriert werden.

Im vorliegenden Kapitel werden das allgemeine Recht der Vertriebsverträge und das Antimonopolrecht in Bezug auf vertikale Vereinbarungen/Wettbewerbsbeschränkungen vorgestellt. Die sich anschließenden drei Kapitel

135 Wang Chengfen, Rechtspraxis im Marketing.

136 Zhu Baoqin, Rechtspraxis im Marketing, 2. Aufl.

behandeln ausführlich die konkreten Vertriebsverträge: Handelsvertreterverträge, Kommissionär- und Kommissionsagentenverträge und Handelsmaklerverträge.

II. Direkter und indirekter Vertrieb

Hersteller können selbst entscheiden, auf welchem Weg sie ihre Ware an den Endkunden absetzen oder Dienstleistungen erbringen. Im Allgemeinen unterscheiden sich direkter und indirekter Vertrieb.

Beim Direktvertrieb können Hersteller Waren oder Dienstleistungen direkt an Endkunden verkaufen, ohne Beteiligung selbständiger Absatzmittler. Heutzutage kann der Direktvertrieb nicht nur im stationären Ladengeschäft – etwa eigenen Verkaufsfilialen – stattfinden, sondern auch im eigenen Onlineshop.

Beim indirekten Vertrieb nehmen selbständige Absatzmittler teil. Aus deutscher juristischer Sicht werden selbständige Absatzmittler nach dem Kriterium der Interessenwahrnehmungspflicht voneinander abgegrenzt.[137] Die im HGB geregelten Absatzmittlerformen Handelsvertreter (Abschluss- und Vermittlungsvertreter), Kommissionär und Handelsmakler gelten als die drei „klassischen“ Absatzmittler. Zu den Absatzmittlern gehören zudem weitere, nicht geregelte Formen wie Kommissionsagent, Vertragshändler und Franchisenehmer.[138] Ferner ist handelsrechtlich und wettbewerbsrechtlich relevant, ob der Absatzmittler ständig oder nur gelegentlich für den Absatzherrn tätig ist. Ständig vom Absatzherrn betraute Absatzmittler wie Handelsvertreter, Kommissionsagent und Vertragshändler gelten als Absatzmittler im engeren Sinne; Absatzmittler z.B. Handelsmakler und Kommissionär, die nur gelegentlich für den Absatzherrn tätig sind, werden als Absatzmittler im weiteren Sinne bezeichnet.[139]

Der Interessenwahrnehmungspflicht des Absatzmittlers und dem Aspekt der ständigen Betrauung durch den Absatzherrn wird sowohl in der Rechtswissenschaft als auch in der Rechtsprechung in China kaum Beachtung geschenkt. Im Folgenden werden die wichtigen chinesischen Absatzmittler vorgestellt.

---

137 Martinek/Semler/Flohr/Martinek, Handbuch des Vertriebsrechts, 4. Aufl., § 1, Rn. 9.

138 Martinek/Semler/Flohr/Martinek, Handbuch des Vertriebsrechts, 4. Aufl., § 1, Rn. 8.

139 Martinek/Semler/Flohr/Martinek, Handbuch des Vertriebsrechts, 4. Aufl., § 1, Rn. 11.

1. Jingjiren

Die Geschäftstätigkeit selbständiger Absatzmittler war in China lange Zeit stark eingeschränkt oder sogar verboten. Zu Beginn der Reform- und Öffnungspolitik wurde diese Tätigkeit des Ankaufs und Weiterverkaufs sogar als rechtswidrig im Sinne von illegalem Spekulieren und Profitieren angesehen. 1993 plädierte *Wang* für eine Rehabilitation der Absatzmittler/Jingjiren, da sie für marktwirtschaftliche Transaktionen unverzichtbar seien. Denn sie verbänden Hersteller und Kunden, bezögen vertriebsbezogene Informationen und kennten Marktbedingungen für Angebot und Nachfrage, um Waren flexibel abzusetzen und die Warendistribution fördern zu können.[140]

In 1990er Jahren wurde der Begriff 经纪人/Jingjiren in den *Maßnahmen für die Verwaltung von Jingjiren*[141] (im Folgenden: MVJ) erstmals im hiesigen Kontext verwendet. Die MVJ als Verwaltungsvorschriften behandelten die Regulierung der Tätigkeit des Jingjiren.

Obwohl die MVJ mittlerweile aufgehoben sind, wird „Jingjiren" in der juristischen und wirtschaftlichen Praxis immer noch verwendet. Außerhalb des juristischen Sprachgebrauchs wird der Begriff häufig mit einem Vermittler/Makler gleichgesetzt. „Jingjiren" bedeutet aus juristischer Sicht jedoch mehr.

Der Jingjiren ist ein besonderer Absatzmittler, der im Vergleich zu Großhändlern und Einzelhändlern grundsätzlich weder Eigentum an der Ware erwerben noch ein Absatzrisiko tragen muss.[142] Nach § 2 MVJ kann ein Jingjiren eine natürliche Person, eine juristische Person oder eine sonstige wirtschaftliche Organisation sein, die Geschäfte anderer gegen Vergütung fördert. Er wurde z.B. im Rahmen von Maklergeschäften, Kommissionsgeschäften oder Vertretungsgeschäften in wirtschaftlichen Aktivitäten tätig.

Die *Staatliche Verwaltung für Industrie und Handel der VR China* (im Folgenden: SVIH) legte mit der *Ansicht der SVIH zur Durchsetzung der MVJ*[143] eine entsprechende Ergänzung vor: „Maklergeschäft" bedeutet demnach, dass der durch einen Auftraggeber beauftragte Jingjiren für den Auftraggeber Gelegenheiten zum Abschluss eines Geschäfts nachzuweisen oder den Abschluss

140 Wang Zhengwu, Rehabilitation der Jingjiren, in: Journal of Central University of Finance & Economics, 1993, Nr. 7, S. 54 f. (54).

141 经纪人管理办法, Verwaltungsvorschriften des Ministeriums des Staatrates, am 26.10.1995 in Kraft getreten, 2004 revidiert und seit dem 29.04.2016 aufgehoben.

142 Abteilung für Marktregulierung bei der SVIH, Absatzmittler in der Praxis, S. 2.

143 国家工商行政管理总局关于进一步贯彻实施《经纪人管理办法》的意见, SVIH [2005] Nr. 21.

eines Geschäfts zu vermitteln hat; „Kommissionsgeschäft" bedeutet demnach, dass der Jingjiren im Auftrag des Auftraggebers für diesen in eigenem Namen Geschäfte tätigt und die relevante rechtliche Haftung übernimmt. „Vertretungsgeschäft" bedeutet insoweit, dass der Jingjiren im Auftrag und im Namen des Auftraggebers Geschäfte für diesen tätigt und der Auftraggeber die relevante rechtliche Haftung trägt.

Aufgrund obiger Ausführungen ist der Jingjiren auf Tätigkeiten als Makler, Kommissionär, Kommissionsagent und Handelsvertreter eingeschränkt. Der Jingjiren tätigt nicht „ständig betraut" für den Auftraggeber, sondern nur gelegentlich.[144] Deswegen gehören Handelsvertreter und Kommissionsagent aus juristischer Sicht nicht zu den Jingjiren. Aus juristischer Sicht können Jingjiren Kommissionär und Handelsmakler sein.

2. Handelsvertreter und Vertragshändler

Die typischsten vom Absatzherrn ständig betrauten Absatzmittler sind Handelsvertreter und Vertragshändler. In der Vertriebspraxis ist es notwendig, aber schwer, Vertragshändler und Handelsvertreter zu unterscheiden. Die Rechtsnaturbestimmung des Handelsvertretervertrags und Vertragshändlervertrags ist sowohl in der Rechtswissenschaft als auch in der Rechtsprechung ein Schwachpunkt.

Im Vertragshändlervertrag vereinbaren Absatzherr und Vertragshändler üblicherweise für einen bestimmten Zeitraum auf bestimmtem Gebiet eine ständige Zusammenarbeit beim Vertrieb bestimmter Waren. Der Vertragshändler kauft die Waren bei einem Absatzherrn ein und verkauft diese anschließend in eigenem Namen auf eigene Rechnung an Dritten weiter. Die Rechtsnatur des Vertragshändlervertrags zwischen Absatzherrn und Vertragshändler ist ein Kaufvertrag.[145] Handelsvertreter dagegen nehmen gegen Vergütung ständig Aufträge an, für andere Geschäfte zu vermitteln oder in fremdem Namen Geschäfte abzuschließen.[146]

Die Rechtsnaturbestimmung des Vertragshändlervertrags ist in der Rechtsprechung umstritten. Kritisiert wird die h.M., dass nur kaufrechtliches Element anerkannt wird.[147] Von wenigen Gerichten wird Vertragshändlervertrag

144 Abteilung für Marktregulierung bei der SVIH, Absatzmittler in der Praxis, S. 10.

145 Liang Huixing, General Introduction to Civil Law, 4. Aufl., S. 219.

146 Zhang Yan, Handelsrechtliches Stellvertretungsrecht, S. 47.

147 Mittleres Volksgericht der Stadt Xuzhou, 2014, Nr. 0243, (2014) 徐商终字第0243号; Unteres Volksgericht des Industrieparks Suzhou, 2015, Nr. 01469, (2015) 园商初字第01469号; Mittleres Volksgericht der Stadt Nanjing, 2020, Nr. 586, (2020) 苏01民

als ein gemischter Vertrag mit Elementen des Geschäftsbesorgungs- und Kaufvertrags[148] oder ein Rahmenvertrag angesehen.

Das Oberste Volksgericht befand, dass bei der Geschäftstätigkeit eines Alleinvertragshändlers zwei Vertragsarten vorliegen: Vertretervertrag/Agenturvertrag und einzelne Kaufverträge. Im Vertretervertrag werden demnach Dauer der Zusammenarbeit beim Vertrieb, allgemeine Rechte und Pflichten von Hersteller und Vertragshändler und wettbewerbliche Vereinbarungen wie etwa Gebietsbindung der Absatzmittler, Alleinvertriebsbindung der Absatzzentrale festgelegt. Die jeweiligen Kaufverträge zwischen Hersteller und Vertragshändler werden dann auf Grundlage dieses Vertrags abgeschlossen. Die Kaufverträge seien die konkrete Ausführung des Vertretervertrags.[149] Das Gericht verwendete die Bezeichnung „Rahmenvertrag“ nicht direkt, sondern die Begriffe „Vertretervertrag/Agenturvertrag“. Laut der Entscheidung bildet Vertretervertrag/Agenturvertrag allerdings den Grundrahmen für die Rechte und Pflichten beider Parteien.

In der Rechtsprechung kommt vor allem die Frage der Rechtsanwendung auf Handelsvertretervertrag und Vertragshändlervertrag in Betracht. Die Rechtsanwendungen auf Kommissionsverträge (Kommissionär und Kommissionsagent), Maklerverträge (Vermittlungsvertreter oder Handelsmakler) und Franchiseverträge (Franchisenehmer) sind klarer, da die entsprechenden Vertriebsverträge in ZGB und *Verwaltungsregeln für kommerzielles Franchising*[150] (im Folgenden: VKF) festgelegt sind.

In Ermangelung eines speziellen Handelsvertreter- und Vertragshändlerrechts sind die konkreten Vertragsvereinbarungen und Vertragserfüllungen eines Vertriebsvertrags dafür maßgeblich, welche Bestimmungen des zivilrechtlichen Vertragsrechts anwendbar sind. Vor allem wird unterschieden, ob sich das Absatzrecht des jeweiligen Absatzmittlers aus einem entgeltlichen Geschäftsbesorgungsvertrag (Handelsvertreter) oder aus einem Kaufvertrag (Vertragshändler) ableitet. Wird ein Vertriebsvertrag als Geschäftsbesorgungsvertrag ausgelegt, fungiert der Absatzmittler als Handelsvertreter

终586号; Mittleres Volksgericht der Stadt Shenyang, 2021, Nr. 323, (2021) 辽01民终323号.

148 Viertes Mittleres Volksgericht der Stadt Chongqing, 2018, Nr. 1129, (2018) 渝04民终1129号.

149 Oberstes Volksgericht, 2018, Nr. 82, (2018) 最高法民再82号.

150 商业特许经营管理条例, die vom Staatsrat erlassenen verwaltungsrechtlichen Bestimmungen, am 01.05.2007 in Kraft getreten.

(Abschlussvertreter). Wird der Vertriebsvertrag als Kaufvertrag ausgelegt, kann der Absatzmittler z.B. Vertragshändler oder Großhändler oder Einzelhändler ohne Interessenwahrungspflicht sein. Die Rechtsanwendung der Bestimmungen des Kaufvertrags ist unabhängig davon, ob ein Absatzmittler sich mit oder ohne Interessenwahrung verpflichtet.

Ein Volksgericht urteilte in einem Fall, dass hier kein Kaufvertrag (Vertragshändler), sondern ein entgeltlicher Geschäftsbesorgungsvertrag (Handelsvertreter) vorliege. Hierfür wurde angeführt: 1) Ziel des Absatzmittlungsvertrags ist, den Handelsvertreter mit Absatzförderung und Markterschließung im vereinbarten Bezirk zu beauftragen, um die Gewinne des Unternehmers zu maximieren, anstatt die betroffenen Waren bloß an Absatzmittler zu verkaufen. 2) Der Handelsvertreter erwirbt durch Warenlieferung vom Unternehmer nicht das Eigentum im Sinne eines Kaufvertrags. Die Warenlieferung ist notwendige Folge der Geschäftstätigkeit des Handelsvertreters. 3) Der Handelsvertreter handelt im fremden Namen und für fremde Rechnung.[151] Zudem unterscheiden die Gerichte nicht selten dahingehend, dass Vertragshändler die Handelsspanne/Händlermarge erwirtschaften, wohingegen Handelsvertreter für ihre Geschäftstätigkeit vom Unternehmen eine Vergütung erhalten.[152]

Laut dem Urteil eines Volksgerichts habe der Vertragshändler/Großhändler als Käufer beim Kaufvertrag die absolute Entscheidungsfreiheit über den Weiterverkauf. Dagegen könne der Handelsvertreter seine Tätigkeit nicht frei gestalten. So könne z.B. der Unternehmer hier Vorgaben zur Preisspanne machen. Auch Vorgaben zum Absatzplan/Absatzvolumen seien üblich.[153] Der Ansicht, es liege absolute Entscheidungsfreiheit über den Weiterverkauf vor, kann jedoch nicht gefolgt werden. Das Gericht ging fälschlich davon aus, dass der Absatzherr einem selbstständigen Absatzmittler aufgrund dessen Selbstständigkeit keine Vorgaben machen könne. Jedoch können sich sowohl Handelsvertreter als auch Vertragshändler als selbständige Absatzmittler verpflichten, gemäß den Vorgaben bzw. Weisungen des Unternehmers/Herstellers zu handeln. Der Absatzherr hat dann ein Weisungsrecht, welches innerhalb der Selbstständigkeit des Absatzmittlers ausgeübt werden kann. Tritt ein Absatzmittler in ein Vertriebssystem ein, hat er keine absolute

151 Mittleres Volksgericht des autonomen Bezirks Changji der Hui-Nationalität, 2017, Nr. 1666, (2017) 新23民终1666号.

152 Oberes Volksgericht der Stadt Tianjin, 2014, Nr. 1, (2014) 津高民四初字第1号; Mittleres Volksgericht der Stadt Jinan, 2017, Nr. 8944, (2017) 鲁01民终8944号.

153 Mittleres Volksgericht der Stadt Cangzhou, 2015, Nr. 3321, (2015) 沧民终字第3321号.

Entscheidungsfreiheit. Problematisch ist, dass die Rechtsanwendung eines Vertriebsvertrags streng in Geschäftsbesorgungsvertrag und Kaufvertrag unterteilt ist. Dies führt dazu, dass die Gerichte bei Rechtsnaturbestimmung der Vertragshändlerverträge die Elemente des Geschäftsbesorgungsvertrags und die Interessenwahrungspflicht der Vertragshändler gänzlich unbeachtet gelassen haben. In der Rechtsprechung ist die Pflicht des Auftragnehmers zur Befolgung von Weisungen des Auftraggebers (§ 922 ZGB, a.F. § 399 VG) auf Vertragshändlerverträge ohne vertragliche Vereinbarungen meist nicht anwendbar.

Bei Rechtsanwendung sollte ein Vertriebsvertrag nicht starr als typischen zivilrechtlichen Vertrag eingeordnet werden. In der Vertriebspraxis ist die Kooperation zwischen Absatzherrn und Absatzmittler kompliziert und wird ständig innoviert. Die Gerichte sollten die Rechtsnatur eines neuartigen Vertriebsvertrags nach sorgfältiger Prüfung bestimmen.

3. Franchisenehmer

In China fehlen spezielle privatrechtliche Bestimmungen zum Franchiserecht. Letzteres wird in einzelnen, vom Staatsrat oder seinen Ressorts erlassenen verwaltungsrechtlichen Bestimmungen kodifiziert. 1997 wurde insoweit die *Versuchsweise Verwaltungsmethode für Franchiseaktivitäten*[154] als erste Rechtsgrundlage für Franchising in China erlassen. Später wurde sie durch *Verwaltungsregeln für kommerzielles Franchising 2004*[155] ersetzt. Im Jahr 2007 wurden die VKF als grundlegende Regelungen für diesen Bereich erlassen und anschließend durch die *Verwaltungsmethode zur Informationsoffenlegung im kommerziellen Franchising*[156] (im Folgenden: VIOKF) und die *Verwaltungsmethode zur Registrierung von kommerziellem Franchising*[157] (im Folgenden: VRKF) ergänzt.

Die Legaldefinition des Franchisings gemäß § 3 Abs. 1 VKF lautet: „Geschäftstätigkeit, bei der ein Unternehmen (Franchisegeber), das eingetragene Marken,

154 商业特许经营管理办法(试行), Regeln der Abteilungen des Staatsrats, gültig vom 14.11.1997 bis 01.02.2005.

155 商业特许经营管理办法(2004), Regeln der Abteilungen des Staatsrats, gültig vom 01.02.2005 bis 29.01.2008.

156 商业特许经营信息披露管理办法, Regeln der Abteilungen des Staatsrats, am 01.05.2007 in Kraft getreten, und in 2012 revidiert.

157 商业特许经营备案管理办法, Regeln der Abteilungen des Staatsrats, am 01.05.2007 in Kraft getreten, und in 2012 revidiert.

Firmenzeichen, Patente, Know-how oder eine andere Geschäftsressource besitzt, durch einen Vertrag einem anderen Unternehmen (Franchisenehmer) die Nutzung dieser Geschäftsressource überlässt. Der Franchisenehmer führt seine Geschäftstätigkeit nach dem vertraglich festgelegten einheitlichen Geschäftsmodell durch und zahlt dem Franchisegeber Franchisegebühren."

Die verwaltungsrechtlichen Bestimmungen behandeln nicht nur die Verwaltungsregulierung der Franchising-Geschäftstätigkeit, sondern auch vertragsrechtliche Fragen[158] im Zusammenhang mit Franchising.

Allerdings liegt der Schlüssel zu solcher Verwaltungsregulierung in der Regulierung des Verhaltens der Franchisegeber. Der Gesetzgeber befand, dass die gesamte Franchising-Branche ordnungsgemäß agiere, solange das Verhalten der Franchisegeber ordnungsgemäß kontrolliert werde.[159] Außerdem spiegeln die Bestimmungen neben den im Vergleich zu Franchisenehmern höheren Anforderungen für Franchisegeber auch die besondere Schutzbedürftigkeit des Franchisenehmers wider – etwa die vorvertragliche Informationspflicht des Franchisegebers und das Widerrufsrecht des Franchisenehmers.[160] Denn der Franchisegeber befindet sich bei Abschluss und Durchführung des Franchisevertrags in einer vorteilhaften Stellung. Er verfügt über die geschäftlichen Ressourcen, hat gegenüber dem Franchisenehmer einen deutlichen Informationsvorsprung und verwendet in der Regel einseitig vorformulierte Vertragsformulare. Um Goodwill und positives Image des Franchisingsystems zu erhalten

158 In den VKF werden die folgenden vertragsrechtlichen Bestimmungen festgelegt: Schriftform des Franchisevertrags (§ 11 Abs. 1), Mindestdauer des Franchisevertrags von drei Jahren, eine kürzere Vertragsdauer als drei Jahre ist nur mit Zustimmung des Franchisenehmers (§ 13 Abs. 1) zulässig, Widerrufsrecht des Franchisenehmers (§ 12), Pflicht des Franchisegebers zur Unterstützung der Geschäftstätigkeit des Franchisenehmers wie geschäftliche Anleitung, technischer Unterstützung (§ 14), Geheimhaltungspflicht des Franchisenehmers (§ 18 Abs. 2), Informationspflicht des Franchisegebers (§§ 22, 23).

159 Chen Fanhong, Alienation of Regulation: Research on the Imbalanced Configuration of Rights and Obligations in Commercial Franchise Agreements, in: Journal of CUPL, 2020, Nr. 5, S. 83 ff. (93).

160 Feng Jiansheng, On the Typy Construction of Franchise Contracts from the Perspective of Civil Code Compilation, in: Studies in Law and Business, 2019, Nr. 4, S. 14 ff. (19); Lu Cong, Überlegungen zur Bildung eines einheitlichen Franchisevertrags mit mehreren Verträgen, in: People's Judicature, 2020, Nr. 5, S. 85 ff. (87).

und zu pflegen, kann er die Geschäftstätigkeit des Franchisenehmers kontrollieren und überwachen.[161]

In der gerichtlichen Praxis wenden Richter bei inhaltlicher Prüfung eines Franchisevertrags vorrangig/hauptsächlich die verwaltungsrechtlichen Bestimmungen an und ergänzend die allgemeinen Bestimmungen des Vertragsrechts (ZGB/VG).[162]

Das Vertragsverhältnis zwischen Franchisegeber und Franchisenehmer enthält viele Elemente von typischen Verträgen, beispielsweise Elemente des Lizenzvertrags, des Kaufvertrags und des Geschäftsbesorgungsvertrags. Beim aus all diesen Elementen zusammengesetzten Franchisevertrag handelt es sich um einen Mischvertrag.[163]

III. Vertriebsverträge

1. Anwendbares Vertragsrecht

Obwohl die Bestimmungen zu einigen Arten von Absatzmittlern (wie Jingjiren und Franchisenehmern) in verwaltungsrechtlichen Vorschriften festgelegt sind, geht es eher darum, die Geschäftstätigkeit und auch das Vertragsverhältnis zwischen Absatzherrn und Absatzmittler zu regulieren. Auf die Vertriebsverträge findet vor allem das Vertragsrecht im ZGB Anwendung.

a) Gesetzgebung des ZGB

In den letzten Jahrzehnten wurden die für Vertriebsverträge anwendbaren Bestimmungen in *Allgemeinen Grundsätzen des Zivilrechts der VR China*[164] (im

161 Feng Jiansheng, On the Typy Construction of Franchise Contracts from the Perspective of Civil Code Compilation, in: Studies in Law and Business, 2019, Nr. 4, S. 14 ff. (18); Lu Cong, Überlegungen zur Bildung eines einheitlichen Franchisevertrags mit mehreren Verträgen, in: People's Judicature, 2020, Nr. 5, S. 85 ff. (87).

162 Chen Fanhong, Alienation of Regulation: Research on the Imbalanced Configuration of Rights and Obligations in Commercial Franchise Agreements, in: Journal of CUPL, 2020, Nr. 5, S. 83 ff. (94).

163 Feng Jiansheng, On the Typy Construction of Franchise Contracts from the Perspective of Civil Code Compilation, in: Studies in Law and Business, 2019, Nr. 4, S. 14 ff. (18); Lu Cong, Überlegungen zur Bildung eines einheitlichen Franchisevertrags mit mehreren Verträgen, in: People's Judicature, 2020, Nr. 5, S. 85 ff. (87).

164 中华人民共和国民法通则, am 01.01.1987 in Kraft getreten, 2009 revidiert, am 01.01.2021 aufgehoben. Am 01.10.2017 ist der *Allgemeine Teil des Zivilgesetzbuchs der VR China* (ATZG) als erster Teil des ZGB in Kraft getreten.

Folgenden: AGZ) und im *Vertragsgesetz der VR China*[165] (im Folgenden: VG) geregelt. Am 01.01.2021 ist das ZGB in Kraft getreten. Zeitgleich wurden die bestehenden Gesetze wie AGZ und VG gemäß § 1260 ZGB aufgehoben. Das Vertragsrecht wird im dritten Buch des ZGB geregelt.

Weder im VG noch im ZGB werden Vertriebsverträge wie Handelsvertretervertrag, Vertragshändlervertrag und Franchisevertrag speziell geregelt. Im Besonderen Teil im VG und des Vertragsrechts im ZGB werden Kaufvertrag, Geschäftsbesorgungsvertrag, Kommissionsvertrag und Maklervertrag ausdrücklich geregelt und sind auf Absatzmittler wie Vertragshändler, Handelsvertreter, Kommissionär/Kommissionsagenten und Handelsmakler anzuwenden.

b) Diskussion über die Gesetzgebung zum Franchisevertrag

Der Franchisevertrag war im Gesetzgebungsverfahren sowohl des VG als auch des ZGB in den Entwürfen enthalten und wurde schließlich gelöscht. Denn Franchising war in der wirtschaftlichen Praxis zum Zeitpunkt der Gesetzgebung des *Vertragsgesetzes 1999* noch neu, die Forschungen zum Franchisevertrag waren noch nicht ausreichend und weitere diesbezügliche Untersuchungen waren erforderlich.[166] Zwei Jahrzehnte später war Franchising in der chinesischen Vertriebspraxis kein unbekanntes Verfahren mehr. Trotzdem und ohne Angabe von Gründen wurde der Franchisevertrag aus dem Entwurf des Vertragsrechts im ZGB gelöscht.[167]

Seit Inkrafttreten des ATZG am 01.10.2017 wurden nicht alle Bestimmungen des AGZ aufgehoben. Im ATZG wurde nur ein Teil der AGZ-Bestimmungen übernommen und revidiert, die übrigen Bestimmungen des AGZ waren bis 01.01.2021 anwendbar.

165 中华人民共和国合同法, am 01.10.1999 in Kraft getreten, am 01.01.2021 aufgehoben. Das VG wurde durch zwei *Erläuterungen des Obersten Volksgerichts zu einigen Fragen des Vertragsgesetzes* ergänzt: Teil 1 (im Folgenden: E1) war am 29. Dezember 1999 und Teil 2 (im Folgenden: E2) am 13. Mai 2009 in Kraft getreten. E1 und E2 wurden am 01.01.2021 durch die *Decision of the Supreme People's Court to Repeal Some Judicial Interpretations and Relevant Regulatory Documents* (Fashi [2020] Nr. 16) aufgehoben.

166 Feng Jiansheng, On the Typy Construction of Franchise Contracts from the Perspective of Civil Code Compilation, in: Studies in Law and Business, 2019, Nr. 4, S. 14 ff. (15).

167 Feng Jiansheng, On the Typy Construction of Franchise Contracts from the Perspective of Civil Code Compilation, in: Studies in Law and Business, 2019, Nr. 4, S. 14 ff. (14).

Fraglich ist, welche Verträge als typische Verträge im ZGB aufgenommen werden sollten. Im Gesetzgebungsverfahren des ZGB war es – basierend auf den typischen Verträgen im VG – notwendig, neue Vertragstypen aufzunehmen, besonders weil in China kein Handelsgesetzbuch formuliert wurde.[168] *Li* vertritt die Auffassung, dass die grundlegenden Kriterien für die Aufnahme neuer Verträge in das ZGB Üblichkeit und Notwendigkeit sind: Solche Verträge sind bei Markttransaktionen üblich und aktuell existieren keine speziellen Bestimmungen dazu. Regelungen zu solchen Verträgen sind insoweit notwendig und dringend erforderlich.[169] Daher erfüllt der Franchisevertrag zweifellos die Kriterien für eine Aufnahme im ZGB.[170]

Lin kritisiert, dass der Franchisevertrag nicht im ZGB aufgenommen wurde und weist darauf hin, dass Franchiserecht als Vorbild im Vertriebsvertragsrecht gelten könne, wenn der Franchisevertrag als typischer Vertrag im ZGB geregelt würde. Die Bestimmungen zum Franchisevertrag könnten auf andere Vertriebsverträge wie Handelsvertretervertrag und Vertragshändlervertrag analog Anwendung finden.[171] *Zhu* vertritt davon abweichend die Ansicht, dass die wesentlichen Inhalte des Franchisevertrags bereits in den VKF festgelegt sind. Es sei nicht notwendig, den Franchisevertrag noch im ZGB zu regeln.[172] Als verwaltungsrechtliche Bestimmungen konzentrieren sich die VKF allerdings eher auf Verwaltungsregulierung als auf Vertragsverhältnisse zwischen gleichberechtigten Parteien.[173]

---

168 Li Jianwei, Forschung zu wichtigen Fragen der Gesetzgebung des Besonderen Teils des Vertragsrechts im Zivilgesetzbuch, in: Political Science and Law, 2017, Nr. 7, S. 14 ff. (18).

169 Li Jianwei, Forschung zu wichtigen Fragen der Gesetzgebung des Besonderen Teils des Vertragsrechts im Zivilgesetzbuch, in: Political Science and Law, 2017, Nr. 7, S. 14 ff. (20).

170 Li Jianwei, Forschung zu wichtigen Fragen der Gesetzgebung des Besonderen Teils des Vertragsrechts im Zivilgesetzbuch, in: Political Science and Law, 2017, Nr. 7, S. 14 ff. (24).

171 Lin Huanmin, On the Necessity of Adding Commercial Franchise Contract into China's Civil Code and its Design Point, in: Journal of Beijing University of Aeronautics and Astronautics (Social Sciences Edition), 2019, Nr. 2, S. 19 ff. (19).

172 Zhu Guangxin, Expanding Classical Contracts within the Civil Code: A Systematic Thinking, in: SJTU Law Review, 2017, Nr. 1, S. 102 ff. (113).

173 Feng Jiansheng, On the Typy Construction of Franchise Contracts from the Perspective of Civil Code Compilation, in: Studies in Law and Business, 2019, Nr. 4, S. 14 ff. (14).

c) Änderung im ZGB

Im Folgenden sind die Änderungen im Vertragsrecht des ZGB, die für Vertriebsverträge in dieser Arbeit relevant sind, aufgelistet:

1) Rücktritt/Kündigung[174] eines Vertrags im Allgemeinen Teil des Vertragsrechts:
   Neu eingefügt wurde die ordentliche Kündigung eines unbefristeten Vertrags (§ 563 Abs. 2);
   neu eingefügt wurde § 580 Abs. 2, wonach das Volksgericht oder das Schiedsorgan auf Antrag des Schuldners den Vertrag beendigen kann, wenn die Partei ihre Leistungspflicht nicht erfüllt und einer der Ausnahmetatbestände[175] vorliegt und dies dazu führt, dass der Vertragszweck nicht erfüllt werden kann.
2) Geschäftsbesorgungsvertrag:
   In § 400 S. 2 VG wurde geregelt, dass eine Übertragung des Auftrages des Auftragnehmers (echter Untervertreter) nur mit (vorheriger) „Einwilligung/同意“ des Auftraggebers zulässig war. Es wurde in § 923 S. 2 ZGB neu eingefügt, dass diese Übertragung des Auftrages mit einer „nachträglicher Genehmigung/追认“ des Auftraggebers auch zulässig ist;
   Umfang des Schadensersatzes wegen Ausübung der „beliebigen“[176] Kündigung/Rücktritt von einem entgeltlichen Vertrag sind der unmittelbare Schaden (reale Vermögenseinbuße) und der entgangene Gewinn (§ 933 S. 2).
3) Kommissionsvertrag: keine Änderung
4) Maklervertrag:
   Die Bezeichnung „Vermittlungsvertrag/中介合同“ taucht erst im ZGB auf, im VG war von „Maklervertrag/居间合同“ die Rede;

---

174 China unterscheidet nicht zwischen „Rücktritt“ der „einfachen“ Schuldverhältnisse und „Kündigung“ der Dauerschuldverhältnisse. In beiden Fällen wird „解除“ verwendet.

175 Gemäß § 580 Abs. 1 ZGB Nr. 1: Rechtliche oder tatsächliche Unmöglichkeit; Nr. 2: Der Gegenstand der Verbindlichkeit ist nicht geeignet zur erzwungenen Erfüllung oder die Kosten der Erfüllung sind zu hoch; Nr. 3: Der Gläubiger hat nicht innerhalb einer angemessenen Frist die Erfüllung gefordert.

176 Gemäß § 933 S. 1 ZGB (a.F. § 410 S. 1 VG) kann jede Partei den Geschäftsbesorgungsvertrag jederzeitig ohne Angabe von Gründen und ohne Einhaltung einer Kündigungsfrist kündigen. Für diese Kündigung wird im Folgenden die Bezeichnung „beliebige“ Kündigung/Rücktritt/任意解除 verwendet.

Nach § 964 Hs. 2 ZGB hat der Makler einen Aufwendungsanspruch bei Nichtabschluss eines Hauptvertrags, nur wenn eine Vereinbarung darüber vorliegt. Im VG handelte es sich gemäß § 427 VG um eine Rechtsgrundlage für Aufwendungsanspruch;
neu eingefügt wurde der Vergütungsanspruch des Maklers in § 965, falls der Auftraggeber die Dienstleistung des Maklers nutzt, aber den Hauptvertrag unter Umgehung des Maklers abschließt;
neu eingefügt wurden die Regelungen in § 966, danach finden die Bestimmungen zum Geschäftsbesorgungsvertrag auf Maklervertrag ergänzend Anwendung.

2. Merkmale der Vertriebsverträge

a) Typische und untypische Verträge

Aufgrund der Komplexität und ständigen Innovation der Vertriebstätigkeit sind die meisten Erscheinungsformen von Vertriebsverträgen in der Praxis unbenannte/untypische Verträge[177] – insbesondere Handelsvertreterverträge und Vertragshändlerverträge. Dagegen sind Kommissionsverträge (Kommissionär und Kommissionsagent), Maklerverträge (Handelsmakler) und Franchiseverträge benannte Verträge.

Unbenannte Verträge resultieren aus der Anwendung von Gesetzen. Für unbenannte Verträge werden gemäß § 467 Abs. 1 ZGB (a.F. § 124 VG) die Bestimmungen des Allgemeinen Teils des Vertragsrechts im ZGB angewandt, soweit für einen konkreten Vertrag keine besonderen Bestimmungen im ZGB oder anderen Gesetzen vorgesehen sind. Alternativ können die Bestimmungen des ZGB für den benannten Vertrag oder andere Gesetze berücksichtigt werden, wenn sie sehr stark dem konkreten Vertrag ähneln.

Beim gemischten Vertrag als unbenanntem Vertrag handelt es sich um einen Vertrag, der aus Elementen von mehreren (benannten oder unbenannten) Verträgen besteht.[178] Ein Vertriebsvertrag kann mehrere Elemente z.B. des Geschäftsbesorgungsvertrags und des Kaufvertrags enthalten.

177 In China wird zwischen benannten (typischen) Verträge und unbenannten (nichttypischen) Verträgen unterschieden. Unbenannte Verträge sind Verträge, deren Regelungen nicht ausdrücklich im ZGB oder anderen Gesetzen festgelegt werden.

178 Han Shiyuan, Vertragsrecht, 4. Aufl., S. 73.

b) Dauerschuldverhältnis und „einfaches" Schuldverhältnis

Für ein stabiles Vertriebssystem streben Absatzherren nach einer langfristigen Zusammenarbeit mit Absatzmittlern, was den Abschluss eines Schuldverhältnisses nahelegt.

Auch wenn im VG einige benannte Verträge als Dauerschuldverhältnis (z.B. §§ 212 ff. Mietvertrag, §§ 365 ff. Aufbewahrungsvertrag, §§ 381 ff. Lagervertrag) spezifiziert wurden, konzentrierte sich dieses Gesetz im Allgemeinen auf „einfache" Schuldverhältnisse.[179] Im ZGB wurde die Bestimmung der ordentlichen Kündigung (§ 563 Abs. 2 ZGB) als Bestimmung zum Dauerschuldverhältnis neu eingefügt.

Rechtswissenschaftliche Forschung über Dauerschuldverhältnisse wurde in China lange vernachlässigt. Daher müssen die Eigenschaften der dauerhaften Vertriebsverträge untersucht werden, wobei insbesondere die charakteristischen Unterschiede zu den Vertriebsverträgen als „einfachen" Schuldverhältnissen herauszuarbeiten sind.

Erstens braucht es für eine langfristige Absatzkooperation der Parteien der Vertriebsverträge ein hohes Maß an Vertrauen und Treue.[180]

Zweitens erlöschen Vertriebsverträge als Dauerschuldverhältnisse nicht durch Erfüllung. Vertriebsverträge können durch Kündigung aus Gründen[181] ohne Einhaltung einer Kündigungsfrist (§ 563 Abs. 1 ZGB, a.F. § 94 VG) oder durch ordentliche Kündigung bei unbefristeten Vertriebsverträgen unter Einhaltung einer angemessenen Kündigungsfrist (§ 563 Abs. 2 ZGB) gekündigt werden. Außer den gesetzlichen Bestimmungen im Allgemeinen Teil des Vertragsrechts im ZGB sind auf Vertriebsverträge mit Elementen des Geschäftsbesorgungsvertrags wie Handelsvertretervertrag und Kommissionsagentenvertrag die Bestimmungen zum Geschäftsbesorgungsvertrags[182] anwendbar. Gemäß § 933 S. 1 ZGB (a.F. § 410 S. 1 VG) kann jede Partei die

179 Han Shiyuan, Vertragsrecht, 4. Aufl., S. 90.

180 Martinek/Semler/Flohr/Martinek, Handbuch des Vertriebsrechts, 4. Aufl., § 4, Rn. 9 f.

181 Zu den Gründen gehören Höhere Gewalt (§ 563 Abs. 1 Nr. 1), Pflichtverletzung (§ 563 Abs. 1 Nr. 2–4) und andere von Gesetzes wegen bestimmter Umstände (§ 563 Abs. 1 Nr. 5).

182 Die Bestimmungen des Geschäftsbesorgungsvertrags gemäß §§ 919–936 ZGB (a.F. §§ 396–413 VG) lassen sich anwenden auf alle Arten von Geschäftsbesorgungsverträgen, nämlich auf den Geschäftsbesorgungsvertrag als „einfaches" Schuldverhältnis, den unbefristeten Geschäftsbesorgungsvertrag und den befristeten Geschäftsbesorgungsvertrag.

Vertriebsverträge jederzeitig ohne Angabe von Gründen und ohne Einhaltung einer Kündigungsfrist kündigen.

Die ordentliche Kündigung bei unbefristeten Dauerschuldverhältnissen wurde im ZGB neu eingefügt, die „beliebige“ Kündigung des Geschäftsbesorgungsvertrags war in § 410 S. 1 VG geregelt und wurde unverändert in § 933 S. 1 ZGB übernommen. Chinesische Juristen haben die ordentliche Kündigung und die „beliebige“ Kündigung weder richtig verstanden noch korrekt voneinander unterschieden.[183] Eine Anwendung der „beliebigen“ Kündigung auf Vertriebsverträge schadet der stabilen Zusammenarbeit zwischen Absatzherrn und Absatzmittler.

c) *Rahmenvertrag und Ausführungsvertrag*

In Vertriebsverträgen wie Vertragshändlerverträgen und Franchiseverträgen werden häufig zunächst nur die grundlegenden Rechte und Pflichten zur Vertriebskooperation vereinbart (Rahmenvertrag). Dann schließen die Parteien bei Durchführung der Vertriebsverträge einzelne Ausführungsverträge wie etwa Kaufverträge ab.[184]

Der Rahmenvertrag wird weder im VG noch im ZGB geregelt. Durch den Einfluss des deutschen Rechts ist der Rahmenvertrag in der wissenschaftlichen Literatur[185] und in der juristischen Praxis[186] in China geläufig. Allerdings besteht hinsichtlich Rahmenverträgen kein tiefgehendes Verständnis. In der gerichtlichen Praxis bestimmen Gerichte einen Rahmenvertrag hauptsächlich aufgrund der von den Parteien vereinbarten Vertragsbezeichnung statt aufgrund der Inhalte wie Rechte und Pflichten.[187]

---

183 Wu Yifeng, On the Ordinary Termination System of Indefinite Continuous Contract – Comments on the Provisions of Contract Law in Civil Code (Second Draft), in: Peking University Law Journal, 2019, Nr. 2, S. 522 ff. (527).

184 Martinek/Semler/Flohr/Martinek, Handbuch des Vertriebsrechts, 4. Aufl., § 4, Rn. 1.

185 Cui Jianyuan, Allgemeiner Teil des Vertragsrechts, 2. Aufl., 90 ff.; Chen Jin, Die Entwicklung der Theorie des Rahmenvertrags im deutschen Recht und dessen Aufklärung, in: Political Science and Law, 2013, Nr. 3, S. 125 ff.

186 Erstes Mittleres Volksgericht Shanghai, 2012, Nr. 111, (2012) 沪一中民五(知)终字第111号.

187 Chen Jin, Die Entwicklung der Theorie des Rahmenvertrags im deutschen Recht und dessen Aufklärung, in: Political Science and Law, 2013, Nr. 3, S. 125 ff. (131).

IV. Antimonopolrecht

Grundsätzlich sind Absatzherr/Anbieter und Absatzmittler/Abnehmer frei in der Gestaltung eines Vertriebsvertrags. Enthält der Vertriebsvertrag eine Vereinbarung, die den Wettbewerb beschränken kann, steht die Frage der Anwendbarkeit des Antimonopolrechts/Kartellrechts im Raum. Bei der Diskussion des Antimonopolrechts geht es vor allem um das Verbot vertikaler Monopolvereinbarung und Missbrauchsverbot marktbeherrschender Stellung durch Unternehmen. Rechtswissenschaftliche Diskussionen und wettbewerbsrechtliche Prüfungen solcher wettbewerbsbeschränkenden Vereinbarungen erfahren in den letzten Jahren mehr Aufmerksamkeit und haben dem Vertriebsrecht neue Impulse zur Weiterentwicklung gegeben.

Das Antimonopolrecht entwickelt sich in China erst seit dem Inkrafttreten des *Antimonopolgesetzes der VR China*[188] (im Folgenden: AMG) im Jahr 2008. Auf diesem jungen Rechtsgebiet bestehen noch verschiedene Probleme und Schwachpunkte von der Gesetzgebungs- bis zur Durchsetzungsebene.

1. Vertikale Monopolvereinbarung

Vertriebsverträge zwischen Absatzherrn und Absatzmittler auf verschiedenen Stufen der Produktion oder des Absatzes können vertikale Vereinbarungen/Wettbewerbsbeschränkungen enthalten, z.B. Preis-, Gebiets- und Ausschließlichkeitsbindungen. Ein Absatzherr oder/und sein Absatzmittler können aus verschiedenen Gründen eine Wettbewerbsbeschränkung oder eine Kombination mehrerer Wettbewerbsbeschränkungen vereinbaren.

a) Klärung wichtiger Begriffe

Verbot können nicht nur schriftliche und mündliche vertikale Vereinbarungen/Monopolvereinbarung sein, sondern auch nach § 13 Abs. 2 AMG abgestimmte Verhaltensweisen zwischen zwei oder mehr Unternehmen.

Der Unternehmensbegriff im Antimonopolrecht ist nicht mit jenem des Handelsrechts identisch. Gemäß § 12 Abs. 1 AMG ist ein Unternehmen jede natürliche und juristische Person und sonstige Organisation, die sich mit der Produktion oder dem Vertrieb von Waren befasst oder Dienstleistungen erbringt. Im Antimonopolrecht kann jeder, der sich am Marktwettbewerb beteiligt, unabhängig von seiner Rechtsform Unternehmen sein.[189]

188 中华人民共和国反垄断法, am 01.08.2008 in Kraft getreten.

189 Wang Xiaoye, Anti-Monopoly Law, S. 76.

In § 13 Abs. 2 AMG werden die Begriffe „Ausschluss des Wettbewerbs“ und „Beschränkung des Wettbewerbs“ verwendet. Aus Perspektive der Auswirkung einer vertikalen Monopolvereinbarung ist der „Ausschluss des Wettbewerbs“ schwerwiegender als die „Beschränkung des Wettbewerbs“. Aus Perspektive der Absicht der Unternehmen oder des Zwecks der Monopolvereinbarung bestehen keine wesentlichen Unterschiede.[190] Im Folgenden wird der Begriff „Wettbewerbsbeschränkung“ verwendet.

b) Rechtsgrundlage

Im AMG sind die horizontalen (§ 13 Abs. 1) und die vertikalen Monopolvereinbarungen (§ 14) getrennt geregelt. Besonders relevante Bestimmungen, die auf die vertikale Monopolvereinbarung Anwendung finden, sind: § 13 Abs. 2 Definition der Monopolvereinbarung; § 14 Verbot vertikaler Monopolvereinbarungen; § 15 Freistellung/Ausnahme vom Verbot der Monopolvereinbarungen; § 46 Abs. 1 Verwaltungsrechtliche Haftung bei Verstoß gegen das Verbot der Monopolvereinbarungen; § 50 Zivilrechtliche Haftung – Schadensersatzanspruch aufgrund vertikaler Vereinbarungen.

Die o.g. gesetzlichen Bestimmungen zu vertikalen Monopolvereinbarungen in China sind im Vergleich mit europäischem Kartellrecht[191] sehr allgemein und abstrakt. Es gab lange Zeit keine weiteren Nebenvorschriften, Leitlinien oder Leitansichten, die die abstrakten Bestimmungen konkretisierten und die Anwendung des Antimonopolrechts bei der Durchsetzung durch Gerichte und Behörden und bei der Selbstprüfung vertikaler Vereinbarungen von Unternehmen anleiteten. Deswegen wurden lange Zeit umfassende und detaillierte Nebenbestimmungen gefordert, die vor allem einen Prüfungsrahmen für vertikale Vereinbarungen und die für diese Prüfung relevanten Faktoren enthalten.[192]

Erst im Juni 2019 wurden von der *Staatlichen Verwaltung für Marktregulierung*/国家市场监督管理总局 (im Folgenden: SVMR) *die vorläufigen Bestimmungen zum Verbot der Monopolvereinbarung*[193] (in Folgenden: BVM)

---

190 Wang Xiaoye, Anti-Monopoly Law, S. 80.

191 Kartellverbot Art. 101 AEUV (Primärrecht); die Gruppenfreistellungverordnungen Nr. 330/2010 der Kommission (Vertikal-GVO) (Sekundärrecht); Leitlinien für vertikale Beschränkungen (2010/C 130/01) (Vertikal-LL); Kartellschadensersatzrichtlinie 2014/104/EU.

192 Ye Weiping, China's Choice of Analytical Models for its Anti-Monopoly Law, in: Social Sciences in China, 2017, Nr. 3, S. 96 ff. (113 f.).

193 禁止垄断协议暂行规定, am 01.09.2019 in Kraft getreten.

erlassen. In § 12 BVM sind die Erscheinungsformen der in § 14 Nr. 1 und 2 AMG genannten vertikalen Preisbindung konkretisiert. § 13 Abs. 2 BVM enthält die relevanten Faktoren für die Prüfung sonstiger vertikaler Vereinbarungen nach § 14 Nr. 3 AMG. In § 27 BVM sind die für die Prüfung der Freistellung vom Verbot der Monopolvereinbarungen nach § 15 AMG relevanten Faktoren gefasst.

c) *Handelsvertreterverträge, Kommissionär- und Kommissionsagentenverträge*

Die Erscheinungsformen von Absatzmittlungsverträgen sind in der Praxis vielfältig. Grundsätzlich findet das Recht des Verbots vertikaler Monopolvereinbarung auf Handelsvertreterverträge, Kommissionär- und Kommissionsagentenverträge keine Anwendung, wenn der selbstständige Absatzmittler im Auftrag des Auftraggebers/Absatzherrn im Namen des Auftraggebers (Handelsvertreter) oder im eigenen Namen (Kommissionär- und Kommissionsagent) tätig ist.[194]

Im europäischen Recht ist relevant, ob der Handelsvertreter bei seiner Tätigkeit ein finanzielles und geschäftliches Risiko trägt.[195] Trägt er ein oder mehrere finanzielle und geschäftliche Risiken, kann Art. 101 Abs. 1 AEUV auf die Vereinbarungen über Wettbewerbsbeschränkungen Anwendung finden.[196] Trägt der Auftraggeber die finanziellen und geschäftlichen Risiken, findet Art. 101 Abs. 1 AEUV keine Anwendung auf die als untrennbarer Bestandteil des Handelsvertretervertrags angesehenen Vereinbarungen – etwa Gebiets- und Kundenbeschränkungen und Preisbeschränkungen.[197] Allerdings können Vereinbarungen zur Alleinvertriebsbindung oder Alleinbezugsbindung gegen Art. 101 Abs. 1 AEUV verstoßen.[198]

Die Rechtsanwendung von § 14 AMG auf Handelsvertreterverträge/Kommissionär- und Kommissionsagentenverträge in Abhängigkeit von der Risikoverteilung zwischen beiden Parteien ist in China fremd. Allerdings ist es in der Praxis nicht selten, dass ein Handelsvertretervertrag Vereinbarungen zur Aufteilung des finanziellen und geschäftlichen Risikos des Handelsvertreters enthält. Daher wird von *Su* vorgeschlagen, dass für die Anwendung von

---

194 Su Hua, Antitrust Scrutiny of Distribution Practices, S. 93.
195 Vertikal-LL Rn. 13–16.
196 Vertikal-LL Rn. 17.
197 Vertikal-LL Rn. 18.
198 Vertikal-LL Rn. 19.

§ 14 AMG auf die Handelsvertreterverträge/Kommissionär- und Kommissionsagentenverträge das europäische Recht als Vorbild dient.[199] Zu erwarten ist, dass in der Zukunft bei der Durchsetzung des Antimonopolrechts eine wettbewerbsrechtliche Prüfung der Handelsvertreterverträge/Kommissionär- und Kommissionsagentenverträge erfolgt.

d) Vertikale Preisbindung

In China ist in § 14 AMG lediglich explizit genannt, dass eine vertikale Vereinbarung über bindende Weiterverkaufspreise verboten ist, also die Festlegung des Weiterverkaufspreises (Nr. 1 Festpreisbindung) und eines Mindestweiterverkaufspreises (Nr. 2 Mindestpreisbindung). Bei Verstoß gegen das Verbot der Monopolvereinbarung ist die betroffene Vereinbarung gemäß § 14 AMG, § 15 AMV und § 153 Abs. 1 S. 1 ZGB (a.F. § 52 Nr. 5 VG) nichtig. Außerdem müssen die Unternehmen die verwaltungsrechtliche (§ 46 Abs. 1 AMG) und zivilrechtliche Haftung (§ 50 AMG) tragen.

Diese beiden o.g. Arten vertikaler Preisbindungen sind nach europäischem Kartellrecht gemäß Art. 4 lit. a) Vertikal-GVO eine Kernbeschränkung. Enthält eine vertikale Vereinbarung eine Kernbeschränkung, so wird zunächst vermutet, dass diese Vereinbarung gegen das Wettbewerbsverbot nach Art. 101 Abs. 1 AEUV verstößt. Ferner wird vermutet, dass eine solche Vereinbarung die Gruppenfreistellung ausschließt. Eine solche Vereinbarung kann allerdings im Einzelfall freigestellt werden, wenn nachgewiesen wird, dass sie nach Art. 101 Abs. 3 AEUV eine wettbewerbsfördernde Wirkung hat (Einrede der Effizienz).[200]

China kennt weder das Konzept der Kernbeschränkungen noch die Gruppenfreistellung. Eine vertikale Vereinbarung kann nur im Einzelfall nach § 15 AMG vom Verbot freigestellt werden. In China fehlt eine Bestimmung oder Leitlinie zur einheitlichen Prüfungsmethode vertikaler Preisbindungen, was zu abweichenden Prüfungsmethoden bei der Rechtsdurchsetzung durch Volksgerichte und Antimonopolvollzugsorgane führt.

aa) Überblick zur Beurteilung vertikaler Preisbindung

Da die gesetzlichen Bestimmungen zu vertikalen Monopolvereinbarungen gemäß §§ 13–15 AMG nur allgemein und abstrakt gehalten sind, können die Volksgerichte bei der zivilen Rechtsdurchsetzung (Private Enforcement) und

199 Su Hua, Antitrust Scrutiny of Distribution Practices, S. 93.
200 Vertikal-LL Rn. 47 und 223.

Antimonopolvollzugsorgane bei der administrativen Rechtsdurchsetzung (Public Enforcement) ein abweichendes Verständnis davon und unterschiedliche Auslegungen dazu haben. Dies führt zu Abweichungen bezüglich der Voraussetzungen des Verbots vertikaler Monopolvereinbarungen, der Prüfungsmethoden und der Rechtsanwendung zwischen Volksgerichten und Antimonopolvollzugsorganen.[201]

Sowohl Antimonopolvollzugsorgane als auch Volksgerichte müssen zunächst prüfen und feststellen, ob eine betroffene vertikale Vereinbarung eine verbotene vertikale Monopolvereinbarung darstellt. Streitpunkt ist, ob für die Beurteilung einer Monopolvereinbarung im Einzelfall eine wirtschaftliche Analyse bzw. eine Prüfung der „Auswirkung der Wettbewerbsbeschränkung" erforderlich ist.

Die Prüfungsmethode kann jedoch anhand der bisherigen Entscheidungen analysiert werden. Die Volksgerichte wenden grundsätzlich das Prinzip der „Rule of reason" an. Dagegen greifen die Antimonopolvollzugsorgane nach h.M. auf das Prinzip von „Verbot und Freistellung" (generelles Verbot mit Erlaubnisvorbehalt) zurück.[202] Nach anderer Meinung wenden die Antimonopolvollzugsorgane das Prinzip des „Per-se-Verbots" an.[203]

Ferner führt der Einfluss von europäischem und US-amerikanischem Kartellrecht auf das chinesische Antimonopolrecht zu solchen Abweichungen. Konkret werden die Volksgerichte bei Durchsetzung des Antimonopolrechts vom US-amerikanischen Recht – dem Prinzip der „Rule of reason" – beeinflusst; wohingegen der Rahmen der gesetzlichen Bestimmungen der §§ 13–15 AMG von der europäischen AEUV (Artikel 101 Abs. 1 und Abs. 3 AEUV) beeinflusst wird. Deswegen wenden die Antimonopolvollzugsorgane weder das Prinzip der „Rule of reason" noch das Prinzip des „Per-se-Verbots" an. Sie

---

201 Hao Junqi, „Treffen" und „Umsetzen" bei der Prüfung der Voraussetzungen einer Monopolvereinbarung – Überlegung zur ersten Verwaltungsklage der vertikalen Preismonopolvereinbarung, in: Journal of Law Application, 2018, Nr. 2, S. 34 ff. (35).

202 Shi Jianzhong/Hao Junqi, Richtigkeit der Gesetzgebung über das Verbot der vertikalen Preisbindung und Verbesserungsvorschläge für die Durchsetzung, in: Political Science and Law, 2017, Nr. 11, S. 20 ff. (22).

203 Hou Liyang, Localized Enforcement against Retail Price Maintenance: Conflictive Theories, Enforcement Diversity and Possible Solutions, in: The Jurist, 2016, Nr. 6, S. 70 ff. (75); Lan Lei, Assessing the Goodness of Argument for the Per Se Illegal Approach to RPM: Comments on the Antitrust Case between Hainan Price Bureau and Hainan Yutai Technology Feed Co., Ltd., in: Competition Policy Research, 2018, Nr. 4, S. 64 ff. (65).

entscheiden strittige Fälle gemäß den gesetzlichen Bestimmungen, nämlich ein Verbot nach § 14 AMG und die Freistellung nach § 15 AMG (Prinzip von „Verbot und Freistellung").[204]

Die Prüfungsmethoden der Antimonopolvollzugsorgane und der Volksgerichte waren seit Jahren grundlegend unterschiedlich. Diese unterschiedlichen Prüfungsmethoden wurden mit der Entscheidung des Obersten Volksgerichts über die Verwaltungsklage zur Prüfung der Rechtmäßigkeit der Verwaltungsstrafe des Antimonopolvollzugsorgans erstmals vereinheitlicht. Das Oberste Volksgericht unterstützt die Prüfungsmethode der Antimonopolvollzugsorgane, mithin das Prinzip von „Verbot und Freistellung".[205]

bb) Entscheidungen der Antimonopolvollzugsorgane

Die Antimonopolvollzugsorgane können gemäß § 44 AMG nach der Untersuchung vertikaler Monopolvereinbarungen eigenständig entscheiden. Die verwaltungsrechtliche Haftung umfasst nach § 46 Abs. 1 AMG zwei Stufen: Wird eine vertikale Monopolvereinbarung bezüglich einer Preisbindung getroffen und umgesetzt, kann das Antimonopolvollzugsorgan gemäß § 46 Abs. 1 Hs. 1 anordnen, die rechtswidrige Handlung einzustellen und eine Geldbuße in Höhe von ein bis zehn Prozent des letzten Jahresumsatzes verhängen. Wird eine getroffene Monopolvereinbarung noch nicht umgesetzt, kann gemäß § 46 Abs. 1 Hs. 2 eine Geldbuße von bis zu 500.000 Yuan verhängt werden.

Früher existierten grundsätzlich drei staatliche Antimonopolvollzugsorgane[206], auf die die Zuständigkeit für die Untersuchung und Entscheidung von allen Arten monopolisierender Verhaltensweisen[207] aufgeteilt war. Für die vertikale Preisbindung war die SKER zuständig. In einer Mitteilung[208] ermächtigte die SKER alle Preisbehörden auf Provinzebene zu Ermittlungen

204 Ye Weiping, China's Choice of Analytical Models for Its Anti-Monopoly Law, in: Social Sciences in China, 2017, Nr. 3, S. 96 ff. (105 f.).

205 Oberstes Volksgericht, 2018, Nr. 4675, (2018) 最高法行申4675号.

206 Die Staatliche Kommission für Entwicklung und Reform (im Folgenden: SKER); Die Staatliche Verwaltung für Industrie und Handel der VR China (SVIH); Das Handelsministerium der VR China.

207 Monopolvereinbarung, Missbrauch marktbeherrschender Stellung und Unternehmenszusammenschlüssen.

208 *Die Mitteilung der SKER über die Ermächtigung der Durchsetzung des Anti-Preismonopols* (国家发展改革委关于反价格垄断执法授权的决定), Fa Gai Jia Jian [2008] Nr. 3509.

und Entscheidungen bei vertikalen Preisbindungen in ihren jeweiligen Verwaltungsregionen.

Die SVMR wurde 2018 gegründet. Seitdem ist das staatliche Antimonopolvollzugsorgan vereinheitlicht und zuständig für die Entscheidung aller Arten monopolisierender Verhaltensweisen. Außerdem sind nun alle Verwaltungen für Marktregulierung auf Provinzebene dafür in ihren jeweiligen Verwaltungsregionen verantwortlich.[209]

Nach Inkrafttreten des AMG 2008 haben die Antimonopolvollzugsorgane erstmals 2013 die vertikalen Preisbindungen von zwei Spirituosenherstellern – *Maotai*[210] und *Wuliangye*[211] – geprüft und wegen Verstoßes gegen das Verbot der vertikalen Monopolvereinbarung Geldbußen verhängt. Danach sind die Antimonopolvollzugsorgane aktiver geworden. Sie prüften die vertikalen Preisbindungen von Unternehmen verschiedenster Branchen und verhängten Strafen, darunter gegen Unternehmen aus folgenden Bereichen: Automobile – *Chrysler*[212], *Mercedes-Benz*[213], *SAIC General Motors*[214], Autoreifen – *Hantai*[215], Brillengläser – *Essilor*[216], Kontaktlinsen – *Johnson & Johnson*[217], Medizintechnik – *Medtronic*[218], *Yangtze River Pharmaceutical Group*[219], Smartphone – *Vivo*[220], Haushaltsgeräte – *Haier*[221], Fischfutter – *Yutai*[222], Erdgas/CNG – *PetroChina Daqing*[223].

In den Strafbescheiden der Antimonopolvollzugsorgane wird die Reihenfolge der Prüfung der vertikalen Preisbindung gezeigt: Zuerst wird geprüft,

---

209 *Mitteilung der SVMR über die Ermächtigung der Durchsetzung des Antimonopolrechts* (市场监管总局关于反垄断执法授权的通知), Guo Shi Jian Fan Long Duan [2018] Nr. 265.

210 Verwaltungsstrafe [2013] Nr. 1 der Preisbehörde der Provinz Guizhou.

211 Verwaltungsstrafe [2013] Nr. 1 der Kommission für Entwicklung und Reform der Provinz Sichuan.

212 Verwaltungsstrafe [2014] Nr. 2520140077 der Preisbehörde der Stadt Shanghai.

213 Verwaltungsstrafe [2014] Nr. 2 der Preisbehörde der Provinz Jiangsu.

214 Verwaltungsstrafe [2016] Nr. 2520160027 der Preisbehörde der Stadt Shanghai.

215 Verwaltungsstrafe [2016] Nr. 2520160001 der Preisbehörde der Stadt Shanghai.

216 Verwaltungsstrafe [2014] Nr. 2520140018 der Preisbehörde der Stadt Shanghai.

217 Verwaltungsstrafe [2014] Nr. 2520140017 der Preisbehörde der Stadt Shanghai.

218 Verwaltungsstrafe [2016] Nr. 8 der SKER.

219 Verwaltungsstrafe [2021] Nr. 29 der SVMR.

220 Verwaltungsstrafe [2016] Nr. 1 der Preisbehörde der Provinz Jiangsu.

221 Verwaltungsstrafe [2016] Nr. 2520160009 der Preisbehörde der Stadt Shanghai.

222 Verwaltungsstrafe [2017] Nr. 5 der Preisbehörde der Provinz Hainan.

223 Verwaltungsstrafe [2018] Nr. 1 der SKER; Verwaltungsstrafe [2018] Nr. 2 der SKER.

ob eine vertikale Vereinbarung über Preisbindung zwischen zwei oder mehreren Unternehmen getroffen wurde; dann wird geprüft, ob diese getroffene vertikale Vereinbarung vom Unternehmen auf nachgelagerten Stufen umgesetzt wurde. Schließlich wird festgestellt, ob die getroffene und umgesetzte vertikale Vereinbarung oder die getroffene, aber noch nicht umgesetzte vertikale Vereinbarung den Wettbewerb beschränkt und Verbraucherinteressen schadet.

Wettbewerbsbeschränkende Auswirkungen vertikaler Monopolvereinbarungen wurden meist lediglich als Ergebnis der Antimonopolvollzugsorgane in den Strafbescheiden angenommen, ohne die wirtschaftlichen Auswirkungen der jeweiligen Vereinbarung auf den Wettbewerb zu analysieren. Selbst wenn eine solche Analyse erfolgte, war sie nicht umfassend und detailliert. Die Preisbehörde der Provinz Jiangsu gab bei den Fällen *Mercedes-Benz* und *Vivo* in den Strafbescheiden an, dass die Unternehmen auf vorgelagerten Stufen die Freiheit zur Preissetzung ihrer Händler auf der nachgelagerten Stufe durch vertikale Preisbindung und den Preiswettbewerb zwischen unterschiedlichen Händlern gleicher Produkte oder Marken (Intrabrand-Wettbewerb/markeninterner Wettbewerb) beschränkten. Ferner gab die Antimonopolvollzugsorgane im Fall *Wuliangye* und *Medtronic* in den Strafbescheiden an, dass durch die vertikalen Preisbindungen neben dem Intrabrand-Wettbewerb/markeninternen Wettbewerb auch der Wettbewerb zwischen Anbietern unterschiedlicher Produkte oder Marken (Interbrand-Wettbewerb/Markenwettbewerb) beschränkt wurde.

Es gibt bisher keine nach § 15 AMG[224] freigestellte vertikale Preisbindung. In den Entscheidungen der Antimonopolvollzugsorgane wurde lange nicht

224 § 15 AMG ist die Rechtsgrundlage für die Freistellung/Ausnahme vom Wettbewerbsverbot bei horizontalen und vertikalen Vereinbarungen. Für eine Freistellung vom Verbot von Monopolvereinbarungen muss das Unternehmen zunächst beweisen, dass seine Vereinbarung einen der in § 15 Abs. 1 aufgelisteten Tatbestände erfüllt: die getroffene Vereinbarung kann Techniken verbessern, die Erschließung neuer Produkte untersuchen (Nr. 1); die Produktqualität erhöhen, die Kosten senken oder Effizienz steigern durch Standardisierung der Produkte oder Spezialisierung der Arbeitsteilung zwischen Unternehmen (Nr. 2); die Effizienz kleiner und mittlerer Unternehmen erhöhen (Nr. 3); öffentlichen Interessen dienen wie Energiesparen, Umweltschutz, Katastrophenhilfe (Nr. 4); während einer Wirtschaftskrise erhebliche Absatzsenkungen oder offensichtliche Überproduktion mildern (Nr. 5); angemessene Gewinne im Außenhandel und in der wirtschaftlichen Zusammenarbeit mit dem Ausland gewährleisten (Nr. 6). Bei Vorliegen einer der Tatbestände Nr. 1–5 muss das Unternehmen gemäß § 15 Abs. 2 dann beweisen, dass diese Vereinbarung

einmal angegeben, ob die bestraften Unternehmen eine Einrede der Effizienz erhoben und ob die Antimonopolvollzugsorgane diese geprüft haben.[225] Im Jahr 2021 hatte ein Unternehmen bei der Ermittlung der vertikalen Preisbindung vom Antimonopolvollzugsorgan eine Freistellung des Verbots der vertikalen Preisbindung beantragt, da die betroffene Festpreisbindung und Mindestpreisbindung auch positive Auswirkungen hinsichtlich der „Verbesserung der Techniken und Erschließung und Untersuchung neuer Produkte" (§ 15 Abs. 1 Nr. 1) und des „Dienstes am öffentlichen Interesse" (§ 15 Abs. 1 Nr. 4) habe. Das Antimonopolvollzugsorgan befand, das ein Verbot der betroffenen Preisbindungen nicht freigestellt werden darf, da die Voraussetzungen zur Freistellung nicht erfüllt seien: Erstens seien die betroffenen Produkte (Arzneimittel) demnach bereits seit fünf Jahren auf dem Markt abgesetzt worden, weshalb die Voraussetzung „Neue Produkte" (§ 15 Abs. 1 Nr. 1) nicht erfüllt sei. Zweitens war das Unternehmen irrtümlich der Auffassung, die öffentlichen Interessen würden durch Garantieren der Produktqualität im Vertriebsprozess gewahrt, und dieses Garantieren der Produktqualität bestehe darin, dass die Absatzmittler durch die Preisbindung hohen Gewinn erzielen und in den Vertriebsprozess investieren könnten. Jedoch konnte das Unternehmen weder beweisen, dass die betroffene Preisbindung darauf abzielte, Investitionen in den Vertriebsprozess zu fördern, noch, dass die Absatzmittler die aus der Preisbindung erzielten Gewinne zur Verbesserung des Vertriebsprozesses verwendet hatten.[226]

cc) Entscheidungen von Volksgerichten – Privatklage

Bei den gerichtlichen Entscheidungen von Volksgerichten zu vertikaler Preisbindung gibt es zwei Möglichkeiten: Privatklage auf Schadensersatz aufgrund der Durchführung einer verbotenen Monopolvereinbarung (§ 50 AMG) und Verwaltungsklage auf Rechtmäßigkeitsprüfung eines Strafbescheids des Antimonopolvollzugsorgans gegen Unternehmen (§ 53 Abs. 2 Alt. 2 AMG).

---

den Wettbewerb auf dem relevanten Markt nicht erheblich beschränkt und die Verbraucher an den daraus erzielten Vorteilen teilhaben lässt.

225 Shi Jianzhong/Hao Junqi, Richtigkeit der Gesetzgebung zum Verbot der vertikalen Preisbindung und Verbesserungsvorschläge für die Durchsetzung, in: Political Science and Law, 2017, Nr. 11, S. 20 ff. (31).

226 Verwaltungsstrafe [2021] Nr. 29 der SVMR.

Schädigen Unternehmen bei Durchführung einer vertikalen Monopolvereinbarung andere Personen, können diese Personen zivilrechtlichen Schadensersatz gemäß § 50 AMG verlangen. Nach § 1 der justiziellen Auslegung[227] des Obersten Volksgerichts zur Durchsetzung des Antimonopolrechts kann jede natürliche oder juristische Person oder Organisation anspruchsberechtigt sein. Aus der gerichtlichen Praxis kann die anspruchsberechtigte Person direkter und auch indirekter Abnehmer sein.[228] Nach § 2 AMV ist keine vorhergehende Entscheidung des Antimonopolvollzugsorgans erforderlich, der Kläger kann sich direkt an das Volksgericht wenden.

In der gerichtlichen Praxis ist es schwierig, eine vertikale Vereinbarung als verbotene vertikale Monopolvereinbarung (Preisbindung) festzustellen und den entstandenen Schaden zu berechnen. Die Prüfungsmethoden der Volksgerichte weichen dabei grundlegend von denen der Antimonopolvollzugsorgane ab. Diese Prüfung der Gerichte nach dem Prinzip der „Rule of reason“ begann mit dem Fall *Ruibang vs. Johnson & Johnson*: Im Absatzmittlungsvertrag war vereinbart worden, dass der Absatzmittler die Vertragsprodukte nicht unter einem vom Hersteller angegebenen Preis weiterverkaufen durfte. Da der Absatzmittler gegen diese Mindestpreisbindung verstoßen hatte, hatte der Hersteller als Sanktion die weitere Produktlieferung an den Absatzmittler eingestellt und den Absatzmittlungsvertrag gekündigt. Deswegen behauptete der Absatzmittler, dass die betroffene vertikale Vereinbarung wettbewerbsrechtlich verboten und nichtig ist und verlangte Schadensersatz. Das Volksgericht zweiter Instanz entschied zugunsten des Klägers/Absatzmittlers und stellte dazu fest: Erstens setzt eine nach § 14 Nr. 2 AMG verbotene vertikale Preisbindung die in § 13 Abs. 2 AMG definierte „Wirkung der Wettbewerbsbeschränkung durch vertikale Vereinbarung“ voraus. Zweitens muss der Kläger/Absatzmittler die Beweislast für die wettbewerbsbeschränkende Wirkung tragen. Um zu prüfen, ob die Mindestpreisbindung den Wettbewerb beschränkt, analysierte das Volksgericht drittens die folgenden vier Aspekte: 1) ob der Wettbewerb auf dem relevanten Markt nicht ausreichend ist; 2) ob die Marktstellung des Beklagten/

---

227 *Bestimmungen des Obersten Volksgerichts zu einigen Fragen der Anwendung des Rechts in Verhandlungen wegen zivilrechtlicher Streitigkeiten aufgrund monopolisierender Verhaltensweisen* (im Folgenden: AMV) (最高人民法院关于审理因垄断行为引发的民事纠纷案件应用法律若干问题的规定), Fashi [2012] Nr. 5, Revision 2020; Die deutsche Übersetzung in: Sarah Wersborg, ZChinR 2012, S. 375–379.

228 Dai Bin/Zeng Fanyu, Studie über zivilprozessrechtliche Fragen zur vertikalen Preismonopolvereinbarung – aus der Sicht des Falls Johnson & Johnson, in: Journal of Law Application, 2016, Nr. 3, S. 97 ff. (99).

Herstellers auf dem relevanten Markt stark ist; 3) ob die Vereinbarung bezweckt, den Preiswettbewerb zu beschränken; 4) unter Berücksichtigung der wettbewerbsfördernden und wettbewerbsbeschränkenden Auswirkungen der Mindestpreisbindung muss geprüft werden, ob die wettbewerbsfördernden die wettbewerbsbeschränkenden Auswirkungen überwiegen. Viertens erkannte das Gericht nur den entgangenen Gewinn des Absatzmittlers auf die betroffenen Produkte an, den die Umsetzung der Mindestpreisbindung direkt verursachte. Der Ersatz eines weiteren Schadens wurde wegen Fehlens einer direkten Kausalität der Ausführung der vertikalen Preisbindung vom Gericht nicht anerkannt – etwa der entgangene Gewinn bei anderen Produkten des gleichen Anbieters, der Goodwill-Schaden und andere wegen Nichtlieferung der Produkte und Kündigung des Absatzmittlungsvertrags entstandene Verluste. Die Schadenshöhe (Gewinnverluste bei den betroffenen Produkten) wurde auf Grundlage des normalen Gewinns[229] des Absatzmittlers (wenn es keine vertikale Preisbindung gäbe) auf dem relevanten Markt berechnet. Das Gericht schätzte die Höhe des Schadens auf 16 Prozent des normalen Gewinns.[230]

Der Fall *Ruibang vs. Johnson & Johnson* war das erste Urteil im Zusammenhang mit vertikaler Monopolvereinbarung und auch das einzige Urteil, in dem der Schadensersatzanspruch des Klägers aufgrund einer vertikalen Preisbindung vom Volksgericht unterstützt wurde. In diesem Fall versuchte das Volksgericht, die Prüfungsmethode bei vertikaler Preisbindung, die Faktoren für die Prüfung und die Berechnung der Schadenshöhe festzulegen. Basierend auf diesem Fall werden die folgenden wichtigen Punkte hinsichtlich der privaten Rechtsdurchsetzung diskutiert.

Erstens wandte das Volksgericht bei der Prüfung einer vertikalen Preisbindung erstmals das Prinzip der „Rule of reason“ an. Zur Feststellung einer verbotenen vertikalen Monopolvereinbarung muss zuerst die wettbewerbsbeschränkende Auswirkung der Vereinbarung im jeweiligen Fall geprüft werden. Das Gericht hat in diesem Fall den in § 13 Abs. 2 AMG geregelten

---

229 Bei der Berechnung des normalen Gewinns des Absatzmittlers berücksichtigte das Gericht die folgenden Faktoren: der Verkaufspreisunterschied zwischen den Vertragsprodukten und den Produkten anderer Hersteller/Marken, Kaufpreise des Vertragsprodukts, Rabatte und Steuerbelastung des Absatzmittlers und die Gewinnverteilung zwischen Hersteller und Absatzmittler.

230 Beijing Ruibang Yonghe Technology & Trade Co., Ltd. vs. Johnson & Johnson Medical (Shanghai) Ltd. and Johnson & Johnson Medical (China) Ltd. (dispute over vertical monopoly agreement), in: Gazette of the Supreme People's Court of the People's Republic of China, 2014, Nr. 2, S. 42 ff.

Verbotstatbestand „Wettbewerbsbeschränkung“ als „Auswirkung der Wettbewerbsbeschränkung“ einschränkend ausgelegt. Dem Wortlaut nach ist in § 13 Abs. 2 AMG nur geregelt: „Monopolvereinbarung ist eine Vereinbarung, die den Wettbewerb ausschließt oder beschränkt“. Im Vergleich mit dem europäischen Kartellrecht nach Art. 101 Abs. 1 AEUV, in dem ausdrücklich von „bezwecken oder bewirken“ die Rede ist, ist in China unsicher, ob dies konkret bedeutet, dass die Monopolvereinbarung den Ausschluss oder die Beschränkung des Wettbewerbs „bezweckt“ oder/und „bewirkt“.

Zweitens musste der Kläger/Absatzmittler die Beweislast für die Auswirkung der Wettbewerbsbeschränkung tragen. In den AMV ist die Beweislast bei Streitigkeiten bezüglich horizontaler Monopolvereinbarungen[231] und Missbrauch der marktbeherrschenden Stellung[232] geregelt. Allerdings fehlt eine spezielle Bestimmung für die Beweislast bei Streitigkeiten um eine vertikale Monopolvereinbarung. Deswegen ist die allgemeine zivilrechtliche Beweislastregelung des § 67 Abs. 1 *Zivilprozessgesetz der VR China*[233] (im Folgenden: ZPG) anzuwenden, wonach der Kläger die Beweislast für seine Behauptung trägt. Kritisiert wird jedoch, dass diese Beweisführung zur „Wirkung der Wettbewerbsbeschränkung“ für den Kläger praktisch zu schwer und ungerecht ist.[234] Diese Beweislastregelung gilt selbst dann, wenn der Kläger ein Verbraucher ist.[235] Die Regelung trägt nicht dazu bei, dass Verbraucher durch Privatklage ihre Interessen schützen können. Deswegen wird von *Dai* und *Zeng* vorgeschlagen, dass der Beklagte die Beweislast für eine nicht wettbewerbsbeschränkende Auswirkung tragen soll, wenn der Kläger ein Verbraucher ist.[236]

231 Bei Streitigkeiten hinsichtlich horizontaler Monopolvereinbarungen trägt gemäß § 7 AMV der Beklagte die Beweislast, dass diese Vereinbarung keine wettbewerbsbeschränkende Wirkung aufweist.

232 Bei Streitigkeiten über den Missbrauch einer marktbeherrschenden Stellung trägt gemäß § 8 Abs. 1 AMV der Kläger die Beweislast, dass der Beklagte auf dem relevanten Markt eine marktbeherrschende Stellung hat und diese missbraucht. Dagegen trägt der Beklagte nach § 8 Abs. 2 AMV die Beweislast, wenn er aus dem Grund Einwendungen erhebt, dass sein Verhalten lauter sei.

233 中华人民共和国民事诉讼法, am 09.04.1991 in Kraft getreten, letzte Revision 2021.

234 Wang Jian, Forschung über die Feststellung einer Monopolvereinbarung und das Verhältnis mit dem Ausschluss oder der Beschränkung des Wettbewerbs, in: Law Science, 2014, Nr. 3, S. 35 ff. (39); Ye Weiping, China’s Choice of Analytical Models for Its Anti-Monopoly Law, in: Social Sciences in China, 2017, Nr. 3, S. 96 ff. (114).

235 Oberes Volksgericht der Stadt Beijing, 2016, Nr. 214, (2016) 京民终214号.

236 Dai Bin/Zeng Fanyu, Studie über zivilprozessrechtliche Fragen zur vertikalen Preismonopolvereinbarung – aus Sicht des Falls Johnson & Johnson, in: Journal of Law Application, 2016, Nr. 3, S. 97 ff. (101).

Da die wirtschaftliche Analyse der Auswirkungen einer vertikalen Vereinbarung auf den Wettbewerb sehr schwierig und anspruchsvoll ist, ist neben der Beweislast des Klägers auch eine von einer Fachkraft erstellte wirtschaftliche Analyse oder die Beweiserhebung von Amts wegen möglich.

Im Fall *Ruibang vs. Johnson & Johnson* haben Kläger und Beklagter nach § 13 Abs. 1 S. 1 AMV beim Volksgericht beantragt, jeweils eine Fachkraft zu beauftragen, einen Bericht zur Marktforschung vorzulegen und eine wirtschaftliche Analyse durchzuführen.

Im Fall *Gree* befand das Obere Volksgericht der Provinz Guangdong, dass die vertikale Preisbindung nach § 96 Abs. 1 Nr. 1 Alt. 2 der *Interpretationen des Obersten Volksgerichts zur Anwendung des ZPG* (Fashi [2015] Nr. 5) öffentliche Interessen schädigen kann. Deswegen hatte das Gericht jene Beweise, die das Volksgericht für die Behandlung des Falles als erforderlich ansah, nach der allgemeinen Beweislastregelung des § 67 Abs. 2 Alt. 2 ZPG von Amts wegen ohne Antrag der Parteien ermittelt. Da es im konkreten Fall um Klimaanlagen ging, hatte das Gericht die *China Household Electrical Appliances Association* zu Sachverhalten im Zusammenhang mit der Klimageräte-Branche befragt.[237]

Drittens ist problematisch, dass kein Raum für die Anwendung des § 15 AMG – die gesetzliche Regelung der Freistellung/Ausnahme vom Verbot der vertikalen Vereinbarung – besteht. Um eine vertikale Vereinbarung als verbotene vertikale Monopolvereinbarung einzuordnen, musste das Gericht in diesem Fall gemäß § 14 Nr. 2 AMG in Verbindung mit § 13 Abs. 2 AMG die Auswirkung der Wettbewerbsbeschränkung prüfen. Allerdings befand das Gericht, dass einer der Faktoren für diese Prüfung die Abwägung der wettbewerbsfördernden und wettbewerbsbeschränkenden Auswirkungen dieser vertikalen Vereinbarung ist. Insoweit wurde die wettbewerbsfördernde Auswirkung bei der Feststellung der verbotenen vertikalen Monopolvereinbarung schon ohne die Anwendung der § 15 AMG geprüft.[238]

Viertens müssen die Volksgerichte bei Vorliegen einer verbotenen vertikalen Monopolvereinbarung die weiteren Anspruchsvoraussetzungen prüfen, wie den durch Ausführung der Monopolvereinbarung entstandenen Schaden und die Kausalität zwischen dem entstandenen Schaden und

237 Oberes Volksgericht der Provinz Guangdong, 2016, Nr. 1771, (2016) 粤民终1771号.

238 Hou Liyang, Localized Enforcement against Retail Price Maintenance: Conflictive Theories, Enforcement Diversity and Possible Solutions, in: The Jurist, 2016, Nr. 6, S. 70 ff. (77).

der Monopolvereinbarung. Ein Verschulden (Vorsatz und Fahrlässigkeit) des Beklagten ist in China keine Anspruchsvoraussetzung für Schadensersatzansprüche.[239]

Hao vertritt die Ansicht, dass die Volksgerichte bei der Beurteilung vertikaler Monopolvereinbarungen die Auswirkung der Wettbewerbsbeschränkung deshalb prüfen, weil sie den Verbotstatbestand einer vertikalen Monopolvereinbarung (Auswirkung der Wettbewerbsbeschränkung) mit den Anspruchsvoraussetzungen für einen Schadensersatzanspruch (entstandener Schaden) verwechseln.[240]

dd) Vereinheitlichung der Prüfungsmethode – Verwaltungsklage

Volksgerichte und Antimonopolvollzugsorgane folgen bei der Durchsetzung seit Jahren abweichenden Prüfungsmethoden. Bei der Rechtmäßigkeitsprüfung eines Strafbescheids der Preisbehörde der Provinz Hainan ermöglichten die Volksgerichte[241] eine direkte Diskussion über die abweichenden Prüfungsmethoden bei vertikaler Preisbindung.

Die Preisbehörde der Provinz Hainan hatte 2017 nach dem Prinzip „Verbot und Freistellung" gegen das Unternehmen *Yutai* als Hersteller von Fischfutter wegen einer getroffenen, aber noch nicht vom Händler auf nachgelagerten Stufen umgesetzten vertikalen Monopolvereinbarung (Festpreisbindung nach § 14 Nr. 1 AMG) einen Strafbescheid erlassen.[242]

Das Unternehmen *Yutai* wollte sich dieser Entscheidung nicht unterwerfen und hatte deswegen eine Verwaltungsklage beim Volksgericht erhoben, um die Rechtmäßigkeit dieses Verwaltungsakts prüfen zu lassen. Das Volksgericht erster Instanz folgte weiterhin dem Prinzip der „Rule of reason" und entschied zugunsten des Unternehmens, da die Preisbehörde nicht bewiesen hatte, dass die vertikale Preisbindung wettbewerbsbeschränkende Auswirkungen hat.[243]

Gegen dieses erstinstanzliche Urteil hatte die Preisbehörde Berufung eingelegt. Das Volksgericht zweiter Instanz hob das Urteil der ersten Instanz auf und

239 Wang Xiaoye, Anti-Monopoly Law, S. 372.

240 Hao Junqi, „Treffen" und „Umsetzen" bei der Prüfung der Voraussetzungen einer Monopolvereinbarung – Überlegungen zur ersten Verwaltungsklage der vertikalen Preismonopolvereinbarung, in: Journal of Law Application, 2018, Nr. 2, S. 34 ff. (40).

241 Volksgerichte erster und zweiter (bei Berufungsverfahren) Instanz und das Oberste Volksgericht (bei Wiederaufnahmeverfahren).

242 Verwaltungsstrafe [2017] Nr. 5 der Preisbehörde der Provinz Hainan.

243 Mittleres Volksgericht der Stadt Haikou, 2017, Nr. 681, (2017) 琼01行初681号.

entschied, dass die Verwaltungsstrafe der Preisbehörde rechtmäßig ist. Seine Entscheidung begründete das Volksgericht zweiter Instanz wie folgt: 1) nach der Auslegung der §§ 3, 14 AMG reicht es aus, die vertikale Preisbindung nach § 14 AMG als verbotene Monopolvereinbarung festzustellen. Insoweit muss die Preisbehörde nicht die „Wettbewerbsbeschränkung" nach § 13 Abs. 2 AMG beweisen; 2) die Preisbehörde kann nach § 46 Abs. 1 Hs. 2 AMG das Unternehmen aufgrund der getroffenen, aber noch nicht umgesetzten Monopolvereinbarung bestrafen.[244]

Obwohl das Volksgericht zweiter Instanz die Verwaltungsstrafe der Preisbehörde als rechtmäßig eingestuft hatte, wurden dadurch die unterschiedlichen Prüfungsmethoden einer Monopolvereinbarung zwischen Antimonopolvollzugsorganen und Volksgerichten nicht vereinheitlicht.[245] Kritisiert wird, dass das Volksgericht zweiter Instanz die „Wettbewerbsbeschränkung" aus § 13 Abs. 2 AMG als „tatsächliche Auswirkung der Wettbewerbsbeschränkung" unangemessen einschränkend ausgelegt und befunden hat, dass der Zweck des AMG nach § 1 – „Vorbeugung von Monopolverhalten" – nicht erfüllt wird, wenn eine vertikale Preisbindung erst dann verboten ist, wenn sie tatsächlich eine wettbewerbsbeschränkende Auswirkung hat.[246]

Yutai hatte letztlich beim Obersten Volksgericht die Wiederaufnahme des Verfahrens gegen das zweitinstanzliche Urteil beantragt. In seinem Beschluss wies das Oberste Volksgericht diesen Antrag als unbegründet zurück. Das Oberste Volksgericht unterscheidet zwei Arten von Prüfungsmethoden bei einer Monopolvereinbarung (horizontal und vertikal): Bei einer der in den §§ 13, 14 AMG ausdrücklich genannten Vereinbarungen[247] („typische"

244 Oberes Volksgericht der Provinz Hainan, 2017, Nr. 1180, (2017) 琼行终1180号.

245 Lan Lei, Assessing the Goodness of Argument for the Per Se Illegal Approach to RPM: Comments on the Antitrust Case between Hainan Price Bureau and Hainan Yutai Technology Feed Co., Ltd., in: Competition Policy Research, 2018, Nr. 4, S. 64 ff. (92 f.).

246 Lan Lei, Assessing the Goodness of Argument for the Per Se Illegal Approach to RPM: Comments on the Antitrust Case between Hainan Price Bureau and Hainan Yutai Technology Feed Co., Ltd., in: Competition Policy Research, 2018, Nr. 4, S. 64 ff. (84 f.).

247 In § 13 Abs. 1 AMG werden die einzelnen horizontalen Vereinbarungen – Preisbindung (Nr. 1), Beschränkung der Produktions- oder Absatzmengen (Nr. 2), Marktaufteilung (Nr. 3), Technologiebeschränkung (Nr. 4), Kollektivboykotte (Nr. 5) – aufgelistet. In § 14 AMG sind vertikale Festpreisbindung (Nr. 1) und vertikale Mindestpreisbindung (Nr. 2) aufgelistet.

Monopolvereinbarungen) kann im Einzelfall ohne weitere Beweise und Prüfung der Verbotstatbestand „Wettbewerbsbeschränkung" als verbotene Monopolvereinbarung vermutet werden. Diese Vermutung kann durch Nachweis wettbewerbsfördernder Wirkung widerlegt werden. Um eine im Gesetz nicht ausdrücklich genannte Vereinbarung („untypische" Monopolvereinbarungen) wie „sonstige Vereinbarungen" nach § 14 Nr. 3 AMG als verbotene Monopolvereinbarung festzustellen, ist eine detaillierte und umfassende Wirtschaftsanalyse über die Auswirkungen der Vereinbarung auf den Wettbewerb erforderlich. Ferner befand das Oberste Volksgericht, dass eine verbotene Monopolvereinbarung gemäß § 13 Abs. 2 AMG eine Wettbewerbsbeschränkung voraussetze. Auch eine getroffene, aber vom Händler nicht umgesetzte Monopolvereinbarung kann den Wettbewerb beschränken. Daher sollte der in § 13 Abs. 2 AMG geregelte Verbotstatbestand „Wettbewerbsbeschränkung" nicht mit der „tatsächlichen wettbewerbsbeschränkenden Auswirkung", insbesondere nicht mit „einem tatsächlich entstandenen Schaden" gleichgesetzt werden. Schließlich hat das Gericht den Unterschied zwischen behördlichen Entscheidungen und gerichtlichen Entscheidungen bei Privatklage auf Schadensersatz und bei Verwaltungsklage auf Rechtmäßigkeitsprüfung eines Verwaltungsaktes vom Antimonopolvollzugsorgan geklärt. Bei Entscheidungen von Antimonopolvollzugsorganen und Volksgerichten (Verwaltungsklage) braucht die Auswirkung der Wettbewerbsbeschränkung einer vertikalen Preisbindung nicht geprüft zu werden. Bei Privatklage ist die Beweislast des Klägers hinsichtlich der wettbewerbsbeschränkenden Auswirkung aufgrund des Verhältnisses zwischen „Auswirkung" und „Schaden" nicht ungerecht, da eine Unterstützung des Schadensersatzanspruchs durch das Gericht voraussetzt, dass eine Monopolvereinbarung getroffen und umgesetzt wird und einen Schaden des Klägers verursacht hat. Der dem Kläger entstandene Schaden ist ein direkter Ausdruck der wettbewerbsbeschränkenden Wirkung der Monopolvereinbarung.[248]

ee) Zusammenfassung

Obwohl die Entscheidung des Obersten Volksgerichts für künftige Entscheidungen anderer Volksgerichte nicht bindend ist und unklar bleibt, ob die Volksgerichte in Zukunft die vertikalen Preisbindungen immer noch nach dem Prinzip der „Rule of reason" prüfen werden, kann sie als Vereinheitlichung der

248 Oberstes Volksgericht, 2018, Nr. 4675, (2018) 最高法行申4675号.

Prüfungsmethode angesehen werden. Das Oberste Volksgericht ist dem Prinzip „Verbot und Freistellung" (generelles Verbot mit Erlaubnisvorbehalt) gefolgt.

Unterschieden wird zwischen „typischer" Monopolvereinbarung (ähnlich dem Konzept der Kernbeschränkung nach europäischem Kartellrecht) und „untypischen" Monopolvereinbarungen. Bei „typischen" Monopolvereinbarungen (vertikale Festpreisbindung und Mindestpreisbindung) kann ohne konkrete Wirtschaftsanalyse zur Auswirkung der Wettbewerbsbeschränkung ein Verbot der Monopolvereinbarung nach § 14 Nr. 1 oder 2 AMG vermutet werden. Demgegenüber ist eine konkrete Wirtschaftsanalyse zur Auswirkung der Wettbewerbsbeschränkung erforderlich, um „untypische" Monopolvereinbarungen (sonstige übliche vertikale Vereinbarungen beispielsweise Gebietsbindung und Alleinvertriebsbindung) als verbotene Monopolvereinbarung nach § 14 Nr. 3 AMG zu bestimmen.

e) Vertikale Non-Preis-Vertriebsbindungen

In China gewinnt die Preisbindung (Festpreisbindung und Mindestpreisbindung) in der Entscheidungspraxis und der wissenschaftlichen Forschung immer mehr Aufmerksamkeit. Auch andere vertikale Vertriebsbindungen (Non-Preis-Vertriebsbindungen[249]) sind in der chinesischen Vertriebspraxis nicht selten. Üblich ist auch eine vertikale Preisbindung in Verbindung mit weiteren vertikalen Non-Preis-Vertriebsbindungen. Die Vertriebspraxis kennt vielfältigste Erscheinungsformen.

Im europäischen Kartellrecht können weitere vertikale Vertriebsbindungen als Kernbeschränkung verboten sein, beispielsweise: Gebiets- oder Kundengruppenbeschränkung des Absatzmittlers nach Art. 4 lit. b) Vertikal-GVO; in selektiven Vertriebssystemen Beschränkungen des Verkaufs an Endverbraucher nach Art. 4 lit. c) Vertikal-GVO; Beschränkungen von Querlieferungen zwischen Händlern gemäß Art. 4 lit. d) Vertikal-GVO. Ferner ist die Prüfung der häufigsten vertikalen Beschränkungen in den Vertikal-LL Rn. 129 ff. detailliert beschrieben.

Im Folgenden werden die allgemeinen Umstände der Prüfung von Non-Preis-Vertriebsbindungen in der Entscheidungspraxis vorgestellt.

---

249 Im Folgenden wird der Begriff „Non-Preis-Vertriebsbindungen" verwendet. Diese „Non-Preis-Vertriebsbindungen" umfassen allerdings die Preisbindungen, die nicht in § 14 Nr. 1 und 2 AMG (Festpreisbindung und Mindestpreisbindung) ausdrücklich aufgelistet sind – wie die Höchstpreisbindung.

In China als sehr großem Absatzmarkt ist es praktisch und üblich, dass Hersteller/Importeure bei der Ausgestaltung ihres Vertriebssystems den gesamten Absatzmarkt nach Gebieten oder Kundengruppen einteilen. Die Tätigkeit eines Absatzmittlers ist in der Regel auf ein bestimmtes Gebiet oder eine Kundengruppe beschränkt (Gebiets- oder Kundengruppenbindung). Dafür hat der Absatzmittler in diesem bestimmten Gebiet das exklusive Vertriebsrecht (Alleinvertriebsbindung). Das heißt, der Absatzherr verpflichtet sich, seine Produkte in einem bestimmten Gebiet nur diesem Absatzmittler zu verkaufen.[250] Im Gegenzug verpflichtet sich der Abnehmer, die jeweilige Ware nur beim Anbieter oder von ihm bestimmten Unternehmen zu beziehen (Alleinbezugsbindung).[251]

Neben der o.g. Ausschließlichkeitsbindung kann der Anbieter dem Abnehmer weitere bzw. andere Bedingungen wie die Kopplungsbindung stellen, bei der der Abnehmer bei Bezug bestimmter Produkte (Kopplungsprodukt) andere Produkte (gekoppeltes Produkt) kaufen muss. Ferner sind bedingte Rabatte üblich, insbesondere Treuerabatte für den Abnehmer, um ihn zum Bezug großer Produktmengen zu animieren.

Schließlich ist die Zahlung eines Entgeltes durch den Anbieter für den Zugang in der Praxis häufiger Gegenstand von Streitigkeiten zwischen Anbietern und großen Einzelhändlern.

aa) Gesetzliche Regelungen

Vertikale Non-Preis-Vertriebsbindungen sind im AMG nicht explizit benannt. Für den Automobilvertrieb gelten allerdings besondere Bestimmungen: *Measures for the Administration of Automobile Sales*[252]. Gemäß § 24 ist die Forderung des Lieferanten zulässig, dass seine Händler einen separaten Ausstellungsbereich für die Automobile seiner Marke zur Pflege seines Markenimages einrichten. Demgegenüber sind die folgenden Beschränkungen der Händler unzulässig: Beschränkung des Verkaufs von Automobilen anderer Lieferanten/Marken (Nr. 3), Beschränkung des Angebots von Ersatzteilen oder Aftersales-Services für Automobile anderer Lieferanten/Marken (Nr. 4), Beschränkung des Verkaufs anderer Automobile und Ersatzteile oder anderer Produkte als

250 Wang Xiaoye, Anti-Monopoly Law, S. 149.

251 Wang Xiaoye, Anti-Monopoly Law, S. 150.

252 汽车销售管理办法, vom Handelsministerium erlassen und am 01.07.2017 in Kraft getreten.

das gekoppelte Produkt (Nr. 7) und Querlieferungen zwischen seinen Händlern (Nr. 9).

Vertikale Non-Preis-Vertriebsbindungen sind in den Branchen jenseits des Automobilvertriebs grundsätzlich zulässig, wenn sie nicht nach § 14 Nr. 3 AMG vom Antimonopolvollzugsorgan als verbotene vertikale Monopolvereinbarung eingestuft werden. Für eine solche Einstufung muss das Antimonopolvollzugsorgan im Einzelfall eine umfassende Wirtschaftsanalyse der Auswirkungen der Vereinbarung auf den Wettbewerb durchführen.

Bei Prüfung der jeweiligen vertikalen Non-Preis-Vertriebsbindung muss das Antimonopolvollzugsorgan gemäß § 13 Abs. 2 BVM folgende Faktoren berücksichtigen: die Tatsache der getroffenen (und umgesetzten) Vereinbarung (Nr. 1), die Wettbewerbsbedingungen auf dem relevanten Markt (Nr. 2), die Marktanteile der Unternehmen auf dem relevanten Markt und ihre Marktmacht (Nr. 3), den Einfluss der Vereinbarung auf Warenpreise, -menge und -qualität (Nr. 4), den Einfluss der Vereinbarung auf den Markteintritt und den technischen Fortschritt (Nr. 5), den Einfluss der Vereinbarung auf die Verbraucher und andere betroffene Unternehmen (Nr. 6), andere Faktoren in Bezug auf die Feststellung einer Monopolvereinbarung (Nr. 7).

Ferner kann eine vertikale Non-Preis-Vertriebsbindung gemäß § 17 Abs. 1 AMG als Missbrauch marktbeherrschender Stellungen verboten sein, wenn Anbieter oder Abnehmer eine marktbeherrschende Stellung innehaben.

bb) Probleme in der Entscheidungspraxis

Auch wenn die Öffnungsklausel nach § 14 Nr. 3 AMG auf die Prüfung auf ein Verbot einer vertikalen Non-Preis-Vertriebsbindung anwendbar ist, wird in der Entscheidungspraxis danach bisher keine vertikale Non-Preis-Vertriebsbindung als verbotene vertikale Monopolvereinbarung festgestellt.

Grundsätzlich prüfen die Volksgerichte bei Streitigkeiten über Vertriebsverträge die vertikalen Non-Preis-Vertriebsbindungen nicht aus Sicht wettbewerbsrechtlich verbotener vertikaler Monopolvereinbarungen, sondern aus Sicht der zivilrechtlichen Vertragsvereinbarungen. Dagegen prüfen Antimonopolvollzugsorgane Non-Preis-Vertriebsbindungen nur selten nach § 14 Nr. 3 AMG als verbotene vertikale Monopolvereinbarung. Antimonopolvollzugsorgane tendieren dabei dazu, sie nur aus Sicht des Missbrauchs marktbeherrschender Stellungen zu prüfen.[253] Das Antimonopolvollzugsorgan

253 Jiao Haitao, The Regulation of Non-Price Vertical Restrains by Antimonopoly Law: Predicaments and Solutions, in: Modern Law Science, 2019, Nr. 4, S. 123 ff. (125 f.).

hat bei Prüfung der vertikalen Preisbindungen lediglich erwähnt, dass weitere Non-Preis-Vertriebsbindungen wie Gebietsbindung, Kundengruppenbindung und das Verbot des Verkaufs von Wettbewerbsprodukten die wettbewerbsbeschränkende Wirkung der vertikalen Preisbindung weiter verstärken.[254] Weitere konkrete Wirtschaftsanalysen zur Auswirkung der Wettbewerbsbeschränkung sind für die Feststellung vom Verbot vertikaler Non-Preis-Vertriebsbindungen erforderlich, fehlen jedoch bisher. Wegen fehlender Zuständigkeit konnte das zuvor nicht vereinheitlichte Antimonopolvollzugsorgan bei der Prüfung vertikaler Preisbindungen nicht auch die vertikalen Non-Preis-Vertriebsbindungen einbeziehen.[255] Seit 2018 sind das staatliche Antimonopolvollzugsorgan SVMR und dessen Verwaltungen für Marktregulierung auf Provinzebene für die Prüfung aller vertikalen Preisbindungen und Non-Preis-Vertriebsbindungen zuständig. Trotzdem hat die SVMR bei Prüfung der vertikalen Preisbindung immer noch die verstärkende wettbewerbsbeschränkende Wirkung der vertikalen Preisbindung durch strikte Gebietsbindung nur erwähnt.[256]

Schließlich ist nach dem Wortlaut des § 14 Nr. 3 AMG nur das Antimonopolvollzugsorgan für die Prüfung vertikaler Non-Preis-Vertriebsbindungen zuständig. Anders als bei der Prüfung vertikaler Preisbindungen können die Volksgerichte bei ihren gerichtlichen Entscheidungen vertikale Non-Preis-Vertriebsbindung nicht als verbotene vertikale Monopolvereinbarung einstufen.[257] Das Gleiche gilt bei Anwendung der anderen Öffnungsklausel, nach der die Volksgerichte nicht dafür zuständig sind, die im AMG nicht genauer bestimmten „sonstigen" Verhaltensweisen als verbotene horizontale Monopolvereinbarung (§ 13 Abs. 1 Nr. 6 AMG) oder Missbrauch einer marktbeherrschenden Stellung (§ 17 Abs. 1 Nr. 7 AMG) einzustufen.

---

254 Verwaltungsstrafe [2016] Nr. 8 der SKER.

255 Früher waren die SKER und die Preisbehörden auf Provinzebene für die Prüfung vertikaler Preisbindungen zuständig, während die SVIH und die Provinzbehörden für Industrie- und Handelsverwaltung für die Prüfung vertikaler Non-Preis-Vertriebsbindungen zuständig waren.

256 Verwaltungsstrafe [2021] Nr. 29 der SVMR.

257 Wan Jiang, Regulation on Franchise Encroachment, in: Peking University Law Journal, 2016, Vol. 28, No. 4, S. 1101 ff. (1112); Jiao Haitao, The Regulation of Non-Price Vertical Restrains by Antimonopoly Law: Predicaments and Solutions, in: Modern Law Science, 2019, Nr. 4, S. 123 ff. (132).

Inzwischen werden die Prüfungsmethode und die Faktoren zur Prüfung vertikaler Non-Preis-Vertriebsbindungen durch § 13 Abs. 2 BVM ergänzt. Es ist zu erwarten, dass die Öffnungsklausel nach § 14 Nr. 3 AMG zukünftig bei der Prüfung verbotener vertikaler Non-Preis-Vertriebsbindungen tatsächlich angewandt wird.

2. Missbrauch marktbeherrschender Stellungen

Anbieter oder Abnehmer mit marktbeherrschender Stellung[258] können diese Stellung durch verschiedene Verhaltensweisen missbrauchen.

Die allgemeinen gesetzlichen Bestimmungen zum verbotenen Missbrauch marktbeherrschender Stellungen finden sich in §§ 17–19 AMG. Ergänzend sind 2019 von der SVMR *die vorläufigen Bestimmungen zum Verbot des Missbrauchs marktbeherrschender Stellungen*[259] (in Folgenden: BVMMS) erlassen worden.

a) *Prüfungsmethode*

Grundsätzlich gibt es vier Schritte zur Prüfung des Missbrauches marktbeherrschender Stellungen: Erstens wird der relevante sachliche und räumliche Markt abgegrenzt und zweitens geprüft, ob das Unternehmen auf diesem relevanten Markt marktbeherrschend ist. Es gibt zwei Wege zur Feststellung einer marktbeherrschenden Stellung: die Vermutung nach § 19 AMG aufgrund der Marktanteile des Unternehmens auf dem relevanten Markt[260] oder deren Feststellung nach Prüfung der bedeutenden Faktoren gemäß § 18

---

258 Marktbeherrschende Stellung gemäß § 17 Abs. 2 AMG bedeutet, dass ein Unternehmen auf dem relevanten Markt die Warenpreise oder -mengen oder sonstige Geschäftsbedingungen kontrollieren oder den Eintritt anderer Unternehmen in den relevanten Markt behindern oder beeinflussen kann.

259 禁止滥用市场支配地位行为暂行规定, am 01.09.2019 in Kraft getreten.

260 Nach § 19 Abs. 1 AMG wird eine marktbeherrschende Stellung vermutet, wenn ein Unternehmen auf dem relevanten Markt einen Marktanteil von 50 Prozent (Nr. 1), zwei Unternehmen einen Marktanteil von zwei Dritteln (Nr. 2) oder drei Unternehmen einen Marktanteil von drei Vierteln (Nr. 3) erreichen. Nach § 19 Abs. 2 AMG gilt die Vermutung der Marktbeherrschung von zwei und drei Unternehmen (Nr. 2 und 3) nicht für jenes Unternehmen, das alleine einen Marktanteil von unter einem Zehntel hat. Gemäß § 19 Abs. 3 AMG ist die Vermutung der Marktbeherrschung widerlegbar, wenn das betroffene Unternehmen beweisen kann, dass es keine marktbeherrschende Stellung innehat.

AMG[261]. In der Entscheidungspraxis wählen die Antimonopolvollzugsorgane und Volksgerichte häufiger den zweiten Weg.[262] Drittens wird geprüft, ob die Verhaltensweisen[263] marktbeherrschender Unternehmen missbräuchlich sind. Schließlich wird die wirtschaftliche Auswirkung auf den Wettbewerb analysiert.[264]

Für die Prüfung des Missbrauchs marktbeherrschender Stellungen durch die in § 17 Abs. 1 Nr. 1–6 AMG angeführten Verhaltensweisen sind sowohl das Antimonopolvollzugsorgan SVMR (früher: SVIH) als auch die Volksgerichte zuständig. Für die Prüfung der „sonstigen" Verhaltensweisen nach der Öffnungsklausel gemäß § 17 Abs. 1 Nr. 7 AMG ist ausschließlich das Antimonopolvollzugsorgan SVMR zuständig.

Für die Vertriebspraxis kommen insbesondere die folgenden vertikalen Non-Preis-Vertriebsbindungen in Betracht: Lieferverweigerung (§ 17 Abs. 1 Nr. 3), Ausschließlichkeitsbindungen einschließlich der Alleinvertriebsbindung, Alleinbezugsbindung, Alleinbelieferung (§ 17 Abs. 1 Nr. 4), Kopplungsbindung

---

261 Die Marktanteile dieses Unternehmens und die Wettbewerbsverhältnisse auf dem relevanten Markt, die Marktmacht dieses Unternehmens auf dem Absatz- oder auf dem Beschaffungsmarkt, die Finanzsituation und die technischen Bedingungen dieses Unternehmens, der Abhängigkeitsgrad anderer Unternehmen im Geschäftsverkehr mit diesem Unternehmen, der Schwierigkeitsgrad des Markteintrittes anderer Unternehmen usw.

262 Meng Yanbei, Research on Analytical Framework of Prohibiting Abuse of Market Dominant Position – Taking *Tetra Pak Case* as a Sample, in: Competition Policy Research, 2017, Nr. 3, S. 5 ff. (8).

263 In § 17 Abs. 1 AMG sind folgende Verhaltensweisen marktbeherrschender Unternehmen als Missbrauch aufgelistet: unangemessene Einkaufs- oder Verkaufspreise (Nr. 1), Verkauf zu Preisen unter den durchschnittlichen variablen Kosten (AVC) (Nr. 2 i.V.m. § 15 Abs. 2 BVMMS), ungerechtfertigte Verweigerung von Transaktionen mit Geschäftspartnern (Nr. 3), ungerechtfertigte Beschränkung von Geschäftspartnern zur Transaktion mit bestimmten Handelspartnern (Ausschließlichkeitsbindungen) (Nr. 4), Kopplungsbindung und sonstige Geschäftsbedingungen (Nr. 5), Anwendung unterschiedlicher Preise und anderer Geschäftsbedingungen (Nr. 6). Ferner sind die sonstigen vom Antimonopolvollzugsorgan festgestellten Verhaltensweisen des marktbeherrschenden Unternehmens nach der Öffnungsklausel gemäß § 17 Abs. 1 Nr. 7 AMG als Missbrauch verboten.

264 Meng Yanbei, Research on Analytical Framework of Prohibiting Abuse of Market Dominant Position – Taking *Tetra Pak Case* as a Sample, in: Competition Policy Research, 2017, Nr. 3, S. 5 ff. (6).

(§ 17 Abs. 1 Nr. 5 Alt. 1), Beifügung unvernünftiger Geschäftsbedingungen (§ 17 Abs. 1 Nr. 5 Alt. 2).

b) Beispielsfall Tetra Pak[265]

2016 entschied die SVIH nach vierjähriger Ermittlung, dass drei Verhaltensweisen von *Tetra Pak* als marktbeherrschendes Unternehmen gegen das Missbrauchsverbot marktbeherrschender Stellungen verstoßen: Koppelungsbindung, Alleinbelieferungsbindung und Ausgestaltung der Treuerabatte für Kunden.

Die SVIH hatte dabei drei Verhaltensweisen geprüft. *Tetra Pak* hatte von 2009 bis 2013 eine marktbeherrschende Stellung in drei Märkten inne: Räumlich relevant war hier der Markt des gesamten chinesischen Festlandes; sachlich relevant war jeweils der Markt für Verpackungsmaschinen für Flüssigkeiten, Technologiedienstleistungen für solche Maschinen und Verpackungsmaterialien.

Tetra Pak hatte seine marktbeherrschende Stellung auf dem Maschinen- und Technologiedienstleistungsmarkt missbraucht, indem der Bezug von Maschinen und Technologiedienstleistungen an den Kauf der Verpackungsmaterialien als gekoppeltes Produkt geknüpft war. Damit hatte *Tetra Pak* die Freiheit der Kunden bei der Auswahl der Verpackungsmaterialien beschränkt, den Absatz der anderen Wettbewerber für Verpackungsmaterialien beeinträchtigt und deren Wettbewerbskosten erhöht und damit den Wettbewerb auf dem Verpackungsmaterialmarkt beschränkt.

Ferner hatte *Tetra Pak* seine marktbeherrschende Stellung auf dem Verpackungsmaterialmarkt missbraucht, indem es *Hongta*, den Lieferanten des Rohstoffs für Verpackungsmaterial, verpflichtete, die Rohpapiere nur an *Tetra Pak* zu verkaufen. Langfristig würde diese Alleinbelieferungsbindung aufgrund unzureichender nachgelagerter Nachfrage zur Verringerung der Produktion und des Angebots von Rohpapieren von *Hongta* führen und die Abhängigkeit *Hongtas* von Großkunden wie *Tetra Pak* weiter erhöhen. Somit wurde der Wettbewerb auf dem Verpackungsmaterialmarkt beschränkt.

Auch hat *Tetra Pak* seine marktbeherrschende Stellung auf dem Verpackungsmaterialmarkt missbraucht, indem das Unternehmen wettbewerbsbeschränkende Treuerabatte für seine Abnehmer ausgestaltet hatte. Die SVIH erkannte zwar an, dass bedingte Rabatte im Geschäftsverkehr durchaus üblich sind, den Wettbewerb auf dem Markt fördern und den Endverbrauchern

265 Verwaltungsstrafe [2016] Nr. 1 der SVIH.

Vorteile bringen können. Allerdings können die von einem marktbeherrschenden Unternehmen ausgestalteten Treuerabatte den Wettbewerb etwa im Sinne einer wettbewerbswidrigen Marktverschließung beschränken. Deswegen mussten die Auswirkungen der bedingten Rabatte im Einzelfall geprüft werden. *Tetra Pak* hatte von 2009 bis 2013 beim Geschäft mit Verpackungsmaterialien dutzende Rabattformen für seine Abnehmer ausgestaltet, wovon die SVIH zwei Formen analysierte und rückwirkende Rabatte[266] sowie individualisierte Zielrabatte[267] als verbotene wettbewerbsbeschränkende Treuerabatte klassifizierte. Die rückwirkenden Rabatte bildeten den Kern des gesamten Rabattsystems, da sie die Wirkung (induktiver Effekt/Leverage-Effect) hatten, Abnehmer dazu zu bewegen, möglichst große Menge der Waren zu beziehen, um bestimmte Bezugsmengen zu erreichen und höhere Rabatte für die Gesamtbezugsmenge (rückwirkend) zu erhalten. Insoweit heizte das marktbeherrschende Unternehmen durch Rabatte die Nachfrage des Abnehmers an, insbesondere den „bestreitbaren Teil", also die Abnehmernachfrage für jene Menge an Verpackungsmaterial, die der Abnehmer auch bei anderen Unternehmen hätte beziehen können. Um den „bestreitbaren Teil" der Nachfrage des Abnehmers zu gewinnen, müssten Wettbewerber des marktbeherrschenden Unternehmens einen Preis bieten, der den Verlust der Treuerabatte des Abnehmers beim Wechsel des Anbieters kompensiert. Der Wettbewerber müsste also einen niedrigeren Preis anbieten als das marktbeherrschende Unternehmen. Diese Situation würde es den aktuellen Wettbewerbern erschweren, mit dem marktbeherrschenden Unternehmen zu konkurrieren und sie vom Markt verdrängen. Ferner würde potenziellen Wettbewerbern der Eintritt in diesen Markt erschwert.

Der Fall *Tetra Pak* ist besonders relevant, da hier die Öffnungsklausel § 17 Abs. 1 Nr. 7 AMG auf die Feststellung des Missbrauchsverbots marktbeherrschender Stellungen Anwendung gefunden hat.

---

266 Im Gegensatz zu stufenweisen Rabatten, die nur für die nachfolgende Bezugsmenge gelten, werden rückwirkende Rabatte für die gesamte Bezugsmenge einschließlich der zeitlich bereits abgeschlossenen Bezugsmenge gewählt.

267 Die individualisierten Zielrabatte werden individuell für einen bestimmten Abnehmer ausgestaltet und nur gewährt, wenn der Abnehmer innerhalb eines bestimmten Zeitraums die vorher definierte Bezugsmenge oder den definierten Anteil der Bezugsmenge von bestimmten Produkten am Gesamtbezug aller Produkte abnimmt.

Kapitel 4: Handelsvertreter in China

Zunächst wird das Handelsvertreterrecht als typisches Absatzmittlungsrecht vorgestellt. Die Tätigkeit von Handelsvertretern deckt in China inzwischen fast alle Wirtschaftsbereiche ab. Vor allem für den Austausch von Waren spielen Handelsvertreter eine große Rolle. Dabei widmen sie sich nicht nur Handelsgeschäften mit beweglichen Sachen, sondern sind in China häufig auch im Immobilienhandel und darüber hinaus in der Logistik, in der Finanz- und Versicherungsbranche, im Außenhandel und auf weiteren Gebieten aktiv.

Auch wenn die Handelsvertreter in China eine wichtige Rolle in der wirtschaftlichen Praxis spielen, gibt es bisher nur wenige wissenschaftliche Untersuchungen zum Handelsvertreterrecht, dazu gehören z.B. eine Vorstellung des deutschen Handelsvertreterrechts[268], Untersuchungen zu den allgemeinen Rechten und Pflichten des Handelsvertreters[269], zum Vergütungsanspruch[270] und zum Ausgleichsanspruch des Handelsvertreters[271] oder auch Vorschläge für die künftige Kodifikation des Handelsvertreterrechts.[272]

Somit besteht noch erheblicher Bedarf, das chinesische Handelsvertreterrecht – Recht des Handelsvertretervertrags zwischen Handelsvertreter und Unternehmer/Absatzherrn – herauszuarbeiten und zu analysieren. Dafür sind die Literatur zum Vertragsrecht und die Rechtsprechung der Volksgerichte aller Stufen[273] zum Handelsvertreterrecht wichtig.

---

268 Fan Jian, Das deutsche Handelsvertreterrecht, in: Global Law Review, 1994, Nr. 1, S. 43 ff.

269 Lin Ping, Über das Handelsvertreterrecht und die Verbesserung, in: Legal System and Society, 2015, Nr. 25, S. 93 f.; Ren Zhongxiu, Legislative Conception of the Rights and Obligations of Agents under the Perspective of Comparative Law, in: On Economic Problems, 2016, Nr. 9, S. 28 ff.

270 Zhang Zhipo/Li Xin, On Claim for Commission of Agent, in: Journal of Political Science and Law, 2005, Vol. 22, No. 6, S. 23 ff.

271 Guo Yanfen/Liu Yunsheng, On the Business Agent's Recourse of Goodwill Damage, in: Hebei Law Science, 2007, Vol. 25, No. 8, S. 117 ff.; Wen Yajing, Über den Ausgleichsanspruch des Handelsvertreters, in: Legal System and Society, 2013, Nr. 22, S. 277 ff.

272 Zheng Shuguang/Hu Xinjian, Über die Kodifikation des Handelsvertreterrechts in China, in: Journal of Ningbo University (Liberal arts edition), 2009, Vol. 22, No. 6, S. 119 ff.

273 Grundsätzlich ist das chinesische Gerichtssystem vierstufig aufgebaut, nämlich die Unteren Volksgerichte, die Mittleren Volksgerichte, die Oberen Volksgerichte und

I. Begriff und Merkmale des Handelsvertreters

1. Begriff

Im deutschen Handelsvertreterrecht findet sich in § 84 Abs. 1 S. 1 HGB eine Legaldefinition des Begriffs des Handelsvertreters. Danach ist Handelsvertreter, wer als selbständiger Gewerbetreibender ständig damit betraut ist, für einen anderen Unternehmer Geschäfte zu vermitteln (Vermittlungsvertreter) oder in dessen Namen abzuschließen (Abschlussvertreter). Diese Definition wird oft in der chinesischen juristischen Fachliteratur[274] zitiert und hilft chinesischen Juristen beim Verständnis des Begriffs des Handelsvertreters und der weiteren Untersuchung zu dessen Rechte und Pflichten.

In China wurden die einzigen gesetzlichen Bestimmungen (§§ 51–62 HVS) für Handelsvertreter im Jahr 2013 wieder aufgehoben. Gemäß § 51 Abs. 1 HVS war Handelsvertreter als selbständiger Kaufmann[275], wer ständig oder dauernd Aufträge annimmt, den anderen Kaufmann vertritt oder Geschäfte für den anderen Kaufmann vermittelt.

2. Merkmale von Handelsvertretern in China

Die Merkmale des Handelsvertreters in der chinesischen Rechtswissenschaft sind stark vom deutschen Handelsvertreterrecht beeinflusst. In der juristischen Praxis entscheiden die Volksgerichte die konkreten Streitigkeiten auf Grundlage der Handelsvertreterverträge. Maßgeblich ist, ob eine vertragliche Vereinbarung der Parteien betroffen wird, welche Bestimmungen zum Allgemeinen Teil des Vertragsrechts und Geschäftsbesorgungsvertrag darauf Anwendung finden und wie sie auszulegen sind. Deswegen werden die Merkmale des Handelsvertreters/der Vertragspartei in der gerichtlichen Praxis kaum speziell diskutiert. Entscheidender ist, welche Rechte und Pflichten einem Handelsvertreter zukommen und wie er die vereinbarten Geschäfte für den Unternehmer ausführt.

---

das Oberste Volksgericht. Außerdem gibt es in China einige Sondergerichte wie die Volksgerichte für Geistiges Eigentum.

274 Fan Jian, Handelsrecht, 4. Aufl., S. 46; Zhang Yan, Handelsrechtliches Stellvertretungsrecht, S. 47.

275 Gemäß § 5 Abs. 1 ist mit „Kaufmann 商人“ in dieser HVS eine natürliche Person, eine juristische Person oder eine andere wirtschaftliche Organisation gemeint, die rechtmäßig registriert wurde, und zwar, um regelmäßig Handelsgeschäfte im eigenen Namen zur Gewinnerzielung zu tätigen.

a) *Selbstständigkeit*

Zuerst muss ein Handelsvertreter selbständig sein. Das heißt, dass er anders als ein Arbeitnehmer unabhängig vom Unternehmer ist.[276] Wie in § 84 Abs. 1 S. 2 HGB definiert, kann der Handelsvertreter seine Tätigkeit frei gestalten und seine Arbeitszeit frei bestimmen. Er verfügt über eine eigene Firma, tätigt Geschäfte mit eigenen Betriebs- und Geschäftskosten und verlangt Vergütung aufgrund seiner Tätigkeit für den Unternehmer.[277]

Um einen Handelsvertreter vom Arbeitnehmer zu unterscheiden, muss geprüft werden, ob zwischen den Vertragspartnern ein Abhängigkeitsverhältnis besteht. Der Handelsvertreter ist im Namen des Unternehmers tätig, unterliegt aber nicht dessen Direktionsrecht und ist auch nicht in dessen Arbeitsorganisation (z.B. fester Arbeitsort, feste Arbeitszeiten) eingebunden. Damit unterscheidet sich dieses Vertragsverhältnis von der persönlichen Abhängigkeit eines Arbeitsvertragsverhältnisses.[278] Ein Arbeitnehmer nimmt die vom Arbeitgeber angeordneten Arbeitsaufgaben wahr und erhält eine Vergütung.[279]

Liegt ein Arbeitsverhältnis vor, ist der Arbeitnehmer sozial schutzbedürftig. Der Arbeitgeber muss z.B. Renten- und Krankenversicherungsbeiträge für den Arbeitnehmer bezahlen.[280] Demgegenüber fehlt es in China an einen arbeitnehmerähnlichen Sozialschutz für den Handelsvertreter.

b) *Ständige Betrauung*

Zweitens muss er mit seiner Tätigkeit durch den Unternehmer ständig betraut sein. Der Handelsvertreter ist für den Unternehmer nicht nur gelegentlich tätig. Das Vertragsverhältnis zwischen Unternehmer und Handelsvertreter ist ein Dauerschuldverhältnis. „Ständig“ bedeutet nicht, dass der Handelsvertretervertrag auf unbestimmte Zeit abgeschlossen sein muss. Es genügt, wenn sich der Handelsvertreter zum Abschluss oder zur Vermittlung einer unbestimmten Vielzahl von Geschäften verpflichtet.[281]

---

276 Zhang Yan, Handelsrechtliches Stellvertretungsrecht, S. 51.

277 Fan Jian, Handelsrecht, 4. Aufl., S. 47; Zhang Yan, Handelsrechtliches Stellvertretungsrecht, S. 51.

278 Mittleres Volksgericht der Stadt Wenzhou, 2017, Nr. 1881, (2017) 浙03民终1881号.

279 Erstes Mittleres Volksgericht der Stadt Chongqing, 2016, Nr. 2671, (2016) 渝01民终2671号.

280 Mittleres Volksgericht der Stadt Huzhou, 2017, Nr. 1095, (2017) 浙05民终1095号.

281 Zhang Yan, Handelsrechtliches Stellvertretungsrecht, S. 49–50.

c) *Gewerbetreibender*

Ob ein Handelsvertreter Gewerbetreibender sein muss, ist in China unklar.

Da in China kein dem deutschen HGB entsprechender Kodex existiert, in dem die allgemeinen Regelungen des Handelsrechts kodifiziert sind, ist in der juristischen Diskussion umstritten, wer die Subjekte im Handelsrecht und was deren Eigenschaften sind.

Da es keine konkreten gesetzlichen Vorgaben zu den Merkmalen eines Handelsvertreters gibt, ist zu konstatieren, dass in China grundsätzlich jeder, wer unbeschränkt geschäftsfähig ist, als Handelsvertreter auftreten kann, ohne dass dafür zusätzliche Voraussetzungen zu erfüllen sind. Sowohl natürliche als auch juristische Personen können als Handelsvertreter tätig sein.[282] Auch die Rechtsform des Handelsvertreters ist unerheblich.

3. Arten von Handelsvertretern

Die Wirtschaftspraxis ist komplex und vielfältig, weswegen es verschiedene Arten des Handelsvertreters gibt. Bei Abgrenzung nach der rechtlichen Stellung sind in der Praxis folgende Arten des Handelsvertreters bedeutsam.

a) *Vermittlungsvertreter und Abschlussvertreter*

Der Vermittlungsvertreter ist verpflichtet, für den Unternehmer Geschäfte bzw. den Vertragsabschluss mit Dritten anzubahnen, hat aber nicht das Recht, selbst mit Dritten den Vertrag abzuschließen. Demgegenüber darf der Abschlussvertreter einen Vertrag mit Dritten im Namen und für Rechnung des vertretenen Unternehmers abschließen.[283]

b) *Bezirksvertreter und Alleinvertreter/Exklusivvertreter*

Üblicherweise wird einem Handelsvertreter für seine Geschäftstätigkeit ein bestimmter Bezirk zugewiesen. Nach deutschem Recht (§ 87 Abs. 2 S. 1 HGB) hat der Bezirksvertreter einen Vergütungsanspruch auch für solche Geschäfte, die ohne seine Mitwirkung mit Kunden seines zugewiesenen Bezirkes abgeschlossen wurden. In China hat der Bezirksvertreter ohne besondere Vereinbarung keinen solchen Vergütungsanspruch. In der Praxis wird nicht selten

282 Zhang Yan, Handelsrechtliches Stellvertretungsrecht, S. 55.
283 Zhang Yan, Handelsrechtliches Stellvertretungsrecht, S. 39–40.

vereinbart, dass der Bezirksvertreter keine Geschäfte außerhalb des zugewiesenen Bezirks vermitteln oder abschließen darf.

Der Alleinvertreter hat das Ausschließlichkeitsrecht, in den ihm zugewiesenen Bezirken während des Vertragsverhältnisses für den vertretenen Unternehmer definierte Waren oder Dienstleistungen zu vermitteln bzw. entsprechende Verträge abzuschließen. Der Unternehmer darf in diesem Bezirk während dieser Zeit weder selbst mit Dritten Geschäfte abschließen noch andere Handelsvertreter oder Absatzmittler damit beauftragen.[284] Im Vertrag können die Parteien davon abweichend vereinbaren, dass der Unternehmer berechtigt ist, selbst Geschäfte im Bezirk zu tätigen.[285]

c) Hauptvertreter und Untervertreter

Für den Aufbau einer mehrstufigen Vertriebsform sind in der Praxis nicht nur Hauptvertreter, sondern auch Untervertreter tätig. Der Hauptvertreter wird direkt vom Unternehmer ausgewählt und ist für ihn tätig.[286] Die Geschäfte können auch durch einen Untervertreter abschlossen werden. Der Untervertreter kann vom Handelsvertreter oder vom Unternehmer ausgewählt werden. Der Untervertreter kann den Vertrag mit dem Hauptvertreter (echter Untervertreter aus § 923 S. 2 ZGB, a.F. § 400 S. 2 VG) oder mit dem Unternehmer (unechter Untervertreter aus § 931 S. 1 ZGB, a.F. § 408 S. 1 VG) abschließen.

4. Bezeichnungen

In der Praxis sind viele Bezeichnungen für Handelsvertreter und alle anderen Absatzmittler gängig. Ohne juristische Fachkenntnisse fällt es schwer, hier den Handelsvertreter klar abzugrenzen. Es gibt in China keine eindeutige Bezeichnung für den Handelsvertreter, üblicherweise werden 代理商 und 销售代理人 verwendet. In Taiwan wird der Handelsvertreter in § 558 TWZG als 代办商bezeichnet.

Außerhalb des juristischen Sprachgebrauchs bezeichnet 代理商 auch denjenigen, der Angelegenheiten für andere erledigt. Deswegen wird die Bezeichnung 代理商 in der Praxis auch für andere Arten von Absatzmittler wie Vertragshändler und Kommissionäre verwendet.[287]

---

284 Zhang Yan, Handelsrechtliches Stellvertretungsrecht, S. 31.
285 Zhang Yan, Handelsrechtliches Stellvertretungsrecht, S. 35.
286 Zhang Yan, Handelsrechtliches Stellvertretungsrecht, S. 40.
287 Gao/Wang, Geschäftsbesorgungs-, Kommissions- und Maklervertrag, S. 216.

Ob jemand als Handelsvertreter oder als anderer Absatzmittler tätig ist, spielt für die Bezeichnung keine große Rolle. Wichtig sind die vertraglich vereinbarten Rechte und Pflichten und die tatsächliche Vertragserfüllung. Trotzdem empfiehlt es sich, Handelsvertreter von anderen Arten der Absatzmittler zu unterscheiden und im Vertrag die korrekte Bezeichnung Handelsvertreter/代理商 zu verwenden.

II. Rechtsquellen des Handelsvertreterrechts

Deutschland regelt das Handelsvertreterrecht in den §§ 84 ff. HGB. In Taiwan ist das Handelsvertreterrecht neben den §§ 528–552 für den Geschäftsbesorgungsvertrag speziell in den §§ 558–564 des Buches der Schuldverhältnisse des TWZG geregelt.

Dagegen fehlen in der VR China bisher spezielle Vorschriften zum Handelsvertreterrecht. Die einzigen Regelungen dazu fanden sich in den §§ 51–62 im 7. Kapitel der HVS. Diese Regelungen zum Handelsvertreterrecht der HVS hatten für Handelsvertreter in der Praxis keine besondere Bedeutung. Außerdem galten sie gemäß § 2 nur für in der Sonderwirtschaftszone Shenzhen gegründete und registrierte Unternehmen und auch nur für Geschäftstätigkeiten, die im Zuständigkeitsbereich der Gewerbeaufsichtsbehörde der Sonderwirtschaftszone Shenzhen ausgeübt wurden.

Auf das Handelsvertreterrecht findet in China grundsätzlich das ZGB Anwendung, insbesondere der Allgemeine Teil des Vertragsrechts und Bestimmungen zum Geschäftsbesorgungsvertrag und zum Maklervertrag.

1. Geschäftsbesorgungsvertragsrecht

Für das chinesische Handelsvertreterrecht sind insbesondere die Bestimmungen zum Geschäftsbesorgungsvertrag (§§ 919–936 ZGB, a.F. §§ 396–413 VG) von Bedeutung. Anders als das deutsche Zivilrecht unterscheidet es in China gesetzlich nicht zwischen entgeltlicher und unentgeltlicher (Auftrag) Geschäftsbesorgung. Die Bestimmungen gelten ausnahmslos sowohl für Dauerschuldverhältnisse als auch für „einfache" Schuldverhältnisse. Außerdem finden die Bestimmungen zum Geschäftsbesorgungsvertrag ergänzend Anwendung auf andere Arten von Vertriebsverträgen, z.B. Kommissionär- und Kommissionsagentenvertrag und Handelsmaklervertrag.

2. Maklervertragsrecht

§§ 961–966 ZGB (a.F. §§ 424–427 VG) zum Maklervertrag finden auf Vermittlungsvertreter Anwendung.

Anders als im deutschen Recht, das sowohl ein Zivilmaklerrecht – §§ 652 ff. BGB – als auch ein Handelsmaklerrecht – §§ 93 ff. HGB – kennt, verfügt das chinesische Recht nur über die Bestimmungen zum Maklervertrag, die sowohl auf Zivilmakler als auch auf Handelsmakler Anwendung finden. Ferner findet dieses chinesische Maklerrecht nicht nur auf ständig von einem Auftraggeber betraute Makler (Vermittlungsvertreter) Anwendung, sondern auch auf gelegentlich betraute Makler (Handelsmakler).

Die Bestimmungen zu Geschäftsbesorgungsvertrag und Maklervertrag sind kein zwingendes Recht. Insoweit kann der Handelsvertretervertrag von beiden Parteien durch abweichende Vereinbarungen gestaltet werden.

III. Handelsvertretervertrag

Ein Handelsvertretervertrag ist ein unbenannter Vertrag, der vom Charakter her einen Geschäftsbesorgungsvertrag, ein gegenseitiges, entgeltliches Dauerschuldverhältnis darstellt. Der Handelsvertretervertrag kann nach dem Grundsatz der Vertragsfreiheit abgeschlossen werden. Für den Abschluss gelten die allgemeinen Bestimmungen des Vertragsrechts im ZGB.

1. Abschluss und Änderung

Der Abschluss eines Handelsvertretervertrags ist formfrei möglich. Er kann gemäß § 469 Abs. 1 ZGB (a.F. § 10 Abs. 1 VG) in Schriftform, mündlicher Form oder durch konkludente Handlung geschlossen werden. Aus Beweisgründen wird die Schriftform empfohlen. Die Parteien können die Vertragsdauer frei vereinbaren. Üblicherweise wird ein Anfangs- oder/und ein Endtermin des Vertrags bestimmt.

Da ein Handelsvertretervertrag ein Dauerschuldverhältnis ist, können die Parteien bei Vertragsschluss nicht alle zukünftigen Entwicklungen voraussehen und einkalkulieren. Verändern sich später Situation oder Märkte, können die Parteien gemäß § 543 ZGB (a.F. § 77 Abs. 1 VG) in gegenseitigem Einvernehmen den laufenden Handelsvertretervertrag ändern, um ihn den veränderten Umständen anzupassen. So kann etwa einem erfolgreichen Handelsvertreter ein größeres Gebiet zugewiesen werden.[288] Auch die Vertragsänderung ist formfrei möglich.

2. Unwirksamkeit

Auf die Wirksamkeit des Vertrags finden die Bestimmungen des Allgemeinen Teils des ZGB (6. Kapitel §§ 133 ff.) Anwendung, wenn im Buch zum Vertragsrecht gemäß § 508 keine Bestimmung darüber vorhanden ist.

Der Handelsvertretervertrag kann gemäß §§ 155, 156 ZGB (a.F. § 56 VG) von Anfang an ganz oder teilweise unwirksam sein, wenn einer der in §§ 144, 146, 153 und 154 ZGB[289] (a.F. § 52 VG[290]) definierten Umstände vorliegt oder wenn er von einer Partei wegen einer der in §§ 147–151[291] (a.F. § 54 VG) geregelten Umstände angefochten wird.

Ist der Vertrag nach § 157 S. 1 ZGB (a.F. § 58 S. 1 VG) unwirksam, muss aufgrund des Vertrags erlangtes Vermögensgut zurückgegeben werden. Bei Verschulden einer Partei muss der anderen gemäß § 157 S. 2 ZGB (a.F. § 58 S. 2 VG) der dadurch entstandene Schaden ersetzt werden, z.B. die Aufwendungen für die Erfüllung des Vertrags.[292]

Beim Handelsvertretervertrag ist Anfechtbarkeit aufgrund Täuschung und Unwirksamkeit wegen gesetzlichen Verbots in der gerichtlichen Praxis häufig gegeben.

---

288 Unteres Volksgericht des Bezirks Zhongshan, 2016, Nr. 8030, (2016) 辽0202民初8030号.

289 § 144 Unwirksamkeit wegen Geschäftsunfähigkeit; § 146 Unwirksamkeit wegen Scheingeschäft; § 153 Abs. 1 Unwirksamkeit wegen gesetzlichen Verbots; § 153 Abs. 2 Unwirksamkeit wegen Sittenwidrigkeit; § 154 Unwirksamkeit wegen böswilliger Kollusion der beiden Parteien.

290 Nr. 1 Wenn mit Täuschung oder Drohung durch eine Seite errichtete Verträge staatliche Interessen schädigen; Nr. 2 Wenn in böswilliger Kollusion Interessen des Staates, von Kollektiven oder von Dritten geschädigt werden; Nr. 3 Wenn eine legale Form ein rechtswidriges Ziel verbirgt; Nr. 4. Wenn gesellschaftliche öffentliche Interessen geschädigt werden; Nr. 5 Wenn gegen zwingende Vorschriften von Gesetzen oder Verwaltungsrechtsnormen verstoßen wird.

291 § 147 Anfechtung wegen Irrtums; § 148 Anfechtung wegen Täuschung; § 149 Anfechtung wegen Täuschung durch Dritte; § 150 Anfechtung durch Drohung; § 151 Anfechtung wegen unangemessener Benachteiligung.

292 Unteres Volksgericht des Bezirks Shaoling, 2015, Nr. 167, (2015) 召民二初字第167号.

a) *Anfechtbarkeit wegen Täuschung*

Gemäß § 148 ZGB (a.F. § 54 Abs. 2) ist der Handelsvertretervertrag anfechtbar, wenn der Vertrag durch arglistige Täuschung von einer Partei und entgegen dem wahren Willen der anderen Partei abgeschlossen wird.

Täuschung liegt in der Rechtsprechung vor, wenn der Unternehmer vorgab, dass er für die zu vermittelnden Produkte Patente oder Markenrechte besaß, um so attraktiver für Absatzmittler zu sein.[293] Oder wenn der Unternehmer den Eindruck erweckte, dass seinen zu vermittelnden Produkten eine bestimmte Zertifizierung erteilt wurde. Der Handelsvertreter befand sich damit im Irrtum über eine wesentliche Eigenschaft der zu vertretenden Produkte, da solche mit dieser Zertifizierung höheres Vertrauen bei potenziellen Kunden genießen konnten und daher leichter zu verkaufen waren.[294]

Weitere Beispielsfälle: Der Unternehmer täuschte in einer Werbung über seinen Produktionsumfang. Tatsächlich wurden die Produkte von anderen hergestellt, während der Unternehmer über keine eigenen Herstellungsmöglichkeiten und Ausrüstungen verfügte.[295] Oder der Unternehmer täuschte vor, dass er Inhaber der Marke für die zu vermittelnden Produkten war. Zudem pries er in der Werbung sein Produkt als ideales Kurzstreckenfahrzeug an, wobei die Überlegenheit des Produkts im Vergleich zu Fahrrädern, Motorrädern und Automobilen in den Vordergrund gestellt wurde. Tatsächlich gilt das Produkt, z.B. ein Hooverboard, aber nicht als Fahrzeug im Sinne des Straßenverkehrsrechts, weshalb es nicht auf der Fahrbahn oder auf Fahrradwegen benutzt werden darf.[296]

b) *Nichtigkeit wegen Gesetzeswidrigkeit*

Gemäß § 153 Abs. 1 S. 1 ZGB (a.F. § 52 Nr. 5 VG) wird der Handelsvertretervertrag nichtig, wenn er gegen zwingende Vorschriften von Gesetzen oder Verwaltungsrechtsnormen verstößt, etwa weil für das zu vermittelnde Produkt ein Verkaufsverbot auf dem Markt herrscht.[297]

293 Volksgericht für geistiges Eigentum der Stadt Shanghai, 2015, Nr. 181, (2015) 沪知民终字第181号.

294 Unteres Volksgericht des Bezirks Shunde, 2014, Nr. 768, (2014) 佛顺法容民初字第768号.

295 Unteres Volksgericht des Bezirks Gongshu, 2016, Nr. 6131, (2016) 浙0105民初6131号.

296 Unteres Volksgericht des Bezirks Baoshan, 2015, Nr. 2591, (2015) 宝民二(商)初字第2591号.

297 Unteres Volksgericht des Bezirks Shaoling, 2015, Nr. 167, (2015) 召民二初字第167号.

Zu beachten ist, dass der Verstoß gegen zwingende Vorschriften nicht in allen Fällen zur Nichtigkeit des Vertrags führt. Nach dem *Gesetzgebungsgesetz der VR China*[298] bestehen in China vier Stufen von Rechtsnormen.[299] Nach § 4 E1 ist ein Vertrag nur nichtig, wenn er gegen zwingende Vorschriften der ersten beiden Stufen der Rechtsnormen – Gesetze und Verwaltungsrechtsnormen – verstößt. Bei anderen zwingenden Vorschriften wie Rechtsnormen der Provinzregierungen oder von Ministerien des Staatsrats ist dies nicht der Fall. VG und Vertragsrecht des ZGB als gesetzliche Basis der Marktwirtschaft festlegt die grundlegenden Regeln für Markttransaktionen. Die Schaffung eines einheitlichen großen Marktes erfordere laut *Han* die Vereinheitlichung der Handelsregeln und des Vertragsrechtssystems. Daher seien unterschiedliche Handelsregelungen verschiedener Ministerien oder regional abweichende Regelungen hierzu unzulässig.[300]

Es gab Bestimmungen zur Verwaltung der Geschäftstätigkeit des Handelsvertreters wie Eintragungspflicht, Ausübung der Geschäftstätigkeit nur innerhalb des Geschäftsbereichs und Begrenzung der Vergütungshöhe. Die entsprechenden Bestimmungen wurden aufgehoben.

aa) Register

Heutzutage muss der Handelsvertreter für die Ausübung seiner Geschäftstätigkeit nicht in das Register des Industrie- und Handelsverwaltungsamts eingetragen werden.

Früher wurde in China mehrheitlich die Meinung vertreten, dass sich Gewerbetreibende in einem behördlichen Register eintragen lassen müssen und eine Geschäftslizenz erhalten.[301] Ferner galten in China die inzwischen

---

298 中华人民共和国立法法, am 01.07.2000 in Kraft getreten, Revision 2005; Die deutsche Übersetzung in: Madeleine Martinek, ZChinR 2015, S. 259–284.

299 1) Die vom nationalen Volkskongress und dessen Ständigem Ausschuss erlassenen *Gesetze*; 2) Die vom Staatsrat erlassenen *Verwaltungsrechtsnormen*; 3) Die von den Volkskongressen der Provinzen (umfasst auch die fünf Autonomen Regionen und die vier regierungsunmittelbaren Städte) und deren Ständigen Ausschüssen erlassenen *territorialen Rechtsnormen*; 4) Die von allen Ministerien des Staatsrats und anderen Behörden wie z.B. der Chinesische Staatsbank erlassenen *Regeln der Abteilungen des Staatsrats* und die von Volksregierungen von Provinzen, von Städten, die in Bezirke aufgeteilt sind, und von autonomen Bezirken erlassenen *Regeln der territorialen Regierungen*.

300 Han Shiyuan, Vertragsrecht, 4. Aufl., S. 232.

301 Gao/Wang, Geschäftsbesorgungs-, Kommissions- und Maklervertrag, S. 251; Zhang Yan, Handelsrechtliches Stellvertretungsrecht, S. 56.

wieder aufgehobenen MVJ. Nach §§ 6–9 MVJ musste der Handelsvertreter als ein Typ des Jingjiren in das Register des Industrie- und Handelsverwaltungsamts eingetragen werden und eine Geschäftslizenz beantragen. Die MVJ deckten nicht alle Geschäftsbereiche von Handelsvertretern in China ab. Nach dem Prinzip der Vertragsfreiheit stand es jeder geschäftsfähigen Person frei, einen Auftrag anzunehmen und dagegen Entgelt zu verlangen. Diese Freiheit wurde nicht beschnitten. Handelsvertreter, die nicht in einer speziellen Branche wie dem Wertpapierhandel tätig waren, brauchten sich nicht eintragen zu lassen. Insoweit galten die MVJ nur für jene Handelsvertreter, die bereits eingetragen waren und eine Lizenz erhalten hatten.[302] Zwar sind die MVJ inzwischen aufgehoben; jedoch war ein Vertrag auch während ihrer Geltungszeit nicht wegen eines Verstoßes gegen § 18 Nr. 1 MVJ unwirksam, da die MVJ zu den *Regeln der Abteilungen des Staatsrats* (vierte Stufe der Rechtsnormen) gehörten.[303]

bb) Ausdehnung der Geschäftstätigkeit

Bei Antrag auf Registereintragung müssen der Geschäftsbereich bzw. die Tätigkeitsbereiche (eine oder mehrere Kategorien) angegeben werden. Der Geschäftsbereich ist gemäß § 3 Abs. 1 der *Administrativen Bestimmungen zur Registrierung des Geschäftsbereiches von Unternehmen*[304] der Umfang der Geschäftstätigkeit des Unternehmens und muss bei den zuständigen Behörden registriert sein. Dieser Geschäftsbereich ist dann in der Geschäftslizenz vermerkt.

Umstritten war, ob der Handelsvertretervertrag unwirksam war, wenn der Handelsvertreter einen Handelsvertretervertrag hinsichtlich eines nicht von der Geschäftslizenz erfassten Bereichs abschloss. Gemäß § 42 AGZ durfte der Handelsvertreter nur innerhalb des behördlich registrierten Betriebsbereiches tätig werden. Hatte der Handelsvertreter außerhalb dieses Betriebsbereichs einen Vertrag abgeschlossen, war Letzterer nichtig. Dies wurde von Juristen stark kritisiert. In der juristischen Praxis erging eine beträchtliche Anzahl von Urteilen, nach denen solche Verträge nicht nichtig waren.[305] Gemäß § 10 E1

302 Gao Fuping, Zwei Fragen zur Kodifikation des Brokers, in: Brokerage, 2001, Nr. 6, S. 74.

303 Zweites Mittleres Volksgericht der Stadt Beijing, 2011, Nr. 19456, (2011) 二中民终字第19456号; Mittleres Volksgericht der Stadt Nanning, 2014, Nr. 275, (2014) 南市民二终字第275号; Zweites Mittleres Volksgericht der Stadt Tianjin, 2015, Nr. 130, (2015) 二中保民终字第130号.

304 企业经营范围登记管理规定, Am 01.07.2004 in Kraft getreten, Revision 2015.

305 Han Shiyuan, Vertragsrecht, 4. Aufl., S. 203.

konnte ein Volksgericht keine Unwirksamkeit des Vertrags feststellen, wenn der Handelsvertreter seinen Handelsvertretervertrag über seinen Betriebsbereich hinaus schloss. Nichtig war und ist ein Vertrag nur, wenn er gegen staatliche Betriebsbeschränkungen, besondere Betriebserlaubnisse oder das Betriebsverbot verstößt.

Mit § 505 wurde neu im ZGB eingefügt, dass die Unwirksamkeit eines Vertrags nicht allein deshalb festgestellt werden kann, weil der Handelsvertreter diesen Vertrag über seinen Geschäftsbereich hinaus abgeschlossen hat.

cc) Begrenzung der Vergütungshöhe

Heutzutage steht es den Parteien gemäß der Vertragsfreiheit frei, die Vergütungshöhe des Handelsvertreters vollständig selbst zu vereinbaren.

Früher konnte der Handelsvertretervertrag unwirksam sein, wenn die vereinbarte Vergütung des Handelsvertreters zu hoch war. China verfügte über diverse Bestimmungen zur Beschränkung der Vergütungshöhe, insbesondere im Immobilienhandel. Beispielsweise durfte gemäß § 6 der *Mitteilung der Staatlichen Kommission für Entwicklung und Reform und des Ministeriums für Bauwesen zur Frage der Vermittlungsgebühr für Immobilienagenturen*[306] die Höhe der Vergütung 0,5–2,5 Prozent, bei einem Exklusivvertreter 3 Prozent des gesamten Transaktionspreises nicht übersteigen. Überschritt die vereinbarte Vergütungshöhe diese gesetzliche Beschränkung, war die Vereinbarung nichtig.[307] Einige Volksgerichte allerdings beurteilten solche Verträge nicht gemäß § 52 Nr. 5 VG als unwirksam, da diese rechtliche Begrenzung der Vergütungshöhe nicht auf einem Gesetz oder einer Verwaltungsrechtsnorm beruhte.[308] Ferner war die gesetzliche Begrenzung auf 3 Prozent für einen Exklusivvertreter nicht anwendbar, wenn der Handelsvertreter sich für den Unternehmer nicht nur verpflichtete, Geschäfte abzuschließen bzw. zu vermitteln, sondern auch weitere Dienstleistungen wie etwa Beratung für Projektplanung und Werbung zu erbringen.[309]

---

306 国家计委、建设部关于房地产中介服务收费的通知, gültig von 17.07.1995 bis 01.01.2016.

307 Oberes Volksgericht Beijing, 2009, Nr. 514, (2009) 高民终字第514号; Erstes Mittleres Volksgericht Beijing, 2009, Nr. 987, (2009) 一中民终字第987号.

308 Oberstes Volksgericht, 2014, Nr. 8, (2014) 民提字第8号.

309 Oberes Volksgericht der Provinz Sichuan, 2013, Nr. 29, (2013) 川民初字第29号.

dd) Erforderlichkeit der Betriebserlaubnis

Für bestimmte Branchen bzw. Tätigkeitsbereiche bedarf es neben der Geschäftslizenz des Industrie- und Handelsverwaltungsamtes der Erteilung einer speziellen Erlaubnis der jeweils zuständigen Behörde.

Fehlt dem Handelsvertreter eine solche, darf er die entsprechenden Geschäfte nicht tätigen, womit solche Geschäfte betreffende Handelsvertreterverträge nichtig sind. Wenn der Handelsvertreter beispielsweise über keine *Erlaubnis zum Handel gefährlicher Chemikalien*[310] verfügt, darf er keine Geschäfte mit Kraftstoffen auf Alkoholbasis tätigen.[311] Hat er keine *Erlaubnis zur Betreibung von Telekommunikation*[312], darf er nicht im Telekommunikationsgeschäft tätig sein.[313]

Manche Erlaubnisse braucht nur der Verkäufer zu besitzen, während ein Handelsvertreter als Auftragnehmer ohne diese Erlaubnisse entsprechende Geschäfte vermitteln bzw. abschließen darf.

Gemäß § 51 Abs. 1 (a.F. § 14 Abs. 1 Revision 2015) der *Pharmaceutical Administration Law of the People's Republic of China*[314] (Revision 2019) darf ein Unternehmen im Groß- oder Einzelhandel ohne *Erlaubnis zur Betreibung von Geschäften mit Arzneimitteln* nicht im Arzneimittelhandel tätig sein. Das Oberste Volksgericht befand, dass der Handelsvertretervertrag hierüber wirksam ist, auch wenn der Handelsvertreter keine solche Erlaubnis hat, da § 14 Abs. 1 nur auf den Verkauf (Kaufvertrag) abstellt, nicht jedoch auf einen Geschäftsbesorgungsvertrag.[315] Insoweit müssen Groß-, Einzel- und Vertragshändler über diese *Erlaubnis zur Betreibung von Geschäften mit Arzneimitteln* verfügen, Handelsvertreter oder Kommissionsagenten jedoch nicht.

---

310 § 3 Abs. 1 *Measures for the Administration of the Permits for Trading in Hazardous Chemicals* (危险化学品经营许可证管理办法), am 01.09.2012 in Kraft getreten, Revision 2015.

311 Mittleres Volksgericht der Stadt Hengshui, 2017, Nr. 884, (2017) 冀11民终884号.

312 § 7 *Telecommunication Regulation of the People's Republic of China* (中华人民共和国电信条例), am 25.09.2000 in Kraft getreten, Revision 2016.

313 Unteres Volksgericht des Bezirks Huancui, 2016, Nr. 1957, (2016) 鲁1002民初1957号.

314 中华人民共和国药品管理法, am 01.07.1985 in Kraft getreten, letzte Revision 2019.

315 Oberstes Volksgericht, 2015, Nr. 323, (2015) 民二终字第323号.

3. Das chinesische AGB-Recht

In der Praxis wird ein Handelsvertretervertrag üblicherweise mit AGB-Klauseln abgeschlossen. Das AGB-Recht ist in den §§ 496–498 ZGB (a.F. §§ 39–41 VG und §§ 9–10 E2) geregelt. Im Vergleich mit den Bestimmungen des VG weist AGB-Recht im ZGB keine großen Änderungen auf.

a) Pflichten des Unternehmers bei Verwendung von AGB-Klauseln

Bei Errichtung eines Handelsvertretervertrags mit AGB-Klauseln muss sich der Verwender, in der Regel der Unternehmer, bei der Bestimmung der beiderseitigen Rechte und Pflichten nach § 496 Abs. 2 S. 1 ZGB (a.F. § 39 Abs. 1 VG) an den Gerechtigkeitsgrundsatz halten. Der Verwender/Unternehmer soll die AGB-Klauseln auf vernünftige Art und Weise[316] wählen, um den Handelsvertreter darauf aufmerksam zu machen (Hinweispflicht) und auf Verlangen des Handelsvertreters diese Klauseln erklären (Erklärungspflicht).

Juristisch kritisiert wurde der Umfang der Hinweispflicht aus § 39 Abs. 1 VG, für welche AGB-Klauseln dem Unternehmer die Hinweispflicht obliegt. Expressis verbis war der Verwender nach § 39 Abs. 1 VG nur verpflichtet, den Vertragspartner auf AGB-Klauseln zum Ausschluss oder zu Beschränkungen einer Pflicht (wörtlich: „Haftung") aufmerksam zu machen. In VG und ZGB wird wörtlich „Haftung" verwendet, dies kann im AGB-Recht auch als „Pflicht" verstanden werden.[317] Nach Ansicht *Wangs* sollte der Verwender auf alle AGB-Klauseln aufmerksam machen. Auf AGB-Klauseln zum Ausschluss oder zu den Beschränkungen von Haftungen sollte der Verwender den Vertragspartner zudem noch stärker aufmerksam machen.[318] In § 496 Abs. 2 S. 1 ZGB wurde neu ergänzt, dass dem Verwender die Hinweispflicht für all jene AGB-Klauseln obliegt, an denen der Handelsvertreter wesentliches Interesse hat oder schwerwiegend Schaden nehmen kann.

Ferner enthält das ZGB eine Änderung der Rechtsfolgen bei Pflichtverletzungen. Verletzt der Unternehmer hier seine Hinweis- oder Erklärungspflicht, ist diese AGB-Klausel nicht automatisch unwirksam. Die Klauseln können in den Handelsvertretervertrag einbezogen werden. Der Handelsvertreter konnte jedoch früher gemäß § 9 E2 diese AGB-Klauseln zum Ausschluss oder zur

316 Gemäß § 6 Abs. 1 E2 durch Verwendung besonderer Merkmale wie Schrift, Symbole oder Schriftart.

317 Vgl. Wang Liming, Forschung über das Vertragsrecht, 3. Aufl., Bd. 1, S. 418.

318 Wang Liming, Forschung über das Vertragsrecht, 3. Aufl., Bd. 1. S. 416.

Beschränkung von Haftungen anfechten. Gemäß § 55 Abs. 1 VG konnte der Handelsvertreter die AGB-Klauseln nur innerhalb eines Jahres von dem Tag an anfechten, an dem er die Anfechtungsgründe kannte oder kennen musste. Nun kann der Handelsvertreter nach § 496 Abs. 2 S. 2 ZGB verlangen, dass die AGB-Klauseln kein Bestandteil des Handelsvertretervertrags sind – ohne Einhaltung der einjährigen Anfechtungsfrist.

b) Inhaltskontrolle

Nach der Klärung der wirksamen Einbeziehung der AGB-Klauseln in den Handelsvertretervertrag steht die Inhaltskontrolle. Vor der Billigkeitsprüfung müssen die AGB-Klauseln ausgelegt werden, wenn sie nicht eindeutig sind oder im Widerspruch zu anderen Vertragsklauseln stehen.[319] Die AGB-Klauseln müssen gemäß § 498 ZGB (a.F. § 41 VG) bei Streitigkeiten über ihre Auslegung im allgemein üblichen Sinne ausgelegt werden. Wenn mehrere Auslegungen möglich sind, müssen sie in dem Sinn ausgelegt werden, der für den Unternehmer, der die AGB-Klauseln gestellt hat, nicht von Vorteil ist. Wenn eine AGB-Klausel im Widerspruch zu einer Individualabrede steht, gilt die Individualabrede vorrangig.

Eine AGB-Klausel war wörtlich gemäß § 40 Hs. 2 VG unter folgenden drei Umständen unwirksam: „von eigener Haftung befreien, die Haftung der anderen Partei erhöhen und Hauptrechte der anderen Partei ausschließen." Nach *Liangs* Auffassung ist diese Vorschrift mit seiner Auflistung der drei gesetzlichen Umstände zu starr. Empfohlen wurde, die Billigkeit der AGB-Klauseln im Einzelfall zu prüfen, und nicht lediglich die drei gesetzlichen Umstände. Ferner sollten nicht alle unbilligen AGB-Klauseln automatisch zur Unwirksamkeit führen, sondern von der betroffenen Partei angefochten werden können.[320]

Dieser Vorschlag wurde nicht im ZGB umgesetzt, in § 497 Nr. 2 und 3 ZGB sind die drei genannten Umstände weiterhin aufgelistet. Allerdings wurde in § 497 Nr. 2 ZGB das Wort „unangemessen" eingefügt, und zwar in Bezug auf Ausschluss oder Verminderung der eigenen Pflichten (wörtlich: „Haftung"), auf Erhöhung der Pflichten (wörtlich: „Haftung") und auf Ausschluss[321] oder Einschränkung des Hauptrechts der anderen Partei.

---

319 Liang Huixing, A Propositional Version with Reasons for Civil Code Draft of China (Contract Law I), S. 81.

320 Liang Huixing, A Propositional Version with Reasons for Civil Code Draft of China (Contract Law I), S. 82.

321 Der Ausschluss des Hauptrechts der anderen Partei wird unlogisch allein in § 497 Nr. 3 ZGB geregelt.

Gemäß § 496 Abs. 2 ZGB wird eine AGB-Klausel zum Ausschluss oder zur Verminderung einer Pflicht des Unternehmers zunächst in den Handelsvertretervertrag einbezogen, wenn der Unternehmer seine Hinweis- oder Erklärungspflicht nicht verletzt. Wenn dieser Ausschluss oder die Verminderung unangemessen ist, ist diese AGB-Klausel gemäß § 497 Nr. 2 unwirksam. Noch unklar ist, was „unangemessen" ist.

Beispielsfall: Um das Vertriebsrecht für einen bestimmten Bezirk zu erhalten, zahlte der Handelsvertreter nach vertraglicher Vereinbarung eine Sicherheitsleistung unter der Bezeichnung „Verwaltungsgebühr". Diese Sicherheitsleistung sollte der Unternehmer nach Vertragsbeendigung an den Handelsvertreter herausgeben. Wenn sich der Unternehmer in einer AGB-Klausel von seiner Herausgabepflicht der Sicherheitsleistung befreit, ist diese AGB-Klausel unwirksam.[322]

Ferner ist eine AGB-Klausel unwirksam, wenn der Unternehmer als Verwender die Pflichten (wörtlich: „Haftung") des Handelsvertreters unbillig erhöht.

Beispielsfall: Um das Produkt zu verkaufen, übergab der Unternehmer dem Handelsvertreter einige Musterexemplare, die nach Vereinbarung im Eigentum des Unternehmers verbleiben sollten. Eine AGB-Klausel, wonach der Handelsvertreter nach Beendigung des Handelsvertretervertrags die nicht verkauften Musterexemplare selbst kaufen muss, ist unwirksam. Dies würde das Absatzrisiko des Handelsvertreters erhöhen.[323]

Beispielsfall: Eine AGB-Klausel zum nachvertraglichen Wettbewerbsverbot des Handelsvertreters ohne Karenzentschädigung erwies sich als unwirksam. Das Gericht befand hier, dass der Unternehmer als Verwender von AGB-Klauseln die Rechte und Pflichten beider Parteien nicht nach dem Gerechtigkeitsgrundsatz bestimmt hatte. Die Klausel hatte die Freiheit des Handelsvertreters zur Geschäftstätigkeit nach Vertragsbeendigung beschränkt, wohingegen der Unternehmer keine entsprechende Pflicht als Gegenleistung hatte, z.B. Zahlung einer Karenzentschädigung. Außerdem war die Haftung des Handelsvertreters für eine konkurrierende Geschäftstätigkeit

322 Unteres Volksgericht des neuen Stadtbezirks Pudong der Stadt Shanghai, 2016, Nr. 72336, (2016) 沪0115民初72336号.

323 Unteres Volksgericht des Bezirks Yuanzhou der Stadt Yichun, 2015, Nr. 543, (2015) 袁民二初字第543号.

unangemessen erhöht worden, da er hierfür nach Vereinbarung eine Vertragsstrafe hätte leisten müssen.[324]

Schließlich ist eine AGB-Klausel unwirksam, wenn der Unternehmer als Verwender ein Hauptrecht/wesentliches Recht des Handelsvertreters ausschließt. Das Gesetz führt nicht aus, was ein „wesentliches Recht" ist. Nach *Ma* müssen bei der Beurteilung, ob die konkreten Rechte zu den „wesentlichen Rechten" gehören, die Rechte des Vertragspartners in Verbindung mit der Natur und dem Zweck des Vertrags bestimmt werden. Zu prüfen ist auch, ob die konkreten Rechte, die durch AGB-Klauseln ausgeschlossen werden sollen, vernünftige Rechte des Vertragspartners für die nahe Zukunft sind.[325] Das fristlose „beliebige" Kündigungsrecht des Handelsvertreters aus § 933 S. 1 ZGB, (a.F. § 410 S. 1 VG) gehört zu den „wesentlichen Rechten" und kann nicht durch AGB-Klauseln verwehrt werden.[326]

IV. Pflichten des Handelsvertreters

Rechte und Pflichten des Unternehmers und des Handelsvertreters können im Vertrag vereinbart werden. Wenn sie keine wirksamen Vereinbarungen getroffen haben, finden darauf die gesetzlichen Bestimmungen zum Geschäftsbesorgungsvertrag und zum Maklervertrag Anwendung.

Auf die Pflichten eines Vermittlungsvertreters finden die Bestimmungen zum Maklervertrag vorrangig Anwendung, z.B. die Pflicht zur Geschäftsvermittlung § 961 ZGB (a.F. § 424 VG) und die Benachrichtigungspflicht § 962 ZGB (a.F. § 425 VG). Für die weiteren Pflichten des Vermittlungsvertreters und die Pflichten des Abschlussvertreters gelten die Bestimmungen zum Geschäftsbesorgungsvertrag z.B. die Pflicht zur Tätigkeit gemäß den Weisungen des Unternehmers § 922 ZGB (a.F. § 399 VG) und die Herausgabepflicht des Erlangten § 927 ZGB (a.F. § 404 VG). Die gesetzlichen Bestimmungen zum Geschäftsbesorgungsvertrag und Maklervertrag sind kein zwingendes Recht. Die Parteien können im Vertrag abweichende Vereinbarungen treffen. Es wird empfohlen, die Rechte und Pflichten im Vertrag konkret zu vereinbaren.

---

324 Unteres Volksgericht des Kreises Shuyang, 2016, Nr. 18903, (2016) 苏1322民初18903号.

325 Ma Yide, Wirksamkeit der AGB-Klauseln zu Haftungsausschluss und Haftungsbeschränkung, in: Law Science, 2014, Nr. 11, S. 146 ff. (148).

326 Unteres Volksgericht des Bezirks Putuo der Stadt Shanghai, 2014, Nr. 3097, (2014) 普民二(商)初字第3097号; Unteres Volksgericht des Bezirks Putuo der Stadt Shanghai, 2014, Nr. 435, (2014) 普民二(商)初字第435号.

Da der Handelsvertretervertrag ein entgeltlicher Geschäftsbesorgungsvertrag ist, muss der Handelsvertreter als Auftragnehmer bei der Geschäftstätigkeit erhöhte Sorgfalt walten lassen, das heißt, er soll so sorgfältig wie ein Fachmann mit Fachkenntnissen handeln.[327]

1. Geschäftsvermittlung/-abschluss

Der Handelsvertreter verpflichtet sich gemäß § 961 ZGB (a.F. § 424 VG) zur Vermittlung oder gemäß § 919 ZGB (a.F. § 396 VG) zum Abschluss von Geschäften.

Der Handelsvertreter kann alle Arten von Geschäften vermitteln oder abschließen, die nicht gesetzwidrig sind. Neben dem Abschluss oder der Vermittlung von Kaufverträgen über bewegliche Sachen und Immobilien kommen beispielsweise auch Mietverträge, Versicherungsverträge, Verträge über die Übertragung/Benutzung von Patenten oder Marken in Betracht.[328]

a) Bemühungspflicht

Der Handelsvertreter muss sich um Geschäftsvermittlung/-abschluss bemühen. Die Geschäfte mit Dritten können trotzdem nicht zustande kommen.[329] Diese Bemühungspflicht zur Vermittlung oder zum Abschluss von Geschäften für den Unternehmer ist die Hauptpflicht des Handelsvertreters. Für den Vergütungsanspruch des Handelsvertreters ist je nach Vereinbarung relevant, ob ein Vertrag mit dem Dritten zustande kommt oder ob der Unternehmer und der Dritte den Vertrag vertragsmäßig ausführen.

Um den Abschluss oder die Vermittlung von Geschäften für den Unternehmer aktiv zu fördern, können die Parteien eine vertragliche Vereinbarung treffen, z.B. bestimmte Mindestumsätze oder Mindestvolumen festlegen. Solche Vereinbarungen sind in der Praxis üblich. Wenn der Handelsvertreter die vereinbarten Mindestumsätze oder Mindestvolumina erreicht oder weit überschreitet, kann er je nach Vereinbarung eine höhere/zusätzliche Vergütung verlangen und/oder zusätzliche Absatzrechte erhalten, z.B. Erweiterung des zugewiesenen Bezirkes, Ausschließlichkeitsrecht im zugewiesenen Bezirk, Verlängerung des Handelsvertretervertrags.

Erreicht der Handelsvertreter die vereinbarten Mindestumsätze oder Mindestvolumina nicht, kann der Unternehmer je nach Vereinbarung z.B. den

327 Vgl. Chen Su, Geschäftsbesorgungs-, Kommissions- und Maklervertrag, S. 29.

328 Zhang Yan, Handelsrechtliches Stellvertretungsrecht, S. 48.

329 Vgl. Chen Su, Geschäftsbesorgungs-, Kommissions- und Maklervertrag, S. 28.

Handelsvertretervertrag fristlos kündigen[330] oder/und eine Vertragsstrafe verlangen,[331] den dem Handelsvertreter zugewiesenen Bezirk verkleinern, das Ausschließlichkeitsrecht versagen/zurücknehmen. Gibt es keine vertragliche Vereinbarung solcher Folgen, kann der Handelsvertreter z.B. nicht sein Ausschließlichkeitsrecht wegen Nichterreichens des vereinbarten Mindestvolumens verlieren.[332]

b) *Interessenwahrung*

Der Handelsvertreter verpflichtet sich in Deutschland nach § 86 Abs. 1 Hs. 2 HGB, während der gesamten Ausübung der Tätigkeit die Interessen des Unternehmers wahrzunehmen. Der Handelsvertreter hat demnach alles im Interesse des Unternehmers Erforderliche zu tun und alles dessen Interessen Widersprechende zu unterlassen.[333] Das Unternehmerinteresse soll gegenüber dem eigenen Interesse (wie hohe Vergütung) und gegenüber Kundeninteressen gewahrt werden.[334] Diese Interessenwahrnehmungspflicht ist nach § 86 Abs. 4 HGB zwingend.

Eine solche gesetzliche Interessenwahrnehmungspflicht des Handelsvertreters fehlt in China. Der Handelsvertreter muss sich nach § 7 ZGB (a.F. § 6 VG) bei seiner Geschäftstätigkeit an den Grundsatz von Treu und Glauben halten. Dies verpflichtet den Handelsvertreter dazu, den Absatz zu fördern, den Marktanteil zu erhöhen bzw. zu halten, den Goodwill des Unternehmers zu mehren und die Geheimnisse des Unternehmers zu schützen.[335] Empfehlenswert ist, die Interessenwahrnehmungspflicht des Handelsvertreters im Vertrag konkret zu vereinbaren.

---

330 Mittleres Volksgericht der Stadt Yantai, 2017, Nr. 13, (2017) 鲁06民终13号.

331 Unteres Volksgericht der Stadt Taixing, 2013, Nr. 0410, (2013) 泰曲民初字第0410号; Unteres Volksgericht des Bezirks Dongan der Stadt Mudanjiang, 2016, Nr. 317, (2016) 黑1002民初317号; Unteres Volksgericht des Kreises Xinchang der Stadt Shaoxing, 2016, Nr. 2992, (2016) 浙0624民初2992号; Unteres Volksgericht des Bezirks Hailing der Stadt Taizhou, 2016, Nr. 2034, (2016) 苏1202民初2034号.

332 Erstes Mittleres Volksgericht der Stadt Beijing, 2015, Nr. 7955, (2015) 一中民(商)终字第7955号.

333 MüKoHGB/Ströbl, 5. Aufl., 2021, § 86, Rn. 28.

334 MüKoHGB/Ströbl, 5. Aufl., 2021, § 86, Rn. 28.

335 Gao/Wang, Geschäftsbesorgungs-, Kommissions- und Maklervertrag, S. 250.

c) Pflicht zur Einhaltung der Gebietsbindung des Handelsvertreters

In der absatzwirtschaftlichen Praxis teilen die Unternehmer den Gesamtmarkt häufig in mehrere Gebiete auf. Der Handelsvertreter darf nach besonderer Vereinbarung mit dem Unternehmer die Ware oder Dienstleistung nur innerhalb des ihm zugewiesenen Bezirks absetzen. Um Verletzungen der Interessen anderer Absatzmittler, die für den gleichen Unternehmer tätig sind, zu vermeiden und das Interesse des Unternehmers zu wahren, ist es in der Praxis ganz üblich, im Handelsvertretervertrag eine Vereinbarung dahingehend zu treffen, dass der Handelsvertreter außerhalb des ihm zugewiesenen Bezirks keine Geschäfte abschließen darf.[336]

Wenn die vom Unternehmer vorgegebenen Absatzaufgaben (Mindestumsätze oder Mindestvolumen) zu hoch sind oder wenn der Handelsvertreter eine höhere/zusätzliche Vergütung erhalten will, könnte er versuchen, die Ware außerhalb des ihm zugewiesenen Bezirks zu verkaufen. Gleichzeitig könnte der Handelsvertreter auch versuchen, vom vorgegebenen Verkaufspreis abzuweichen, also die Produkte billiger außerhalb des ihm zugewiesenen Bezirks zu verkaufen.

Schließt ein Handelsvertreter ein Geschäft mit Kunden außerhalb des ihm zugewiesenen Bezirks ab und verletzt damit die Interessen eines anderen Handelsvertreters, dem dieser Bezirk zugewiesen ist, kann der betroffene Absatzmittler Schadensersatz wie Vergütungsverluste nicht direkt vom verletzenden Handelsvertreter verlangen, da zwischen ihnen keine vertragliche Beziehung besteht, sondern jeweils nur Vertriebsverträge zwischen dem Unternehmer als Absatzzentrale und den Handelsvertretern vorliegen. In der Praxis ist es üblich, dass der Unternehmer beim verletzenden Handelsvertreter die entsprechenden Ansprüche wegen dessen pflichtwidrigen Übergrenzvertriebs geltend macht, und der Unternehmer dem anderen, verletzten Handelsvertreter als Alleinvertreter den Schadensersatz leistet, da sich der Unternehmer verpflichtet hat, das

---

336 Oberes Volksgericht der Provinz Hunan, 2014, Nr. 130, (2014) 湘高法民再终字第130号; Unteres Volksgericht der Kreis Shangyou der Stadt Ganzhou, 2015, Nr. 428, (2015) 上民二初字第428号; Unteres Volksgericht des Bezirks Yangpu der Stadt Shanghai, 2015, Nr. 945, (2015) 杨民二(商)初字第945号; Unteres Volksgericht des Bezirks Decheng der Stadt Dezhou, 2016, Nr. 2943, (2016) 鲁1402民初2943号; Mittleres Volksgericht der Stadt Xingtai, 2016, Nr. 3572, (2016) 冀05民终3572号; Mittleres Volksgericht der Stadt Guangzhou, 2016, Nr. 8074, (2016) 粤01民终8074号; Mittleres Volksgericht des autonomen Bezirks Changji der Hui-Nationalität, 2017, Nr. 1666, (2017) 新23民终1666号; Mittleres Volksgericht der Stadt Tonghua, 2018, Nr. 466, (2018) 吉05民终466号.

Ausschließlichkeitsrecht des Alleinvertreters zu schützen. Wenn der verletzte Handelsvertreter kein Alleinvertreter ist, hat er gegenüber dem Unternehmer keinen Anspruch auf Vergütung/Ersatz der Vergütungsverluste (keine Rechtsgrundlage für Bezirksprovision).

In der Praxis ist es sehr üblich, dass der Handelsvertreter dem Unternehmer beim Vertragsabschluss eine Sicherheitsleistung zahlt. Die Parteien können eine aufschiebende Bedingung vereinbaren, wonach der Handelsvertretervertrag erst wirksam ist, nachdem der Handelsvertreter die vereinbarte Sicherheitsleistung an den Unternehmer gezahlt hat.[337] Bei Verletzung von Vertragsvereinbarungen/Weisungen kann der Unternehmer den Schadensersatz von der gezahlten Sicherheitsleistung abziehen. Verletzt der Handelsvertreter diese vereinbarte Bindung/Weisung nicht, muss der Unternehmer nach Vertragsbeendigung die Sicherheitsleistung an den Handelsvertreter herausgeben. Bei Verzug der Rückzahlung muss der Unternehmer auch Zinsen zahlen.[338]

In der Praxis kommt es immer wieder zu Streitigkeiten über die Natur solcher Zahlungen. In einem Fall hatten die Parteien vereinbart, dass der Absatzmittler dem Absatzherrn eine nicht näher bestimmte Geldsumme zahlen muss. Allerdings war nicht deutlich genug vereinbart worden, ob es sich hierbei um eine Sicherheitsleistung oder eine Eintrittsgebühr des Franchisenehmers handelt und ob der Absatzherr diesen Betrag nach Beendigung des Vertrags zurückzahlen muss. Das Gericht befand, dass in diesem Fall nach der Rechtsnatur des Absatzmittlungsvertrags kein Franchisevertrag vorliegt, sondern ein Maklervertrag (Vermittlungsvertreter), weswegen das Geld nach Beendigung des Vertrags zurückgezahlt werden musste.[339]

Erste Rechtsfolge ist das Abziehen des Schadensersatzes von der Sicherheitsleistung, wenn der Handelsvertreter die Gebietsbindung nicht eingehalten hat. Als weitere mögliche Rechtsfolgen kann der Unternehmer je nach Vereinbarung kurze Zeit die Lieferung weiterer Produkte an den Handelsvertreter aussetzen, eine Vertragsstrafe verlangen oder den Handelsvertretervertrag fristlos kündigen. Der Handelsvertreter muss seine Verletzung einstellen und die Produkte, die er z.B. an Einzelhändler außerhalb des ihm zugewiesenen Bezirks geliefert hat, zurücknehmen.

---

337 Mittleres Volksgericht von Yingtan, 2015, Nr. 201, (2015) 鹰民一终字第201号.

338 Unteres Volksgericht des Bezirks Longwan der Stadt Wenzhou, 2017, Nr. 03776, (2017) 浙0303民初03776号; Unteres Volksgericht des Bezirks Dongcheng der Stadt Beijing, 2018, Nr. 850, (2018) 京0101民初850号.

339 Mittleres Volksgericht der Stadt Qingyuan, 2017, Nr. 2907, (2017) 粤18民终2907号.

Der Unternehmer trägt die Beweislast für pflichtwidriges Verhalten des Handelsvertreters. In der gerichtlichen Praxis ist dies jedoch schwierig. Zur Unterscheidung der Produkte verschiedener Bezirksvertreter versehen in der Praxis viele Unternehmer die Produkte/Produktverpackungen mit Codes. Das heißt, im Idealfall sollten keine für andere Bezirke kodierten Produkte im jeweiligen Bezirk vorhanden sein.

In der Rechtsprechung ist umstritten, ob eine Vereinbarung über die Gebietsbindung bzw. über das Verbot von Übergrenzvertrieb des selbstständigen Absatzmittlers[340] wirksam ist. Nach h.M. sind solche Vereinbarungen nach der Vertragsfreiheit und den Geboten von Treu und Glauben wirksam.[341] Einige Volksgerichte vertreten jedoch die Ansicht, dass solche Vereinbarungen unwirksam sind. Eine Unwirksamkeit kann auf unterschiedlichen Gründen beruhen: Zuerst kann der Absatzmittler eine solche Vereinbarung gemäß § 151 ZGB (a.F. § 54 Abs. 1 Nr. 2 VG) anfechten, wenn sie bei Vertragserrichtung offensichtlich ungerecht ist und die Freiheit der Geschäftstätigkeit des Absatzmittlers beschränkt. Zweitens kann eine AGB-Klausel zur Gebietsbindung gemäß § 497 Nr. 2 und 3 ZGB, (a.F. § 40 VG) unwirksam sein, da diese Bindung das Recht der Freiheit zur Geschäftstätigkeit des Absatzmittlers beschränkt und dessen Geschäftsrisiko erhöht.[342]

Auf Handelsvertreterverträge und Kommissionär-/Kommissionsagentenverträge findet das Verbot der vertikalen Monopolvereinbarungen aus § 14 Nr. 3 AMG keine Anwendung.[343] Eine wettbewerbsrechtliche Prüfung der Vereinbarung über die Gebietsbindung/das Verbot von Übergrenzvertrieb bei anderen Absatzmittlungsverträgen wie Vertragshändlerverträgen findet zudem selten statt.

d) *Vollmacht*

Der Handelsvertreter (Abschlussvertreter) erledigt die Geschäfte mit Vollmacht, und er handelt für den Unternehmer mit einem Dritten innerhalb des Umfangs der Vollmacht.

340 Nicht nur des Handelsvertreters, sondern auch anderer Arten des Absatzmittlers, insbesondere Vertragshändler.

341 Wan Jiang, Regulation on Franchise Encroachment, in: Peking University Law Journal, 2016, Vol. 28, No. 4, S. 1101 ff. (1107).

342 Wan Jiang, Regulation on Franchise Encroachment, in: Peking University Law Journal, 2016, Vol. 28, No. 4, S. 1101 ff. (1108 f.).

343 Su Hua, Antitrust Scrutiny of Distribution Practices, S. 93.

Gemäß § 920 ZGB (a.F. § 397 VG) kann der Unternehmer dem Handelsvertreter Spezial- oder Generalvollmacht erteilen. Es empfiehlt sich, den Umfang der Vollmacht ausdrücklich im Vertrag zu vereinbaren. Wenn eine solche Vereinbarung der Parteien fehlt, ist von einer Generalvollmacht auszugehen.[344] Es ist in der Praxis möglich, dass ein Handelsvertreter nicht alle Waren oder Dienstleistungen eines Unternehmers, sondern nur einen Teil/bestimmte der Waren oder Dienstleistungen vertreiben darf. Schließt der Handelsvertreter ohne Vollmacht oder in Überschreitung der Vollmacht ein Geschäft ab, braucht er dafür gemäß § 171 Abs. 1 ZGB eine Genehmigung des Unternehmers, ansonsten bindet dieses Geschäft den Unternehmer nicht.

Empfehlenswert ist, dass der Unternehmer die Vollmacht per Vollmachtsurkunde erteilt. Bei Streitigkeiten z.B. über den dem Handelsvertreter zugewiesenen Bezirk ist der Umfang in der vom Unternehmer erteilten Vollmachtsurkunde ausschlaggebend.[345]

2. Pflicht zur Befolgung von Weisungen des Unternehmers

a) Weisungsrecht des Unternehmers

Der Handelsvertreter tätigt die Geschäfte für den Unternehmer mit dessen erteilter Vollmacht.

Es ist für den Unternehmer sinnvoll, konkretisierende Weisungen zu erteilen. Der Unternehmer als Auftraggeber hat das Weisungsrecht für die gesamte Geschäftstätigkeit des Handelsvertreters und kann bestimmen, wie die beauftragte Angelegenheit konkret erledigt werden soll, um sein Interesse zu wahren.[346] Beispielsweise kann er dem Handelsvertreter vorschreiben, dass dieser die Produkte nur dann an Dritten liefern darf, wenn diese den Kaufpreis bezahlt haben.[347]

§ 922 S. 1 ZGB (a.F. § 399 S. 1 VG) besagt lediglich, dass sich der Handelsvertreter als Auftragnehmer verpflichtet, den Auftrag nach den Weisungen des Unternehmers zu erledigen. Fraglich ist, was die Rechtsnatur der Weisung des Auftraggebers ist, und ob der Unternehmer durch die Weisung den Umfang

---

344 Vgl. Guan Dedong, Geschäftsbesorgungs-, Kommissions- und Maklervertrag, S. 16.

345 Unteres Volksgericht des Bezirks Meilan der Stadt Haikou, 2004, Nr. 13, (2004) 美民二初字第13号.

346 Vgl. Wang Liming, Forschung über das Vertragsrecht, Bd. 3, 2. Aufl., S. 708.

347 Mittleres Volksgericht der Stadt Kunming, 2015, Nr. 684, (2015) 昆民四初字第684号.

der Geschäftstätigkeit oder der dem Handelsvertreter erteilten Vollmacht ändern kann.

In China wird die Auffassung vertreten, dass der Auftraggeber durch die Weisung nicht nur den Umfang des Auftrags konkretisieren, sondern auch den Umfang erweitern oder ändern kann. Insoweit kann der Unternehmer durch die Weisung den Umfang der Geschäftstätigkeit ändern. Wenn die Weisung des Unternehmers die Pflichten des Handelsvertreters erhöht, kann der Handelsvertreter z.B. den Ersatz der damit verbundenen Aufwendungen oder einen anderen Ausgleich verlangen. Gelangen die Parteien zu keiner Einigung über die Änderung, kann der Handelsvertreter den Vertrag kündigen.[348] Demgegenüber darf der Unternehmer nach deutschem Recht grundsätzlich nicht den Umfang der Tätigkeit des Handelsvertreters verändern. Wenn die Pflichten des Handelsvertreters durch die Weisung des Unternehmers erhöht werden oder der Umfang der Tätigkeit verändert wird, bedarf es einer Vertragsänderung.[349] Der Unternehmer darf also nicht einseitig bestimmen.

Die Weisung des Unternehmers darf die Selbstständigkeit des Handelsvertreters grundsätzlich nicht beeinträchtigen. In der Rechtsprechung prüfte das chinesische Gericht jedoch nicht, ob die Vorgaben des Unternehmers die Selbstständigkeit des Handelsvertreters beeinträchtigten, z.B. Vorgaben zur Anzahl und Verteilung der Mitarbeiter des Handelsvertreters.[350]

b) Abweichung von Weisungen aus § 922 S. 2 ZGB

Grundsätzlich muss der Handelsvertreter den Auftrag nach den Anweisungen des Unternehmers erledigen. Abweichungen von der vereinbarten Weisung des Unternehmers sind gemäß § 922 S. 2 Alt. 1 ZGB (a.F. § 399 S. 2 Alt. 1 VG) mit dessen Einverständnis zulässig. Ferner sind notwendige Abweichungen von den Weisungen gemäß § 922 S. 2 Alt. 2 ZGB (a.F. § 399 S. 2 Alt. 2 VG) auch bei drängenden Umständen ohne Einverständnis des Unternehmers zulässig. Drängende Umstände bedeutet, dass von der vereinbarten Weisung aufgrund nicht vorhersehbarer Änderungen abgewichen werden muss, da sonst die Unternehmerinteressen beeinträchtigt würden.[351] Beispielsweise können infolge starker Marktveränderungen die Interessen des Unternehmers beschädigt werden.

348 Vgl. Gao/Wang, Geschäftsbesorgungs-, Kommissions- und Maklervertrag, S. 68 f.

349 MüKoHGB/Ströbl, 5. Aufl., § 86, Rn. 13.

350 Unteres Volksgericht des Bezirks Jiangning der Stadt Nanjing, 2016, Nr. 7027, (2016) 苏0115民初7027号.

351 Vgl. Wang Liming, Forschung über das Vertragsrecht, Bd. 3, 2. Aufl., S. 708.

Andererseits können sich auch große Gelegenheiten für den Unternehmer ergeben, die nur bei Abweichung von den Weisungen genutzt werden können.[352] Bei Vorliegen dieser Umstände muss der Handelsvertreter das Geschäft zweckmäßig erledigen und dem Unternehmer rechtzeitig Bericht über diese Umstände erstatten. Ob der Handelsvertreter zweckmäßig gehandelt hat, kann nach zwei Kriterien beurteilt werden: ob durch die Erledigung das Interesse des Unternehmers wahrgenommen wurde und ob der Unternehmer bei Kenntnis der Umstände seine Weisung entsprechend verändert hätte.[353]

3. Pflicht zur persönlichen Tätigkeit und Untervertreter

Gemäß § 923 S. 1 ZGB (a.F. § 400 S. 1 VG) muss der Handelsvertreter die Geschäfte für den Unternehmer grundsätzlich selbst tätigen, da der Handelsvertretervertrag als Geschäftsbesorgungsvertrag auf dem Vertrauen in die Fähigkeit der Geschäftstätigkeit des Handelsvertreters basiert.[354] Ist der Handelsvertreter eine natürliche Person, muss er persönlich das Geschäft vermitteln oder abschließen; ist er eine juristische Person, sollen seine gesetzlichen Vertreter oder Angestellten das Geschäft vermitteln oder abschließen.[355]

a) Zulässigkeit des Untervertreters

In der Praxis sind Untervertreter üblich und erforderlich, um mehrstufige Vertriebssysteme aufzubauen. Sowohl der Handelsvertreter als auch der Unternehmer kann den Untervertreter auswählen.

b) Echter Untervertreter

Der Hauptvertreter steigert durch mehrere Untervertreter seine Absatzfähigkeit. Ist ein Hauptvertreter in einem großen Bezirk tätig, z.B. im gesamten China oder in einer oder mehreren Provinzen, hat er das Recht, erforderlichenfalls einen Untervertreter für einen kleinen Bezirk zu beauftragen, etwa für z.B. eine Stadt oder einen Kreis einer Provinz.

§ 923 ZGB (a.F. § 400 VG) regelt den Untervertreter im Sinne der echten Untervertretung, bei der der Untervertreter mit dem Hauptvertreter und nicht mit dem Unternehmer einen Handelsvertretervertrag abschließt.[356]

---

352 Vgl. Chen Su, Geschäftsbesorgungs-, Kommissions- und Maklervertrag, S. 41.
353 Vgl. Chen Su, Geschäftsbesorgungs-, Kommissions- und Maklervertrag, S. 41.
354 Vgl. Wang Liming, Forschung über das Vertragsrecht, Bd. 3, 2. Aufl., S. 706.
355 Vgl. Chen Su, Geschäftsbesorgungs-, Kommissions- und Maklervertrag, S. 38.
356 Vgl. Chen Su, Geschäftsbesorgungs-, Kommissions- und Maklervertrag, S. 47.

Mit vorheriger Einwilligung oder nachträglicher Genehmigung[357] des Unternehmers ist es gemäß § 923 S. 2 ZGB (a.F. § 400 S. 2 VG) zulässig, die Pflichten zur Geschäftstätigkeit des Handelsvertreters durch einen Untervertreter zu erfüllen. Hier handelt es sich allerdings um eine zivilrechtliche Regelung. Dagegen soll dies im Handelsverkehr zulässig sein, wenn der Handelsvertretervertrag keine Vereinbarungen über das Verbot des Untervertreters enthält. Da in China eine solche Regelung für den Handelsverkehr fehlt, wird empfohlen, im Vertrag darüber Vereinbarungen zu treffen oder eine Zustimmung vom Unternehmer einzuholen.[358]

c) Unechter Untervertreter

§ 931 S. 1 ZGB (a.F. § 408 S. 1 VG) gilt für den Untervertreter im Sinne der unechten Untervertretung, bei der der Untervertreter mit dem Unternehmer einen Handelsvertretervertrag abschließt. Mit Einverständnis des Hauptvertreters kann der Unternehmer einen Untervertreter beauftragen. In der Praxis ist der Unternehmer daher frei, einen unechten Untervertreter zu beauftragen, wenn der Hauptvertreter nicht als Alleinvertreter tätig ist.

4. Benachrichtigungspflicht

Der Abschlussvertreter – der Vermittlungsvertreter aus § 962 ZGB, a.F. § 425 VG – ist gemäß § 924 ZGB (a.F. § 401 VG) verpflichtet, den Unternehmer mit den erforderlichen Informationen zu versorgen. Es ist zu empfehlen, dass die Parteien den Umfang der Benachrichtigung, deren Zeitpunkt und die Form vertraglich vereinbaren.

Der Handelsvertreter soll je nach Vereinbarung regelmäßig (wöchentlich, monatlich, vierteljährlich) den Unternehmer z.B. zum Absatz, über Erkenntnisse aus der Marktbeobachtung oder Kunden-Feedback informieren.[359] Der Handelsvertreter soll den Unternehmer benachrichtigen, wenn er feststellt, dass der Dritte seine Zahlungspflicht nicht erfüllt.[360]

---

357 „Nachträgliche Genehmigung“ wurde in § 923 S. 2 ZGB neu eingefügt.

358 Zhang Yan, Handelsrechtliches Stellvertretungsrecht, S. 31.

359 Gao/Wang, Geschäftsbesorgungs-, Kommissions- und Maklervertrag, S. 271.

360 Unteres Volksgericht des Kreises Changxing der Stadt Huzhou, 2014, Nr. 147, (2014) 湖长矿民初字第147号.

5. Herausgabepflicht des Erlangten

Gemäß § 927 ZGB (a.F. § 404 VG) ist der Handelsvertreter verpflichtet, alles, was er bei der Geschäftstätigkeit erlangt hat, an den Unternehmer herauszugeben. Dies umfasst in der Rechtsprechung sowohl die vom Unternehmer zur Geschäftstätigkeit erhaltenen Waren und Gelder als auch die von Kunden aus der Geschäftstätigkeit erlangten Waren und Gelder, z.B. die nicht verkauften Produkte oder den vom Kunden erhaltenen Kaufpreis.[361]

Da es keine gesetzliche Bestimmung für den Zeitpunkt der Herausgabe gibt, muss der Handelsvertreter bei Fehlen einer entsprechenden vertraglichen Vereinbarung das Erlangte im konkreten Einzelfall unverzüglich herausgeben.[362]

6. Geheimhaltungspflicht des Handelsvertreters

Im Geltungsbereich des deutschen HGB ergibt sich für den Handelsvertreter während der Vertragslaufzeit aus der Interessenwahrungspflicht gemäß § 86 Abs. 1 Hs. 2 HGB eine Verschwiegenheitspflicht. Diese Pflicht besteht nach § 90 HGB auch nach Beendigung des Vertrags fort.

In China sind beide Parteien nach dem Grundsatz von Treu und Glauben in allen Phasen des Vertrags verpflichtet, die Geschäftsgeheimnisse weder bekannt werden zu lassen noch unlauter zu verwenden. Nach § 501 ZGB (a.F. § 43 S. 1 VG) gilt dies bereits für Vertragsverhandlungen und auch wenn der Handelsvertretervertrag nicht zustande kommt; nach § 509 Abs. 2 ZGB (a.F. § 60 Abs. 2 VG) gilt dies während der Vertragslaufzeit und nach § 558 ZGB (a.F. § 92 VG) auch nach Vertragsbeendigung.

Außerdem ist die Pflicht zur Wahrung der Geschäftsgeheimnisse auch eine Frage des unlauteren Wettbewerbs, womit die §§ 9, 17, 21 des *Gesetzes der VR China gegen den unlauteren Wettbewerb*[363] (im Folgenden: GUW) darauf anzuwenden sind. Diese Rechtsanwendung bleibt gemäß § 9 Abs. 2 GUW unberührt,

---

361 Unteres Volksgericht des Bezirks Licang der Stadt Qingdao, 2013, Nr. 250, (2013) 李商初字第250号; Unteres Volksgericht des Kreises Changxing der Stadt Huzhou, 2014, Nr. 147, (2014) 湖长矿民初字第147号.

362 Vgl. Chen Su, Geschäftsbesorgungs-, Kommissions- und Maklervertrag, S. 32.

363 中华人民共和国反不正当竞争法, am 01.12.1993 in Kraft getreten, Revision 2017 und 2019; Die deutsche Übersetzung in: Jingyi von Strasser, ZChinR 2020, S. 92–100.

wenn der Handelsvertreter kein Unternehmen im Sinne des Rechts des unlauteren Wettbewerbs[364] ist.

a) *Begriff des Geschäftsgeheimnisses*

Ein Geschäftsgeheimnis ist gemäß § 9 Abs. 4 GUW eine der Öffentlichkeit nicht bekannte technische Information oder Information zur Betriebsführung mit einem kommerziellen Wert, für die der Rechteinhaber entsprechende Maßnahmen zur Geheimhaltung[365] ergriffen hat.

Der Handelsvertreter darf gemäß § 9 Abs. 1 Nr. 3 GUW nach vertraglicher Vereinbarung seine Geheimhaltungspflicht nicht verletzen, also z.B. die Geheimnisse bekannt werden lassen, unlauter selbst verwenden oder andere verwenden lassen.

b) *Informationen zur Betriebsführung*

Nach dem o.g. Begriff gehören die Informationen über die Betriebsführung zu Geschäftsgeheimnissen. Diese Informationen beziehen sich auf sämtliche Arten von Informationen in Bezug auf Geschäftsaktivitäten, bei denen es sich zwar nicht um technische Informationen handelt, die dem Unternehmer jedoch einen Wettbewerbsvorteil verschaffen können – etwa Managementmethoden, Kundenlisten, Lieferinformationen oder Produktions- und Marketingstrategien.[366]

Gemäß § 13 Abs. 1 OVG-UWE[367] sind die Kundenlisten als Geschäftsgeheimnis schützenswert, wenn sie nicht nur öffentliche Informationen beinhalten, sondern neben den Namen und Anschriften z.B. auch Handelsgewohnheiten, Vorlieben, Art, Umfang und Häufigkeit der Einkäufe oder Dauer der Geschäftsbeziehung.

Die Inhalte der Informationen der Kundenlisten sollen umfassend in Breite und Tiefe sein. Allgemeine Informationen, die einfach zu finden sind – z.B. auf

---

364 Im Sinne dieses GUW umfasst der Begriff „Unternehmen/经营者" gemäß § 2 Abs. 3 eine natürliche Person, eine juristische Person oder eine Wirtschaftsorganisation, die Waren herstellt oder vertreibt oder Dienstleistungen erbringt.

365 Z.B. Abschluss einer Geheimhaltungsabrede gemäß § 11 Abs. 3 Nr. 5 OVG-UWE.

366 Xie Xiaoyao, Zwischen Erfahrung und System – Eine Studie zur Rechtsprechung zum unlauteren Wettbewerb, S. 414.

367 *Erläuterungen des Obersten Volksgerichts zu einigen Fragen der Rechtsanwendung bei Streitfällen zu unlauterem Wettbewerb* (最高人民法院《关于审理不正当竞争民事案件应用法律若干问题的解释》), Fashi [2020] Nr. 19.

einer Webseite –, sind keine schützenswerten Kundenlisten. Letztere entstehen gemäß § 9 Abs. 1 der *Ansichten des Oberen Volksgerichts der Provinz Jiangsu zu einigen Fragen der Behandlung von Streitfällen zum Geschäftsgeheimnis*[368] durch intensives Bemühen des Berechtigten. Intensives Bemühen bedeutet gemäß § 9 Abs. 2, dass der Berechtigte Personal, Geld, Vermögen und Zeit dafür aufgewandt hat, um die Informationen über Kunden zu sammeln, auszuwählen und zu ordnen.

Eine Information zu den Handelsvertretern kann eine Kundenliste sein. Da eine stabile Handelsbeziehung zwischen dem Unternehmer und seinen Handelsvertretern besteht, sind insbesondere Informationen zu den Rechten und Pflichten beider Parteien, zu Verkaufsbedingungen, Produkthaftung, Zahlungsmethoden, Lieferzeiten, Preisen und anderen spezifischen Handelsgewohnheiten schwer in der Öffentlichkeit erhältlich. Außerdem müssen diese Informationen einen kommerziellen Wert haben. Die Kundeninformationen sind für den Unternehmer ein Wettbewerbsvorteil in seiner Branche und können ihm Geschäftsmöglichkeiten und wirtschaftliche Vorteile bringen.[369]

c) Rechtsfolgen bei schuldhafter Pflichtverletzung

Die Parteien können im Vertrag eine Vertragsstrafe bei Verstoß gegen Geheimhaltungspflichten vereinbaren. Fehlt eine solche Vereinbarung, macht sich der Handelsvertreter gemäß den §§ 501, 577 ZGB (a.F. §§ 43 S. 2, 107 VG) und § 17 Abs. 1 GUW schadenersatzpflichtig, wenn er Geschäftsgeheimnisse des Unternehmers bekannt werden lässt oder sie unlauter verwendet und dem Unternehmer dadurch ein Schaden entsteht.

Der Umfang des Schadens ist gemäß § 17 Abs. 3 S. 1 GUW der tatsächlich entstandene Schaden des Unternehmers. Ist dieser schwer zu berechnen, wird ersatzweise der Gewinn herangezogen, den der Handelsvertreter durch die Verletzung der Geheimhaltungspflicht erzielt. Verletzt der Handelsvertreter seine Geheimhaltungspflicht böswillig, kann die Entschädigung gemäß § 17 Abs. 3 S. 2 GUW bei schwerwiegenden Umständen das Ein- bis Fünffache der nach der o.g. Berechnungsmethode bestimmten Höhe betragen. Sind der tatsächlich entstandene Schaden des Unternehmers und der unerlaubte Gewinn des Handelsvertreters schwer zu bestimmen, kann das Volksgericht gemäß § 17

368 江苏省高级人民法院关于审理商业秘密案件有关问题的意见, Oberes Volksgericht der Provinz Jiangsu [2004] Nr. 3.

369 Oberes Volksgericht der Provinz Guangdong, 2015, Nr. 150, (2015) 粤高法民三终字第150号.

Abs. 4 GUW nach dem konkreten Einzelfall eine Entschädigung von maximal 5 Millionen Yuan festlegen.

Außerdem soll der Handelsvertreter gemäß § 17 Abs. 3 S. 3 GUW die angemessenen Aufwendungen/Kosten des Unternehmers tragen, die dieser aufgewandt hat, um die Verletzungshandlung des Handelsvertreters zu stoppen.

Darüber hinaus kann gegen den Handelsvertreter gemäß § 21 GUW eine Geldbuße verhängt werden. Die Aufsichtsbehörde kann hier nach den konkreten Umständen Geldbußen in Höhe von 100.000 bis 5 Millionen Yuan verhängen.

7. Wettbewerbsverbot des Handelsvertreters

Strittig ist immer wieder, ob der Handelsvertreter während und/oder nach Vertragsbeendigung für konkurrierende Unternehmer tätig sein darf.

Das gesetzliche Wettbewerbsverbot beruht in China lediglich auf dem Arbeitsrecht. Gemäß § 23 Abs. 2 S. 1 *Arbeitsvertragsgesetz der VR China*[370] können die Parteien im Vertrag eine Wettbewerbsvereinbarung für die Laufzeit des Arbeitsvertrags und darüber hinaus treffen. Der Arbeitgeber soll dem Arbeitnehmer für die Dauer dieser Wettbewerbsvereinbarung eine angemessene Entschädigung leisten. Ferner ist in § 148 Abs. 1 Nr. 5 GesG ein Wettbewerbsverbot geregelt, welches allerdings nur Vorstandsmitglieder und leitende Manager beschränkt. Im GUW ist das Wettbewerbsverbot nicht unmittelbar geregelt. Allerdings ist ein Wettbewerbsverbot des Arbeitnehmers eine Methode/ein Mittel, um die Geschäftsgeheimnisse des Unternehmens zu schützen.[371] Diese gesetzlichen Regelungen zum Wettbewerbsverbot des Arbeitnehmers gelten jedoch nicht für den Handelsvertreter.

In China fehlen insoweit gesetzliche Regelungen zum Wettbewerbsverbot des Handelsvertreters. Somit ist es in China ohne abweichende Vereinbarung grundsätzlich zulässig, dass der Handelsvertreter gleichzeitig für konkurrierende Unternehmer tätig ist. Dies gilt sowohl während der Vertragslaufzeit als auch nach Beendigung des Handelsvertretervertrags.

Handelsvertreter und Unternehmer können eine vertragliche Vereinbarung zum Wettbewerbsverbot des Handelsvertreters treffen. Fraglich ist, welche Voraussetzungen für eine wirksame Wettbewerbsabrede während und/oder nach Vertragsbeendigung erfüllt sein müssen, also insbesondere, ob das vertraglich

370 中华人民共和国劳动合同法, am 01.01.2008 in Kraft getreten, Revision 2012.

371 Xie Xiaoyao, Zwischen Erfahrung und System – Eine Studie zur Rechtsprechung zum unlauteren Wettbewerb, S. 420.

vereinbarte Wettbewerbsverbot dem Interessenausgleich beider Parteien genügt.

Die rechtswissenschaftliche Diskussion zum Wettbewerbsverbot konzentriert sich bisher vor allem auf Arbeitnehmer und weniger auf Handelsvertreter. Die grundsätzlichen Überlegungen dabei sind jedoch zweifellos auch für die wirksame Ausgestaltung eines Wettbewerbsverbotes für Handelsvertreter hilfreich.

Erstens ist der Zweck der Wettbewerbsbeschränkung des Arbeitnehmers der Schutz der Geschäftsgeheimnisse des Unternehmens. Zweitens darf eine solche Vereinbarung nicht pauschal alle Arbeitnehmer betreffen, sondern nur jene beschränken, die Zugang zu Geschäftsgeheimnissen des Unternehmens haben. Drittens muss der räumliche und zeitliche Geltungsbereich des Wettbewerbsverbots gerecht und billig sein. Viertens muss das Unternehmen dem Arbeitnehmer eine angemessene Karenzentschädigung zahlen.[372]

Umstritten ist, ob eine Vereinbarung über Wettbewerbsbeschränkungen des Arbeitnehmers ohne Karenzentschädigung wirksam ist. Nach h.M. ist sie wegen der Schutzbedürftigkeit des Arbeitnehmers unwirksam. Eine Minderheit sieht eine solche Vereinbarung aus Sicht der Vertragsfreiheit als wirksam an.[373] Es wurde durch eine Erläuterung des Obersten Volksgerichts[374] geklärt, dass eine Vereinbarung über Wettbewerbsbeschränkung des Arbeitnehmers ohne Karenzentschädigung wirksam war, der Arbeitnehmer dann jedoch vom Arbeitgeber laut § 6 Abs. 1 eine monatliche Karenzentschädigung in Höhe von 30 Prozent des Durchschnittslohnes der letzten zwölf Monate vor Beendigung des Arbeitsvertrags verlangen konnte.

Zu beachten ist, dass ein höherer Lohn während der Vertragslaufzeit nicht als im Voraus gezahlte Karenzentschädigung gilt, wenn ein Wettbewerbsverbot des Arbeitnehmers für die Zeit nach Beendigung des Arbeitsvertrags vereinbart wird. In der Praxis wird dies häufig so von Arbeitgebern behauptet. Dies hat jedoch keinen Bestand, da Gegenleistung für den Lohn die Arbeitsleistung

---

372 Xie Xiaoyao, Zwischen Erfahrung und System – Eine Studie zur Rechtsprechung zum unlauteren Wettbewerb, S. 425.

373 Zhu Peng, The Protection of Trade Secrets under the Non-compete Agreement: Collation and Research about 74 Judicial Documents from Non-compete Cases, in: Journal of Southwest University of Political Science and Law, 2013, Vol. 15, No. 3, S. 43 ff. (46).

374 *Erläuterung (IV) des Obersten Volksgerichts zu einigen Fragen über die Rechtsanwendung auf Arbeitsstreitigkeiten* (最高人民法院关于审理劳动争议案件适用法律若干问题的解释四), Fashi [2013] Nr. 4, gültig bis 01.01.2021.

während der Vertragslaufzeit ist. Die Karenzentschädigung erfolgt hingegen für die Unterlassung des Wettbewerbs bzw. die Beschränkung der Freiheit der Tätigkeit des Arbeitnehmers nach Vertragsbeendigung.[375]

Eine Vereinbarung zum Wettbewerbsverbot des Handelsvertreters ohne Karenzentschädigung ist grundsätzlich wirksam. Eine vom Unternehmer gestellte AGB-Klausel zum Wettbewerbsverbot des Handelsvertreters ist jedoch unwirksam, da eine solche Wettbewerbsabrede ohne Karenzentschädigung den Gerechtigkeitsgrundsatz verletzt.[376]

Empfehlenswert ist, im Vertrag das Wettbewerbsverbot des Handelsvertreters mit einer angemessenen Karenzentschädigung zu vereinbaren, da eine solche Wettbewerbsvereinbarung innerhalb eines bestimmten Zeitraums die Freiheit der Geschäftstätigkeit des Handelsvertreters beschränkt und er dadurch einen wirtschaftlichen Verlust erleidet. Daher ist es für den Interessenausgleich nur billig, dass der Unternehmer diese Verluste des Handelsvertreters ausgleicht.

Haben die Parteien vertraglich ein Wettbewerbsverbot während der Vertragslaufzeit vereinbart, verstößt der Handelsvertreter nicht gegen diese Pflicht, wenn er wegen Verschuldens des Unternehmers seine Geschäftstätigkeit nicht weiter ausführen konnte und er für andere/konkurrierende Unternehmer tätig wurde.[377]

8. Schutz der gewerblichen Schutzrechte

Die Parteien können eine Vereinbarung über den Schutz der gewerblichen Schutzrechte des Unternehmers treffen. Nach dieser verpflichtet sich der Handelsvertreter, insbesondere die Marken und Patente des Unternehmers nur vertragsgemäß zu verwenden. Ferner verpflichtet er sich dazu, den Unternehmer unverzüglich davon in Kenntnis zu setzen, wenn er feststellt, dass die gewerblichen Schutzrechte des Unternehmers von anderen beschädigt werden.[378]

Hat ein Vertreter oder Repräsentant gemäß § 15 Abs. 1 *Markengesetz der VR China*[379] ohne Ermächtigung eine noch nicht registrierte Marke des Vertretenen

---

375 Xie Xiaoyao, Zwischen Erfahrung und System – Eine Studie zur Rechtsprechung zum unlauteren Wettbewerb, S. 431.

376 Unteres Volksgericht des Kreises Shuyang, 2016, Nr. 18903, (2016) 苏1322民初18903号.

377 Mittleres Volksgericht der Stadt Hangzhou, 2017, Nr. 8190, (2017) 浙01民终8190号.

378 Gao/Wang, Geschäftsbesorgungs-, Kommissions- und Maklervertrag, S. 271 f.

379 中华人民共和国商标法, am 01.03.1983 in Kraft getreten, Revision 2013 und 2019.

bzw. Repräsentierten im eigenen Namen registriert, kann der Vertretene bzw. Repräsentierte innerhalb fünf Jahren seit der Markenregistrierung bei der Markenüberprüfungskommission (Trademark Board/商标评审委员会) nach § 45 Abs. 1 S. 1 beantragen, diese registrierte Marke für nichtig zu erklären. Das Oberste Volksgericht befand, dass „Vertreter" im Sinne von § 15 Abs. 1 auch den Handelsvertreter und den Vertragshändler mit Ausschließlichkeitsrecht zum Absatz umfassen, insbesondere wenn diese während der Vertragslaufzeit eine noch nicht registrierte Marke des Unternehmers vertragsmäßig verwenden dürfen, aber nach Vertragsbeendigung diese Marke ohne Ermächtigung im eigenen Namen registriert haben.[380]

Beispielsfall: Ein Absatzmittler (Franchisenehmer) hatte eine registrierte Marke des Absatzherrn nicht vertragsgemäß verwendet. Nach Vereinbarung durfte der Absatzmittler die Marke nur auf die vom Absatzherrn hergestellten Produkte verwenden. Er hatte sie jedoch auch für von anderen hergestellte Produkte verwendet und diese Produkte verkauft. Der Absatzmittler muss dann nach dem Wahlrecht des Absatzherrn die vertragsrechtliche Haftung oder deliktrechtliche Haftung tragen.[381]

V. Rechte des Handelsvertreters

1. Vergütungsanspruch gemäß §§ 928, 963 Abs. 1 ZGB

Der Handelsvertreter kann vom Unternehmer eine vereinbarte Vergütung für Geschäftsvermittlung/Geschäftsabschluss verlangen. Zu empfehlen ist, dass die Parteien im Vertrag alle wichtigen Punkte zum Vergütungsanspruch detailliert vereinbaren. Fehlen solche Vereinbarungen oder sind sie unklar formuliert, findet darauf § 928 ZGB, a.F. § 405 VG (Ausschlussvertreter) oder § 963 Abs. 1 ZGB, a.F. § 426 Abs. 1 VG (Vermittlungsvertreter) Anwendung.

Im deutschen Recht sind die Vorschriften zum Provisionsanspruch des Handelsvertreters in den §§ 87–87c HGB umfassend geregelt. Hierzu gehören die provisionspflichtigen Geschäfte, die Entstehung und Fälligkeit der Vergütung, deren Höhe und deren Abrechnung. Im Vergleich zu diesen gesetzlichen

380 Chongqing Zhengtong Pharmaceutical Co., Ltd. and the Trademark Review and Adjudication Board of the State Administration for Industry and Commerce v. Sichuan Huashu Veterinary Pharmaceutical Co., Ltd., in: Gazette of the Supreme People's Court of the People's Republic of China, 2007, Nr. 11, S. 24 ff.

381 Li Jinjuan, Der Franchisenehmer verkauft Produkte unter gefälschten eingetragenen Marken als wesentliche Vertragsverletzung, in: People's Judicaure (Case), 2018, Nr. 8, S. 79 ff.

Regelungen in Deutschland ist der Vergütungsanspruch des Handelsvertreters weder in China noch in Taiwan (§ 560 TWZG) umfassend geregelt. Die anwendbaren Regelungen zum Vergütungsanspruch des Handelsvertreters bestimmen lediglich, dass der Handelsvertretervertrag entgeltlich ist. Es gibt keine weitere praktische Bedeutung.[382]

Dagegen enthielten die §§ 57–60 HVS vier Regelungen zum Vergütungsanspruch des Handelsvertreters: § 57 Anspruch auf die Vergütung und die Höhe der Vergütung; § 58 Vergütungsanspruch bei Nichtabschluss des Geschäfts; § 59 Überhangprovision; § 60 Bezirksvergütung. Diese Vergütungsregelungen sind daher für die weitere juristische Diskussion über den Vergütungsanspruch des Handelsvertreters von großer Bedeutung.

Im Vertrag können die Parteien auch eine Delkrederevergütung oder Inkassovergütung als zusätzliche Leistung vereinbaren. Grundsätzlich verpflichtet sich der Handelsvertreter nur, sich um die Geschäftsvermittlung oder den Geschäftsabschluss zu bemühen. Nach dem Abschluss des Vertrags mit Kunden haftet der Handelsvertreter gegenüber dem Unternehmer nicht für z.B. Nichterfüllung der Verbindlichkeiten des Kunden aus dem Geschäft. Unternehmer und Handelsvertreter können jedoch eine Einstandspflicht des Handelsvertreters für die Erfüllung der Verbindlichkeiten des Kunden vereinbaren. Dafür erhält der Handelsvertreter eine Delkredereprovision.[383] Diese Vereinbarung ist formfrei.

a) Provisionspflichtige Geschäfte

Grundsätzlich hat der Handelsvertreter in China einen Vergütungsanspruch nur für die während der Laufzeit des Handelsvertretervertrags infolge seiner Tätigkeit abgeschlossenen Geschäfte. Ohne besondere Vereinbarung hat er weder einen Vergütungsanspruch für Geschäfte, die ohne seine Mitwirkung mit Kunden seines zugewiesenen Bezirks oder Kundenkreises abgeschlossen werden (Bezirksvergütung/Kundenvergütung), noch für Geschäfte, die erst nach Beendigung des Handelsvertretervertrags abgeschlossen werden (Überhangprovision).

Ob ein vom Handelsvertreter abgeschlossenes Geschäft im Einzelfall im Zweifel vergütet werden soll oder nicht, ist durch Vertragsauslegung zu

382 Chen Ziqiang, From the Laws of the EC and Germany Relating to Commercial Agency to the Laws of Our Handlungsagenten, in: Chengchi Law Review, 2010, Nr. 113, S. 1 ff. (73).

383 Gao/Wang, Geschäftsbesorgungs-, Kommissions- und Maklervertrag, S. 275.

ermitteln. Hierbei ist zu berücksichtigen, ob es für die Verwirklichung des Vertragsziels von Vorteil ist, wenn das Geschäft vergütet wird. Ziel des Handelsvertretervertrags ist, den Handelsvertreter zu animieren, mehr Geschäfte abzuschließen oder zu vermitteln. Deswegen entspricht es dem Handelsbrauch, wenn das vom Handelsvertreter abgeschlossene Geschäft vergütet wird.[384]

aa) Bezirksvergütung/Kundenvergütung

Der Anspruch auf Bezirksvergütung wurde in § 60 HVS geregelt, wonach der Handelsvertreter einen Vergütungsanspruch für Geschäfte hatte, die ohne seine Mitwirkung mit Kunden seines zugewiesenen Bezirks abgeschlossen wurden.

Diese gesetzliche Regelung zum Anspruch auf Bezirksvergütung gibt es in China nicht. Ist der Handelsvertreter nur als Bezirksvertreter und nicht als Alleinvertreter tätig, darf der Unternehmer selbst Geschäfte mit Kunden dieses Bezirks abschließen oder auch andere Handelsvertreter für die gleichen Geschäfte beauftragen. Schließt der Unternehmer selbst Geschäfte mit Kunden des zugewiesenen Bezirkes direkt ab, kann der Bezirksvertreter ohne Ausschließlichkeitsrecht keinen Schadensersatz der Vergütungsverluste verlangen, da der Unternehmer seine Vertragspflicht nicht verletzt.[385]

bb) Überhangprovision

In Deutschland ist der Anspruch auf Überhangprovision ausdrücklich in § 87 Abs. 3 HGB geregelt. In China wurde dieser Anspruch in § 59 HVS geregelt. Danach konnte der Handelsvertreter vom Unternehmer innerhalb von sechs Monaten nach Beendigung des Handelsvertretervertrags eine Vergütung für abgeschlossene Geschäfte verlangen, die auf seine Tätigkeit zurückzuführen waren, es sei denn, dass der Handelsvertretervertrag wegen Verschuldens des Handelsvertreters beendet worden war. Solche gesetzliche Bestimmung zur Überhangprovision fehlt in China.

Gemäß § 928 Abs. 2 S. 1 Alt. 1 ZGB (a.F. § 405 S. 2 Alt. 1 VG) hat der Auftragnehmer Anspruch auf angemessene Vergütung, wenn aus Gründen, für die dem Auftragnehmer keine Verantwortung zugewiesen werden kann, der Geschäftsbesorgungsvertrag gekündigt wird. Diese Bestimmung ist keine Grundlage für den Anspruch auf Überhangprovision des Handelsvertreters. Diese Regelung ist für den Geschäftsbesorgungsvertrag als „einfaches" Schuldverhältnis bedeutsam. Hier geht es um den Vergütungsanspruch unter dem Aspekt, wenn

---

384 Mittleres Volksgericht der Stadt Foshan, 2017, Nr. 10975, (2017) 粤06民终10975号.

385 Mittleres Volksgericht der Stadt Guangzhou, 2016, Nr. 8074, (2016) 粤01民终8074号.

der Vertrag z.B. wegen Verschuldens des Auftraggebers vom Auftragnehmer gekündigt wird und der Auftragnehmer eine Teilleistung erbracht hat.[386]

Da es in China keine konkreten Regelungen zum Anspruch auf Überhangprovision und zum Ausgleichsanspruch des Handelsvertreters gibt und dort nur wenige rechtswissenschaftliche Untersuchungen zu beiden deutschen Ansprüchen des Handelsvertreters vorliegen, missverstehen und verwechseln die chinesischen Juristen etwa Begriffe, Zwecke und Umfang dieser beiden Ansprüche.[387] Der Ausgleichsanspruch des Handelsvertreters stellt in Deutschland keine Vergütung für die nachvertraglich abgeschlossenen Geschäfte dar, sondern für seine noch nicht abgegoltene Leistung zur Markterschließung.[388]

b) Vergütung für Geschäftsvermittlung/Geschäftsabschluss

aa) Entstehung des Vergütungsanspruchs

Gemäß § 963 Abs. 1 S. 1 ZGB (a.F. § 426 Abs. 1 S. 1 VG) entsteht der Vergütungsanspruch eines Vermittlungsvertreters, wenn das Geschäft infolge seiner erfolgreichen Vermittlungstätigkeit mit dem Kunden abgeschlossen ist. Dagegen entsteht der Vergütungsanspruch des Abschlussvertreters gemäß § 928 Abs. 1 ZGB (a.F. § 405 S. 1 VG), wenn die beauftragte Angelegenheit erledigt wird. Nicht eindeutig festgelegt ist, ob „die Erledigung der beauftragten Angelegenheit" den Abschluss oder die Ausführung des Geschäfts bedeutet. Nach deutschem Recht ist die Vergütung des Handelsvertreters nicht tätigkeits-, sondern erfolgsbezogen. Der Vergütungsanspruch entsteht erst, wenn das Geschäft vom Unternehmer oder vom Dritten ausgeführt wird, und nicht bereits bei Abschluss des Geschäfts.[389]

Auch in Taiwan fehlt eine gesetzliche Regelung zur Entstehung eines Vergütungsanspruchs des Handelsvertreters. Allerdings vertritt *Shi* hier die Ansicht, dass der Anspruch erst entsteht, wenn der Dritte das Geschäft ausführt. Übernimmt der Handelsvertreter das Delkredere für die Erfüllung der

386 Hu Kangsheng, The Interpretation of the Contract Law of the People's Republic of China, 3. Aufl., S. 626 f.

387 Ren Zhongxiu, Legislative Conception of the Rights and Obligations of Agents under the Perspective of Comparative Law, in: On Economic Problems, 2016, Nr. 9, S. 28 ff. (30).

388 Baumbach/Hopt/Hopt, Handelsgesetzbuch, 40. Aufl., § 89 b, Rn. 2.

389 MüKoHGB/Ströbl, 5. Aufl., § 87a, Rn. 4.

Verbindlichkeiten von Dritten aus einem Geschäft, entsteht der Vergütungsanspruch mit Abschuss des Geschäfts mit Dritten.[390]

Vertragliche Vereinbarungen hinsichtlich des Zeitpunkts der Entstehung des Anspruchs durch den bloßen Abschluss oder die Ausführung eines Geschäfts vom Unternehmer/vom Dritten sind in China zulässig. Die Parteien können hinsichtlich des Zeitpunkts der Entstehung auch Vereinbarungen für eine unvollständige bzw. teilweise Ausführung des Geschäfts treffen, da Geschäfte auch stufenweise ausgeführt werden können, insbesondere beim Immobilienverkauf. Die Ausführung bei Immobilien ist komplizierter als bei beweglichen Sachen. Die Parteien können vereinbaren, dass der Vergütungsanspruch des Handelsvertreters entsteht, wenn der Kaufvertrag über die Immobilie abgeschlossen ist und der Dritte eine Mindestanzahlung geleistet hat.[391]

Möglich ist, dass der Handelsvertreter seine Leistung erbracht hat, aber die Angelegenheit nicht erledigt wird. Für die Frage, ob der Handelsvertreter einen Vergütungsanspruch bei Nichterledigung der Angelegenheit hat, ist entscheidend, ob sie auf Umständen beruht, die vom Handelsvertreter zu vertreten sind. Gemäß § 928 Abs. 2 S. 1 Alt. 2 ZGB (a.F. § 405 S. 2 Alt. 2 VG) besteht der Vergütungsanspruch auch, wenn die beauftragte Angelegenheit aus Gründen nicht erledigt werden kann, für die dem Handelsvertreter keine Verantwortung zugewiesen werden kann. Nichterledigung impliziert in der Rechtsprechung nicht nur, dass das Geschäft nicht ausgeführt wird, sondern auch, dass das Geschäft nicht wirksam abgeschlossen wird.

In Deutschland muss das Geschäft mit Kunden wirksam abgeschlossen worden sein. Bei Nichtigkeit, Anfechtung oder Ausübung eines Rücktrittsrechts erhält der Handelsvertreter keine Vergütung.[392] Dagegen hat der Handelsvertreter in China ohne abweichende Vereinbarung immer noch einen Vergütungsanspruch, solange das Geschäft nicht aufgrund seines Verschuldens unwirksam ist.

Beispielsfall: Die Parteien vereinbarten, dass ein Vergütungsanspruch entsteht, wenn der Kaufvertrag über Immobilien mit einem Dritten abgeschlossen ist und danach der Dritte das vereinbarte Festgeld als Sicherheit für die Forderung geleistet hat. Der Dritte trat aber nach Leistung des Festgelds vom Kaufvertrag zurück. Der Handelsvertreter hat in diesem Fall seine vereinbarte

390 Shi Shangkuan, Die Lehre der Einzelverträge des Schuldrechts, S. 456.

391 Oberstes Volksgericht, 2015, Nr. 226, (2015) 民一终字第226号.

392 Oetker/Busche, Handelsgesetzbuch, 7. Aufl., § 87, Rn. 11.

Vergütung erhalten. Das entscheidende Gericht befand, dass die Parteien für den Rücktritt vom Kaufvertrag keinen Ausschluss des Vergütungsanspruchs vereinbart hatten. Der Unternehmer konnte auch nicht beweisen, dass der Handelsvertreter den Rücktritt des Vertrags zu vertreten hat.[393]

Im deutschen Recht entfällt der bereits entstandene Vergütungsanspruch des Handelsvertreters gemäß § 87a Abs. 2 HGB, wenn der Dritte das Geschäft endgültig nicht erfüllt. Dagegen besteht in China der Vergütungsanspruch des Handelsvertreters ohne abweichende Vereinbarung bei Nichtleistung des Dritten unverändert fort.

Wird das Geschäft durch Verschulden des Unternehmers nicht ausgeführt, hat der Handelsvertreter einen Vergütungsanspruch. Beispielsweise konnte ein abgeschlossener Kaufvertrag über Immobilien nicht ausgeführt werden, weil der Unternehmer keine wirksame, sondern nur eine abgelaufene Erlaubnis zum Vorausverkauf von Immobilien[394] hatte.[395]

Zusammenfassend hat der Handelsvertreter keinen Vergütungsanspruch für seine Geschäftstätigkeit, wenn das Geschäft durch sein Verschulden nicht wirksam ist oder nicht ausgeführt wird.

bb) Höhe und Abrechnung der Vergütung

Die Vergütungshöhe können die Parteien frei vereinbaren. Üblicherweise wird die Höhe der Vergütung nach einem bestimmten Prozentsatz des Umsatzes der vermittelten Verträge berechnet. Die Parteien können vereinbaren, dass der Prozentsatz steigt, je mehr Geschäfte vom Handelsvertreter vermittelt oder abgeschlossen werden.

---

393 Oberes Volksgericht der Provinz Henan, 2014, Nr. 25, (2014) 豫法民一终字第25号.

394 In China kann das Immobilien erschließende Unternehmen 房地产开发企业 (a real estate development enterprise) nicht fertiggestellte Immobilien (uncompleted houses) im Voraus an den Käufer verkaufen. Gemäß § 45 Abs. 1 Nr. 4 *Gesetz der VR China über die Lenkung städtischer Immobilien* (*Urban Real Estate Administration Law of the People's Republic of China*) 中华人民共和国城市房地产管理法 (am 01.01.1995 in Kraft getreten, Revision 2009) ist Voraussetzung hierfür eine entsprechende Erlaubnis zum Vorausverkauf. Hat der Verkäufer keine gültige Erlaubnis dafür, ist der Kaufvertrag über Immobilien gemäß § 2 der *Erläuterungen des Obersten Volksgerichts der VR China zu einigen Fragen der Rechtsanwendung bei der Behandlung von Streitfällen über Kaufverträge bei gehandelten Häusern*最高人民法院关于审理商品房买卖合同纠纷案件适用法律若干问题的解释 (Fashi [2003] Nr. 7) nichtig.

395 Mittleres Volksgericht der Stadt Yantai, 2013, Nr. 125, (2013) 烟民一初字第125号.

In der Praxis ist es üblich, neben einer Grundvergütung für die Geschäftsvermittlung/den Geschäftsabschluss eine erhöhte Vergütung zu vereinbaren, um Handelsvertreter zu motivieren. Je nach Vereinbarung hat der Handelsvertreter diesen erhöhten Vergütungsanspruch, wenn er einen vereinbarten Mindestumsatz oder ein Mindestvolumen erreicht oder die Waren (insbesondere Immobilien) über den vom Unternehmer vorgegebenen Verkaufspreis hinaus vermittelt/abschließt.

Früher bestanden in China gesetzliche Regelungen, nach denen eine höhere vereinbarte Vergütung des Handelsvertreters unwirksam sein konnte. Inzwischen sind Vereinbarungen über eine erhöhte Vergütung zulässig, da eine solche erhöhte Vergütung als Belohnung für die erfolgreiche Leistung des Handelsvertreters gilt. Außerdem kann der Unternehmer sein Verfügungsrecht ausüben und den Handelsvertreter am Gewinn beteiligen.[396]

Beispielsfall: Die Parteien vereinbarten, dass der Handelsvertreter eine erhöhte Vergütung erst erhält, wenn die Fläche der von ihm abgeschlossenen/vermittelten Immobilienkaufverträge 85 Prozent der Fläche der insgesamt zu verkaufenden Immobilien ausmacht. Bis zur Kündigung des Handelsvertretervertrags hatte der Handelsvertreter erst eine Fläche von 81,38 Prozent erreicht. Das Gericht befand jedoch, dass der Handelsvertreter trotzdem Anspruch auf diese erhöhte Vergütung hatte, da das Nichterreichen der 85 Prozent dadurch verursacht war, dass der Unternehmer im eigenen Interesse seine Vertragspflicht nicht erfüllte und der Handelsvertreter keine weiteren Geschäfte abschließen konnte. Deswegen galt die Bedingung gemäß § 159 Hs. 1 ZGB (a.F. § 45 Abs. 2 Hs. 1 VG) als eingetreten.[397]

In China hat der Handelsvertreter ohne besondere Vereinbarung auch dann seinen Vergütungsanspruch, wenn der Dritte das Geschäft nicht ausführt. Fraglich ist, ob der Handelsvertreter bei Nichtleistung des Dritten ohne besondere Vereinbarung neben der Grundvergütung auch die erhöhte Vergütung beanspruchen kann.

Beispielsfall: Im Handelsvertretervertrag vereinbarten die Parteien, dass der Handelsvertreter neben einer Grundvergütung auch eine erhöhte Vergütung erhält, wenn er mit Kunden Abschlüsse erreicht, deren Preise über den Mindestvorgaben des Unternehmers liegen. Streitig war, ob es billig sei, dass der

396 Mittleres Volksgericht der Stadt Yangzhou, 2014, Nr. 0008, (2014) 扬商终字第0008号.

397 Oberstes Volksgericht, 2015, Nr. 226, (2015) 民一终字第226号.

Handelsvertreter Anspruch auf erhöhte Vergütung hat, wenn der Dritte nach dem Vertragsabschluss das Geschäft nicht ausführt. Das Volksgericht befand, dass diese vertragliche Vereinbarung über eine erhöhte Vergütung unabhängig von der Geschäftsausführung für den Unternehmer viel zu ungünstig ist und zu einem moralischen Risiko führen kann. Dies sei demnach etwa der Fall, wenn der vom Handelsvertreter vermittelte Kunde keine zur Erfüllung ausreichende Zahlungsfähigkeit aufweist oder wenn der Handelsvertreter in Kollusion mit Kunden das Geschäft abschließt, um eine erhöhte Vergütung zu erzielen. Außerdem befand das Gericht, dass es für die erhöhte Vergütung darauf ankommt, ob der Handelsvertreter seine Vertragspflichten vollständig erfüllt hat. Das Geschäft zwischen Unternehmer und Kunden war abgeschlossen worden, deswegen hatte der Handelsvertreter nur Anspruch auf die Grundvergütung für die Vermittlungstätigkeit. Er hatte keinen Anspruch auf die erhöhte Vergütung, da er nicht beweisen konnte, dass er die vereinbarten Pflichten, z.B. zur Werbung, erfüllt hatte.[398]

Die Abrechnung der Vergütung können die Parteien frei vereinbaren. Sie können einen Abrechnungszeitpunkt bestimmen – z.B. monatlich oder vierteljährlich – oder die Abrechnung erfolgt jeweils nach Erreichen eines definierten Umsatzes.

2. Anspruch auf Aufwendungsersatz gemäß §§ 921, 964 ZGB

Die Parteien können frei vereinbaren, wer die Aufwendungen für die Geschäftstätigkeit trägt. Empfehlenswert ist, im Vertrag klar festzulegen, für welche Aufwendungen der Handelsvertreter gegenüber dem Unternehmer Aufwendungsersatz geltend machen kann.

In Deutschland hat der Handelsvertreter grundsätzlich keinen Anspruch auf Aufwendungsersatz, da der Handelsvertreter selbstständig ist und die Aufwendungen für seine Geschäftstätigkeit selbst tragen bzw. seine Vergütung aus der Geschäftstätigkeit für den Unternehmer die Aufwendungen abdecken soll.[399] Ausnahmsweise kann der Handelsvertreter gemäß § 87d HGB Erstattung verlangen, wenn die Erstattung seiner im regelmäßigen Geschäftsbetrieb entstandenen Aufwendungen handelsüblich ist.

---

398 Oberes Volksgericht der Provinz Jiangsu, 2015, Nr. 00219, (2015) 苏商终字第00219号.

399 MüKoHGB/Ströbl, 5. Aufl., § 87d, Rn. 3.

Dagegen trägt in China grundsätzlich der Unternehmer als Auftraggeber die Kosten der Auftragserledigung. Gemäß § 921 S. 1 ZGB (a.F. § 398 S. 1 VG) ist der Unternehmer verpflichtet, dem Abschlussvertreter im Voraus die Aufwendungen zu bezahlen. Insoweit braucht der Abschlussvertreter während seiner Tätigkeit ohne abweichende Vereinbarung keine Aufwendungen für den Unternehmer auszulegen. Legt der Handelsvertreter zur Erledigung des Auftrags Aufwendungen aus, muss der Unternehmer gemäß § 921 S. 2 ZGB (a.F. § 398 S. 2 VG) die notwendigen Aufwendungen mit Zinsen erstatten. Demgegenüber kann der Vermittlungsvertreter gemäß § 964 ZGB (a.F. § 427 VG) vom Unternehmer vereinbarungsgemäß den Ersatz der notwendigen Aufwendungen für seine Tätigkeit verlangen, wenn er keinen Vertragsabschluss erreicht. Erreicht er den Abschluss eines Vertrags, trägt der Vermittlungsvertreter gemäß § 963 Abs. 2 ZGB (a.F. § 426 Abs. 2 VG) die Aufwendungen für seine Maklertätigkeit selbst.

Der Unternehmer als Auftraggeber muss nicht alle Aufwendungen ersetzen, sondern nur die objektiv erforderlichen Kosten. Die Aufwendungen müssen mit der Auftragserledigung des Handelsvertreters verbunden sein und dem Auftraggeber Vorteile verschaffen – z.B. Reisekosten, Transportkosten, Lagerkosten, Postgebühren.[400] Empfehlenswert ist, dass die Aufwendungen im Vertrag konkret vereinbart werden, beispielsweise, dass die Kosten für Werbung und die Installation der Klimaanlage der Unternehmer trägt und die Kosten für den Transport der Klimaanlage und die entsprechende Versicherung von beiden Parteien hälftig getragen werden.[401]

Streitig ist, ob der Unternehmer die allgemeinen Betriebs- und Geschäftskosten des Handelsvertreters ersetzen muss, etwa Kosten für Telefon, Telex, Bürokosten und Reisekosten. Ein Gericht befand, dass der Handelsvertreter die eigenen Betriebskosten selbst tragen muss, obwohl diese Kosten mit der Geschäftstätigkeit für den Unternehmer verbunden sind, da der Handelsvertreter selbstständig ist und die für die Ausführung des Vertrags notwendigen Ausgaben die Voraussetzung für die Realisierung seiner Einkünfte sind.[402]

Da § 921 S. 2 ZGB (a.F. § 398 S. 2 VG) auf den Anspruch auf Aufwendungsersatz Anwendung findet, hat der Unternehmer ohne abweichende Vereinbarung die

400 Vgl. Hu Kangsheng, The Interpretation of the Contract Law of the People's Republic of China, 3. Aufl., S. 619 f.

401 Oberstes Volksgericht, 2001, Nr. 44, (2001) 民二终字第44号.

402 Unteres Volksgericht des Bezirks Meilan der Stadt Haikou, 2004, Nr. 13, (2004) 美民二初字第13号.

Ersatzpflicht für alle Kosten der Geschäftstätigkeit für den Handelsvertreter. Die Parteien sollten im Vertrag ausdrücklich vereinbaren, dass der Handelsvertreter die Kosten des eigenen Geschäftsbetriebs selbst trägt.

3. Zurückbehaltungsrecht

Das chinesische Zurückbehaltungsrecht gilt anders als der deutsche § 273 BGB (rechtliches Mittel zur Sicherung von Ansprüchen) als dingliches Sicherungsmittel/Sachsicherheit.[403] Das allgemeine gesetzliche Zurückbehaltungsrecht ist in den §§ 447–457 ZGB (a.F. §§ 230–240 SrG[404], §§ 82–88 SiG[405] und §§ 107–114 ESiG[406]) geregelt.

Das konkrete Zurückbehaltungsrecht des Handelsvertreters wurde in § 62 HVS geregelt. Demnach konnte der Handelsvertreter die bereits in seinem Besitz befindlichen Waren oder Wertpapiere des Unternehmers zurückbehalten, wenn er gegenüber dem Unternehmer aufgrund der Geschäftsvermittlung oder eines Geschäftsabschlusses eine Forderung hatte, die bis zum Ablauf der Erfüllungsfrist nicht erfüllt worden war – es sei denn, die Parteien hatten etwas anderes vereinbart oder die Zurückbehaltung war gesetzlich verboten.

Das gesetzliche Zurückbehaltungsrecht ist nicht speziell im Kapitel zum Geschäftsbesorgungsvertrag geregelt. Vielmehr findet auf das Handelsvertreterrecht das allgemeine gesetzliche Zurückbehaltungsrecht Anwendung. Gemäß § 447 Abs. 1 ZGB (a.F. § 230 Abs. 1 SrG) kann der Handelsvertreter eine bereits in seinem berechtigten Besitz befindliche bewegliche Sache des Unternehmers zurückbehalten, wenn der Unternehmer seine fällige Schuld[407] nicht erfüllt. Der Handelsvertreter kann sich demnach aus dieser beweglichen Sache befriedigen.

---

403 Liang Huixing/Chen Huabin, Sachenrecht, 6. Aufl., S. 335.

404 *Gesetz der VR China über das Sachenrecht* (中华人民共和国物权法), gültig vom 01.10.2007 bis 01.01.2021.

405 *Gesetz der VR China über Sicherheiten* (中华人民共和国担保法), gültig vom 01.10.1995 bis 01.01.2021.

406 *Erläuterungen des Obersten Volksgerichts zu einigen Fragen des „Gesetzes der VR China über Sicherheiten“* (最高人民法院关于适用《中华人民共和国担保法》若干问题的解释), Fashi [2000], Nr. 44, gültig vom 13.12.2000 bis 01.01.2021.

407 Gemäß § 389 S. 1 ZGB (a.F. § 173 S. 1 SrG) ist davon umfasst: die Hauptforderung (Vergütungsanspruch) und Zinsen, Vertragsstrafen, Schadensersatzbeträge sowie die Kosten der Aufbewahrung und der Befriedigung aus dem Zurückbehaltungsrecht.

Grundsätzlich muss dazu der Unternehmer Eigentümer dieser Sache sein. Allerdings kann der Handelsvertreter gemäß § 62 Abs. 1 S. 1 *Justizauslegung*[408] (a.F. § 108 ESiG) auch die Sachen von Dritten zurückbehalten.

Gemäß § 448 ZGB (a.F. § 231 SrG) müssen die Forderung des Handelsvertreters und der Herausgabeanspruch des Unternehmers auf seine beweglichen Sachen demselben rechtlichen Verhältnis (Handelsvertretervertrag) entstammen. Dies gilt nicht jedoch im Fall des Zurückbehaltungsrechts zwischen Unternehmen. Sind also sowohl der Handelsvertreter als auch der Unternehmer ein Unternehmen, muss die Forderung des Handelsvertreters und der Herausgabeanspruch des Unternehmers nicht aus demselben rechtlichen Verhältnis stammen.

Gemäß § 449 Alt. 2 ZGB (a.F. § 232 Alt. 2 SrG) ist eine Vereinbarung über den Verzicht des Handelsvertreters auf das Zurückbehaltungsrecht zulässig, auch eine vorherige Vereinbarung ist zulässig, wenn das Zurückbehaltungsrecht noch nicht entstanden ist.

Hat der Handelsvertreter sein Zurückbehaltungsrecht geltend gemacht, müssen Unternehmer und Handelsvertreter gemäß § 453 Abs. 1 S. 1 ZGB (a.F. § 236 Abs. 1 S. 1 SrG) eine Frist zur Erfüllung der Schuld des Unternehmers vereinbaren. Treffen sie keine Vereinbarung oder ist die Vereinbarung unklar, muss eine Frist zur Erfüllung der Schuld von mindestens sechzig Tagen (a.F. von mindestens zwei Monaten) gewährt werden. Ausnahme hiervon sind frische, lebende, leicht verderbliche oder andere nicht leicht aufzubewahrende bewegliche Sachen. Erfüllt der Unternehmer seine Schuld nicht innerhalb der Frist, kann der Handelsvertreter gemäß § 453 Abs. 1 S. 2 ZGB (a.F. § 236 Abs. 1 S. 2 SrG) das Befriedigungsrecht geltend machen.

4. Verjährung der Ansprüche des Handelsvertreters

Früher betrug die allgemeine Verjährungsfrist nach § 135 AGZ lediglich zwei Jahre. Seit 01.10.2017 gilt das ATZG, nach dessen § 188 Abs. 1 S. 1 beträgt die allgemeine Verjährungsfrist drei Jahre.

408 *Interpretation of the Supreme People's Court of the Application of the Relevant Guarantee System of the Civil Code of the People's Republic of China* (最高人民法院关于适用《中华人民共和国民法典》有关担保制度的解释), Fashi [2020] Nr. 28, am 01.01.2021 in Kraft getreten.

VI. Pflichten des Unternehmers

1. Benachrichtigungspflicht

Nach dem Grundsatz von Treu und Glauben soll der Unternehmer dem Handelsvertreter die notwendigen Informationen übermitteln. Grundsätzlich entscheidet der Unternehmer selbst, ob er das vom Handelsvertreter vermittelte Geschäft annimmt oder nicht. Bei Ablehnung eines Geschäfts soll er den Handelsvertreter informieren.[409]

Unzulässig ist, wenn der Unternehmer aus Willkür den Geschäftsabschluss des Handelsvertreters ablehnt oder verhindert. Grundsätzlich ist der Unternehmer nicht verpflichtet, die verkauften Produkte an den Handelsvertreter zu liefern. Er darf die Produkte auch direkt an den Kunden liefern. Die Parteien können jedoch im Handelsvertretervertrag vereinbaren, dass der Unternehmer die Produkte zuerst an den Handelsvertreter liefert und der Handelsvertreter sie nach Geschäftsabschluss an den Kunden überträgt. Liefert der Unternehmer dem Handelsvertreter keine Produkte oder geringere Mengen als vereinbart, kann der Handelsvertreter seine Geschäftstätigkeit nicht weiter ausführen und erleidet einen Schaden. Er kann dann gegenüber dem Unternehmer Schadensersatz für den entgangenen Gewinn verlangen.[410] In der Praxis werden häufig Mindestumsätze oder ein Mindestabsatz vereinbart. Ein Unternehmer könnte dies jedoch hintertreiben, indem er keine oder weniger Produkte liefert, und so die Zahlung einer erhöhten Vergütung vermeidet. Das wäre eine Vertragsverletzung.

Ferner soll der Unternehmer den Handelsvertreter unverzüglich informieren, wenn sich der Inhalt der dem Handelsvertreter schon zur Ausführung der Geschäftstätigkeit übergebenen erforderlichen Unterlagen ändert.[411] Bei wesentlichen Änderungen in der Marketingstrategie – z.B. Immobilien vermieten statt verkaufen – muss der Unternehmer den Handelsvertreter informieren.[412]

---

409 Zhang Yan, Handelsrechtliches Stellvertretungsrecht, S. 110.

410 Unteres Volksgericht des Bezirks Zhongshan, 2016, Nr. 8030, (2016) 辽0202民初8030号.

411 Gao/Wang, Geschäftsbesorgungs-, Kommissions- und Maklervertrag, S. 271.

412 Oberstes Volksgericht, 2006, Nr. 194, (2006) 民二终字第194号.

2. Pflicht zum Schutz des Ausschließlichkeitsrechts des Alleinvertreters

Grundsätzlich ist der Unternehmer in der Ausgestaltung seines Vertriebssystems frei. Er kann also für ein bestimmtes Gebiet mehrere Absatzmittler oder auch nur einen einsetzen. Er darf auch mit Kunden direkt Geschäfte abschließen. Um den Absatz zu fördern, muss der Handelsvertreter ständig Aufwand betreiben, etwa regelmäßige Werbung, umfassende Kundendienstleistungen erbringen und Kundenpflege. Es wäre daher ungerecht, wenn der Handelsvertreter seine Pflicht zur Bemühung um Geschäftsabschluss/Geschäftsvermittlung ausgezeichnet erfüllt, aber seine Interessen durch die Tätigkeit des Unternehmers oder konkurrierender Handelsvertreter verletzt werden.

In der Praxis ist es üblich, dass der Unternehmer für ein bestimmtes Gebiet und auf einen bestimmten Zeitraum einen Alleinvertreter auswählt. Der Unternehmer verpflichtet sich, während der Laufzeit des Handelsvertretervertrags in diesem Vertragsgebiet das Ausschließlichkeitsrecht des Alleinvertreters zu schützen. Die Parteien können vereinbaren, dass der Handelsvertreter das Ausschließlichkeitsrecht erst erhält, wenn er eine bestimmte Aufgabe erfüllt hat.[413]

Der Unternehmer darf dann weder einen weiteren Handelsvertreter für Absatz der gleichen Ware oder Dienstleistung einsetzen noch ein Geschäft direkt mit Kunden abschließen. Schließt der Unternehmer direkt ein Geschäft mit Kunden ab und verursacht dies Vergütungsverluste des Handelsvertreters, kann der Handelsvertreter gegenüber dem Unternehmer Schadensersatz verlangen.[414] Der Handelsvertreter kann aufgrund von Vergütungsverlusten auch einen Anspruch auf Vertragsstrafe geltend machen.[415] Wird ein Geschäft mit Kunden von einem konkurrierenden Handelsvertreter abgeschlossen und der Handelsvertreter verliert seine Vergütung dafür, kann er gegenüber dem Unternehmer Schadensersatz verlangen.[416] Neben dem Schadensersatz kann der Handelsvertreter vom Unternehmer verlangen, die Lieferung an den konkurrierenden Handelsvertreter einzustellen.[417] Ferner kann der Handelsvertreter

---

413 Oberes Volksgericht der Provinz Hunan, 2014, Nr. 127, (2014) 湘高法民二终字127号.

414 Mittleres Volksgericht der Stadt Shaoxing, 2017, Nr. 1100, (2017) 浙06民终1100号.

415 Oberes Volksgericht der Provinz Jiangsu, 2015, Nr. 00236, (2015) 苏商终字第00236号.

416 Unteres Volksgericht des Bezirks Meilan der Stadt Haikou, 2004, Nr. 13, (2004) 美民二初字第13号.

417 Unteres Volksgericht des Bezirks Zhongshan, 2016, Nr. 8030, (2016) 辽0202民初8030号.

den Handelsvertretervertrag wegen Pflichtverletzung des Unternehmers kündigen.[418] Verheimlicht der Unternehmer im Verlauf der Errichtung eines Handelsvertretervertrags mit dem Alleinvertreter vorsätzlich die wichtige Tatsache, dass er in diesem Gebiet bereits einen Handelsvertreter eingesetzt hat, kann der Alleinvertreter dem Unternehmer gegenüber gemäß § 500 Nr. 2 Alt. 1 ZGB (a.F. § 42 Nr. 2 Alt. 1 VG) einen Schadensersatzanspruch aus c.i.c. geltend machen.[419]

3. Unterstützungspflicht

Der Unternehmer ist nach dem Grundsatz von Treu und Glauben verpflichtet, die Tätigkeit des Handelsvertreters zu unterstützen. Vor allem soll er dem Handelsvertreter die für die Ausführung der Geschäftstätigkeit erforderlichen Unterlagen wie Geschäftsbedingungen, Preislisten, technische Dokumente und Werbedrucksachen übergeben.[420] Ferner unterstützt der Unternehmer ihn je nach Vereinbarung z.B. mit einem Fahrzeug oder Kommunikationsmitteln.[421]

VII. Beendigung des Handelsvertretervertrags

Auf die Beendigung eines Handelsvertretervertrags finden die Bestimmungen zum Geschäftsbesorgungsvertragsrecht und die allgemeinen Bestimmungen des Vertragsrechts Anwendung. Grundsätzlich endet der Handelsvertretervertrag durch Ablauf der vereinbarten Vertragslaufzeit, durch Kündigung oder durch Tod, Verlust der Geschäftsfähigkeit oder Insolvenz eines der beiden Vertragspartner[422]. Der Vertrag kann gemäß § 562 Abs. 1 ZGB (a.F. § 93 Abs. 1 VG) durch einen Aufhebungsvertrag beendet werden.

Im Folgenden werden die gesetzlichen Kündigungen vorgestellt. Dazu gehören: Kündigung wegen Pflichtverletzung gemäß § 563 Abs. 1 ZGB (a.F. § 94

418 Unteres Volksgericht des Bezirks Pukou der Stadt Nanjing, 2016, Nr. 4045, (2016) 苏0111民初4045号; Mittleres Volksgericht der Stadt Changzhou, 2016, Nr. 4132, (2016) 苏04民终4132号; Oberstes Volksgericht, 2017, Nr. 4456, (2017) 最高法民申4456号.

419 Unteres Volksgericht des Bezirks Jingan der Stadt Shanghai, 2017, Nr. 13324, (2017) 沪0106民初13324号.

420 Gao/Wang, Geschäftsbesorgungs-, Kommissions- und Maklervertrag, S. 271.

421 Vgl. Gao/Wang, Geschäftsbesorgungs-, Kommissions- und Maklervertrag, S. 77.

422 Wenn eine der beiden Parteien als natürliche Person stirbt, die Geschäftsfähigkeit verliert oder als juristische Person insolvent wird, ist der Handelsvertretervertrag als Geschäftsbesorgungsvertrag grundsätzlich gemäß § 934 ZGB (a.F. § 411 VG) beendet.

VG), „beliebige“ Kündigung gemäß § 933 S. 1 ZGB (a.F. § 410 S. 1 VG), ordentliche Kündigung gemäß § 563 Abs. 2 ZGB, Kündigung wegen Höherer Gewalt gemäß § 563 Abs. 1 Nr. 1 ZGB, (a.F. § 94 Nr. 1 VG), Kündigung wegen Wegfalls der Geschäftsgrundlage gemäß § 533 ZGB (a.F. § 26 E2) und Kündigung durch Schuldner bei Vertragsstillstand gemäß § 580 Abs. 2 ZGB.

1. Kündigung wegen Pflichtverletzung gemäß § 563 Abs. 1 ZGB

Als Rechtsfolgen einer Pflichtverletzung gelten die allgemeinen Bestimmungen des Vertragsrechts im ZGB. Erfüllt eine Partei ihre Vertragspflichten schuldhaft nicht oder nicht gemäß den Vereinbarungen, haftet sie nach § 577 ZGB (a.F. § 107 VG) gegenüber der anderen Partei. Zu den Rechtsfolgen wegen Pflichtverletzung gehören: der Erfüllungsanspruch aus den §§ 579, 580 Abs. 1 ZGB (a.F. §§ 109, 110 VG), der Anspruch auf Schadensersatz aus § 584, 929, 930 ZGB (a.F. §§ 113 Abs. 1, 406, 407 VG) und die Vertragsstrafe aus den §§ 585, 588 ZGB (a.F. §§ 114, 116 VG).

Der Handelsvertretervertrag kann ferner gemäß § 563 Abs. 1 ZGB (a.F. § 94 VG) gekündigt werden, wenn das Vertragsziel wegen einer Nichtleistung oder Schlechtleistung (§ 563 Abs. 1 Nr. 4 Alt. 2 ZGB) nicht erfüllt werden kann. Außerdem kann der Vertrag gekündigt werden, wenn eine Partei vor Ablauf der Frist zur Erfüllung einer Hauptpflicht der anderen Partei ausdrücklich oder konkludent erklärt, dass sie diese Hauptpflicht nicht erfüllen wird (§ 563 Abs. 1 Nr. 2 ZGB Anticipatory Breach) oder wenn eine Partei mit der Erfüllung einer Hauptpflicht in Verzug ist und sie auch nach Mahnung nicht innerhalb einer vernünftigen Frist erfüllt (§ 563 Abs. 1 Nr. 3).

Gemäß § 562 Abs. 2 ZGB (a.F. § 93 Abs. 2 VG) können Unternehmer und Handelsvertreter im Vertrag Voraussetzungen für eine Kündigung vereinbaren. Übliche vereinbarte Voraussetzungen sind z.B. ein Nichterreichen des Mindestvolumens, Verkauf des Handelsvertreters außerhalb des ihm zugewiesenen Bezirks, Verletzung des Wettbewerbsverbots durch den Handelsvertreter und Verletzung des Alleinvertretungsrechts des Handelsvertreters durch den Unternehmer.

2. Die „beliebige“ Kündigung aus § 933 S. 1 ZGB

Auf die „beliebige“ Kündigung eines Handelsvertretervertrags finden die Vorschriften zum Geschäftsbesorgungsvertragsrecht nach § 933 S. 1 ZGB (a.F. § 410 S. 1 VG) vorrangig Anwendung. In der Praxis werden die Handelsvertreterverträge meist auf dieser Grundlage gekündigt.

„Beliebig“ bedeutet, dass der Handelsvertretervertrag als Geschäftsbesorgungsvertrag gemäß § 933 S. 1 ZGB (a.F. § 410 S. 1 VG) von jeder Partei jederzeit ohne Einhaltung einer Kündigungsfrist und ohne Angabe von Gründen gekündigt werden kann. Welcher Grund vorliegt und ob der Grund vernünftig ist, hat lediglich Einfluss auf den möglichen Schadensersatzanspruch der jeweils anderen Partei.[423]

Cui/Long sind der Ansicht, dass es zu den Vertragsverletzungen (§ 563 Abs. 1 Nr. 2 ZGB, a.F. § 94 Nr. 2 VG Anticipatory Breach) zählen sollte, wenn der Unternehmer den Vertrag „beliebig“ gekündigt hat und er damit bezwecken will, sich durch Ausübung des gesetzlichen Kündigungsrechts von einer seiner Pflichten (z.B. Zahlung der Vergütung) zu befreien.[424]

In der Praxis wird dieses Kündigungsrecht häufig vom Unternehmer/Absatzherrn ausgeübt, allerdings kann auch der Handelsvertreter/Absatzmittler aus eigenem Interesse den Vertrag kündigen. Diese fristlose „beliebige“ Kündigung ohne Grund sollte auf Vertriebsverträge wie Handelsvertreterverträge ausgeschlossen werden, da das Kündigungsrecht die Stabilität der langfristigsten Vertriebszusammenarbeit bedrohen und das Interesse beider Parteien verletzen könnte. Denn jede Partei könnte dadurch ihre Motivation zur längerfristigen Kooperation verlieren, wenn diese Kooperation jederzeit vom anderen überraschend vorzeitig beendet werden könnte.

a) Anwendung des „beliebigen“ Kündigungsrechts auf den Handelsvertretervertrag

Nach § 410 VG konnte jede Partei jederzeitig den Geschäftsbesorgungsvertrag auflösen. Der durch die Auflösung des Geschäftsbesorgungsvertrags verursachte Schaden sollte der anderen Partei ersetzt werden. In der einschlägigen Literatur haben Juristen lange über den Anwendungsbereich dieser „beliebigen“ Kündigung und den Umfang der zu ersetzenden Schäden diskutiert. Nach h.M. sollte die „beliebige“ Kündigung beschränkt angewendet werden.[425]

423 Vgl. Chen Su, Geschäftsbesorgungs-, Kommissions- und Maklervertrag, S. 64.

424 Vgl. Cui/Long, Das „beliebige“ Kündigungsrecht und dessen Einschränkungen beim Geschäftsbesorgungsvertrag, in: Chinese Journal of Law, 2008, Nr. 6. S. 73 ff. (82); Vgl. Zhou Jianghong, Schadensersatz wegen „beliebiger“ Kündigung des Geschäftsbesorgungsvertrags, in: Chinese Journal of Law, 2017, Nr. 3, S. 75 ff. (76).

425 Wu Teng, „Beliebige“ Kündigung und Haftung für Vertragsverletzung des Geschäftsbesorgungsvertrags, in: Modern Law Science, 2020, Nr. 2, S. 62 ff. (63).

Dieses „beliebige" Kündigungsrecht der Parteien ist nach Auffassung von *Cui/Long* gerecht, da Geschäftsbesorgungsverträge auf Basis von Vertrauen zwischen beiden Parteien abgeschlossen werden. Ist dieses Vertrauen nicht mehr gegeben, kann jede Partei jederzeit den Vertrag kündigen. Sonst sei der Vertragszweck nur noch schwer zu erfüllen.[426] Allerdings wird ein entgeltlicher Geschäftsbesorgungsvertrag, insbesondere ein Handelsvertretervertrag, nicht allein aufgrund von Vertrauen abgeschlossen, sondern auch aus wirtschaftlichen Interessen beider Parteien.[427] Deswegen sind die meisten chinesischen Juristen der Ansicht, dass die Anwendung der „beliebigen" Kündigung auf entgeltliche Geschäftsbesorgungsverträge[428] oder handelsrechtliche Geschäftsbesorgungsverträge[429] beschränkt[430] oder absolut ausgeschlossen werden sollte.[431]

Letztlich wurde § 410 S. 1 VG unverändert als § 933 S. 1 ZGB übernommen, wonach jede Partei jederzeitig den Geschäftsbesorgungsvertrag auflösen kann – unabhängig davon, ob dieser entgeltlich oder unentgeltlich, zivilrechtlich oder handelsrechtlich beschaffen ist. Neu in § 933 S. 2 ZGB eingefügt wurde, dass die auflösende Partei den unmittelbaren Schaden der anderen Partei wegen unzeitiger Auflösung beim unentgeltlichen Geschäftsbesorgungsvertrag ersetzen soll. Beim entgeltlichen Geschäftsbesorgungsvertrag soll der unmittelbare Schaden und der entgangene Gewinn (Erfüllungsschaden) der anderen Partei ersetzt werden.

Fraglich ist, ob es gerecht und billig ist, das fristlose „beliebige" Kündigungsrecht ohne Grund auf den Handelsvertretervertrag anzuwenden, obwohl die gekündigte Partei einen Schadensersatzanspruch hat.

---

426 Cui/Long, Das beliebige Kündigungsrecht und dessen Einschränkungen beim Geschäftsbesorgungsvertrag, in: Chinese Journal of Law, 2008, Nr. 6. S. 73 ff. (76).

427 Oberstes Volksgericht, 2015, Nr. 226, (2015) 民一终字第226号.

428 Cui/Long, Das beliebige Kündigungsrecht und dessen Einschränkungen beim Geschäftsbesorgungsvertrag, in: Chinese Journal of Law, 2008, Nr. 6, S. 73 ff. (84).

429 Li Jianwei, Forschung zu wichtigen Fragen der Gesetzgebung des besonderen Teils von Vertragsrecht im Zivilgesetzbuch, in: Political Science and Law, 2017, Nr. 7, S. 14 ff. (24).

430 Jede Partei kann den entgeltlichen/handelsrechtlichen Geschäftsbesorgungsvertrag „beliebig" wirksam kündigen, aber soll den der anderen Partei durch Beendigung dieses Geschäftsbesorgungsvertrags entstandenen Schaden ersetzen.

431 Wu Teng, „Beliebige" Kündigung und Haftung für Vertragsverletzung des Geschäftsbesorgungsvertrags, in: Modern Law Science, 2020, Nr. 2, S. 62 ff. (63).

In der Rechtsprechung vertrat ein Gericht die Auffassung, dass das „beliebige“ Kündigungsrecht auf alle Arten von Geschäftsbesorgungsverträgen angewandt werden kann, unabhängig davon, ob der Geschäftsbesorgungsvertrag entgeltlich oder unentgeltlich, befristet oder unbefristet ist. Deswegen befand das Gericht die vorzeitige „beliebige“ Kündigung des Handelsvertretervertrags (mit vereinbarter Vertragsdauer von sechs Jahren) als wirksam.[432]

Dieser Auffassung kann jedoch nicht gefolgt werden. Da die Parteien beim Abschluss des Handelsvertretervertrags eine langfristige Zusammenarbeit erwarteten, ist es unrecht, dass der Handelsvertretervertrag wirksam gekündigt werden konnte, nur weil die Parteien während der Vertragserfüllung geringfügige Konflikte hatten. Es ist vom Gericht unangemessen, allein wegen dieser geringfügigen Konflikte eine Fortsetzung des Vertrags als schwerlich erwartbar zu bewerten – ohne dass eine wesentliche Verletzung der gesetzlichen oder vereinbarten Vertragspflichten oder ein angemessener Grund wie Höhere Gewalt oder Wegfall der Geschäftsgrundlage vorgelegen hatte.[433]

Das Oberste Volksgericht befand, dass ein Vertragshändlervertrag mit Alleinvertriebsvereinbarungen zum Schutz der Vertragsinteressen des Alleinvertreters nicht „beliebig“ gekündigt werden dürfe.[434] Diese Schutzbedürftigkeit sollte bei den anderen selbständigen Absatzmittlern ohne Ausschließlichkeitsrecht und auch den Absatzherrn anerkannt werden.

Ferner vertreten *Cui/Long* die Ansicht, dass das „beliebige“ Kündigungsrecht aus § 933 S. 1 ZGB nur auf den echten Geschäftsbesorgungsvertrag Anwendung finden sollte. Liegt ein unbenannter oder gemischter Vertrag vor, der inhaltlich nicht nur einen Geschäftsbesorgungsvertrag darstellt, sondern auch andere Elemente wie Kauf- oder Lizenzvertrag zur Nutzung von Marken umfasst, sollte demnach das „beliebige“ Kündigungsrecht keine Anwendung finden.[435] Ein Gericht vertrat die gleiche Ansicht, dass das Kündigungsrecht auf einen unbenannten Vertrag, der zwar inhaltlich im Wesentlichen auf einem Geschäftsbesorgungsvertrag beruht, jedoch auch Elemente eines Kaufvertrags und eines Bauvertrags enthielt, keine Anwendung findet.[436] Das

432 Unteres Volksgericht des Kreises Huangmei, 2019, Nr. 3608, (2019) 鄂1127民初3608号.

433 Wu Teng, „Beliebige“ Kündigung und Haftung für Vertragsverletzung des Geschäftsbesorgungsvertrags, in: Modern Law Science, 2020, Nr. 2, S. 62 ff. (75).

434 Oberstes Volksgericht, 2018, Nr. 82, (2018) 最高法民再82号.

435 Cui/Long, Das „beliebige“ Kündigungsrecht und dessen Einschränkungen beim Geschäftsbesorgungsvertrag, in: Chinese Journal of Law, 2008, Nr. 6. S. 73 ff. (80 f.).

436 Oberes Volksgericht der Provinz Jilin, 2015, Nr. 86, (2015) 吉民二终字第86号.

Oberste Volksgericht stufte den Vertragshändlervertrag als unbenannten Vertrag ein, der die unteilbaren Elemente des Kaufvertrags und des Geschäftsbesorgungsvertrags enthält. Die Ausübung des „beliebigen“ Kündigungsrechts aus dem Geschäftsbesorgungsvertrag verletzt demnach die Interessen der Elemente des Kaufvertrags des Vertragshändlers. Dies ist für den Vertragshändler unrecht.[437]

Nach dieser Ansicht ist die „beliebige“ Kündigung auf andere Vertriebsverträge wie Vertragshändlerverträge und Franchiseverträge nicht anwendbar. Dagegen findet die „beliebige“ Kündigung auf Kommissionär- und Kommissionsagentenverträge und auf Handelsmaklerverträge Anwendung, wenn der o.g. Vertrag kein anderes Vertragselement außer dem eines Geschäftsbesorgungsvertrags enthält.

b) Verzicht auf das „beliebige“ Kündigungsrecht

Da § 933 ZGB (a.F. § 410 VG) keine zwingende Vorschrift ist, ist es grundsätzlich zulässig[438] und empfehlenswert, dieses Kündigungsrecht nach Vereinbarung auszuschließen. Die weiteren gesetzlichen Kündigungsmöglichkeiten bleiben unberührt.

Nutzt der Unternehmer dazu eine AGB-Klausel, ist zu beachten, dass dieses Kündigungsrecht als wesentliches Recht des Handelsvertreters gilt. Deswegen ist eine AGB-Klausel zum Verzicht auf diese Kündigung durch Handelsvertreter gemäß § 497 Nr. 3 ZGB, a.F. (§ 40 Hs. 2 Alt. 3 VG) unwirksam.[439]

3. Ordentliche Kündigung nach § 563 Abs. 2 ZGB

Rechtswissenschaftliche Forschung über Dauerschuldverhältnisse wurde in China lange Zeit vernachlässigt, die ordentliche Kündigung der Dauerschuldverhältnisse war in China fremd. Dies führte dazu, dass chinesische Juristen

---

437 Oberstes Volksgericht, 2017, Nr. 4456, (2017) 最高法民申4456号.

438 Erstes Mittleres Volksgericht der Stadt Beijing, 2007, Nr. 08266, (2007) 一中民终字第08266号; Oberstes Volksgericht, 2015, Nr. 226, (2015) 民一终字第226号; Mittleres Volksgericht der Stadt Jinan, 2021, Nr. 2202, (2021) 鲁01民终2202号.

439 Unteres Volksgericht des Bezirks Putuo der Stadt Shanghai, 2014, Nr. 3097, (2014) 普民二(商)初字第3097号; Unteres Volksgericht des Bezirks Putuo der Stadt Shanghai, 2014, Nr. 435, (2014) 普民二(商)初字第435号.

die Begriffe der ordentlichen Kündigung und der „beliebigen“ Kündigung missverstanden und beide sogar verwechselten oder gleichsetzten.[440]

In Deutschland kann der Handelsvertretervertrag auf unbestimmte Zeit nach § 89 Abs. 1 S. 1 und 2 HGB ordentlich gekündigt werden, wobei eine gesetzliche Mindestkündigungsfrist eingehalten werden muss. Die gesetzliche Kündigungsfrist kann gemäß § 89 Abs. 2 HGB durch vertragliche Vereinbarung verlängert, jedoch nicht verkürzt werden.

In Taiwan ist das Kündigungsrecht zum Geschäftsbesorgungsvertrag in § 549 Abs. 1 TWZG geregelt. Daneben ist das spezielle Kündigungsrecht beim Handelsvertretervertrag in § 561 TWZG geregelt: Ist der Handelsvertretervertrag auf unbestimmte Zeit eingegangen, kann ihn jede Partei mit einer Frist von drei Monaten kündigen. Eine der Parteien kann den Vertrag auch ohne Einhaltung einer Kündigungsfrist kündigen, wenn die Kündigung aus Gründen erfolgt, für die die den Vertrag kündigende Partei nicht verantwortlich ist.

In China wurde die ordentliche Kündigung von unbefristeten Dauerschuldverhältnissen als § 563 Abs. 2 neu ins ZGB eingefügt. Die ordentliche Kündigung wird im Allgemeinen Teil des Vertragsrechts festgelegt, sie ist auf unbefristete Dauerschuldverhältnisse aller Art anwendbar. Nach § 563 Abs. 2 ZGB kann jede Partei jederzeit einen unbefristeten Handelsvertretervertrag kündigen. Diese Kündigung muss der anderen Partei im Voraus mit angemessener Frist mitgeteilt werden. Anders als die gestaffelten Kündigungsfristen in Deutschland gemäß § 89 Abs. 1 S. 1 und S. 2 HGB ist in China unklar, welche Frist als angemessen gilt.

China kennt für die ordentliche Kündigung und die „beliebige“ Kündigung unterschiedliche Rechtsgrundlagen. Obwohl für die Ausübung beider Kündigungsrechte kein Grund angegeben werden muss, sind für die ordentliche im Vergleich zur „beliebigen“ Kündigung weitere Voraussetzungen erforderlich: die Vertriebsverträge müssen unbefristet sein und die Kündigungsfrist muss eingehalten werden.

---

440 Wu Yifeng, On the Ordinary Termination System of Indefinite Continuous Contract – Comments on the Provisions of Contract Law in Civil Code (Second Draft), in: Peking University Law Journal, 2019, Nr. 2, S. 522 ff. (523).

4. Kündigung wegen Höherer Gewalt und Wegfalls der Geschäftsgrundlage

Ein Handelsvertretervertrag kann ferner wegen Höherer Gewalt (§ 563 Abs. 1 Nr. 1 ZGB, a.F. § 94 Nr. 1 VG) oder wegen Wegfalls der Geschäftsgrundlage (§ 533 ZGB, a.F. § 26 E2) gekündigt werden.

Seit 2020 werden im Zuge der Covid-19-Krise die Lieferung des Absatzherrn und die Geschäftstätigkeit zur Absatzförderung der Absatzmittler massiv gestört. Dadurch gewinnen Fragen danach, welche Rechtsfolgen sich aus der Störung ergeben und das Verhältnis bzw. die Abgrenzung zwischen Höherer Gewalt und Wegfall der Geschäftsgrundlage mehr an Aufmerksamkeit.

a) Höhere Gewalt

Im ZGB ist die Definition der Höheren Gewalt nicht ausdrücklich geregelt. Gemäß a.F. § 117 Abs. 2 VG bedeutete Höhere Gewalt nicht vorhersehbare, nicht zu vermeidende und nicht zu bewältigende objektive Umstände, z.B. Naturkatastrophen, Kriege oder Gesetzesänderungen.[441] Das Oberste Volksgericht stufte die Corona-Krise als Höhere Gewalt ein.[442]

Kann die Leistungspflicht des Handelsvertretervertrags wegen Höherer Gewalt nicht erfüllt werden, entfällt gemäß § 590 Abs. 1 S. 1 ZGB (a.F. § 117 Abs. 1 S. 1 VG) jeweils entsprechend dem Einfluss der Höheren Gewalt die Haftung ganz oder teilweise. Ist das Vertragsziel wegen Höherer Gewalt nicht zu verwirklichen, kann der Handelsvertretervertrag gemäß § 563 Abs. 1 Nr. 1 ZGB (a.F. § 94 Nr. 1 VG) gekündigt werden. Dieses Kündigungsrecht gilt als „einfaches" Gestaltungsrecht. Wird die Leistung – z.B. eine Produktlieferung wegen der Corona-Krise – nur temporär gestört, kann das Vertragsziel trotzdem noch erreicht werden.

b) Wegfall der Geschäftsgrundlage

Ein Wegfall der Geschäftsgrundlage wurde erstmals im Vertragsrecht im ZGB geregelt. Vorher wurde dieser als Justizauslegung des Obersten Volksgerichts in § 26 E2 geregelt. Ein Wegfall der Geschäftsgrundlage lag vor, wenn nach

---

441 Han Shiyuan, Vertragsrecht, 4. Aufl., S. 483 ff.

442 *Notice by the Supreme People's Court of Issuing the Guiding Opinions (Part I) on Several Issues of Properly Hearing Civil Cases concerning the COVID-19 Pandemic* (最高人民法院印发《关于依法妥善审理涉新冠肺炎疫情民事案件若干问题的指导意见（一）》的通知), Fafa [2020] Nr. 12.

Vertragsschluss eine erhebliche Änderung der objektiven Umstände auftrat, welche die Parteien bei Vertragsschluss nicht vorhersehen konnten, die nicht durch Höhere Gewalt verursacht wurde und nicht zu den Geschäftsrisiken gehörte, sodass die weitere Erfüllung des Vertrags für eine Partei offensichtlich ungerecht war oder der Zweck des Vertrags nicht verwirklicht werden konnte. Daraus ergibt sich die Folgerung, dass es eine Abgrenzung des Anwendungsbereichs zwischen Höherer Gewalt und Wegfall der Geschäftsgrundlage gab. Nach *Han* konnte ein Vertrag gemäß § 94 Nr. 1 VG gekündigt werden, wenn er wegen Höherer Gewalt nicht weiter erfüllt werden konnte. In diesem Fall sei die Regelung zum Wegfall der Geschäftsgrundlage gemäß § 26 E2 nicht anzuwenden gewesen. Konnte ein Vertrag trotz Höherer Gewalt zwar weiter erfüllt werden, aber war die weitere Erfüllung des Vertrags für eine Partei offensichtlich ungerecht, sei die Regelung zum Wegfall der Geschäftsgrundlage gemäß § 26 E2 anzuwenden gewesen.[443]

Diese Legaldefinition von dem Obersten Volksgericht schränkte den Anwendungsbereich der Bestimmung zum Wegfall der Geschäftsgrundlage unangemessen ein, was von Juristen stark kritisiert wurde.[444] In § 533 ZGB wurde die Voraussetzung von Wegfall der Geschäftsgrundlage „nicht durch Höhere Gewalt verursacht" schließlich nicht übernommen. Insoweit können die Störungen künftig hinsichtlich beider Aspekte geprüft werden: Höhere Gewalt und Wegfall der Geschäftsgrundlage.

Beim Wegfall der Geschäftsgrundlage ist es gemäß § 533 Abs. 1 Hs. 1 ZGB vorrangig, dass die beiden Parteien erneut aushandeln. Diese Bestimmung zum Aushandeln wurde neu eingefügt. Gemäß § 533 Abs. 1 Hs. 2 ZGB (a.F. § 26 E2) kann die Partei vom Volksgericht oder Schiedsorgan fordern, den Vertrag zu ändern oder zu kündigen, wenn die Aushandlung innerhalb einer angemessenen Frist nicht gelingt. Das Volksgericht oder Schiedsorgan muss gemäß § 533 Abs. 2 ZGB unter Berücksichtigung der tatsächlichen Umstände im konkreten Fall aufgrund des Grundsatzes der Gerechtigkeit den Vertrag ändern oder kündigen. Anders als das Kündigungsrecht bei Höherer Gewalt gilt hier das Kündigungsrecht als Gestaltungsklagerecht.

Ferner muss der Wegfall der Geschäftsgrundlage vom Geschäftsrisiko abgegrenzt werden. Das Geschäftsrisiko ist gemäß § 3 S. 2 und 3 der *Anleitungsansicht*

443 Han Shiyuan, Vertragsrecht, 4. Aufl., S. 498.

444 Cui Jianyuan, Vertragsrecht, 5. Aufl., 129; Han Shiyuan, Vertragsrecht, 4. Aufl., S. 498.

des Obersten Volksgerichts[445] ein immanentes Risiko geschäftlicher Tätigkeit, beispielsweise die ein gewöhnliches Ausmaß nicht überschreitende Änderung der Beziehung zwischen Angebot und Nachfrage oder Preisschwankungen. Dagegen ist ein Wegfall der Geschäftsgrundlage kein der Marktordnung immanentes Risiko, das die Parteien bei Vertragsschluss nicht vorhersehen konnten. In der gerichtlichen Praxis ist es nicht selten, dass eine Partei behauptet, den Vertrag wegen Wegfalls der Geschäftsgrundlage zu kündigen oder zu ändern. Die Gerichte unterstützten den Anspruch nicht, da es sich im konkreten Fall um die Verwirklichung des Geschäftsrisikos handelte und dieses von der Partei selbst zu tragen war. Dazu gehört z.B. eine Erhöhung der Transportkosten.[446]

Beispielsfall: Der Unternehmer kündigte den Handelsvertretervertrag über den Absatz von Immobilen wegen Wegfalls der Geschäftsgrundlage. Er behauptete, dass die weitere Erfüllung des Vertrags für ihn offensichtlich ungerecht sei, da der Absatzmarkt für Immobilien in China boome und der Handelsvertreter ohne viel Bemühen die Geschäfte abschließen oder vermitteln könne und neben der normalen Vergütung auch die vereinbarte zusätzliche höhere Vergütung erhalten könne. Das Gericht ging davon aus, dass hier ein Geschäftsrisiko für den Unternehmer vorliegt und eine höhere Vergütung des Handelsvertreters bei Vertragsschluss vorhergesehen werden konnte.[447]

Die Volksgerichte müssen bei ihrer Beurteilung, ob irgendeine schwerwiegende objektive Änderung ein Wegfall der Geschäftsgrundlage ist, gemäß § 3 S. 4 *Anleitungsansicht des Obersten Volksgerichts* mehrere Faktoren berücksichtigen und abwägen. Hierzu gehören insbesondere: die Unvorhersehbarkeit ex ante des Risikos nach der allgemeinen gesellschaftlichen Vorstellung; ob der Grad des Risikos die angemessene Erwartung einer gewöhnlichen Person weit überschreitet;[448] die Vermeidbarkeit und Kontrollierbarkeit eines Risikos; ob

---

445 *Anleitungsansicht des Obersten Volksgerichts zu einigen Fragen der Behandlung von Streitfällen zu zivil- und handelsrechtlichen Verträgen in der gegenwärtigen Situation* (最高人民法院印发《关于当前形势下审理民商事合同纠纷案件若干问题的指导意见》的通知), Fafa [2009] Nr. 40; Die deutsche Übersetzung in: Knut Benjamin Pißler, ZChinR 2009, S. 296–303.

446 Mittleres Volksgericht der Stadt Neijiang, 2015, Nr. 57, (2015) 内民初字第57号.

447 Oberes Volksgericht der Provinz Sichuan, 2013, Nr. 29, (2013) 川民初字第29号.

448 Insbesondere bei Preisschwankungen. Preisänderungen sind grundsätzlich ein Geschäftsrisiko. Ändert sich der Preis nicht stark, wird dies die Interessen beider Parteien nicht ernsthaft beeinträchtigen, und es ist nicht notwendig, den „Wegfall der Geschäftsgrundlage“ anzuwenden. Im Zuge der Wirtschaftsreform können jedoch Preisänderungen dahingehend auftreten, dass die Preise zum Zeitpunkt der Vertragserfüllung wesentlich höher als zum Zeitpunkt des Vertragsabschlusses

mit dem konkreten Geschäft schon ganz allgemein höhere Risiken verbunden sind, die einer höheren Gewinnchance gegenüberstehen. Letztlich kommt es darauf an, den konkreten Einzelfall zu betrachten und unter Berücksichtigung der jeweiligen Marktsituation das Geschäftsrisiko von einem Wegfall der Geschäftsgrundlage abzugrenzen.

Die Volksgerichte aller Stufen müssen die § 26 E2 (n.F. § 533 ZGB) dazu korrekt und strikt anwenden. Ist es aufgrund der besonderen Umstände im Einzelfall erforderlich, diese Vorschriften anzuwenden, muss dies von den Oberen Volksgerichten geprüft werden. Wenn nötig, muss das Oberste Volksgericht um Genehmigung gebeten werden.[449]

5. Kündigung bei Stillstand der Vertragserfüllung gemäß § 580 Abs. 2 ZGB

a) Erfüllungsanspruch und Befreiung von der Leistungspflicht nach § 580 Abs. 1 ZGB

Wenn eine Partei ihre (nicht in Geld bestehende) Pflicht nicht oder nicht gemäß den Vereinbarungen erfüllt, kann die andere Partei gemäß § 580 Abs. 1 ZGB (a.F. § 110 VG) die Erfüllung verlangen. Diese Leistungspflicht ist bei Unmöglichkeit ausgeschlossen, nämlich wenn eine rechtliche oder tatsächliche Unmöglichkeit vorliegt (§ 580 Abs. 1 Nr. 1 ZGB) oder wenn der Gegenstand der Verbindlichkeit zur erzwungenen Erfüllung[450] nicht geeignet ist (§ 580 Abs. 1 Nr. 2 Alt. 1 ZGB) oder die Kosten der Leistung zu hoch sind (§ 580 Abs. 1 Nr. 2 Alt. 2 Wirtschaftliche Unmöglichkeit).

Anders als im deutschen Recht gemäß § 326 BGB gibt es in China keine weiteren Bestimmungen zur Befreiung des Gläubigers von der Gegenleistung und zum Rücktrittsrecht/Kündigungsrecht des Gläubigers.

---

sind. Dann ist es notwendig, den „Wegfall der Geschäftsgrundlage“ anzuwenden. Wuhan Municipal Coal Gas Corp. v. Chongqing Measuring Instrument Factory, in: Gazette of the Supreme People's Court of the People's Republic of China, 1996, Nr. 2, S. 63 ff.

449 *Mitteilung zur korrekten Anwendung der E2* (最高人民法院关于正确适用《中华人民共和国合同法》若干问题的解释（二）服务党和国家的工作大局的通知), Fafa [2009] Nr. 165; Die deutsche Übersetzung in: Knut Benjamin Pißler, ZChinR 2009, S. 294 f.

450 Die Bemühungspflicht des Handelsvertreters zur Geschäftsvermittlung/zum Geschäftsabschluss ist zur erzwungenen Erfüllung nicht geeignet.

b) Kündigung durch Schuldner

Mit § 580 Abs. 2 ZGB wurde die Möglichkeit zur Vertragsbeendigung bei Stillstand/Deadlock der Vertragserfüllung neu eingefügt. Stillstand beschreibt insoweit eine Situation, in der eine Leistungsstörung bzw. Unmöglichkeit vorliegt, die dazu führt, dass der Vertragszweck bei Fortsetzung des Vertrags nicht verwirklicht werden kann und der Gläubiger als Berechtigter sein Rücktrittsrecht/Kündigungsrecht des Vertrags nicht ausübt, wohingegen der Schuldner den Vertrag beendigen will, aber kein Rücktrittsrecht/Kündigungsrecht hat.[451] Voraussetzung für diese Kündigung als Gestaltungsklagerecht des Schuldners ist gemäß § 580 Abs. 2 ZGB einer der o.g. Ausnahmetatbestände der Befreiung von der Leistungspflicht bei Unmöglichkeit. Liegt dies vor, führt es dazu, dass der Zweck des Vertrags nicht verwirklicht werden kann. Dann kann der Schuldner beim zuständigen Volksgericht oder Schiedsorgan beantragen, den Vertrag zu beendigen. Die Haftung wegen schuldhafter Vertragsverletzung des Schuldners bleibt unberührt.

Dieses neu eingefügte Rücktrittsrecht/Kündigungsrecht wird im Allgemeinen Teil des Vertragsrechts im ZGB geregelt und kann auf alle Vertragstypen sowohl beim „einfachen" Schuldverhältnis als auch beim Dauerschuldverhältnis Anwendung finden. Die § 580 Abs. 2 ZGB wurde aus § 48 der *Mitteilung*[452] des Obersten Volksgerichts 2019 entwickelt, in der das Kündigungsrecht des Schuldners nur beim Dauerschuldverhältnis bestand.

Nach § 48 dieser Mitteilung hat der Schuldner (wörtlich: „die vertragsverletzende Partei") nicht das Recht, den Vertrag einseitig durch bloße Kündigungserklärung zu kündigen (kein „einfaches" Gestaltungsrecht). Jedoch ist es demnach für beide Parteien nachteilig, wenn ein „Stillstand" bei der Erfüllung der Dauerschuldverhältnisse vorliegt – etwa bei Wohnungsmietverträgen. Unter diesen Umständen kann die vertragsverletzende Partei Klage auf Vertragskündigung erheben (Gestaltungsklagerecht), sofern keine böswillige

451 Shi/Gao, The Defaulting Party's Right to Apply for Termination of the Contract: Controversy and Response, in: Journal of Comparative Law, 2019, Nr. 6, S. 36 ff. (37).

452 *Notice by the Supreme People's Court of Issuing the Minutes of the National Courts'Civil and Commercial Trial Work Conference* (最高人民法院关于印发《全国法院民商事审判工作会议纪要》的通知), [2019] Nr. 254). Diese Mitteilung ist keine Justizauslegung des Obersten Volksgerichts. Die Volksgerichte können diese Mitteilung nicht wie Gesetze oder Justizauslegungen als Grundlage der Entscheidung im Urteil zitieren/anwenden.

Vertragsverletzung durch die vertragsverletzende Partei vorliegt, die weitere Erfüllung des Vertrags für diese Partei offensichtlich ungerecht ist und die andere Partei ihr Kündigungsrecht wegen Vertragsverletzung nicht ausübt; Letzteres verstößt gegen den Grundsatz von Treu und Glauben.

Dieses Kündigungsrecht durch Schuldner statt Gläubiger wird in Fachkreisen in China stark kritisiert. Erstens verstoße es gegen Grundsatz Pacta sunt servanda und lasse den Schuldner von der Vertragsbeendigung profitieren.[453] Zweitens wird die in § 48 der *Mitteilung* genannte Voraussetzung für ein Kündigungsrecht, dass „der Gläubiger sein Kündigungsrecht nicht ausübt, was gegen den Grundsatz von Treu und Glauben verstößt", besonders kritisiert, da dem Gläubiger bei Unmöglichkeit der Leistung kein gesetzliches Kündigungsrecht zusteht, wenn der Schuldner die Umstände, auf denen die Unmöglichkeit beruht, nicht zu vertreten hat.[454] Auch besteht keine Rechtsgrundlage für Rücktritt/Kündigung eines Vertrags durch den Gläubiger bei Befreiung des Schuldners von der Leistung wegen Unmöglichkeit. Auch wenn der Gläubiger Anspruch auf Kündigung des Vertrags hat, gilt dies nicht als Verstoß gegen den Grundsatz von Treu und Glauben, wenn er seinen Anspruch nicht aktiv durchzusetzen versucht.[455] In § 580 Abs. 2 ZGB wurde diese Voraussetzung gelöscht.

Wang vertrat die Auffassung, dass die Umstände, auf denen die Unmöglichkeit beruht, keine Störung der Geschäftsgrundlage darstellten, insbesondere dann nicht, wenn die Leistung noch möglich, aber für den Schuldner schwierig zu erbringen ist – z.B. bei wirtschaftlicher Unmöglichkeit –, da es gemäß § 26 E2 ausdrücklich um eine erhebliche Änderung der „objektiven Umstände" gehe. Bei Unmöglichkeit führen nicht nur objektive, sondern auch subjektive Gründe wie mangelnde Geschäftserfahrung und fehlerhafte geschäftliche Beurteilung des Schuldners zu Unmöglichkeit oder Schwierigkeiten der Leistung.[456] Diese Unterscheidung wird im ZGB nicht mehr vorgenommen, da § 533 Abs. 1 ZGB bei der Störung der Geschäftsgrundlage statt

---

453 Wang Liming, On Application for Discharge of Contract by Defaulting Party in Contract Deadlock, in: Law Review, 2020, Nr. 1, S. 26 ff. (29).

454 Wang Liming, On Application for Discharge of Contract by Defaulting Party in Contract Deadlock, in: Law Review, 2020, Nr. 1, S. 26 ff. (31).

455 Wang Liming, On Application for Discharge of Contract by Defaulting Party in Contract Deadlock, in: Law Review, 2020, Nr. 1, S. 26 ff. (36).

456 Wang Liming, On Application for Discharge of Contract by Defaulting Party in Contract Deadlock, in: Law Review, 2020, Nr. 1, S. 26 ff. (31); Liu Chengwei, A Study on the Necessity and Feasibility of Drafting "Contract Rescission by the Breaching Party" into the Civil Code, in: Journal of Cupl, 2020, Nr. 3, S. 37 ff. (43).

einer „Änderung der objektiven Umstände" eine „Änderung der Grundlage des Vertrags" festlegt.

Es gibt überschneidende Anwendungsbereiche der Bestimmungen zur Kündigung wegen Unmöglichkeit, zur Störung der Geschäftsgrundlage und zu Höherer Gewalt. Das Problem der insoweit konkurrierenden Regelungen ist noch nicht gelöst, zu empfehlen ist aber, dass der Kündigungsberechtigte ein Wahlrecht zugestanden wird, welche Bestimmung anzuwenden ist.

Han plädiert dafür, dass statt der Bestimmung zur Kündigung durch den Schuldner im ZGB eine Bestimmung zur Kündigung von Dauerschuldverhältnissen aus wichtigem Grund[457] durch jede Partei aufgenommen werden sollte – analog zu § 314 BGB nach deutschem Recht –, um den Stillstand bei Dauerschuldverhältnissen zu vermeiden/lösen. Allerdings sollte die Kündigung demnach nicht durch Kündigungserklärung erfolgen, sondern durch Entscheidung des Volksgerichts oder Schiedsorgans.[458] In Deutschland wird die Kündigung aus wichtigem Grund sowohl im Allgemeinen Teil der Schuldverhältnisse gemäß § 314 BGB als auch im Handelsvertreterrecht nach § 89a HGB geregelt. Der Anregung von *Han* ist zuzustimmen, dass ein Vertrag nicht nur wegen Unmöglichkeit, Höherer Gewalt und Störung der Geschäftsgrundlage, sondern auch noch aus wichtigem Grund gekündigt werden sollte. Allerdings wurde dieser Vorschlag nicht im ZGB berücksichtigt.

Der kritisierte Punkt, ob ein Vertrag bei Unmöglichkeit beendet werden sollte, liegt jedoch nicht vor. Vielmehr liegt vor, dass der Schuldner bei Unmöglichkeit keinen Anspruch auf Rücktritt vom Vertrag/Vertragskündigung haben sollte. Die Gerichte und Schiedsorgane sollten in künftigen Entscheidungen bei Anwendung dieser Bestimmungen zur Vertragsbeendigung durch den Schuldner sorgfältig abwägen.

6. Ausübung des Kündigungsrechts

a) Erlöschen des Kündigungsrechts

Das Kündigungsrecht sollte innerhalb einer angemessenen Frist ausgeübt werden. Das Kündigungsrecht erlischt gemäß § 564 Abs. 1 ZGB (a.F. § 95 Abs. 1 VG), wenn es nicht innerhalb einer gesetzlich bestimmten oder von den Parteien

457 Jede Partei kann vom Volksgericht oder Schiedsorgan fordern, ein Dauerschuldverhältnis aus wichtigem Grunde zu kündigen (Gestaltungsklagerecht).

458 Han Shiyuan, Die Kündigung der Dauerschuldverhältnisse, in: Peking University Law Journal, 2020, Nr. 1, S. 104 ff. (118 ff.).

vereinbarten Frist ausgeübt wird. Fehlt eine gesetzliche Bestimmung oder vertragliche Vereinbarung einer Frist, erlischt das Kündigungsrecht gemäß § 564 Abs. 2 ZGB, wenn es nicht innerhalb eines Jahres nach Kennen oder Kennenmüssen des Kündigungsgrundes ausgeübt wird oder wenn das Kündigungsrecht nicht innerhalb einer angemessenen Frist nach Aufforderung durch die andere Partei ausgeübt wird. Diese Ausschlussfrist von einem Jahr ist eine neu eingefügte Bestimmung im ZGB.

b) Kündigungserklärung

Die Kündigung ist eine einseitige empfangsbedürftige Willenserklärung.[459] Der Vertrag ist gemäß § 565 Abs. 1 S. 2 Hs. 1 ZGB (a.F. § 96 Abs. 1 S. 2 VG) gekündigt, sobald diese Willenserklärung der anderen Partei zugeht („einfaches" Gestaltungsrecht). Die Kündigungserklärung kann in schriftlicher oder mündlicher Form oder auch konkludent erfolgen.[460] Eine weitere Möglichkeit wurde als § 565 Abs. 1 S. 2 Hs. 2 ZGB neu eingefügt: Ist in der Kündigungserklärung angegeben, dass der Vertrag gekündigt wird, wenn der Schuldner die Verbindlichkeit innerhalb einer bestimmten Frist noch nicht erfüllt hat, dann ist der Vertrag mit Ablauf dieser angegebenen Frist gekündigt.

Obwohl in § 96 VG geregelt war, dass die Kündigung der anderen Partei gegenüber erklärt werden musste, war es in der Praxis nicht selten und nach h.M. zulässig, dass die Partei, die den Vertrag kündigen wollte, dazu der anderen Partei gegenüber keine Kündigungserklärung abgab, sondern vor Gericht Klage erhob.[461] Dieser Umstand wurde im ZGB anerkannt und als § 565 Abs. 2 ZGB neu eingefügt: Stellt ein Volksgericht oder Schiedsorgan fest, dass der Vertrag wirksam gekündigt wurde, gilt der Vertrag zum Zeitpunkt des Zugangs der Kopie der Klageschrift oder der Kopie der Schiedsantragsschrift an die andere Partei als gekündigt.

Hat die andere Partei nach Zugang der Willenserklärung Einwände gegen die Kündigung, kann sie gemäß § 565 Abs. 1 S. 3 ZGB (a.F. § 96 Abs. 1 S. 3 VG) beim Volksgericht oder Schiedsgericht die Feststellung der Wirksamkeit des gekündigten Vertrags verlangen. Die Bestimmung der Frist für diese Einwände wurde in § 24 E2 geregelt und nicht ins ZGB aufgenommen. Die andere Partei durfte nur innerhalb einer angemessenen Frist Einwände erheben. Diese

---

459 Han Shiyuan, Vertragsrecht, 4. Aufl., S. 665.
460 Han Shiyuan, Vertragsrecht, 4. Aufl., S. 666.
461 Liang Huixing, A Propositional Version with Reasons for Civil Code Draft of China (Contract Law I), S. 180.

Frist konnte durch Vereinbarung beider Parteien bestimmt werden. Fehlte eine solche Vereinbarung, betrug die Frist gemäß § 24 Hs. 2 E2 drei Monate nach Zugang der Kündigungserklärung.

VIII. Ausgleichsanspruch oder Schadensersatzanspruch des Handelsvertreters

Da der Handelsvertretervertrag ein Dauerschuldverhältnis ist, ist der Handelsvertreter lange Zeit für Rechnung des Unternehmers tätig. Der Erfolg der Geschäftstätigkeit des Handelsvertreters wird nicht immer sofort, sondern vielleicht auch erst nach der Beendigung des Vertrags erreicht. Der Unternehmer kann dann die Vorteile genießen, die durch die vorherige Leistung des Handelsvertreters verursacht werden.

Der Handelsvertreter wird in der Anfangsphase der Kooperation in Erwartung späterer Gewinne mehr Zeit und Bemühungen investieren, um den Markt zu erschließen. Die Markterschließung ist am Anfang häufig sehr schwierig und das Umsatzvolumen durch die Handelsvertretertätigkeit ist nicht hoch. In der Regel steigt das vereinbarte Mindestumsatzvolumen des Handelsvertreters Jahr für Jahr.

Nach Chinas WTO-Beitritt sind zahlreiche ausländische Unternehmen und ausländische Marken, insbesondere Luxusmarken, in den chinesischen Markt eingetreten. Die ausländischen Unternehmen als Absatzherren hatten sich dabei für eine Kooperation mit lokalen Handelsvertretern sowie anderen Arten von selbständigen Absatzmittlern entschieden, weil die lokalen Absatzmittler den chinesischen Markt und die örtlichen Gebräuche besser kannten. Dies führte dazu, dass Handelsvertreter in der Marktentwicklungsphase dominierten. Nachdem der Markt erschlossen und gereift war, hatten die Produkte oder Marken in China bereits eine gewisse Popularität erlangt. Danach kündigten viele ausländische Unternehmer die bestehenden Handelsvertreterverträge einseitig und nutzten andere Absatzmittler oder stellten auf Direktvertrieb um.[462] Nach Kündigung des Handelsvertretervertrags durch den ausländischen Unternehmer konnte der lokale Handelsvertreter nach chinesischem Recht keinen Ausgleich der Nachteile verlangen. Damit begann in China eine Diskussion, ob es unbillig wäre, wenn Handelsvertreter bei überraschender

462 Zhou/Guan, General Principles of Commercial Law Theory and Practice Reconsidered: Applicable Law Perspective, S. 167.

Vertragsbeendigung keinen Ausgleich für ihre bereits erbrachte Markterschließungsleistung erhalten.

Artikel 17 der *Richtlinie zur Koordinierung der Rechtsvorschriften der Mitgliedstaaten betreffend die selbständigen Handelsvertreter* (HVR) sieht in diesem Fall für die Mitgliedstaaten der Europäischen Union zwei Lösungen vor: einen Ausgleichsanspruch (Abs. 2) und einen Schadensersatzanspruch (Abs. 3).

In China gibt es keine konkrete Bestimmung zum Ausgleichs- oder Schadensersatzanspruch des Handelsvertreters. Auch in der HVS wurde dergleichen nicht geregelt. Gleiches gilt für Taiwan. Somit fehlt dem Handelsvertreter nach Beendigung des Handelsvertretervertrags eine unmittelbare Rechtsgrundlage für solche Ansprüche auf Ausgleich und Schadensersatz. Absatzmittler und Absatzherr können Derartiges zwar vertraglich vereinbaren, allerdings ist dies in der absatzwirtschaftlichen Praxis selten.

Ferner treten Probleme bei der Anwendung der Bestimmungen zum Geschäftsbesorgungsvertrag auf. Dies führt insbesondere in China zu einer schwachen Position der Handelsvertreter. Nachteilig ist dies für den Handelsvertreter in der Praxis insbesondere dann, wenn der Unternehmer gemäß § 933 S. 1 ZGB ohne Einhaltung der Kündigungsfrist den Handelsvertretervertrag „beliebig" kündigt. Wird der Vertrag gekündigt, hat der Handelsvertreter keinen Anspruch auf Ausgleich, während der Unternehmer weiter die Vorteile aus der Tätigkeit des Handelsvertreters genießen kann. Auch wenn der Handelsvertreter gemäß § 933 S. 2 Alt. 2 ZGB infolge der Vertragsbeendigung Schadensersatzanspruch hat, kommt diesem Anspruch keine Schutzfunktion für den Handelsvertreter zu.

In der gerichtlichen Praxis ist es nicht selten, dass Handelsvertreter nach Beendigung des Handelsvertretervertrags gegenüber Unternehmer einen Ausgleich der Unternehmervorteile oder Ersatz des ihm durch die Beendigung entstandenen Schaden verlangen. Die Volksgerichte unterstützen solche Ansprüche meist in keiner Weise.

Im Folgenden werden die Ansprüche auf Ausgleich und Schadensersatz des Handelsvertreters nach Beendigung des Handelsvertretervertrags detailliert analysiert.

1. Ausgleichsanspruch des Handelsvertreters

Die erste Lösung aus Artikel 17 Abs. 2 HVR ist der Ausgleichsanspruch des Handelsvertreters. Deutschland hat sich für dieses Modell entschieden.

Der Ausgleichsanspruch des Handelsvertreters in Deutschland ist seit 1953 in § 89b HGB geregelt und wurde danach dreimal verändert. Der Handelsvertreter hat gemäß § 89b Abs. 1 S. 1 HGB nach Beendigung des Handelsvertretervertrags Anspruch auf angemessenen Ausgleich der wirtschaftlichen Vorteile des Unternehmers.[463] Dieser Anspruch des Handelsvertreters als wichtiger Aspekt des Handelsvertreterrechts findet nicht nur auf Handelsvertreter, sondern auch auf Vertragshändler, Kommissionsagenten und Franchisenehmer analog Anwendung.[464]

In China kann der Handelsvertreter nach dem zivilrechtlichen Grundsatz der Gerechtigkeit aus § 6 ZGB (a.F. § 4 AGZ) einen Ausgleich der durch die Vergütung noch nicht abgegoltenen Leistung zur Markterschließung verlangen.

Beispielsfall: Nach Kündigung des nicht abgelaufenen Handelsvertretervertrags durch den Unternehmer beansprucht der Handelsvertreter einen Ausgleich für seine bereits erbrachte Leistung zur Markterschließung. Das Volksgericht erster Instanz befand, dass die Nachteile des Handelsvertreters, die aus der Vergütung für den Absatz der Aufzüge und für die damit verbundene Dienstleistung für Installation bestehen, nach dem Grundsatz der Gerechtigkeit ausgeglichen werden sollen.[465] Zu beachten ist, dass die Volksgerichte erster und zweiter Instanz den Ausgleich nur auf Grundlage der erst nach Vertragsbeendigung abgeschlossenen Geschäfte berechnet hatten. Dies entspricht im deutschen Recht der Überhangprovision gemäß § 87 Abs. 3 HGB. Eine Prognose der Vergütungsverluste des Handelsvertreters bei unterstellter Fortsetzung des Vertrags wurde nicht diskutiert.

Auch wenn der Ausgleich der Leistung für die Markterschließung nur auf die nachvertraglich abgeschlossenen Geschäfte beschränkt wurde und keine weiteren möglichen Unternehmervorteile berücksichtigt, gilt diese Rechtsprechung als Beginn des Ausgleichsanspruchs des Handelsvertreters in China. Zumindest macht sie chinesischen Juristen bewusst, dass Handelsvertreter und andere Absatzmittler nach dem Grundsatz der Gerechtigkeit einen Ausgleichsanspruch für die erbrachte Leistung der Markterschließung haben können, die infolge der Vertragsbeendigung nicht mehr entgolten werden. Da es in China jedoch keine Regelung zum Anspruch auf Überhangprovision des

463 MüKoHGB/Ströbl, 5. Aufl., § 89b, Rn. 3.

464 MüKoHGB/Ströbl, 5. Aufl., § 89b, Rn. 17 ff.

465 Volksgericht erster Instanz: Unteres Volksgericht des Bezirks Suxian der Stadt Chenzhou, 2014, Nr. 554, (2014) 郴苏民初字第554号; Volksgericht zweiter Instanz: Mittleres Volksgericht der Stadt Chenzhou, 2015, Nr. 159, (2015) 郴民二终字第159号.

Handelsvertreters gibt, wird rechtlich nicht zwischen dem Anspruch auf Vergütung für die erst nach Beendigung des Vertrags abgeschlossenen Geschäfte und dem Ausgleichsanspruch unterschieden.

Ren[466] vertritt die Auffassung, dass ein künftiges Handelsvertreterrecht eine Regelung zum Ausgleichsanspruch enthalten sollte. Sein Vorschlag[467] dazu ist von der entsprechenden deutschen Vorschrift (§ 89b HGB) beeinflusst.

2. Schadensersatzanspruch aus § 933 S. 2 Alt. 2 ZGB

Zweite Lösung für die Entschädigung des Handelsvertreters aus Art. 17 Abs. 3 HVR ist der Schadensersatzanspruch. Frankreich hat sich für das Modell entschieden. In Frankreich hat der Handelsvertreter gemäß Artikel L. 134-12 Abs. 1 Code de Commerce Anspruch auf Ersatz des Schadens, der ihm durch Vertragsbeendigung entsteht.

In China hat der Handelsvertreter als Auftragnehmer gemäß § 933 S. 2 Alt. 2 ZGB (a.F. § 410 S. 2 VG) gegenüber dem Unternehmer einen Anspruch auf Ersatz des ihm durch Beendigung bzw. „beliebige“ Kündigung des Handelsvertretervertrags entstandenen Schadens. Dieser Schadensersatzanspruch in China spielt jedoch nicht die gleiche Rolle wie der Entschädigungsanspruch zugunsten des Handelsvertreters gemäß Art. 17 Abs. 3 HVR.

Im Folgenden werden die Voraussetzung des Schadensersatzanspruchs, der Umfang des zu ersetzenden Schadens und die Berechnung des entgangenen Gewinns vorgestellt.

---

466 Ren Zhongxiu, Legislative Conception of the Rights and Obligations of Agents under the Perspective of Comparative Law, in: On Economic Problems, 2016, Nr. 9, S. 28 ff. (32).

467 Der Handelsvertreter kann vom Unternehmer innerhalb eines Jahres nach Beendigung des Handelsvertretervertrags einen Ausgleich verlangen, wenn und soweit die Vorteile des Unternehmers offensichtlich auf die Tätigkeit des Handelsvertreters zurückzuführen sind. Der Anspruch besteht nicht, wenn der Handelsvertretervertrag wegen Verschuldens des Handelsvertreters gekündigt wird.
Der Ausgleich beträgt höchstens eine nach dem Durchschnitt der letzten fünf Jahre der Tätigkeit des Handelsvertreters berechnete Jahresvergütung; bei kürzerer Dauer des Vertragsverhältnisses ist der Durchschnitt während der Dauer der Tätigkeit maßgebend.
Der Handelsvertreter im Nebenberuf kann keinen Ausgleichsanspruch geltend machen. Dies gilt nicht, wenn zwischen den Parteien hiervon abweichende Vereinbarungen bestehen.

a) *Voraussetzung – die „beliebige" Kündigung*

Erste Voraussetzung für das Entstehen des Schadensersatzanspruchs gemäß § 933 S. 2 Alt. 2 ZGB ist, dass der bestehende Handelsvertretervertrag ausschließlich durch „beliebige" Kündigung durch den Unternehmer beendet wird. Beendet der Vertrag durch andere Möglichkeiten wie Zeitablauf oder außerordentliche Kündigung, hat der Handelsvertreter keinen Anspruch auf Ersatz des ihm durch Vertragsbeendigung entstandenen Schadens.

b) *Umfang des zu ersetzenden Schadens*

Der Umfang des ersetzenden Schadens war in der Rechtswissenschaft und der Rechtsprechung lange dahingehend umstritten, ob der Unternehmer entgangenen Gewinn (Erfüllungsschaden) des Handelsvertreters wegen Kündigung des Handelsvertretervertrags ersetzen sollte. In § 933 S. 2 ZGB wurde schließlich festgelegt, dass der zu ersetzende Schaden beim Handelsvertretervertrag als entgeltlichem Geschäftsbesorgungsvertrag den unmittelbaren Schaden und den entgangenen Gewinn umfasst. Der unmittelbare und der mittelbare Schaden sind in der chinesischen Literatur und der gerichtlichen Entscheidungspraxis die häufigsten Klassifizierungen von zu ersetzendem Schaden. Der unmittelbare Schaden wird fälschlicherweise mit realer Vermögenseinbuße gleichsetzt, der mittelbare Schaden dagegen mit entgangenem Gewinn.[468]

Die für die Geschäftstätigkeit erforderliche Aufwendungen des Handelsvertreters können nach § 921 S. 2 ZGB (a.F. § 398 S. 2 VG) ersetzt werden. Diskutiert wird im Folgenden, ob die infolge der Vertragsbeendigung erlittenen Vergütungsverluste des Handelsvertreters ersetzt werden können.

Das Oberste Volksgericht entschied im Jahr 2005, dass der zu ersetzende Schaden nur den unmittelbaren Schaden umfasste, jedoch nicht den entgangenen Gewinn (mittelbarer Schaden), da der Schaden beim Ausüben des gesetzlichen „beliebigen" Kündigungsrechts durch den Auftraggeber aus § 410 S. 1 VG anders als der Schaden bei schuldhafter Pflichtverletzung des Unternehmers zu bemessen war. Der unmittelbare Schaden umfasste demnach die vergeblichen Aufwendungen des Handelsvertreters für den Geschäftsbetrieb (einschließlich Ausgaben für Unternehmensgründung, Softwareentwicklung und Anlagevermögen) und Werbeaktivitäten (einschließlich der Werbe- und

---

468 Cui/Han/Yu, Schuldverhältnis, S. 335; Yao Mingbin, Comments on Article 113 Paragraph 1 of the Contract Law (The Scope of Damages for Breach of Contract), in: The Jurist, 2020, Nr. 3, S. 171 ff. (181 f.).

Ausstellungskosten).[469] Dieser Fall wurde in der *Gazette of the Supreme People's Court* veröffentlicht.[470]

Dieser Ansicht des Obersten Volksgerichts, dass der Handelsvertreter keinen Anspruch auf Ersatz des entgangenen Gewinns (Vergütungsverluste) hat, den er hätte bei Fortsetzung des Vertrags erzielen können, folgten weitere Volksgerichte.[471]

Diese Entscheidung des Obersten Volksgerichts wird von vielen Juristen stark kritisiert.[472] *Zhou/Guang* vertreten die Auffassung, dass die Richter die Besonderheit von Fällen im Handelsverkehr nicht erkannt haben.[473] Es wurde dafür plädiert, hinsichtlich des Umfangs des Schadensersatzes zwischen entgeltlichem und unentgeltlichem Geschäftsbesorgungsvertrag zu unterscheiden. Ein Unternehmer, der den Handelsvertretervertrag als entgeltlichen Geschäftsbesorgungsvertrag kündigt, sollte demnach dem Handelsvertreter den entgangenen Gewinn ersetzen.[474] Letztlich wurde diese Unterscheidung beim Schadensersatzumfang in § 933 S. 2 ZGB aufgenommen: Beim unentgeltlichen Geschäftsbesorgungsvertrag wird der gekündigten Partei der unmittelbare Schaden ersetzt, der durch den unangemessenen Zeitpunkt der Vertragsauflösung entsteht; beim entgeltlichen Geschäftsbesorgungsvertrag sollen der unmittelbare Schaden und der entgangene Gewinn ersetzt werden.

c) *Berechnung des entgangenen Gewinns*

Obwohl die Vergütungsverluste des Handelsvertreters als Erfüllungsschaden wegen „beliebiger" Kündigung des Handelsvertretervertrags (§ 933 S. 2

---

469 Oberstes Volksgericht, 2005, Nr. 143 (2005) 民二终字第143号.

470 Case of Dispute over Mandate Contract: Shanghai Punch Trade Co., Ltd.v. Punch Industry Dalian Co., Ltd, in: Gazette of the Supreme People's Court of the People's Republic of China, 2006, Nr. 4, S. 30 ff.

471 Erstes Mittleres Volksgericht Beijing, 2007, Nr. 12671, (2007) 一中民初字第12671号; Mittleres Volksgericht der Stadt Yantai, 2013, Nr. 125, (2013) 烟民一初字第125号; Oberes Volksgericht der Provinz Jiangsu, 2015, Nr. 00236, (2015) 苏商终字第00236号; Oberes Volksgericht der Provinz Shandong, 2016, Nr. 651, (2016) 鲁民终651号.

472 Cui/Long, Das „beliebige" Kündigungsrecht und dessen Einschränkungen beim Geschäftsbesorgungsvertrag, in: Chinese Journal of Law, 2008, Nr. 6, S. 73 ff. (84).

473 Zhou/Guan, General Principles of Commercial Law Theory and Practice Reconsidered: Applicable Law Perspective, S. 167.

474 Vgl. Liang Huixing, A Propositional Version with Reasons for Civil Code Draft of China (Contract Law II), S. 717.

ZGB) oder wegen Beendigung des Vertrags auf Grund der Pflichtverletzung des Unternehmers (§§ 577, 584 ZGB, a.F. §§ 107, 113 VG) ersetzt werden sollen, werden die Schadensersatzansprüche auf vorhersehbaren[475] entgangenen Gewinn in der gerichtlichen Praxis wegen Schwierigkeiten bei der Berechnung des Gewinns, den die Anspruchsberechtigten bei unterstellter Fortsetzung der Verträge erzielen könnten, von den Gerichten häufig nicht unterstützt.[476]

Das Oberste Volksgericht befand, entgangener Gewinn eines Vertragshändlers durch Pflichtverletzung des Absatzherrn sei potenzieller Gewinn, der von Faktoren wie der tatsächlichen Liefermenge des Absatzherrn, Verkaufsvolumen, Verkaufspreis und Geschäftsrisiko abhänge. Da noch viel Unsicherheit bei der tatsächlichen Geschäftstätigkeit vorliege, werde dieser entgangene Gewinn nicht ersetzt.[477] Die Sicherheit der Erzielung von entgangenem Gewinn nach objektivem gewöhnlichem Laufe ist eigentlich keine gesetzliche Anspruchsvoraussetzung, allerdings wird dies in der gerichtlichen Praxis häufig geprüft. Die Prüfung des Kriteriums „Vorhersehbarkeit" wird sogar durch die Prüfung des Kriteriums „Sicherheit" ersetzt.[478] Ein Unteres Volksgericht prüfte die „Vorhersehbarkeit" und befand, dass die Parteien bei Abschluss des Vertriebsvertrags erst die Absicht zur Zusammenarbeit beim Vertrieb hatten. Die Vergütung des Handelsvertreters hänge stark von seinen Bemühungen zur Markterschließung ab. Zu diesem Zeitpunkt sei die Möglichkeit gering, die Vergütungsverluste des Handelsvertreters vorherzusehen.[479]

Nach anderen Urteilen mussten die Vergütungsverluste des Handelsvertreters nach der „beliebigen" Kündigung durch Unternehmer wegen „beliebiger" Kündigung[480] oder wegen der Pflichtverletzung des

---

475 Der Schaden darf gemäß § 584 Hs. 2 ZGB (a.F. § 113 Abs. 1 VG) nicht übersteigen, den dem Vertragsverletzende bei Abschuss des Vertrags vorhersehen hat oder vorhersehen musste (Vorhersehbarkeit eines entgangenen Gewinns).

476 Liu Chengwei, Certainty Rule of Lost Profit due to Breach of Contract, in: Chinese Journal of Law, 2013, Nr. 2, S. 84 ff. (88).

477 Oberstes Volksgericht, 2017, Nr. 4456, (2017) 最高法民申4456号.

478 Yao Mingbin, Comments on Article 113 Paragraph 1 of the Contract Law (The Scope of Damages for Breach of Contract), in: The Jurist, 2020, Nr. 3, S. 171 ff. (182).

479 Unteres Volksgericht des Bezirks Xiangcheng der Stadt Suzhou, 2017, Nr. 3227, (2017) 苏0507民初3227号.

480 Unteres Volksgericht des Bezirks Hongkou der Stadt Shanghai, 2015, Nr. 717, (2015) 虹民二(商)初字第717号. Für die Berechnung des entgangenen Gewinns wurden der Verkaufsumsatz während der Vertragslaufzeit, die vereinbarte Berechnung der Vergütung und die Kosten, die der Handelsvertreter für die Erfüllung des Handelsvertretervertrags aufgewendet hatte, berücksichtigt.

Unternehmers[481] ersetzt werden. Dabei ging es um Vergütungsverluste als Erfüllungsschaden wegen Pflichtverletzung oder wegen berechtigter/unberechtigter vorzeitiger Kündigung des Handelsvertretervertrags. Die Ersatzpflichten der Vergütungsverluste dauerten bis zum Zeitpunkt, zu dem der Vertrag nach Vereinbarung beendet worden wäre.

Obwohl es in China keine unmittelbare Grundlage für Entschädigungsansprüche des Absatzmittlers bei Vertragsbeendigung gibt, hatten einige Gerichte bei der Entscheidung der Haftung für Pflichtverletzungen des Absatzherrn den Ansatz des Ausgleichs der Vorteile des Absatzherrn und des Ersatzes des entstandenen Schadens des Absatzmittlers verfolgt. Insoweit konnten Absatzmittler hohen Schadensersatz oder Vertragsstrafen erwirken.

Beispielsfall des Obersten Volksgerichts: Hersteller und Vertragshändler hatten einen Vertragshändlervertrag auf bestimmte Zeit (vom 04.02.2008 bis 01.04.2012) abgeschlossen. Nach vertraglicher Vereinbarung hatte der Vertragshändler das Recht, den Vertragshändlervertrag fünf Jahre (vom 01.04.2012 bis 31.03.2017) zu verlängern, wenn er die vereinbarte Absatzaufgabe erreicht. Der Hersteller verletzte jedoch seine Pflicht zum Schutz des Ausschließlichkeitsrechts des Vertragshändlers und verweigerte die Produktlieferung an den Vertragshändler. Der Vertrag wurde am 19.07.2010 beendet. Deswegen verlangte der Vertragshändler die vereinbarte Vertragsstrafe für die Pflichtverletzung des Herstellers. Die vereinbarte Vertragsstrafe war viel höher als der verursachte Schaden, und das Gericht konnte diese Vertragsstrafe gemäß § 114 Abs. 2 Hs. 2 VG (n.F. § 585 Abs. 2 Hs. 2 ZGB) auf Antrag des Herstellers angemessen herabsetzen. Bei der Festlegung der angemessenen Strafhöhe berücksichtige das Gericht den Grad des Verschuldens des Herstellers und den entgangenen Gewinn des Vertragshändlers wegen Pflichtverletzung des Herstellers. Der Vertragshändler hatte während der Vertragslaufzeit viel Bemühen und hohe Kosten für die Geschäftstätigkeit aufgewandt. Das Vertragsgebiet für den Absatz mit einem Ausschließlichkeitsrecht wurde innerhalb von drei Jahren von 6 auf 17 Provinzen erweitert. Der Vertragshändler hätte nach der Markterschließung voraussichtlich stabilen Gewinn erzielt. Auf Grundlage der abgeschlossenen Geschäfte vor Vertragsbeendigung befand das Gericht, dass der Vertragshändler die vereinbarte Aufgabe hätte erreichen können. Somit hätte er auch die Vergütung für die fünf Jahre Vertragsverlängerung erhalten können. Wegen

---

481 Oberes Volksgericht der Provinz Hunan, 2014, Nr. 130, (2014) 湘高法民再终字第130号; Mittleres Volksgericht der Stadt Nanning, 2014, Nr. 418, (2014) 南市民二终字第418号.

der Pflichtverletzung des Herstellers hatte der Vertragshändler nun den Verlust der Aufwendungen für die Markterschließung und Vergütungsverluste aus zukünftigen Geschäften erlitten. Dagegen konnte der Hersteller einen Vorteil aus der Tätigkeit des Vertragshändlers genießen. Deswegen hatte der Hersteller gegen den Grundsatz von Treu und Glauben verstoßen und musste eine höhere Vertragsstrafe tragen. Das Gericht befand, dass der Haftung für Pflichtverletzungen der Parteien aus dem Vertragshändlervertrag einschließlich der Alleinvertriebsvereinbarung Sanktionscharakter zukommt.[482]

Obwohl das Gericht die Nachteile des Vertragshändlers wegen Vertragsbeendigung anerkannt hatte, berücksichtigte es bei Anpassung der Vertragsstrafe nur die Vergütungsverluste, die der Vertragshändler wegen Verletzung der Pflicht zum Schutz des Ausschließlichkeitsrechts durch den Hersteller während der Vertragslaufzeit erlitten hatte. Die konkrete Berechnung der Vergütungsverluste oder eine Verlustprognose nach Vertragsbeendigung wurden nicht diskutiert. Allerdings hatte die Vertragsstrafe mit Sanktionscharakter praktische Bedeutung für einen Teil der Vergütungsverluste nach Vertragsbeendigung.

Die Besonderheit der Geschäftstätigkeit eines Absatzmittlers hat das Obere Volksgericht der Provinz Sichuan ebenfalls erkannt und befand, dass die bereits erbrachte Leistung eines Handelsvertreters (z.B. Vorprojektplanung, Planungs- und Designberatung, Marketingstrategieberatung, Werbedesign) nicht nur auf die bereits abgeschlossenen Geschäfte gewirkt hatte, sondern auch einen Einfluss auf zukünftige Geschäfte ausübt. Der Handelsvertreter hatte ein professionelles Bewertungsunternehmen beauftragt, um einen Bewertungsbericht über die Prognose der entgangenen kommerziellen Interessen wegen Vertragsbeendigung zu erstellen. Das Gericht befand, dass es dieser Prognose der entgangenen kommerziellen Interessen des Handelsvertreters an „Sicherheit“ fehle.[483] Deswegen wurde nur der entgangene Gewinn des Handelsvertreters wegen Pflichtverletzung des Unternehmers ersetzt. Eine Anerkennung der prognostizierten Vergütungsverluste wurde anschließend auch vom Gericht zweiter Instanz zurückgewiesen.[484]

Unklar ist, ob die Vergütungsverluste des Absatzmittlers nach Vertragsbeendigung in künftigen gerichtlichen Entscheidungen ersetzt werden können, ob dieser Schadensersatz vom Schadensersatz wegen Vertragsverletzung unabhängig sein kann und wie diese Vergütungsverluste berechnet werden.

482 Oberstes Volksgericht, 2018, Nr. 82, (2018) 最高法民再82号.

483 Oberes Volksgericht der Provinz Sichuan, 2013, Nr. 29, (2013) 川民初字第29号.

484 Oberstes Volksgericht, 2015, Nr. 226, (2015) 民一终字第226号.

Die Vergütungsverluste sowie weitere Nachteile sollten – wie im deutschen Recht gemäß § 89b Abs. 1 S. 1 Nr. 2 HGB – der Billigkeit entsprechen. Das Oberste Volksgericht hatte im oben besprochenen Fall zwar erwähnt, dass der Vertragshändler aufgrund des Ergebnisses seiner Tätigkeit für 27 Monate die Vergütung bei Fortbestehen des Vertragshändlervertrags für die übrige vereinbarte Vertragslaufzeit (vom 20.07.2010 bis 01.04.2012) und fünf Jahre bei Verlängerung (von 01.04.2012 bis 31.03.2017) erhalten könnte, dies aber nicht unterstützt. Das Gericht hat diese Vergütungsverluste des Absatzmittlers bei Vertragsbeendigung nicht berechnet. Aber es wäre für den Hersteller offensichtlich unbillig, wenn der Vertragshändler nur für 27 Monate tätig war, aber Vergütungsverluste für ungefähr sieben Jahre (Dauer des Prognosezeitraums) berechnet würden.

3. Zusammenfassung

Einige chinesische Gerichte haben bereits erkannt, dass der Handelsvertreter sowie andere selbständigen Absatzmittler einen Anspruch auf Ausgleich oder Schadensersatz für die wegen Beendigung des Dauerschuldverhältnisses erlittene Vergütungsverluste sowie andere Nachteile haben sollte. Aber es fehlt in China an unmittelbaren Rechtsgrundlagen für den Anspruch, der mit dem deutschen Ausgleichsanspruch oder dem französischen Schadensersatzanspruch des Absatzmittlers vergleichbar ist.

Die folgenden Probleme hinsichtlich des Anspruchs auf Ausgleich oder Schadensersatz treten in der gerichtlichen Praxis und der Rechtswissenschaft auf: Vor allem besteht keine klare Unterscheidung zwischen dem Anspruch auf Vergütung für die erst nach Beendigung des Vertrags abgeschlossenen Geschäfte (Überhangprovision) und für noch nicht abgeschlossene, aber künftig aufgrund der Markterschließungsleistung des Handelsvertreters mögliche Geschäftsabschlüsse (Ausgleichsanspruch); des Weiteren ist der Ersatz des entstandenen Schadens aus dem Verlust der Möglichkeit weiterer Vergütung aus Geschäftsabschlüssen (prognostizierte Vergütungsverluste) rechtlich vom Ersatz des entstandenen Erfüllungsschadens bei Pflichtverletzung des Absatzherrn abhängig.

Der Handelsvertreter kann nach dem Grundsatz der Gerechtigkeit aus § 6 ZGB einen Ausgleich der durch die Vergütung noch nicht abgegoltenen Leistung zur Markterschließung verlangen. Zu empfehlen ist, dass die Gerichte in künftigen Entscheidungen neben der Berücksichtigung von Vergütungsansprüchen für erst nach Beendigung des Vertrags abgeschlossene Geschäfte noch einen Schritt weitergehen könnten.

Die entgangene Vergütung (Erfüllungsschaden) wird in der gerichtlichen Praxis meist mit Vertragsverletzungen des Unternehmers verknüpft. Die Erlangung von Schadensersatz bei entgangenem Gewinn ist in China weiterhin ein Schwachpunkt. Das größte Hindernis zur Entstehung eines Schadensersatzanspruchs ist die Prüfung nach der Voraussetzung „Sicherheit" – nicht wie in Deutschland nach „Wahrscheinlichkeit" (§ 252 S. 2 BGB) – der Erziehung von entgangener Vergütung nach objektivem gewöhnlichem Laufe. Die Prognose der künftigen Entwicklung der Geschäftstätigkeit bzw. die Prognose der Vergütungsverluste bei unterstellter Fortsetzung des Vertrags wird von den Gerichten bei Berechnung der entgangenen Vergütung kaum diskutiert. Verschulden/Vertragsverletzung des Unternehmers sollte nicht Voraussetzung für einen Schadensanspruch infolge der Vertragsbeendigung sein.

Gemäß der neu eingefügten Bestimmung § 933 S. 2 Alt. 2 ZGB hat der Handelsvertreter Anspruch auf Ersatz der entgangenen Vergütung, die er infolge der Vertragsbeendigung erleidet. Allerdings hat dieser Schadensersatzanspruch im Sinne des Rechts des Geschäftsbesorgungsvertrags im Vergleich mit Schadensersatzanspruch des französischen Modells keine praktische Bedeutung für den Schutz des Absatzmittlers. Denn eine der Voraussetzungen dieses Schadensersatzanspruchs besteht darin, dass ein Handelsvertretervertrag gemäß § 933 S. 1 ZGB durch „beliebige" Kündigung beendet wird. Diese „beliebige" Kündigung sollte für eine stabile langfristige Zusammenarbeit zwischen Unternehmer und Handelsvertreter für den Handelsvertretervertrag ausgeschlossen werden. Ferner kann dieser Schadensersatzanspruch nur auf Handelsvertreter- und Kommissionsagentenverträge Anwendung finden. Auf weitere Absatzmittlungsverträge wie Vertragshändlerverträge und Franchiseverträge ist er nicht anwendbar.

Um § 933 S. 2 Alt. 2 ZGB auf den Schadensersatz zugunsten des Handelsvertreters anzuwenden, müsste diese Vorschrift stark verändert werden: Das „beliebige" Kündigungsrecht müsste ausgeschlossen werden. Die Beendigung eines Vertrags sollte Voraussetzung für einen Schadensersatzanspruch des Handelsvertreters sein. Aber die Beendigungsmöglichkeiten sollten nicht beschränkt werden. In diesen Fällen – z.B. ordentliche Kündigung, außerordentliche Kündigung durch den Handelsvertreter wegen Pflichtverletzung des Unternehmers, Zeitablauf – sollte der Handelsvertreter einen Schadensersatzanspruch haben. Außerdem sollte die Berechnung der Vergütungsverluste nach dem Grundsatz der Billigkeit erfolgen. Diese Änderung der Bestimmung zum Geschäftsbesorgungsvertrag ist allerdings unwahrscheinlich.

IX. Probleme und Verbesserungsvorschläge hinsichtlich des chinesischen Handelsvertreterrechts

Handelsvertreterverträge sind in China hauptsächlich durch vertragliche Vereinbarungen der Parteien gestaltet. Fehlt es an einer Vereinbarung oder ist die Vereinbarung nicht eindeutig, kommt die Rechtsanwendung des Geschäftsbesorgungsvertrags und Maklervertrags in Betracht. Die Bestimmungen zum Geschäftsbesorgungsvertrag in China wurden nicht speziell für Handelsvertreterverträge und nicht einmal ausschließlich für entgeltliche/handelsrechtliche Verträge entworfen. Dies führt insbesondere zu folgenden Problemen bei der Anwendung des Geschäftsbesorgungsvertrags:

Die Hauptpflicht des Auftragnehmers besteht gemäß § 919 ZGB darin, den Auftrag für den Auftraggeber zu erledigen. Bei Anwendung von § 919 ZGB auf den Handelsvertretervertrag ist unklar, ob der Handelsvertreter sich verpflichtet, sich nur um Geschäftsabschluss zu bemühen oder dazu, das Geschäft auch mit Erfolg abzuschließen. Der Handelsvertreter sollte grundsätzlich nur zu den Bemühungen verpflichtet sein und nur bei vertraglicher Vereinbarung zum Abschluss des Geschäfts.

Der Vergütungsanspruch des Handelsvertreters (§ 928 ZGB) ist viel zu allgemein gehalten. Es fehlen Bestimmungen zur Entstehung und Fälligkeit des Anspruches auf Vergütung. Außerdem ist die Bezirksvergütung/Kundenvergütung für jene Geschäfte im Gesetz nicht verankert, die ohne Mitwirkung des Handelsvertreters mit Kunden seines zugewiesenen Bezirkes oder Kundenkreises abgeschlossen werden. Schließlich fehlt eine Rechtsgrundlage der Überhangprovision für Geschäfte, die erst nach Beendigung des Handelsvertretervertrags aufgrund der Geschäftstätigkeit des Handelsvertreters abgeschlossen werden.

Aufwendungen für die Geschäftstätigkeit trägt gemäß § 921 ZGB grundsätzlich der Auftraggeber. Der Umfang der Aufwendung ist nicht beschränkt. Da Handelsvertreter selbständig sind, sollten sie bei der Geschäftstätigkeit für den Unternehmer mindestens ihre allgemeinen Kosten des Geschäftsbetriebes selbst tragen. Diese Besonderheit der handelsrechtlichen Verträge wird in den grundlegenden zivilrechtlichen Bestimmungen des Geschäftsbesorgungsvertrags nicht berücksichtigt.

Der Handelsvertreter verpflichtet sich gemäß § 922 S. 1 ZGB, Weisungen des Unternehmers zu befolgen. Unklar sind Rechtsnatur und Grenzen des Weisungsrechts. Dieses Weisungsrecht des Unternehmers sollte nicht in die rechtliche Selbständigkeit des Handelsvertreters eingreifen. Ferner sollte der Unternehmer den Umfang der Geschäftstätigkeit des Handelsvertreters nicht einseitig durch Weisung ändern. Diese Pflicht zur Befolgung von Weisungen des Auftraggebers für den Absatz sollte nicht auf Handelsvertretervertrag, Kommissionsvertrag und Handelsmaklervertrag beschränkt werden, sondern auch auf andere Vertriebsverträge wie Vertragshändlerverträge anwendbar sein.

Die „beliebige" Kündigung jeder Partei aus dem Geschäftsbesorgungsvertrag (§ 933 S. 1 ZGB) ohne Einhaltung einer Kündigungsfrist und ohne Angabe von Gründen sollte nicht auf Handelsvertreterverträge sowie alle anderen Arten von Vertriebsverträgen wie Kommissionsverträge und Maklerverträge angewendet werden.

Die rechtswissenschaftlichen Forschungen über Dauerschuldverhältnisse waren in China lange ein Schwachpunkt. Die neue eingefügte Bestimmung im Allgemeinen Teil des Vertragsrechts im ZGB zur ordentlichen Kündigung von unbefristeten Dauerschuldverhältnissen (§ 563 Abs. 2 ZGB) stellt insoweit einen Fortschritt dar. Unklar ist noch, wie lange die Kündigungsfrist ist. Insoweit ist eine Übernahme der deutschen gestaffelten Kündigungsfrist aus § 89 Abs. 1 HGB zu empfehlen. Leider fehlt im ZGB eine weitere Bestimmung zur Kündigung von Dauerschuldverhältnissen aus wichtigem Grund.

Dagegen ist die im ZGB neu eingefügte Bestimmung zur Kündigung durch den Schuldner (§ 580 Abs. 2 ZGB) bei Unmöglichkeit der Leistung als kritisch zu bewerten. Bei Unmöglichkeit der Leistung sollte dem Gläubiger, nicht dem Schuldner, ein Rücktrittsrecht/Kündigungsrecht zustehen. Die Umstände, auf denen die Unmöglichkeit der Leistung beruht, können auch auf Höhere Gewalt und Störung der Geschäftsgrundlage zurückzuführen sein. Im überschneidenden Anwendungsbereich sollte der betroffenen Partei ein Wahlrecht zustehen, welche Bestimmung anzuwenden ist.

In China fehlt eine unmittelbare Rechtsgrundlage für Anspruch des Handelsvertreters sowie aller anderen Absatzmittler, der mit einem Ausgleichsanspruch nach deutschem Recht oder Schadensersatzanspruch nach französischem Recht vergleichbar ist. Auch wenn in § 933 S. 2 Alt. 2 ZGB ein Schadensersatzanspruch nach Vertragsbeendigung neu eingefügt wurde, gewährt diese kaum veränderte Bestimmung keinen Schadensersatzanspruch zugunsten des Handelsvertreters. Eine Prognose der Verluste bei unterstellter Fortsetzung des Vertrags sollte von den Gerichten zukünftig geprüft werden.

Die o.g. Probleme der Rechtsanwendung des Geschäftsbesorgungsvertrags und des Allgemeinen Teils des Vertragsrechts lassen Raum für eine künftige Kodifikation des Handelsvertreterrechts, etwa in einer Kodifikation des Handelsrechts – AGH oder einer eigenständigen Kodifikation des

Absatzmittlungsrechts einschließlich des Handelsvertretervertrags sowie der anderen typischen Arten von Vertriebsverträgen.

Da die Vertriebspraxis ständig weiterentwickelt und innoviert wird, ist es praktisch schwierig und unnötig, alle Aspekte der Erscheinungsformen von Absatzmittlungsverträgen detailliert in einem Kodex zu regeln. Allerdings sollten die wesentlichen Rechte und Pflichten der klassischen Absatzmittlungsverträge wie etwa Handelsvertreterverträge in einer *Lex specialis* festgelegt werden. Dann lassen sich die Probleme der Anwendung des Vertragsrechts wegen des Anwendungsvorrangs der *Lex specialis* lösen und die im Vertragsrecht fehlende Rechtsgrundlage beheben.

Kapitel 5: Kommissionär in China

Seit Beginn der Reform und Öffnung 1978 wurden in China viele Unternehmen aufgebaut, die im Kommissionsgeschäft tätig sind und das neu entstandene Kommissionsgeschäft entwickelte sich sukzessive.[485] Gegenwärtig spielen die Kommissionäre/Kommissionsagenten im Warenhandel, Wertpapier- und Terminwarenhandel und Außenhandel eine besondere Rolle.[486]

I. Allgemeines

1. Kommissionär und Kommissionsagent

Gegenüber dem Handelsvertreter handelt der Kommissionär nicht in fremdem Namen. Der Kommissionär ist gemäß § 951 ZGB (a.F. § 414 VG) derjenige, der die Handelsgeschäfte im eigenen Namen für Rechnung eines Kommittenten/ Absatzherrn tätigt.

In Deutschland wird zwischen Kommissionär und Kommissionsagenten unterschieden. Der Kommissionsagent ist ein Zwischentypus zwischen Handelsvertreter und Kommissionär. Der Kommissionsagent ist als Absatzmittler „ständig betraut" und handelt im eigenen Namen für die Rechnung eines anderen. Dagegen ist der Kommissionär kein Absatzmittler, nicht „ständig betraut", sondern verkauft/kauft gelegentlich im eigenen Namen für die Rechnung eines anderen.[487]

In China finden die Bestimmungen im ZGB (im 25. Kapitel zum Kommissionsvertrag) auf den Kommissionsvertrag für den Kommissionär und den Kommissionsagenten gleichermaßen Anwendung. Deswegen wird im Folgenden nur „Kommissionär" verwendet.

Auch wenn die gesetzlichen Bestimmungen zum Kommissionsvertrag in der Rechtsprechung Anwendung auf jeden finden, der geschäftsfähig beim Vertragsabschluss ist, wird in der Literatur diskutiert, ob ein Kommissionär bestimmte Voraussetzungen erfüllen muss. Der Kommissionär betreibt demnach ein Handelsgewerbe, ansonsten finden die Bestimmungen zum Geschäftsbesorgungsvertrag und nicht die Bestimmungen zum Kommissionsvertrag

485 Hu Kangsheng, The Interpretation of the Contract Law of the People's Republic of China, 3. Aufl., S. 635.

486 Chen Su, Geschäftsbesorgungs-, Kommissions- und Maklervertrag, S. 105 f.

487 Oetker/Martinek, Handelsgesetzbuch, 7. Aufl., § 383, Rn. 18.

Anwendung.[488] Der Kommissionär sollte eine natürliche Person, eine juristische Person oder eine andere Organisation sein, die in das Register des Industrie- und Handelsverwaltungsamts eingetragen ist und über eine Geschäftslizenz verfügt.[489] In der gerichtlichen Praxis bleibt die Rechtsanwendung unberührt, wenn der Kommissionär nicht eingetragen ist.

2. Rechtsverhältnisse bei der Kommission

Bei der Kommission gibt es grundsätzlich drei Rechtsverhältnisse: der Kommissionsvertrag zwischen Kommissionär und Kommittenten im Innenverhältnis, das Ausführungsgeschäft zwischen Kommissionär und dem Dritten im Außenverhältnis und das Abwicklungsgeschäft zwischen Kommissionär und Kommittenten.[490]

In der chinesischen Literatur werden meistens der Kommissionsvertrag und das Ausführungsgeschäft diskutiert.[491] Das Abwicklungsgeschäft wird im Kommissionsvertrag als eine Pflicht des Kommissionärs zur Herausgabe des durch das Ausführungsgeschäft Erlangten angesehen.

3. Rechtsquellen

In der HVS wurden keine Regelungen zum Kommissionär oder Kommissionsgeschäft getroffen.

Der Kommissionsvertrag wurde erstmals in den §§ 414–423 VG geregelt. Alle diese Bestimmungen wurden anschließend unverändert in die §§ 951–960 ZGB übernommen. Anders als die zivilrechtlichen Bestimmungen des Geschäftsbesorgungsvertrags, die auf Handelsvertreterverträge Anwendung finden, wurden die Bestimmungen des Kommissionsvertrags für den Handelsverkehr entworfen. Allerdings können dadurch die o.g. Anwendungsprobleme des Handelsvertretervertrags bei Kommissionsverträgen nicht gelöst werden. Da der Kommissionsvertrag eine Sonderform des Geschäftsbesorgungsvertrags darstellt,[492] finden die Bestimmungen zum Geschäftsbesorgungsvertrag (§§ 919 ff. ZGB, a.F. §§ 396 ff. VG) gemäß § 960 ZGB (a.F. § 423 VG) ergänzend Anwendung, wenn sich dazu keine Bestimmungen im Kapitel für den Kommissionsvertrag finden. Problematisch ist insbesondere die Anwendung des „beliebigen"

488 Cui/Han/Yu, Schuldverhältnis, S. 598.

489 Chen Su, Geschäftsbesorgungs-, Kommissions- und Maklervertrag, S. 108.

490 Oetker/Martinek, Handelsgesetzbuch, 7. Aufl., § 383, Rn. 7.

491 Wang Liming, Forschung über das Vertragsrecht, 2. Aufl., Bd. 3, S. 738.

492 Wang Liming, Forschung über das Vertragsrecht, 2. Aufl., Bd. 3, S. 740.

Kündigungsrechts aus § 933 ZGB (a.F. § 410 VG). Nicht selten werden Kommissionsverträge (auch Kommissionsagentenverträge als Dauerschuldverhältnis) von den Kommittenten „beliebig" gekündigt.[493] Zur Anwendung der Bestimmungen des Geschäftsbesorgungsvertrags auf Kommissionsverträge gehören weitere Bestimmungen: die Pflicht zur persönlichen Ausführung gemäß den Weisungen des Kommittenten nach § 922 ZGB (a.F. § 399 VG), die Benachrichtigungspflicht des Kommissionärs gemäß § 924 ZGB (a.F. § 401 VG), die Herausgabepflicht des Erlangten durch den Kommissionär gemäß § 927 ZGB (a.F. § 404 VG).

Auf das Ausführungsgeschäft - z.B. ein Kaufvertrag zwischen dem Kommissionär und dem Dritten - finden die Bestimmungen zum Kaufvertrag (§§ 595 ff. ZGB, a.F. §§ 130 ff. VG) Anwendung.

II. Kommissionsvertrag

Im Innenverhältnis schließen der Kommissionär und der Kommittent einen Kommissionsvertrag ab. Der Kommissionsvertrag ist ein gegenseitiger und entgeltlicher Vertrag. Anders als ein Handelsvertretervertrag ist ein Kommissionsvertrag zudem ein benannter (typisierter) Vertrag.

Hinsichtlich des Abschlusses, der Wirksamkeit und der Beendigung des Kommissionsvertrags bestehen im Vergleich zum Handelsvertretervertrag keine Abweichungen oder Besonderheiten.

1. Pflichten des Kommissionärs

a) Ausführungspflicht gemäß § 951 ZGB

Der Kommissionär ist gemäß § 951 ZGB (a.F. § 414 VG) verpflichtet, die Handelsgeschäfte für den Kommittenten auszuführen. Unklar ist, ob „Handelsgeschäfte ausführen" eine Bemühung zum Geschäftsabschluss meint oder Abschluss und Abwicklung eines Ausführungsgeschäfts. Deswegen ist zu empfehlen, dass die Parteien im Kommissionsvertrag ausdrücklich vereinbaren, ob der Kommissionär sich nur zur Abschlussbemühung oder zum Geschäftsabschluss verpflichtet.

---

493 Unteres Volksgericht des Bezirks Xicheng der Stadt Beijing, 2008, Nr. 9917, (2008) 西民初字第9917号; Unteres Volksgericht des neuen Stadtbezirks Pudong der Stadt Shanghai, 2013, Nr. 2, (2013) 浦民二(商)再重字第2号; Mittleres Volksgericht der Stadt Suzhou, 2017, Nr. 865, (2017) 苏05民终865号.

Die Tätigkeit des Kommissionärs ist auf Handelsgeschäfte beschränkt. Das Gesetz definiert allerdings nicht, was zu den Handelsgeschäften gehört. Grundsätzlich gehören der Ein- oder Verkauf beispielsweise von Waren, Wertpapieren und Terminwaren dazu. Fraglich ist, ob auch unbewegliche Sachen Gegenstand des Ausführungsgeschäfts sein können.

Während in Deutschland in § 383 Abs. 1 HGB nur von „Waren oder Wertpapiere zu kaufen oder zu verkaufen" die Rede ist, erweitert § 406 Abs. 1 S. 1 HGB die Anwendbarkeit der Regelungen zum Kommissionsgeschäft. Danach wird von uneigentlicher Kommission gesprochen, wenn der Kommissionär andere Geschäfte als den Handel von Waren oder Wertpapieren tätigt, z.B. den Handel von Immobilien oder Vermietungen.[494] Nach Ansicht *Wangs* ist es in China nicht verboten, dass der Kommissionär im Immobilienhandel tätig ist. Er kann Immobilien nicht nur verkaufen, sondern auch vermieten.[495]

Ferner soll der Kommissionär bei der Tätigkeit dem Grundsatz von Treu und Glauben folgen und das Handelsgeschäft sorgfältig ausführen, um die Interessen des Kommittenten bestmöglich zu wahren.[496]

Beispielsfall: Der Kommissionär hat einen PKW in eigenem Namen für die Rechnung des Kommittenten vermietet. Er hat das Geschäft mit Dritten nicht mit Sorgfalt ausgeführt, er beim Abschluss des Mietvertrags Ausweis und Führerschein des Mieters nicht überprüft. Deswegen musste er gegenüber dem Kommittenten für den Verlust des PKW haften.[497]

Gemäß § 923 S. 1 ZGB (a.F. § 400 S. 1 VG) muss der Kommissionär das Geschäft persönlich ausführen. Wenn er das Kommissionsgut nicht persönlich, sondern durch andere eingekauft hat, hat er seine Pflicht verletzt, auch wenn das Ziel des Kommissionsvertrags durch den anderen erfüllt werden kann.[498]

Der Kommissionär verpflichtet sich gemäß § 924 ZGB (a.F. § 401 VG) gegenüber dem Kommittenten, die notwendige Benachrichtigung bei der Ausführung des Handelsgeschäfts zu geben.[499] Bei der Einkaufskommission verletzt der Kommissionär seine Pflicht, wenn er den Kommittenten nicht über die Menge des Einkaufskommissionsgutes, die Änderung des Einkaufspreises

494 Oetker/Bergmann, Handelsgesetzbuch, 7. Aufl., § 406, Rn. 2.

495 Wang Liming, Forschung über das Vertragsrecht, 2. Aufl., Bd. 3, S. 737.

496 Chen Su, Geschäftsbesorgungs-, Kommissions- und Maklervertrag, S. 120–122.

497 Mittleres Volksgericht der Stadt Jinhua, 2015, Nr. 2183, (2015) 浙金商终字第2183号.

498 Erstes Mittleres Volksgericht der Stadt Shanghai, 2017, Nr. 2664, (2017) 沪01民终2664号.

499 Wang Liming, Forschung über das Vertragsrecht, 2. Aufl., Bd. 3, S. 748 f.

oder dass das Kommissionsgut bereit zur Abholung ist, informiert hat.[500] Gleiches gilt, wenn der Kommissionär den Kommittenten nicht wahrheitsgemäß benachrichtigt hat.[501]

b) Weisungsbefolgungspflicht gemäß §§ 922, 955 ZGB

Obwohl der Kommissionär in eigenem Namen handelt, muss er wie der Handelsvertreter gemäß § 922 S. 1 ZGB (a.F. § 399 S. 1 VG) den Auftrag nach den Anweisungen des Kommittenten erledigen. Die Weisung des Kommittenten umfasst z.B. die Art oder die Menge des zu kaufenden bzw. zu verkaufenden Kommissionsgutes, das Ausführungsgeschäft mit einem bestimmten Dritten abzuschließen oder bestimmte Kommissionsgüter zu versichern.

In § 955 ZGB (a.F. § 418 VG) ist die Weisungsbefolgungspflicht des Kommissionärs für die vom Kommittenten vorgegebenen Preisgrenzen geregelt. Danach soll sich der Kommissionär beim Kauf oder Verkauf des Kommissionsgutes grundsätzlich nach dieser Weisung richten.

aa) Abweichungen zum Nachteil des Kommittenten

Für Abweichungen beim Preis zum Nachteil des Kommittenten braucht der Kommissionär gemäß § 955 Abs. 1 Hs. 1 ZGB (a.F. § 418 Abs. 1 S. 1 VG) dessen vorherige Einwilligung oder – wenn die Umstände dies nicht mehr erlauben – die nachträgliche Genehmigung.[502]

Schließt der Kommissionär ohne eine solche Zustimmung des Kommittenten ein Ausführungsgeschäft mit Dritten ab, hat der Kommittent das Recht, das Ausführungsgeschäft zurückzuweisen.[503] Das Ausführungsgeschäft wird nach § 955 Abs. 1 Hs. 2 ZGB (a.F. § 418 Abs. 1 S. 2 VG) ohne Zustimmung des Kommittenten gegenüber dem Kommittenten wirksam, wenn der Kommissionär den Preisunterschied selbst übernimmt.[504] Da der Kommissionär durch den Ausgleich der Differenz seine Weisungsbefolgungspflicht nicht verletzt, kann er dafür Vergütung verlangen.[505]

---

500 Oberes Volksgericht der Provinz Sichuan, 2012, Nr. 544, (2012) 川民终字第544号.

501 Mittleres Volksgericht der Stadt Xuzhou, 2012, Nr. 0129, (2012) 徐商初字第0129号.

502 Cui/Han/Yu, Schuldverhältnis, S. 604.

503 Hu Kangsheng, The Interpretation of the Contract Law of the People's Republic of China, 3. Aufl., S. 639.

504 Mittleres Volksgericht der Stadt Ji'an, 2014, Nr. 67, (2014) 吉中民二终字第67号.

505 Liang Huixing, A Propositional Version with Reasons for Civil Code Draft of China (Contract Law II), S. 732.

bb) Abweichungen zum Vorteil des Kommittenten

In der Praxis kommt es nicht selten vor, dass der Kommissionär zur Wahrnehmung der Interessen des Kommittenten das Kommissionsgut zu einem höheren als vom Kommittenten bestimmten Preis verkauft oder zu einem niedrigeren als vom Kommittenten bestimmten Preis kauft. Der Kommittent wird in der Regel das Ausführungsgeschäft nicht untersagen. Da der Kommissionär für die Rechnung des Kommittenten handelt, steht dieser Vorteil ohne abweichende Vereinbarung gemäß § 955 Abs. 2 Hs. 2 ZGB (a.F. § 418 Abs. 2 S. 2 VG) dem Kommittenten zu. Der Kommissionär kann jedoch nach § 955 Abs. 2 Hs. 1 ZGB (a.F. § 418 Abs. 2 S. 1 VG) nach Vereinbarung eine Erhöhung der Vergütung verlangen.

cc) Besondere Anweisung

Ein Kommittent kann aus verschiedenen Gründen oder zur Verfolgung anderer Interessen besondere Anweisungen zu den Preisen geben. Solche Gründe oder Interessen können etwa das Angebot der wettbewerbsfähigen Verkaufspreise bei Erschließung neuer Märkte für bestehende Produkte sein.[506] Gemäß § 955 Abs. 3 ZGB (a.F. § 418 Abs. 3 VG) darf der Kommissionär nicht entgegen solchen besonderen Anweisungen kaufen oder verkaufen. Der Kommittent kann das Ausführungsgeschäft untersagen, auch wenn eine Abweichung von der Anweisung zum Vorteil des Kommittenten ist oder der Kommissionär den Preisunterschied übernimmt.

c) Pflicht zur Verwahrung des Kommissionsgutes gemäß § 953 ZGB

Hat der Kommissionär das Kommissionsgut in seinem Besitz, das jedoch in der Regel im Eigentum des Kommittenten steht – z.B. nach Lieferung durch den Kommittenten bei der Verkaufskommission oder nach Übergabe vom Dritten bei der Einkaufskommission –, ist der Kommissionär gemäß § 953 ZGB (a.F. § 416 VG) verpflichtet, das Kommissionsgut zweckmäßig zu verwahren. Gleiches gilt, wenn das Kommissionsgut im Besitz und Eigentum des Kommissionärs steht.[507]

Bei Verlust oder Beschädigung des Kommissionsgutes kann der Kommittent vom Kommissionär Schadensersatz verlangen, es sei denn, der Kommissionär

506 Chen Su, Geschäftsbesorgungs-, Kommissions- und Maklervertrag, S. 133.
507 Cui/Han/Yu, Schuldverhältnis, S. 603.

kann beweisen, dass er ausreichend sorgfältig gehandelt hat.[508] Nach *Liang* sollte der Kommissionär beim entgeltlichen Aufbewahrungsvertrag wie der Verwahrer einer hohen Sorgfaltspflicht bei der Verwahrung des Kommissionsgutes unterliegen.[509] Ohne besondere Vereinbarung oder Weisung des Kommittenten ist der Kommissionär nicht verpflichtet, das Kommissionsgut zu versichern.[510]

Der Kommissionsvertrag ist unwirksam, wenn der Kommittent als Lebensmittelproduzent nicht über die entsprechende Produktionslizenz gemäß § 35 Abs. 1 S. 2 (a.F. § 29 Abs. 1) *Lebensmittelsicherheitsgesetz der VR China*[511] verfügt. Der Kommissionär ist auch hier verpflichtet, das Kommissionsgut – die ohne Produktionslizenz produzierten Lebensmittel – zweckmäßig aufzubewahren, damit die Qualität des Lebensmittels nicht verändert wird, da diese Lebensmittel anders als verbotene Produkte einen wirtschaftlichen Wert haben.[512]

d) Pflicht zur Verfügung über das Kommissionsgut gemäß § 954 ZGB

Grundsätzlich muss der Kommissionär über das Kommissionsgut nach der Weisung des Kommittenten verfügen. Hat das Kommissionsgut jedoch bei Übergabe an den Kommissionär bereits Mängel, ist es leicht verderblich oder kann es leicht seine Qualität verändern, so kann der Kommissionär gemäß § 954 Hs. 1 ZGB (a.F. § 417 Hs. 1 VG) mit dem Einverständnis des Kommittenten darüber verfügen.

Umstritten ist, ob diese Verfügung über das Kommissionsgut ein Recht oder eine Pflicht des Kommissionärs ist. Nach *Wang* handelt es sich um ein Recht des Kommissionärs.[513] *Hu*[514] und *Chen*[515] sehen demgegenüber darin eine Pflicht: Der Kommissionär soll bei mangelhaftem Kommissionsgut und bei Verderb/Veränderungen am Gut durch angemessene Verfügung das Interesse

508 Hu Kangsheng, The Interpretation of the Contract Law of the People's Republic of China, 3. Aufl., S. 636 f.

509 Liang Huixing, A Propositional Version with Reasons for Civil Code Draft of China (Contract Law II), S. 728.

510 Hu Kangsheng, The Interpretation of the Contract Law of the People's Republic of China, 3. Aufl., S. 637.

511 中华人民共和国食品安全法, am 01.06.2009 in Kraft getreten, letzte Revision 2021.

512 Oberes Volksgericht der Provinz Gansu, 2013, Nr. 184, (2013) 甘民二终字第184号.

513 Wang Liming, Forschung über das Vertragsrecht, 2. Aufl., Bd. 3, S. 748.

514 Hu Kangsheng, The Interpretation of the Contract Law of the People's Republic of China, 3. Aufl., S. 637.

515 Chen Su, Geschäftsbesorgungs-, Kommissions- und Maklervertrag, S. 124.

des Kommittenten wahren. Der Kommissionär verletzt seine Pflicht demnach beispielsweise, wenn er das Kommissionsgut bei Übergabe nicht untersucht hat, wenn er den Kommittenten nicht über den Zustand des Gutes benachrichtigt oder keine vernünftigen Maßnahmen trifft, um den Schaden des Kommittenten zu minimieren.[516]

Bei mangelhaftem Kommissionsgut oder bei Verderb/Veränderungen am Gut muss der Kommissionär den Kommittenten über den Zustand informieren. Der Kommissionär darf dann nur mit Einwilligung des Kommittenten über das Gut verfügen, z.B. durch Notverkauf. Willigt der Kommittent nicht in die Verfügung ein, muss er weitere Weisungen für das Gut geben. Kann der Kommissionär mit dem Kommittenten nicht rechtzeitig in Verbindung treten, muss er selbstständig darüber im Interesse des Kommittenten verfügen.

Beispielsfall: Der Kommissionär verkaufte in seiner Obsthandlung Obst, das leicht verderben kann, im eigenen Namen für die Rechnung des Kommittenten. Deshalb darf und muss der Kommissionär ohne Einwilligung des Kommittenten zweckmäßig über das betroffene Obst verfügen, wenn er mit dem Kommittenten nicht rechtzeitig in Verbindung treten kann. Hat der Kommissionär keine vernünftigen Maßnahmen durchgeführt und ist das Obst verdorben, muss der Kommissionär gegenüber dem Kommittenten den Schaden ersetzen.[517]

Fraglich ist, ob die Verfügung über das Kommissionsgut auf das Verkaufskommissionsgut beschränkt ist oder auch das Einkaufskommissionsgut umfasst.

In Taiwan ist der Kommissionär gemäß § 584 TWZG nur bei Verkaufskommissionsgut zum Schutz der Interessen des Kommittenten verpflichtet. In China wird in § 954 ZGB (a.F. § 417 VG) nur von „Kommissionsgut" gesprochen. Nach Auffassung von *Cui/Han/Yu* kann der Kommissionär grundsätzlich nur über Verkaufskommissionsgut und ausnahmsweise über Einkaufskommissionsgut verfügen.[518]

Chen vertritt die Auffassung, dass die Verfügung über das Kommissionsgut in China genauso wie nach taiwanischem Recht nur auf das Verkaufskommissionsgut beschränkt bleiben sollte. Bei der Einkaufskommission komme die Verfügungspflicht des Kommissionärs nicht in Betracht. Wenn das

516 Hu Kangsheng, The Interpretation of the Contract Law of the People's Republic of China, 3. Aufl., S. 638.

517 Mittleres Volksgericht der Stadt Shangluo, 2017, Nr. 516, (2017) 陕10民终516号.

518 Cui/Han/Yu, Schuldverhältnis, S. 603 f.

Einkaufskommissionsgut bei Übergabe an den Kommissionär bereits Mängel habe, müsse er entsprechende Rechte aus dem Ausführungsgeschäft gegenüber dem Dritten geltend machen, sonst verletze der Kommissionär gegenüber dem Kommittenten seine Sorgfaltspflicht aus dem Kommissionsvertrag. Ferner müsse der Kommissionär den Kommittenten auffordern, das Gut rechtzeitig anzunehmen, wenn das Einkaufskommissionsgut leicht verderblich ist oder seine Qualität leicht verändern kann. Lehnt der Kommittent auf Mahnung des Kommissionärs die Annahme ohne rechtfertigenden Grund ab, könne der Kommissionär das Kommissionsgut gemäß § 957 Abs. 1 S. 2 ZGB (a.F. § 420 Abs. 1 S. 2) hinterlegen.[519] Jedoch ist das leicht verderbliche Gut zur Hinterlegung ungeeignet. Der Kommissionär kann das Kommissionsgut gemäß § 570 Abs. 2 ZGB (a.F. § 101 Abs. 2 VG) versteigern lassen und den Erlös hinterlegen. Ohne Vereinbarung hat der Kommissionär dafür kein gesetzliches Selbsthilfeverkaufsrecht.

e) Aufwendung des Kommissionärs gemäß § 952 ZGB

In Deutschland hat der Kommissionär gemäß § 396 Abs. 2 HGB, §§ 670, 675 BGB gegen den Kommittenten Anspruch auf Ersatz der entstandenen Aufwendungen. In Taiwan ist der Aufwendungsersatzanspruch des Kommissionärs explizit in § 582 TWZG geregelt. Demgegenüber trägt in China der Kommissionär gemäß § 952 ZGB (a.F. § 415 VG) grundsätzlich selbst die Aufwendung für Abschluss und Durchführung des Ausführungsgeschäfts. Insoweit hat der Kommissionär gegenüber dem Kommittenten ohne vertragliche Vereinbarung keinen Anspruch auf Aufwendungsersatz.

Der Kommissionär soll die Aufwendung für Ausführung der Kommission selbst tragen, da die Aufwendung in der Praxis üblicherweise durch seine Vergütung abgedeckt werden kann.[520] Wenn er das Ausführungsgeschäft nicht erledigt und keine Vergütung erhält, muss er als selbständiger Absatzmittler die Aufwendung und die Kosten im Rahmen seines Geschäftsrisikos selbst tragen.[521] *Du* plädiert dafür, dass die Ansprüche auf Vergütung und Aufwendungsersatz des Kommissionärs gesetzlich getrennt geregelt werden sollten.[522]

---

519 Chen Su, Geschäftsbesorgungs-, Kommissions- und Maklervertrag, S. 125.

520 Cui/Han/Yu, Schuldverhältnis, S. 603.

521 Hu Kangsheng, The Interpretation of the Contract Law of the People's Republic of China, 3. Aufl., S. 636.

522 Du Jinglin, Die Leistungsstörungen beim Kommissionverhältnis und die Rechtsbehelfe, in: Science of Law, 2014, Nr. 3, S. 86 ff. (90).

Zum Umfang der Aufwendung ist im Gesetz nichts bestimmt. Er soll vor allem seine allgemeinen Betriebs- und Geschäftskosten selbst tragen. Die Aufwendung umfasst z.B. Lager-, Transport-, Versicherungs- und Verpackungskosten[523] oder etwa im Kunsthandel die Kosten für die Rahmung eines Gemäldes[524]. Ein Volksgericht unterstützte den Anspruch des Kommissionärs auf Ersatz der Aufwendung für die Transportkosten, da die vereinbarte Vergütung unter den Transportkosten lag. Außerdem sollte der Kommissionär nur die Kosten für das Ausführungsgeschäft tragen. Die Transportkosten für die Lieferung des Verkaufskommissionsgutes vom Kommittenten an den Kommissionär musste der Kommittent ersetzen.[525]

f) Herausgabepflicht gemäß § 927 ZGB

Nach deutschem Recht ist der Kommissionär verpflichtet, gemäß §§ 675 Abs. 1, 667 Alt. 1 BGB das vom Kommittenten zur Kommissionsausführung Erhaltene und gemäß § 384 Abs. 2 Hs. 2 Alt. 2 HGB das vom Dritten aus der Geschäftsbesorgung Erlangte herauszugeben.[526]

In China findet § 927 ZGB (a.F. § 404 VG) lediglich auf die Herausgabepflicht des Kommissionärs zum vom Dritten Erlangten Anwendung; dies betrifft z.B. bereits vom Dritten übergebenes Kommissionsgut (bei Einkaufskommission), eingezogenen Verkaufserlös[527] (bei Verkaufskommission) oder einen vom Dritten ausgestellten Beleg zur Abrechnung des Kommittenten mit dem Dritten bei Verkaufskommission[528]. Die Herausgabe des vom Kommittenten zur Kommissionsausführung Erhaltenen wird trotzdem von Gerichten

523 Cui/Han/Yu, Schuldverhältnis, S. 603.

524 Mittleres Volksgericht der Stadt Dongguan, 2014, Nr. 1151, (2014) 东中法民一终字第1151号.

525 Mittleres Volksgericht der Stadt Shangluo, 2017, Nr. 516, (2017) 陕10民终516号.

526 Oetker/Martinek, Handelsgesetzbuch, 7. Aufl., § 384, Rn. 31 f.

527 Mittleres Volksgericht der Stadt Qinhuangdao, 2000, Nr. 90, (2000) 秦法经初字第90号; Unteres Volksgericht des Bezirks Xuanwu der Stadt Beijing, 2008, Nr. 07717, (2008) 宣民初字第07717号, Unteres Volksgericht des Bezirks Putuo der Stadt Shanghai, 2008, Nr. 1361, (2008) 普民二(商)初字第1361号; Unteres Volksgericht der Stadt Linhai, 2010, Nr. 1361, (2010) 台临商初字第1316号, Unteres Volksgericht der Kreis Hui'an der Stadt Quanzhou, 2015, Nr. 7923, (2015) 惠民初字第7923号; Unteres Volksgericht des Bezirks Lianchi der Stadt Baoding, 2016, Nr. 98, (2016) 冀0606民初98号.

528 Unteres Volksgericht der Kreis Mianchi der Stadt Sanmenxia, 2016, Nr. 268, (2016) 豫1221民初268号.

unterstützt – z.B. nicht verbrauchte Vorschüsse (bei Einkaufskommission)[529] oder nicht veräußertes Kommissionsgut (bei Verkaufskommission)[530].

Im Vergleich zum Umfang der in Deutschland geltenden Herausgabepflicht des Kommissionärs nach § 384 Abs. 2 Hs. 2 Alt. 2 HGB ist jener in China enger gefasst. § 927 ZGB (a.F. § 404 VG) besagt ausdrücklich, dass der Auftragnehmer nur zur Herausgabe der „Vermögensgüter (财产)" verpflichtet ist. Insoweit ist der Kommissionär nicht verpflichtet, die aus dem Ausführungsgeschäft entstandenen Forderungen/Ansprüche (z.B. Anspruch auf den Kaufpreis vom Dritten bei Verkaufskommission, Anspruch auf Übergabe der Kaufsache vom Dritten bei Einkaufskommission oder Schadensersatzanspruch) dem Kommittenten herauszugeben. Er ist stattdessen lediglich verpflichtet, das Einkaufskommissionsgut oder den eingezogenen Verkaufserlös herauszugeben, wenn das Ausführungsgeschäft durch den Dritten erfüllt wurde. *Liang* plädierte dafür, den Umfang der Herausgabepflicht hier auf „Sachen und Rechte" im ZGB zu erweitern.[531] Diesem Vorschlag wurde im ZGB nicht entsprochen.

2. Rechte des Kommissionärs

a) Vergütungsanspruch gemäß § 959 S. 1 ZGB

Zu empfehlen ist, dass die Parteien im Kommissionsvertrag alle wichtigen Punkte zum Vergütungsanspruch vereinbaren, etwa den Umfang der vergütungspflichtigen Geschäfte, die Entstehung des Anspruchs und die Höhe der Vergütung. Wird keine entsprechende Vereinbarung getroffen, findet § 959 S. 1 ZGB (a.F. § 422 S. 1 VG) darauf Anwendung. Der Kommissionär hat gegenüber dem Kommittenten unter zwei Umständen Vergütungsanspruch: Hat der Kommissionär den Auftrag vollständig erledigt, soll der Kommittent ihm die gesamte Vergütung zahlen; hat er den Auftrag teilweise erledigt, soll der Kommittent ihm eine entsprechende Vergütung zahlen.

Es ist nicht eindeutig, ob „den Auftrag erledigt" bedeutet, dass das Ausführungsgeschäft mit Dritten abgeschlossen oder das Abwicklungsgeschäft durch den Kommissionär erfüllt ist – z.B. die Herausgabe des Kommissionsgutes bei der Einkaufskommission oder des Erlöses bei der Verkaufskommission an den Kommittenten.

529 Mittleres Volksgericht der Stadt Xuzhou, 2012, Nr. 0129, (2012) 徐商初字第0129号.

530 Unteres Volksgericht des Bezirks Xicheng der Stadt Beijing, 2008, Nr. 9917, (2008) 西民初字第9917号.

531 Liang Huixing, A Propositional Version with Reasons for Civil Code Draft of China (Contract Law II), S. 706 f.

In der Literatur wird diskutiert, dass der Vergütungsanspruch noch nicht mit Abschluss des Ausführungsgeschäfts mit Dritten, sondern erst mit dessen Erfüllung entsteht.[532] Erfüllt ist das Ausführungsgeschäft z.B. durch Bezahlung des Preises oder Übergabe des Kommissionsgutes an den Kommissionär oder den Kommittenten.[533] Das Gleiche gilt, wenn der Dritte seine Pflicht zur Zahlung oder Übergabe nicht erfüllt, aber Schadensersatz leistet.[534] Der Vergütungsanspruch erlischt, wenn das Ausführungsgeschäft angefochten wird oder wenn der Kommissionär schuldhaft den Verkaufserlös oder das Einkaufskommissionsgut aus dem Ausführungsgeschäft nicht an den Kommittenten herausgibt.[535]

Die Parteien können die Entstehung des Vergütungsanspruchs frei vereinbaren – z.B. dass der Anspruch erst entsteht, wenn der Kommissionär das Einkaufskommissionsgut an den Kommittenten herausgibt.[536] Beispielsfall: Kommissionsagent und Kommittent vereinbarten im Kommissionsvertrag, dass die vereinbarte Vergütung vom Kommissionsagenten nicht verdient ist, wenn während der Laufzeit des Kommissionsvertrags vom Ausführungsgeschäft zurückgetreten wird. Für Geschäfte, von denen erst nach Beendigung des Kommissionsvertrags zurückgetreten wurde, erhielt der Kommissionsagent seine Vergütung.[537]

b) Hinterlegungsrecht für das Kommissionsgut gemäß § 957 ZGB

aa) Bei der Einkaufskommission

Hat der Kommissionär nach Weisung des Kommittenten das Kommissionsgut gekauft, soll es der Kommittent gemäß § 957 Abs. 1 S. 1 ZGB (a.F. § 420 Abs. 1 S. 1 VG) rechtzeitig nach Vereinbarung mit dem Kommissionär annehmen.

In Deutschland hat der Kommittent gemäß § 391 S. 1 HGB die Untersuchungs- und Rügepflicht. Er muss das Gut untersuchen und den Kommissionär über die entdeckten Mängel benachrichtigen. Eine solche Regelung fehlt in China. Deswegen spricht sich *Du* dafür aus, dass die §§ 620 f. ZGB (a.F. §§ 157 f. VG) zur Untersuchungs- und Rügepflicht des

532 Cui/Han/Yu, Schuldverhältnis, S. 606.

533 Gao/Wang, Geschäftsbesorgungs-, Kommissions- und Maklervertrag, S. 165.

534 Cui/Han/Yu, Schuldverhältnis, S. 606.

535 Cui/Han/Yu, Schuldverhältnis, S. 606.

536 Zweites Mittleres Volksgericht der Stadt Beijing, 2009, Nr. 07935, (2009) 二中民终字第07935号.

537 Mittleres Volksgericht der Stadt Suzhou, 2012, Nr. 0352, (2012) 苏中商终字第0352号.

Käufers beim Kaufvertrag bei der Einkaufskommission auf den Kommittenten analog Anwendung finden sollten.[538]

Lehnt der Kommittent die Annahme trotz Mahnung des Kommissionärs ohne rechtfertigenden Grund ab, kann der Kommissionär gemäß § 957 Abs. 1 S. 2 i.V.m § 570 Abs. 1 Nr. 1 ZGB (a.F. § 420 Abs. 1 S. 2 i.V.m. § 101 Abs. 1 Nr. 1 VG) das Kommissionsgut hinterlegen.

Liegt ein rechtfertigender Grund vor – etwa wenn der Kommissionär die Anweisung des Kommittenten nicht befolgt hat –, hat der Kommittent ein Zurückweisungsrecht.[539] Der Kommittent muss die von ihm gegebene Anweisung beweisen.[540]

Beispielsfall: Der Kommissionär verpflichtete sich, Gerste im eigenen Namen für die Rechnung des Kommittenten zu kaufen. Allerdings war die Menge der einzukaufenden Gerste unklar. Das Gericht befand, dass der Kommittent für einen Teil der Gerste nicht zur Annahme verpflichtet war, da der Kommissionär gleichzeitig auch andere ähnliche Geschäfte tätigte und ein Teil der Gerste nicht zur Erfüllung der Ausführungspflicht aus dem Kommissionsvertrag erworben wurde. Der Kommissionär hatte vorher den Kommittenten weder über den Einkauf des Teils zusammen mit der für Kommittenten eingekauften Gerste informiert noch eine Vergütung dafür verlangt.[541]

Nimmt der Kommittent das Einkaufskommissionsgut nicht an und erteilt auch keine weitere Weisung, hat der Kommissionär gesetzlich nur das Hinterlegungsrecht für das Gut. Im Vergleich zum deutschen Recht nach den §§ 389, 373 Abs. 2 HGB fehlt es in China an einer gesetzlichen Regelung zum Selbsthilfeverkauf des Kommissionärs unter diesen Umständen. Zu empfehlen ist daher, das Selbsthilfeverkaufsrecht im Vertrag zu vereinbaren.

Beispielsfall: Der Kommissionär verpflichtete sich, für den Kommittenten zwei Grundstoffe für die Herstellung von Arzneimitteln der chinesischen Pflanzenheilkunde einzukaufen. Er behauptete, er habe das Einkaufskommissionsgut selbst weiterverkauft, da der Kommittent die Annahme des Gutes abgelehnt habe. Der Kommissionär konnte jedoch nicht beweisen, dass er die Annahme des Gutes angemahnt und dass der Kommittent danach die Annahme abgelehnt hatte. Außerdem war er neben der Geschäftstätigkeit in eigenem Namen

538 Du Jinglin, Die Leistungsstörungen beim Kommissionverhältnis und die Rechtsbehelfe, in: Science of Law, 2014, Nr. 3, S. 86 ff. (91).

539 Chen Su, Geschäftsbesorgungs-, Kommissions- und Maklervertrag, S. 134.

540 Mittleres Volksgericht der Stadt Zhuhai, 2016, Nr. 75, (2016) 粤04民终75号.

541 Oberes Volksgericht der Provinz Jiangsu, 2014, Nr. 0004, (2014) 苏商再提字第0004号.

für den Kommittenten auch in der Herstellung von Arznei tätig. Dafür kaufte und verkaufte er die Grundstoffe auch für sich selbst. Deswegen befand das Gericht, dass es nicht klar war, ob es sich dabei um eine Verfügung des Einkaufskommissionsgutes oder um das Verkaufen der Grundstoffe für sich selbst (Eigengeschäft) handelte. Schließlich hatte der Kommissionär ohne Vereinbarung aber auch kein Recht, das Einkaufskommissionsgut selbst weiterzuverkaufen, sofern es das Ausführungsgeschäft betrifft. Denn gemäß § 954 ZGB (a.F. § 417 VG) hat er nur dann das Verfügungsrecht für das Gut, wenn es bei Übergabe Mängel aufweist, leicht verderblich ist oder sich seine Qualität leicht verändern kann und der Kommittent dieser Verfügung zugestimmt hat oder wenn er mit dem Kommittenten nicht rechtzeitig in Verbindung treten kann. In diesem Fall wurde die Voraussetzung des gesetzlichen Verfügungsrechts jedoch nicht erfüllt.[542]

Beispielsfall: Kommissionär und Kommittent haben nacheinander drei Kommissionsverträge abgeschlossen, um Weizen im Namen des Kommissionärs und für die Rechnung des Kommittenten einzukaufen. Nach Vereinbarung erwirbt der Kommittent anstelle des Kommissionärs das Eigentum des Einkaufskommissionsgutes. Im ersten Kommissionsvertrag hatten beide vereinbart, dass der Kommissionär das Recht hat, über das Gut frei zu verfügen, wenn der Kommittent das Gut nicht vertragsgemäß annimmt. Diese Vereinbarung fehlte im zweiten und dritten Kommissionsvertrag. Deswegen befand das Gericht, dass der Kommissionär ohne Einverständnis des Kommittenten kein Recht zur Verfügung über das Gut hatte, das er zur Erfüllung der Ausführungspflicht aufgrund des zweiten und dritten Kommissionsvertrags erlangt hatte, auch wenn der Kommittent das Gut nicht angenommen hatte.[543]

bb) Bei der Verkaufskommission

Bei der Verkaufskommission kann der Kommissionär gemäß § 957 Abs. 2 ZGB (a.F. § 420 Abs. 2 VG) das Kommissionsgut hinterlegen, wenn das Kommissionsgut nicht verkauft werden kann oder der Kommittent den Verkauf zurücknimmt und der Kommittent nach Mahnung durch den Kommissionär das Kommissionsgut weder zurücknimmt noch Weisung zur weiteren Verfügung gibt.

542 Oberes Volksgericht der Provinz Sichuan, 2012, Nr. 544, (2012) 川民终字第544号.
543 Oberes Volksgericht der Provinz Jiangsu, 2014, Nr. 0071, (2014) 苏商终字第0071号.

Unerheblich ist, aus welchem Grund das Kommissionsgut nicht verkauft wird, solange sich der Kommissionär um den Abschluss des Ausführungsgeschäfts bemüht hat.[544]

c) Sicherungsrechte des Kommissionärs – Zurückbehaltungsrecht gemäß § 959 S. 2 ZGB

Nach deutschem Recht hat der Kommissionär gemäß §§ 397–399 HGB gesetzliche Sicherungsrechte. Dagegen wird das gesetzliche Zurückbehaltungsrecht des Kommissionärs in China in § 959 S. 2 ZGB (a.F. § 422 S. 2 VG) geregelt. Zahlt der Kommittent dem Kommissionär nicht fristgemäß die Vergütung, hat der Kommissionär am Kommissionsgut in seinem Besitz ein Zurückbehaltungsrecht. Diese Bestimmung zum Zurückbehaltungsrecht ist durch Vereinbarung abdingbar.

Im Vergleich mit dem deutschen gesetzlichen Pfandrecht aus §§ 397–399 HGB ist der Sicherungsumfang nach § 959 S. 2 ZGB in China enger, da hier nur der Vergütungsanspruch des Kommissionärs gesichert werden kann. Deswegen spricht sich *Liang* dafür aus, diesen Sicherungsumfang zu erweitern, z.B. auf den Anspruch des Kommissionärs auf Erstattung des verauslagten Kaufpreises bei der Einkaufskommission, den Anspruch auf den Ersatz der erforderlichen Aufwendungen für das Ausführungsgeschäft sowie auf Sekundäransprüche wie jenen auf Schadensersatz oder Vertragsstrafe.[545]

d) Selbsteintrittsrecht des Kommissionärs gemäß § 956 ZGB

In § 956 Abs. 1 ZGB (a.F. § 419 Abs. 1 VG) ist das Selbsteintrittsrecht geregelt. Demnach kann der Einkaufskommissionär das Gut von sich selbst als Verkäufer kaufen oder der Verkaufskommissionär das Gut an sich selbst als Käufer verkaufen. Auf das Miet-Kommissionsgeschäft findet diese Bestimmung analog Anwendung.[546] Der Selbsteintritt des Kommissionärs ist ein Gestaltungsrecht und erfolgt durch ausdrückliche Willenserklärung an den Kommittenten oder schlüssiges Verhalten.[547]

Zum Schutz des Kommittenten ist das Selbsteintrittsrecht des Kommissionärs beschränkt. So ist es zunächst auf Waren mit festem Marktpreis begrenzt.

---

544 Cui/Han/Yu, Schuldverhältnis, S. 607.

545 Liang Huixing, A Propositional Version with Reasons for Civil Code Draft of China (Contract Law II), S. 739.

546 Cui/Han/Yu, Schuldverhältnis, S. 605.

547 Cui/Han/Yu, Schuldverhältnis, S. 606.

Nach *Liang* sollte der Gegenstand auch Wertpapiere umfassen.[548] Ferner hat der Kommissionär kein Selbsteintrittsrecht, wenn der Kommittent einen entgegenstehenden Willen erklärt hat. Der Kommittent darf diese Erklärung nur vor Ausübung des Selbsteintrittsrechts des Kommissionärs abgeben, z.B. durch Vereinbarung im Kommissionsvertrag oder vor Abschluss bestimmter Geschäfte.[549]

Kommt durch den Selbsteintritt des Kommissionärs ein Kaufvertrag zustande, hat der selbsteintretende Kommissionär hier gemäß § 956 Abs. 2 ZGB (a.F. § 419 Abs. 2 VG) einen Vergütungsanspruch.

III. Ausführungsgeschäft

Der Kommissionär/Kommissionsagent verpflichtet sich im Kommissionsvertrag, in eigenem Namen, aber für die Rechnung des Kommittenten das Handelsgeschäft mit einem Dritten auszuführen.

1. In eigenem Namen

Analog zum kontinentaleuropäischen Stellvertretungsrecht ist die unmittelbare Stellvertretung mit Offenkundigkeitsprinzip in China im Allgemeinen Teil des ZGB (§§ 161 ff. ZGB, a.F. §§ 63 ff. AGZ) und das Kommissionsgeschäft als mittelbare Stellvertretung im Vertragsrecht des ZGB geregelt. Außerdem wird das Stellvertretungsrecht teilweise von den §§ 12, 13 *Übereinkommen über die Vertretung beim internationalen Warenkauf* und der Stellvertretung im Common law beeinflusst.[550] Deswegen wird das Stellvertretungsrecht im Vertragsrecht ergänzt, nämlich durch die offene Stellvertretung für einen unbenannten Prinzipal/disclosed agency for an unnamed Principal (§ 925 ZGB, a.F. § 402 VG) und die verdeckte Stellvertretung/undisclosed agency (§ 926 ZGB, a.F. § 403 VG).

Liang hätte vorgeschlagen, die offene Stellvertretung für einen unbenannten Prinzipal und die verdeckte Stellvertretung zusammen mit der unmittelbaren Stellvertretung im Allgemeinen Teil des ZGB zu regeln, da sie zum

548 Liang Huixing, A Propositional Version with Reasons for Civil Code Draft of China (Contract Law II), S. 735.

549 Liang Huixing, A Propositional Version with Reasons for Civil Code Draft of China (Contract Law II), S. 734.

550 Geng/Cui, Wie der künftige Allgemeine Teil des Zivilgesetzbuchs die mittelbare Stellvertretung behandeln sollte, in: Jilin University Journal Social Sciences Edition, 2016, Nr. 3, S. 21 ff. (24).

Stellvertretungsrecht und nicht zum Vertragsrecht gehören.[551] Dieser Vorschlag wurde jedoch nicht angenommen. Die Bestimmungen zu den beiden Stellvertretungen wurden unverändert im Vertragsrecht des ZGB festgelegt, nämlich im Kapitel zum Geschäftsbesorgungsvertrag. Es wird nicht ausdrücklich geregelt, ob die Anwendung der beiden Bestimmungen auf das Kommissionsgeschäft ausgeschlossen ist.

Die beiden Stellvertretungen nach §§ 925, 926 ZGB (a.F. §§ 402, 403) werden in China häufig als mittelbare Stellvertretung[552] bezeichnet, da chinesische Juristen mehrheitlich nur anhand des Kriteriums, ob der Vertreter im eigenen Namen (mittelbar) oder im fremden Namen (unmittelbar) handelt, zwischen mittelbarer und unmittelbarer Stellvertretung unterscheiden. Ob das Rechtsgeschäft im Außenverhältnis direkt für oder gegen den Vertreter oder den Vertretenen wirkt, ist unerheblich.[553] Beide Stellvertretungen werden auch als mittelbare Stellvertretung im engeren Sinne bezeichnet, wohingegen die mittelbare Stellvertretung im weiteren Sinne auch Kommissions- und Speditionsgeschäfte umfasst.[554] Um den deutschen Leser nicht zu verwirren, wird die Stellvertretung nach §§ 925, 926 ZGB im vorliegenden Kapitel nicht als mittelbare Stellvertretung bezeichnet.

a) Die Stellvertretung nach den §§ 925, 926 ZGB

Nach § 925 ZGB bindet der Vertrag im Außenverhältnis unmittelbar den Auftraggeber und den Dritten, wenn der Auftragnehmer im eigenen Namen im Rahmen der Ermächtigung des Auftraggebers mit dem Dritten einen Vertrag schließt und der Dritte bei Vertragsschluss die Vertretungsbeziehung zwischen Auftragnehmer und Auftraggeber kennt. Wenn der Dritte die Vertretungsbeziehung nicht kennt, bindet der Vertrag grundsätzlich nur den Auftragnehmer und den Dritten. Allerdings liegt nach § 926 Abs. 1 und Abs. 2 ZGB

---

551 Liang Huixing, A Propositional Version with Reasons for Civil Code Draft of China (Contract Law II), S. 697.

552 Wang Liming, Forschung über das Vertragsrecht, 2. Aufl., Bd. 3, S. 716; Liang Huixing, A Propositional Version with Reasons for Civil Code Draft of China (Contract Law II), S. 697.

553 Wu/Pan, Integration des Systems des Stellvertretungsrechts in den Kodifizierungsprozess des Zivilgesetzbuchs, in: Zhejiang Social Sciences, 2016, Nr. 10, S. 60 ff. (61).

554 Geng/Cui, Wie der künftige Allgemeine Teil des Zivilgesetzbuchs die mittelbare Stellvertretung behandeln sollte, in: Jilin University Journal Social Sciences Edition, 2016, Nr. 3, S. 21 ff. (28).

ein Direktanspruch zwischen Auftraggeber und Dritten vor: Wenn der Auftragnehmer aus beim Dritten[555] liegenden Gründen seine Pflichten gegenüber dem Auftraggeber nicht erfüllt, kann der Auftraggeber gemäß § 926 Abs. 1 ZGB aufgrund dessen die Rechte des Auftragnehmers gegenüber dem Dritten ausüben (Eintrittsrecht des Auftraggebers). Umgekehrt kann der Dritte nach § 926 Abs. 2 ZGB aufgrund dessen wählen (Wahlrecht des Dritten), ob er seine Rechte gegenüber dem Auftragnehmer oder dem Auftraggeber geltend macht, wenn der Auftragnehmer aus beim Auftraggeber liegenden Gründen seine Pflichten gegenüber dem Dritten nicht erfüllt. Er kann diese Wahl hinterher nicht mehr ändern. Der Direktanspruch des Auftraggebers oder des Dritten ist kein primärer Leistungsanspruch, sondern ein Sekundäranspruch wegen Pflichtverletzung.[556]

Der Auftragnehmer hat das Recht, dem Auftraggeber oder dem Dritten mitzuteilen, wer der Dritte oder der Auftraggeber ist, damit sie ihr Eintritts- oder Wahlrecht ausüben können. Wenn der Auftragnehmer sein Recht zu der Mitteilung nicht ausübt, muss er selbst die entsprechende Haftung gegenüber dem Auftraggeber aufgrund des Geschäftsbesorgungsvertrags oder gegenüber dem Dritten aufgrund des Ausführungsgeschäfts tragen. Übt der Auftraggeber einen Direktanspruch gegenüber dem Dritten aus oder der Dritte einen Direktanspruch gegenüber dem Auftraggeber, bleiben ihnen jeweils nach § 926 Abs. 3 ZGB alle Einwendungen und Einreden erhalten, die sie im Verhältnis zum Auftragnehmer geltend machen können.

b) Entwicklung der Stellvertretung im Außenhandel

Die offene Stellvertretung für einen unbenannten Prinzipal und die verdeckte Stellvertretung werden auch als die Stellvertretung im Außenhandel bezeichnet, da der ursprüngliche Zweck dieser Bestimmungen darin bestand, Probleme im Außenhandel zu lösen.[557] Der Außenhandel war in den Zeiten der Planwirtschaft von den staatseigenen Unternehmen monopolisiert worden.

---

555 Hier ist nur der Dritte als Vertragspartner im Ausführungsgeschäft im Außenverhältnis umfasst.

556 Wang/Zhang, Research on the System of Direct Intervention Right and Commissioner's Duty of Guarantee Performance in Commission Contract, in: Journal of Chang'an University (Social Science Edition), 2001, Nr. 1, S. 60 ff. (61); Yin Tian, Offenkundigkeitsgrundsatz bei der zivilrechtlichen Stellvertretung und seine Entwicklung, in: Tsinghua Law Journal, 2010, Nr. 4, S. 18 ff. (23).

557 Zhang/Tang/Shen/Tang/Feng, Cases and Consideration of Foreign Trade Agency Contract Disputes, S. 36.

Seit der Reform und Öffnung durften mehr Unternehmen Außenhandel treiben. Sie brauchten nach § 9 Abs. 1 *Außenhandelsgesetz der VR China*[558] *1994* eine Genehmigung von der Außenhandelsabteilung des Staatsrats, um Im- und Exporte durchzuführen. Deswegen durfte das Unternehmen mit diesem Betriebsrecht im Außenhandel nur im eigenen Namen auftreten, da der Auftraggeber häufig kein Betriebsrecht für den Außenhandel hatte.

Damals hatten der Auftraggeber und der Dritte im Ausland nach den *Provisional Rules on Foreign Trade Agency System*[559] keine Direktansprüche gegeneinander. Die Haftung des Außenhandelsunternehmens als Auftragnehmer war viel zu hoch im Vergleich mit seiner Vergütung für die Geschäftsbesorgung des Außenhandels.[560]

Im Zuge des Gesetzgebungsverfahrens zum VG wurde über das Kommissionsrecht diskutiert. Der Direktanspruch zwischen dem Auftraggeber und dem Dritten (nach Ausübung des Eintrittsrechts vom Auftraggeber und des Wahlrechts vom Dritten) war im Kapitel zum Kommissionsvertrag (§§ 423–425 Entwurf des Vertragsgesetzes) geregelt.[561] Das *Ministry of Foreign Trade*

---

558 中华人民共和国对外贸易法, am 01.07.1994 in Kraft getreten, Revision 2004 und 2016. Im Jahr 2004 wurde das Außenhandelsgesetz geändert. Außenhandelsunternehmen, die Import und Export betreiben, werden gemäß § 9 S. 1 *Außenhandelsgesetz 2004* bei der Außenhandelsabteilung des Staatsrats oder der beauftragten Behörde registriert/angemeldet, brauchen aber keine Genehmigung mehr. Seitdem können alle natürlichen und juristischen Personen am Außenhandel frei teilnehmen.

559 关于对外贸易代理制的暂行规定, gültig vom 29.08.1991 bis 29.01.2008.

560 Zhang/Tang/Shen/Tang/Feng, Cases and Consideration of Foreign Trade Agency Contract Disputes, S. 36.

561 http://www.npc.gov.cn/wxzl/gongbao/2000-12/17/content_5003981.htm.
§ 422 S. 1 Schließt der Kommissionär einen Vertrag mit einem Dritten, hat der Kommissionär selbst unmittelbar die Rechte und Pflichten aus diesem Vertrag.
§ 423 Schließt der Kommissionär einen Vertrag mit einem Dritten und der Dritte weiß bei Vertragsschluss, wer der Kommittent ist, hat der Kommittent die Rechte und Pflichten aus diesem Vertrag.
§ 424 Abs. 1 Wenn der Kommissionär einen Vertrag mit einem Dritten schließt und der Dritte bei Vertragsschluss weiß, wer der Kommittent ist, kann der Dritte den Kommittenten oder den Kommissionär als Vertragspartner dieses Vertrags wählen.
§ 425 Schließen Kommittent und Kommissionär gemeinsam mit einem Dritten einen Vertrag und der Dritte kennt die Beziehung zwischen Kommittenten und Kommissionär, hat der Kommittent Rechte und Pflichten aus diesem Vertrag. Kennt der Dritte die Beziehung zwischen Kommittenten und Kommissionär nicht, haben Kommittent und Kommissionär die Rechte und Pflichten aus diesem Vertrag.

and Economic Cooperation (ab 2003: Handelsministerium der VR China) vertrat jedoch den Standpunkt, dass das Kommissionsgeschäft die Probleme im Außenhandel nicht besser lösen konnte und forderte, dass die Stellvertretung im Außenhandel und der Kommissionsvertrag getrennt geregelt werden sollten.[562] Schließt der Kommissionär nach dem Kommissionsrecht in eigenem Namen ein Handelsgeschäft mit Dritten ab, bindet dieses Handelsgeschäft in der Regel nur den Kommissionär und den Dritten. Allerdings sollte es unter bestimmten Bedingungen erlaubt sein, dass das Handelsgeschäft im Außenhandel direkt Auftraggeber und Dritten bindet. Deswegen wurde die Stellvertretung im Außenhandel schließlich in den §§ 402, 403 VG im Kapitel zum Geschäftsbesorgungsvertrag geregelt.[563]

Beim Kommissionsgeschäft wird die besondere Stellung/Funktion des Kommissionärs im Handelsverkehr herausgestellt. Die Rechte aus dem Ausführungsgeschäft stehen dem Kommissionär zu. Er muss auch im Vergleich mit Auftragnehmer bei der Stellvertretung aus §§ 402, 403 VG mehr Pflichten und entsprechende Haftung aus dem Ausführungsgeschäft übernehmen. Dagegen wird die Rolle des Auftragnehmers aus §§ 402, 403 VG geschwächt. Wichtiger ist der Direktanspruch zwischen dem Auftraggeber und dem Dritten. Damit werden die Interessen des Auftraggebers und des Dritten besser geschützt.[564]

c) Diskussion über die Anwendung der §§ 925, 926 ZGB auf das Kommissionsgeschäft

Obwohl die beide Stellvertretungen aus §§ 402, 403 VG zur Lösung der Probleme im Außenhandel geschaffen wurden, wird deren Anwendungsbereich weder im VG noch im ZGB ausdrücklich auf den Außenhandel beschränkt. Das führt zu einem Anwendungskonflikt mit dem Kommissionsgeschäft (§§ 951 ff. ZGB, a.F. §§ 414 ff. VG), der offenen Stellvertretung für einen unbenannten Prinzipal (§ 925 ZGB, a.F. § 402 VG) und der verdeckten Stellvertretung (§ 926 ZGB, a.F. § 403 VG).

562 Geng/Cui, Wie der künftige Allgemeine Teil des Zivilgesetzbuchs die mittelbare Stellvertretung behandeln sollte, in: Jilin University Journal Social Sciences Edition, 2016, Nr. 3, S. 21 ff. (26).

563 Hu Kangsheng, The Interpretation of the Contract Law of the People's Republic of China, 3. Aufl., S. 623.

564 Zhang/Tang/Shen/Tang/Feng, Cases and Consideration of Foreign Trade Agency Contract Disputes, S. 38 f.

In Literatur und Rechtsprechung ist umstritten, ob §§ 925, 926 ZGB auf das Kommissionsgeschäft Anwendung finden. Gemäß § 960 ZGB (a.F. § 423 VG) finden die Vorschriften aus dem Kapitel des Geschäftsbesorgungsvertrags auf den Kommissionsvertrag Anwendung, soweit sich dazu im Kapitel zum Kommissionsvertrag keine Vorschriften finden. Jedoch wird auch diskutiert, ob § 958 Abs. 1 ZGB, a.F. § 421 Abs. 1 VG (Relativitätsprinzip des Ausführungsgeschäfts) die Anwendung der §§ 925, 926 ZGB ausschließt.

Yin ist der Ansicht, dass die §§ 925, 926 auf den Kommissionsvertrag keine Anwendung finden. Die §§ 925, 926 finden demnach nur auf den Fall der mittelbaren Stellvertretung Anwendung, der kein Kommissionsgeschäft ist, da der Anwendungsbereich des Kommissionsgeschäfts enger ist, z.B. ist die Tätigkeit des Kommissionärs auf Handelsgeschäfte beschränkt.[565] Laut *Geng/Cui* sollte § 925 ZGB für den Kommissionsvertrag nicht gelten, da der Vertrag im Außenverhältnis direkt den Auftraggeber und den Dritten binde, was im Widerspruch zum Kommissionsgeschäft stehe. Im Kommissionsgeschäft binde das Ausführungsgeschäft grundsätzlich nur den Kommissionär und den Dritten. Auch wenn im Entwurf des VG das Eintrittsrecht des Auftraggebers und das Wahlrecht des Dritten ursprünglich im Kapitel zum Kommissionsvertrag geregelt gewesen seien, solle § 926 ZGB nicht auf das Kommissionsgeschäft Anwendung finden, da die Regelungen zum Kommissionsvertrag im Entwurf nicht auf den wesentlichen Eigenschaften eines Kommissionsvertrags basierten, sondern die Probleme im Außenhandel verringern sollten.[566] Dagegen postulieren *Gao/Wang*, dass das Ziel der Verschiebung der Regelungen zum Eintrittsrecht des Auftraggebers und zum Wahlrecht des Dritten im Kapitel zum Geschäftsbesorgungsvertrag darin bestehe, den Anwendungsbereich zu erweitern, also die Vorschriften nicht auf den Kommissionsvertrag zu beschränken, sondern auch auf alle Geschäftsbesorgungsverträge anzuwenden. Deswegen finde § 926 auf Kommissionsverträge Anwendung.[567]

Chen/Zhao diskutieren die Anwendung der §§ 925, 926 auf das Kommissionsrecht. Demnach sollte zuerst entschieden werden, ob es bei dem Ausführungsgeschäft mit dem Dritten um ein Handelsgeschäft geht. Ist dies nicht

565 Yin Tian, Offenkundigkeitsgrundsatz bei der zivilrechtlichen Stellvertretung und seine Entwicklung, in: Tsinghua Law Journal, 2010, Nr. 4, S. 18 ff. (24).

566 Geng/Cui, Wie der künftige Allgemeine Teil des Zivilgesetzbuchs die mittelbare Stellvertretung behandeln sollte, in: Jilin University Journal Social Sciences Edition, 2016, Nr. 3, S. 21 ff. (26).

567 Gao/Wang, Geschäftsbesorgungs-, Kommissions- und Maklervertrag, S. 168.

der Fall, schließe das die Anwendung der Regelungen zum Kommissionsvertrag aus. Geht es um ein Handelsgeschäft und der Kommissionär schließt in eigenem Namen mit einem Dritten einen Vertrag, dann gelten die Regelungen zum Kommissionsrecht, das heißt, der Vertrag binde grundsätzlich den Kommissionär und den Dritten. Einen Direktanspruch (nach der Ausübung des Eintrittsrechts vom Kommittenten oder des Wahlrechts vom Dritten) nach § 926 hat der Kommittent oder Dritte demnach nur ausnahmsweise, wenn der Kommissionär wegen Verschuldens des Kommittenten seine Pflicht aus dem Ausführungsvertrag gegenüber dem Dritten nicht leistet oder er wegen Verschuldens des Dritten seine Pflicht aus dem Kommissionsvertrag gegenüber dem Kommittenten nicht leistet. Macht der Kommittent sein Eintrittsrecht nicht geltend oder wählt der Dritte den Kommissionär als Vertragspartner, hat der Kommissionär selbst die Rechte und Pflichten gegenüber dem Kommittenten aufgrund des Kommissionsvertrags und gegenüber dem Dritten aufgrund des Ausführungsgeschäfts. Nur wenn der Dritte bei Vertragsschluss die Vertretungsbeziehung zwischen Kommissionär und Kommittenten kennt, finde § 925 Anwendung, das heißt, der Vertrag bindet direkt den Kommittenten und den Dritten.[568]

2. Das schuldrechtliche Ausführungsgeschäft

a) Relativitätsprinzip

Das Ausführungsgeschäft bindet den Dritten und den Kommissionär – nicht den Kommittenten. Nach § 958 Abs. 1 ZGB (a.F. § 421 Abs. 1 VG) hat der Kommissionär selbst unmittelbar die Rechte und Pflichten aus diesem Vertrag. Der Kommissionär verpflichtet sich gegenüber dem Dritten, als Verkäufer die Kaufsache zu übereignen (bei Verkaufskommission) oder als Käufer den Kaufpreis zu zahlen (bei Einkaufskommission).

Insoweit bestehen keine direkten Rechtsverhältnisse zwischen dem Kommittenten und dem Dritten. Der Kommittent kann erst nach Abtretung (§ 545 Abs. 1 ZGB, a.F. § 79 VG) der Forderung des Kommissionärs die Forderung aus dem Ausführungsgeschäft direkt gegenüber dem Dritten geltend machen. Eine Anzeige der Abtretung an den Dritten ist erforderlich. Gemäß § 546 Abs. 1 ZGB (a.F. § 80 Abs. 1 S. 2 VG) hat die Abtretung gegenüber dem Dritten keine Wirkung, wenn dem Dritten diese Abtretung nicht mitgeteilt wird.

568 Chen/Zhao, Rechtsanwendung in Fällen von Außenhandelsagenturen, in: Journal of Law Application, 2006, Nr. 3, S. 92 f.

b) Kommittentenschutz

Auch wenn kein Rechtsverhältnis zwischen dem Kommittenten und dem Dritten besteht, kann das Ziel des Kommissionsvertrags für den Kommittenten nur dadurch erfüllt werden, dass der Kommissionär und der Dritte das Ausführungsgeschäft vertragsgemäß erfüllen und das Erlangte aus dem Ausführungsgeschäft an den Kommittenten herausgegeben wird. Das wirtschaftliche Interesse des Kommittenten kann verletzt werden – z.B. wenn der Dritte seine Pflicht nicht oder nicht vertragsmäßig erfüllt, wenn der Kommissionär seine Forderung aus dem Ausführungsgeschäft gegenüber dem Dritten nicht geltend macht oder wenn der Kommissionär vor Herausgabe des Erlangten in Insolvenz gerät.[569]

Der Kommittent kann gemäß § 929 Abs. 1 S. 1 ZGB (a.F. § 406 Abs. 1 S. 1 VG) einen Anspruch auf Schadensersatz gegenüber dem Kommissionär geltend machen, wenn der Kommissionär schuldhaft das Geschäft nicht mit Sorgfalt ausführt. In China hat der Kommittent gemäß § 958 Abs. 2 ZGB (a.F. § 421 Abs. 2 VG) gegenüber dem Kommissionär auch ohne Verschulden des Kommissionärs einen Schadensersatzanspruch, wenn der Dritte seine Pflicht aus dem Ausführungsgeschäft nicht erfüllt. Fraglich ist, ob und wann der Kommittent den Anspruch direkt gegenüber dem Dritten geltend machen kann.

Problematisch ist, wenn der Dritte seine Pflicht nicht erfüllt und den Kommissionär dafür kein Verschulden trifft. Der Kommittent hat dann einen Schaden, aber keinen vertraglichen Anspruch gegenüber dem Dritten. Der Kommissionär hat einen Anspruch gegenüber dem Dritten, aber keinen Schaden. In Deutschland kann der Kommissionär gegenüber dem Dritten den Schaden des Kommittenten liquidieren (Drittschadensliquidation).[570]

Die Drittschadensliquidation im Kommissionsrecht ist in China jedoch fremd. Erfüllt der Dritte seine Pflichten nicht und erleidet der Kommittent damit einen Schaden, kann der Kommittent nach chinesischem Recht seinen Anspruch entweder gegenüber dem Dritten (aus abgetretenem Recht oder dem Eintrittsrecht gemäß § 926 Abs. 1 ZGB) oder gegenüber dem Kommissionär (aus der Delkrederehaftung) geltend machen.

---

569 Wang/Zhang, Research on the System of Direct Intervention Right and Commissioner's Duty of Guarantee Performance in Commission Contract, in: Journal of Chang'an University (Social Science Edition), 2001, Nr. 1, S. 60 ff. (60 f.).

570 Oetker/Martinek, Handelsgesetzbuch, 7. Aufl., § 383, Rn. 34.

aa) Delkrederehaftung gemäß § 958 Abs. 2 ZGB

In Deutschland haftet der Kommissionär dem Kommittenten grundsätzlich nicht für die Erfüllung des Ausführungsgeschäfts.[571] Gemäß § 394 Abs. 1 HGB kann der Kommissionär durch Vereinbarung mit dem Kommittenten die Delkrederehaftung übernehmen.

Die Delkrederehaftung des Kommissionärs ist in China in § 958 Abs. 2 ZGB (a.F. § 421 Abs. 2 VG) und in Taiwan in § 579 TWZG geregelt. Die Delkrederehaftung des Kommissionärs in China ist nicht mit jener in Deutschland identisch.

Im Vergleich zum deutschen Recht übernimmt der Kommissionär in China und in Taiwan grundsätzlich die Delkrederehaftung, sie kann aber durch vertragliche Vereinbarung zwischen dem Kommittenten und dem Kommissionär ausgeschlossen werden.

Wörtlich umfasst Delkrederehaftung in China nach § 958 Abs. 2 ZGB nur den Schadensersatz. Demgegenüber ist der Umfang der Delkrederehaftung in Taiwan[572] und in Deutschland[573] breiter. Beispielsweise haftet der Kommissionär für die Erfüllung der Hauptpflichten (Lieferung des Gutes bei der Einkaufskommission oder Zahlung des Kaufpreises bei der Verkaufskommission), Schadensersatz, Verzugsschaden, Vertragsstrafe und Sachmängel.[574]

Der Kommittent erleidet insbesondere dann einen Schaden, wenn das Kommissionsgut bei der Verkaufskommission an den Dritten geliefert wird oder der Kaufpreis bei der Einkaufskommission an den Dritten gezahlt wird, aber der Dritte seine Gegenleistung nicht erfüllt. Nach § 958 Abs. 2 ZGB ist der vom Kommissionär zu ersetzende Schaden bei der Verkaufskommission der nicht erhaltene Verkaufserlös[575] oder der vom Kommittenten bereits gezahlte Kaufpreis bei der Einkaufskommission.[576]

---

571 Baumbach/Hopt/Hopt, Handelsgesetzbuch, 40. Aufl., § 394, Rn. 1.

572 Nach § 579 TWZG haftet der Kommissionär dem Kommittenten direkt für die Erfüllung des Vertrags.

573 Nach § 394 Abs. 1 HGB haftet der Kommissionär für die Erfüllung der Verbindlichkeiten des Dritten.

574 Baumbach/Hopt/Hopt, Handelsgesetzbuch, 40. Aufl., § 394, Rn. 3.

575 Unteres Volksgericht des Bezirks Yuhong der Stadt Shenyang, 2013, Nr. 00664, (2013) 于民三初字第00664号; Unteres Volksgericht des Bezirks Yuhu der Stadt Xiangtan, 2014, Nr. 219, (2014) 雨法民二初字第219号; Das Mittlere Volksgericht der Stadt Linyi, 2014, Nr. 897, (2014) 临商终字第897号.

576 Mittleres Volksgericht der Stadt Hechi, 2002, Nr. 45, (2002) 河市民监字第45号.

Dieser Schadensersatzanspruch des Kommittenten gegenüber dem Kommissionär setzt kein Verschulden des Kommissionärs voraus. Wenn der Kommissionär den Schadensersatz geleistet hat, kann sein Schaden nur durch die tatsächliche Leistung des Dritten ausgeglichen werden.[577]

Wang/Zhang sind der Ansicht, dass diese gesetzliche Delkrederehaftung im Unterschied zur vertraglichen Vereinbarung für den Kommissionär ungünstig und unbillig ist, auch wenn dieser danach vom Dritten einen entsprechenden Ausgleich verlangen kann. Das Gesetz wahre hier ausschließlich die Interessen des Kommittenten, indem es die Haftung des Kommissionärs erhöht. Ferner könne der Kommittent nach § 926 Abs. 1 ZGB direkt gegenüber dem Dritten einen Anspruch auf Schadensersatz geltend machen. Das Gesetz gewähre dem Kommittenten damit einen doppelten Schutz. Er habe ein Wahlrecht, den Schadensersatz gegenüber dem Kommissionär nach § 958 Abs. 2 oder gegenüber dem Dritten nach § 926 Abs. 1 geltend zu machen. Dies benachteilige den Kommissionär, wenn der Kommittent seinen Schadensersatz vom Dritten verlangen könnte, aber vom Kommissionär verlangt.[578]

bb) Direktanspruch des Kommittenten gegenüber Dritten gemäß § 926 Abs. 1 ZGB

Grundsätzlich besteht kein Schuldverhältnis zwischen dem Kommittenten und dem Dritten. Der Kommittent erhält die Forderung des Kommissionärs aus dem Ausführungsgeschäft nur durch deren Abtretung.

Ob § 926 Abs. 1 ZGB auf den Kommissionsvertrag Anwendung findet, ist umstritten. Nur wenn dieser Anwendung zugestimmt wird, bietet § 926 Abs. 1 ZGB dem Kommittenten die Möglichkeit zum Direktanspruch ohne Abtretung gegenüber dem Dritten.

Der Direktanspruch des Kommittenten setzt gemäß § 926. Abs. 1 ZGB zuerst voraus, dass der Kommissionär seine Pflicht (z.B. Herausgabepflicht des Erlangten aus dem Ausführungsgeschäft) aus dem Kommissionsvertrag wegen Gründen, die in Verantwortung des Dritten liegen, gegenüber dem Kommittenten nicht erfüllt hat. Dann darf der Kommissionär dem Kommittenten

---

577 Hu Kangsheng, The Interpretation of the Contract Law of the People's Republic of China, 3. Aufl., S. 642; Liang Huixing, A Propositional Version with Reasons for Civil Code Draft of China (Contract Law II), S. 741.

578 Wang/Zhang, Research on the System of Direct Intervention Right and Commissioner's Duty of Guarantee Performance in Commission Contract, in: Journal of Chang'an University (Social Science Edition), 2001, Nr. 1, S. 60 ff. (62).

mitteilen, wer der Dritte ist und dass er seine Pflicht aus dem Ausführungsgeschäft nicht erfüllt hat. Der Kommittent kann hierauf wählen, gegenüber dem Dritten einen Direktanspruch aufgrund des Ausführungsgeschäfts geltend zu machen, statt gegenüber dem Kommissionär aufgrund des Kommissionsvertrags.

In der juristischen Praxis kommt es nur selten vor, dass der Kommittent das Eintrittsrecht nach § 926 Abs. 1 ausübt und einen Direktanspruch gegenüber dem Dritten geltend macht. Er macht den Anspruch bevorzugt gegenüber dem Kommissionär geltend, da der Dritte bereits seine Pflicht zur Leistung verletzt hat.

Umgekehrt schützt § 926 Abs. 2 den Dritten durch ein Wahlrecht, wenn der Kommissionär seine Pflicht aus dem Ausführungsgeschäft wegen Gründen nicht erfüllt, die der Kommittent zu verantworten hat. Der Dritte kann wählen, den Anspruch gegenüber dem Kommissionär[579] oder dem Kommittenten zu verlangen, da nicht nur das Interesse des Kommittenten wegen Nichtleistung des Dritten verletzt werden kann. Das Interesse des Dritten wird auch verletzt, wenn der Kommittent z.B. das Verkaufskommissionsgut weder an den Kommissionär noch an den Dritten übergibt.[580] Teilt der Kommissionär dem Dritten nicht mit, wer der Kommittent ist, muss er gegenüber dem Dritten die Haftung selbst tragen.[581]

cc) Keine Vorausabtretungsfiktion

In Deutschland gelten die noch nicht an den Kommittenten abgetretenen Forderungen aus dem Ausführungsgeschäft gemäß § 392 Abs. 2 HGB im Innenverhältnis und im Verhältnis zu den Gläubigern des Kommissionärs als Forderungen des Kommittenten (Vorausabtretungsfiktion). Diese Regelung schützt den Kommittenten bei einer Insolvenz des Kommissionärs.[582] Eine solche Vorausabtretungsfiktion fehlt im chinesischen und im taiwanischen Recht.

In China ist der Kommittent bei Insolvenz des Kommissionärs nicht geschützt. Der Kommittent kann ohne Abtretung die Forderung des Kommissionärs aus dem Ausführungsgeschäft nicht geltend machen. *Fang* plädiert dafür, die Bestimmung zur verdeckten Stellvertretung § 926 ZGB stark zu verändern und den Anwendungsbereich zu beschränken: Kann der Kommissionär seine

579 Mittleres Volksgericht der Stadt Jiaxing, 2010, Nr. 412, (2010) 浙嘉商终字第412号.

580 Gao/Wang, Geschäftsbesorgungs-, Kommissions- und Maklervertrag, S. 167.

581 Mittleres Volksgericht der Stadt Hainan, 2000, Nr. 137, (2000) 海南经终字第137号.

582 Baumbach/Hopt/Hopt, Handelsgesetzbuch, 40. Aufl., § 392, Rn. 6.

Pflicht gegenüber Kommittenten nur wegen Insolvenz des Kommissionärs nicht erfüllen, soll er dem Kommittenten mitteilen, wer der Dritte ist. Dann kann der Kommittent die Rechte des Kommissionärs gegenüber dem Dritten ausüben.[583]

3. Die dingliche Rechtslage

Da der Kommissionär selbst unmittelbar die Rechte und Pflichten aus dem Ausführungsgeschäft hat, hat er grundsätzlich ohne abweichende Vereinbarung bei der Einkaufskommission zuerst das Eigentum am Kommissionsgut oder das Eigentum am Erlös bei der Verkaufskommission.[584] Danach muss er das Eigentum des Einkaufskommissionsgutes oder des Verkaufserlöses an den Kommittenten übertragen.

Bei der Verkaufskommission kann der Kommittent das Kommissionsgut direkt an den Dritten übergeben. Er kann auch erst das Kommissionsgut an dem Kommissionär liefern, der dann das Gut an den Dritten übergibt. Der Kommissionär besitzt nur das Kommissionsgut und ist ermächtigt, über das Gut auftragsgemäß zu verfügen. Der Kommittent hat das Eigentum am Kommissionsgut.[585]

In der juristischen Praxis ist das Eigentum am Verkaufskommissionsgut eines der Kriterien, anhand dessen die Gerichte prüfen, um Kommissionär und Vertragshändler voneinander zu unterscheiden, da der Kommissionär im Vergleich zum Vertragshändler kein Eigentum am Gut hat.[586]

IV. Probleme und Verbesserungsvorschläge hinsichtlich des chinesischen Kommissionsrechts

Anders als der auf Handelsvertreterverträge anwendbare Geschäftsbesorgungsvertrag ist der Kommissionsvertrag, der für die Geschäftstätigkeit im Handelsverkehr entworfen wurde, als ein spezieller Vertriebsvertrag im ZGB geregelt.

583 Fang Xinjun, Retention or Abolition of Articles 402 and 403 of the Contract Law from the Perspective of the Codification of the Civil Law, in: Chinese Journal of Law, 2019, Nr. 1, S. 78 ff. (98).

584 Gao/Wang, Geschäftsbesorgungs-, Kommissions- und Maklervertrag, S. 147; Cui/Han/Yu, Schuldverhältnis, S. 599; Wang Liming, Forschung über das Vertragsrecht, 2. Aufl., Bd. 3, S. 745.

585 Oberstes Volksgericht, 2006, Nr. 226, (2006) 民二终字第226号.

586 Erstes Mittleres Volksgericht der Stadt Shanghai, 2016, Nr. 81, (2016) 沪01民终81号.

Vor allem sollte der Unterschied zwischen Kommissionären und Kommissionsagenten deutlich werden. Denn die vom Kommittenten ständig betrauten Kommissionsagenten sollten ähnlich wie Handelsvertreter besondere Rechte wie einen Ausgleichsanspruch oder einen Schadensersatzanspruch nach Beendigung des Kommissionsagentenvertrags haben.

Wie im Handelsvertreterrecht sollte die fristlose „beliebige" Kündigung (§ 933 S. 1 ZGB) ohne Angabe von Gründen beim Kommissionsvertrag ausgeschlossen werden.

Obwohl die Bestimmungen des Vertragsrechts in China grundsätzlich abdingbar sind, ist zu empfehlen, dass die Rechte und Pflichten des Kommissionärs im ZGB-Kapitel zum Kommissionsvertrag umfassend geregelt werden.

Der Kommissionär verpflichtet sich gemäß § 951 ZGB, die Handelsgeschäfte für den Kommittenten auszuführen (Ausführungspflicht). Unklar ist, was genau „Handelsgeschäfte ausführen" meint. Der Kommissionär sollte sich grundsätzlich nur zur Bemühung um Geschäftsabschluss verpflichten. Nach Vereinbarung kann er z.B. Abschluss und Abwicklung eines Ausführungsgeschäfts schulden.

Der Kommittent sollte sich bei der Einkaufskommission verpflichten, das an ihn gelieferte Gut zu untersuchen und den Kommissionär über die entdeckten Mängel zu benachrichtigen (Untersuchungs- und Rügepflicht).

Die Herausgabepflicht des Kommissionärs (§ 927 ZGB) sollte sowohl das vom Dritten aus der Geschäftsbesorgung Erlangte als auch das vom Kommittenten zur Kommissionsausführung Erhaltene umfassen. Außerdem sollte die Herausgabepflicht nicht nur auf Vermögensgüter begrenzt werden, sondern ebenso die aus dem Ausführungsgeschäft entstandenen Forderungen umfassen.

Die Delkrederehaftung (nur Schadensersatz) des Kommissionärs kraft Gesetzes ist für den Kommissionär unbillig, insbesondere wenn eine entsprechende Bestimmung zur Delkredereprovision des Kommissionärs fehlt. Diese Delkrederehaftung sollte nur bei vertraglicher Vereinbarung übernommen werden.

Der Kommissionär hat einen Vergütungsanspruch (§ 959 ZGB), wenn „der Kommissionsauftrag erledigt wird". Unklar ist, wann der Vergütungsanspruch entsteht. Dieser Anspruch sollte entstehen, wenn die abgeschlossenen Geschäfte erfüllt werden, und erloschen, wenn der Kommissionär schuldhaft das durch das Ausführungsgeschäft Erlangte nicht an den Kommittenten herausgibt.

Nimmt der Kommittent nach Mahnung durch den Kommissionär das Kommissionsgut nicht an, sollte dem Kommissionär neben dem Hinterlegungsrecht für das Gut auch ein Selbsthilfeverkaufsrecht zukommen.

Der am häufigsten diskutierte Punkt im Zusammenhang mit Kommissionsgeschäften ist das Verständnis des Stellvertretungsrechts des Common Law. Da auch das chinesische Stellvertretungsrecht vom Common Law beeinflusst ist, werden die Bestimmungen der offenen Stellvertretung für einen unbenannten Prinzipal (§ 925 ZGB) und der verdeckten Stellvertretung (§ 926 ZGB) im Geschäftsbesorgungsvertrag geregelt. Nach § 960 ZGB finden die Bestimmungen des Geschäftsbesorgungsvertrags auf Kommissionsvertrag ergänzend Anwendung. Aufgrund des Relativitätsprinzips bindet jedoch das Ausführungsgeschäft gemäß § 958 Abs. 1 ZGB den Kommissionär und den Dritten. Dies steht im Widerspruch zur offenen Stellvertretung, bei der das Geschäft den Vertretenen und den Dritten bindet. Deswegen sollte die offene Stellvertretung für einen unbenannten Prinzipal auf Kommissionsgeschäfte nicht anwendbar sein.

In China sind die in Deutschland zur Problemlösung herangezogene Drittschadensliquidation und Vorausabtretungsfiktion im Kommissionsgeschäft fremd. Ohne Anwendung der verdeckten Stellvertretung gibt es keine ausnahmsweisen Direktansprüche zwischen Kommittenten und Dritten, um den Kommittenten unter bestimmten Umständen wie Leistungsstörung des Dritten oder Insolvenz des Kommissionärs vor der Abtretung zu schützen. Gemäß § 926 Abs. 1 ZGB kann der Kommittent die Rechte des Kommissionärs aus dem Ausführungsgeschäft gegenüber dem Dritten ausüben (Eintrittsrecht des Kommittenten im Ausführungsgeschäft), wenn der Dritte seine Vertragspflicht nicht erfüllt hat und der Kommissionär dem Kommittenten mitgeteilt hat, wer der Dritte ist. Umgekehrt schützt § 926 Abs. 2 den Dritten durch ein Wahlrecht, wenn der Kommissionär seine Pflicht aus dem Ausführungsgeschäft aus beim Kommittenten liegenden Gründen nicht erfüllt. Deswegen besteht die Möglichkeit zur Anwendung der verdeckten Stellvertretung auf Kommissionsgeschäfte. Der Anwendungsbereich dieser Direktansprüche des Kommittenten gegenüber dem Dritten sollte neben der Leistungsstörung des Dritten auch Umstände wie eine Insolvenz des Kommissionärs umfassen.

Kapitel 6: Handelsmakler in China

Die Maklertätigkeit hat in China eine lange Geschichte. Während der *Zeit der Streitenden Reiche* (475–221 v. Chr.) wurden Makler als „驵“ oder „驵侩“ bezeichnet. Damals waren sie hauptsächlich in der Vermittlung von Rindern und Pferden tätig. In der Tang-Dynastie (618–907 n. Chr.) wurden erstmals Makler „牙人“ erwähnt.[587]

Im heutigen China werden Makler in der Praxis häufig als „居间人“ oder „中介人“ bezeichnet. Sie spielen in verschiedenen Bereichen eine wichtige Rolle, insbesondere in der Immobilienvermittlung. Mit dem Boom des chinesischen Immobilienmarktes in den vergangenen Jahren liegen bereits zahlreiche Gerichtsentscheidungen hinsichtlich Streitigkeiten zur Vermittlungstätigkeit eines Maklers bei Wohnungskäufen vor. Außerdem sind Makler in der Vermittlung von Bauverträgen zwischen Bestellern und Unternehmern tätig.[588] Auch im Investitions- und Finanzierungsbereich spielen Makler eine große Rolle, z.B. vermitteln sie Bankdarlehen, Darlehen von Treuhandgesellschaften (Trust Company)[589] oder den Kauf und Verkauf von Wertpapieren, insbesondere GmbH-Anteile[590].

2013 startete das Projekt „One Belt, One Road“[591]. Handelsmakler spielen seitdem eine noch größere Rolle in der Kooperation chinesischer und ausländischer Unternehmen. Das Oberste Volksgericht hat in den Jahren 2015 und 2017 insgesamt 18 Fälle hinsichtlich des Aufbaus des Projektes „One Belt, One Road“ als „typische Fälle/Model Cases“ veröffentlicht. Darunter befindet sich ein typischer Fall zur Vermittlungstätigkeit eines Maklers.[592] Das Oberste Volksgericht

587 Lü Zhixing, Das System des Maklers im antiken China, in: Contemporary Law Review, 2002, Nr. 6, S. 155 ff. (155).

588 Oberstes Volksgericht, 2014, Nr. 74, (2014) 民提字第74号.

589 Oberstes Volksgericht, 2018, Nr. 298, (2018) 最高法民申298号.

590 Oberes Volksgericht der Provinz Jiangsu, 2010, Nr. 0059, (2010) 苏商外终字第0059号; Oberstes Volksgericht, 2015, Nr. 2231, (2015) 民申字第2231号.

591 Kurzform von „The Silk Road Economic Belt and the 21st Century Maritime Silk Road“. Dieses Projekt übernimmt die historischen Symbole der alten Seidenstraße und zielt darauf ab, aktiv die wirtschaftlichen Kooperationsbeziehungen mit den Ländern entlang der „Belt and Road“ zu entwickeln.

592 No. 2 of Second Group of Model Cases Involving Construction of the „Belt and Road“ Published by the Supreme People's Court: Wanjia Financing Consulting PLC (British Virgin Islands) *et al.* v. Zhongyu Building Materials Group Co., Ltd. (Appeal case concerning dispute over a brokerage contract).

hebt in diesem typischen Fall die Bedeutung des vernünftigen Schutzes des Vergütungsanspruchs des Handelsmaklers und dessen wertvolle Funktion der Vermittlungstätigkeit für einen Investor oder Fundraiser hervor.

In diesem Kapitel werden zunächst die Makler- und Handelsmaklerbegriffe sowie die wesentlichen Rechte und Pflichten des Handelsmaklers vorgestellt. Anschließend wird das in der Wirtschaftspraxis populäre Thema des Abschlusses des Hauptvertrags unter Umgehung der vom Makler erbrachten Leistung diskutiert.

I. Allgemeines

1. Begriff des Maklers und Handelsmaklers

Nach § 961 ZGB (a.F. § 424 VG) gibt es zwei Arten von Maklern: der Nachweismakler weist dem Auftraggeber Gelegenheiten zum Abschluss eines Vertrags nach; der Vermittlungsmakler führt für den Auftraggeber den Abschluss eines Vertrags (Hauptvertrag) herbei. Der Vermittlungsmakler kann in der Praxis von einer oder von beiden Parteien beauftragt werden.

Der Makler ist nicht als Vertreter für den Auftraggeber tätig. Er kann nicht Vertragspartei des Hauptvertrags sein und hat für die Erfüllung der Verbindlichkeit aus dem Hauptvertrag nicht einzustehen.[593]

In Deutschland wird zwischen Zivilmakler (§§ 652 ff. BGB) und Handelsmakler (§§ 93 ff. HGB) unterschieden. Vor allem ist zu unterscheiden, dass der Handelsmakler gemäß § 93 Abs. 1 HGB die Vermittlung von Verträgen über Gegenstände des Handelsverkehrs, z.B. Waren, Wertpapiere oder Versicherungen, übernimmt. In § 93 Abs. 2 HGB ist ausdrücklich geregelt, dass es bei Handelsmaklern nicht um die Vermittlung von Geschäften über unbewegliche Sachen geht. Ferner ist der Handelsmakler in Deutschland im Vergleich zum Zivilmakler ausschließlich Vermittlungsmakler, Nachweismakler zu sein, reicht nicht aus.[594]

Dagegen wird in China weder im VG noch im ZGB zwischen Zivilmakler und Handelsmakler unterschieden. Insoweit können sowohl Immobilienmakler als auch Nachweismakler im Handelsverkehr als Handelsmakler tätig sein. In Taiwan sind die Bestimmungen zum Maklervertrag in §§ 565–575

593 Liang Huixing, A Propositional Version with Reasons for Civil Code Draft of China (Contract Law II), S. 745; Mittleres Volksgericht der Stadt Guangzhou, 2005, Nr. 997, (2005) 穗中法民四终字第997号.

594 Baumbach/Hopt/Roth, Handelsgesetzbuch, 40. Aufl., § 93, Rn. 13.

TWZG geregelt. Sie finden sowohl auf den Zivilmakler als auch auf den Handelsmakler Anwendung.

In Deutschland wird zwischen Handelsmakler und Vermittlungsvertreter (Handelsvertreter) unterschieden. Der Vermittlungsvertreter ist vom Unternehmer ständig betraut und zu seiner Tätigkeit verpflichtet. Demgegenüber vermittelt der Handelsmakler nicht ständig für denselben Auftraggeber und hat grundsätzlich keine Tätigkeitspflicht.[595]

2. Rechtsgrundlage

Der Maklervertrag ist in §§ 961–966 ZGB (a.F. §§ 424–427 VG) geregelt. Die gesetzlichen Bestimmungen aus dem Maklervertrag finden auf die gesamte Nachweis- (Nachweismakler) und Vermittlungstätigkeit (Vermittlungsmakler und Vermittlungsvertreter) Anwendung.

Im Vergleich mit den Bestimmungen zum Maklervertrag im VG gibt es die folgenden vier Änderungen im ZGB. Erstens wurde die Bezeichnung von „Maklervertrag/居间合同" in „Vermittlungsvertrag/中介合同" geändert. In der vorliegenden Dissertation wird weiterhin „Maklervertrag" verwendet. Zweitens kann die Aufwendung des Maklers bei Nichtabschluss des Hauptvertrags – wie § 964 Hs. 2 ZGB klarstellt – nur durch Vereinbarung ersetzt werden. Die a.F. § 427 VG handelte es sich um ein gesetzliches Recht des Maklers, von dem Auftraggeber Aufwendungsersatz zu verlangen. Drittens wurde die Bestimmung zum Vergütungsanspruch des Maklers bei Abschluss eines Hauptvertrags unter Umgehung dieses Maklers als § 965 ZGB neu eingefügt. Viertens wurde in § 966 ZGB erstmals ausdrücklich festgelegt, dass die Bestimmungen zum Geschäftsbesorgungsvertrag auf Maklervertrag ergänzend Anwendung finden können. Diese Bestimmung fehlte im VG, allerdings fanden die Bestimmungen zum Geschäftsbesorgungsvertrag in der Literatur[596] und in der Rechtsprechung dennoch durchaus auch ergänzende Anwendung auf den Maklervertrag. Dazu gehört insbesondere die „beliebige" Kündigung/der Widerruf gemäß § 410 S. 1 VG.[597] Grundsätzlich gelten die folgenden Bestimmungen des Geschäftsbesorgungsvertrags für Maklervertrag: Pflicht des Auftragnehmers zur Befolgung der Weisung des Auftraggebers (§ 922 ZGB), Pflicht des Auftragnehmers zur

595 Schmidt, Handelsrecht – Unternehmensrecht I, 6. Aufl., § 26 I, Rn. 6.

596 Gao/Wang, Geschäftsbesorgungs-, Kommissions- und Maklervertrag, S. 187.

597 Erstes Mittleres Volksgericht der Stadt Beijing, 2015, Nr. 4289, (2015) 一中民(商)终字第4289号; Mittleres Volksgericht der Stadt Shenyang, 2016, Nr. 5834, (2016) 辽01民终5834号.

persönlichen Tätigkeit für den Auftraggeber (§ 923 S. 1 ZGB), Herausgabepflicht des Auftragnehmers (§ 927 ZGB), „beliebige" Kündigung/Widerruf des Maklervertrags (§ 933 S. 1 ZGB). Dagegen finden die Bestimmungen zu den offenen und versteckten Stellvertretungen (§§ 925, 926 ZGB) keine Anwendung.[598]

II. Maklervertrag

Ein Maklervertrag kann nach dem Grundsatz der Vertragsfreiheit durch vertragliche Vereinbarung gestaltet werden. Der Abschluss des Maklervertrags ist formfrei.[599] Hinsichtlich Abschluss und Wirksamkeit bestehen im Vergleich zum Handelsvertretervertrag keine Abweichungen oder Besonderheiten. Da der Maklervertrag anders als der Handelsvertretervertrag ein „einfaches" Schuldverhältnis darstellt, weicht die Beendigung eines Maklervertrags von der Beendigung des Handelsvertretervertrags ab. Deswegen findet die Beendigung eines Dauerschuldverhältnisses auf den Maklervertrag keine Anwendung.

1. Pflichten des Maklers

a) Tätigkeitspflicht gemäß § 961 ZGB

Der Makler erbringt dem Auftraggeber eine Dienstleistung, z.B. Gelegenheiten zum Abschluss eines Vertrags nachweisen oder/und den Abschluss eines Hauptvertrags vermitteln.

Bei der Nachweistätigkeit wird der Nachweismakler vom Auftraggeber beauftragt, für ihn Informationen zu sammeln, womit der Makler dem Auftraggeber Gelegenheit zum Abschluss eines Vertrags bietet. Bei der Vermittlungstätigkeit stimmt sich der Vermittlungsmakler mit dem Auftraggeber und einer anderen Partei ab, um den Hauptvertrag abzuschließen.[600]

Fraglich ist, ob der Makler zum Tätigwerden verpflichtet ist. In Deutschland[601] und in Taiwan[602] hat der Handelsmakler grundsätzlich keine gesetzlich definierte Tätigkeitspflicht.

---

598 Zhou Jianghong, Understanding the Changes for the Intermediary Contract in the Civil Code of China, in: Journal of Comparative Law, 2021, Nr. 2, S. 54 ff. (59 ff.).

599 Hu Kangsheng, The Interpretation of the Contract Law of the People's Republic of China, 3. Aufl., S. 647.

600 Hu Kangsheng, The Interpretation of the Contract Law of the People's Republic of China, 3. Aufl., S. 646.

601 MüKoHGB/Ströbl, 5. Aufl., § 93, Rn. 56.

602 Shi Shangkuan, Die Lehre der Einzelverträge des Schuldrechts, S. 464.

In China ist das umstritten. Eine Seite vertritt die Ansicht, dass der Makler dem Auftraggeber verpflichtet (Hauptpflicht) ist, Dienste zum Nachweis oder/und zur Vermittlung zu leisten.[603] Die andere Seite vertritt die Meinung, dass der Makler nicht zum Tätigwerden verpflichtet ist. Der Abschluss des vom Makler vermittelten Vertrags ist nur für die Vergütung des Maklers relevant.[604] Erbringt der Makler die Dienstleistung nicht, kann er keine Vergütung beanspruchen.

Der Tätigkeitsumfang des Maklers kann im Vertrag vereinbart werden. Nach der Vereinbarung verpflichtete der Makler sich nicht nur, als Finanzberater Beratung anzubieten, sondern auch die passenden Investoren zu suchen und eine Zusammenarbeit zwischen Auftraggeber und Investor zu vermitteln.[605]

Empfehlenswert ist, dass die Parteien im Maklervertrag ausdrücklich vereinbaren, ob der Makler zur Nachweistätigkeit/Vermittlungstätigkeit verpflichtet ist und ob die Verpflichtung zur Herbeiführung eines Abschlusserfolgs besteht.

b) Informationspflicht gemäß § 962 ZGB

Der Makler muss gemäß § 962 Abs. 1 ZGB (a.F. § 425 Abs. 1 VG) dem Auftraggeber wahrheitsgemäß über die den Vertragsschluss betreffenden Informationen Bericht erstatten. Diese Informationspflicht ist eine gesetzliche Nebenpflicht des Maklers.[606]

Der Nachweismakler ist nur gegenüber dem Auftraggeber verpflichtet. Dagegen ist der Vermittlungsmakler gegenüber beiden Parteien verpflichtet. Dies nicht nur bei Doppelbeauftragung, sondern auch, wenn der Geschäftspartner den Makler nicht beauftragt hat.[607] In Taiwan ist dies ebenso geregelt.[608]

Die Informationen müssen wahr und vollständig, für den Abschluss des Hauptvertrags wichtig und dem Makler bereits bekannt sein.[609] Wahrheit der Informationen bedeutet, dass die Informationen für den Makler

603 Gao/Wang, Geschäftsbesorgungs-, Kommissions- und Maklervertrag, S. 186; Cao Yaping, Diskussion über die Haftung des Maklers, in: Shandong Justice, 2006, Nr. 3, S. 113 ff. (114); Wang Liming, Forschung über das Vertragsrecht, 2. Aufl., Bd. 3, S. 764.

604 Chen Su, Geschäftsbesorgungs-, Kommissions- und Maklervertrag, S. 192.

605 Das Oberste Volksgericht, 2009, Nr. 16, (2009) 民二终字第16号.

606 Cui/Han/Yu, Schuldverhältnis, S. 611.

607 Zhang Yan, Handelsrechtliche Stellvertretungsrecht, S. 63; Cui/Han/Yu, Schuldverhältnis, S. 611; Wang Liming, Forschung über das Vertragsrecht, 2. Aufl., Bd. 3, S. 766.

608 Shi Shangkuan, Die Lehre der Einzelverträge des Schuldrechts, S. 469.

609 Chen Su, Geschäftsbesorgungs-, Kommissions- und Maklervertrag, S. 198 f.

subjektiv wahr sind. Diese Informationen müssen nicht vollständig der tatsächlichen objektiven Wahrheit entsprechen.[610] Wenn die subjektiv wahre Information von der objektiven Wahrheit abweicht, haftet der Makler gegenüber dem Auftraggeber nur, wenn er diese Pflicht vorsätzlich verletzt hat.[611]

§ 962 Abs. 2 ZGB (a.F. § 425 Abs. 2 VG) listet zwei Umstände der Pflichtverletzung mit Vorsatz auf: 1) Der Makler verheimlicht vorsätzlich die für den Abschluss des Vertrags wichtigen Informationen. Wichtige Informationen umfassen z.B. die Bonität des Geschäftspartners, Mängel am Gegenstand des Kaufvertrags[612] oder das Fehlen der Erlaubnis der anderen Partei zum Betrieb in bestimmten Branchen.[613] Der Makler verletzt seine Informationspflicht nicht, wenn er dem Auftraggeber Informationen nicht übermittelt, die öffentlich verfügbar sind, z.B. das Baujahr der Wohnung, da der Auftraggeber als Vertragspartei des Kaufvertrags diese Information selbst finden sollte;[614] 2) der Makler vermittelt vorsätzlich falsche Informationen, z.B. dass der Geschäftspartner über ausgezeichnete Leistungsfähigkeit verfüge oder über eine große Menge an Produkten in hochwertiger Qualität.[615]

Verheimlicht der Makler vorsätzlich wichtige Informationen oder gibt vorsätzlich falsche Informationen, hat er gemäß § 962 Abs. 2 ZGB (a.F. § 425 Abs. 2 VG) keinen Vergütungsanspruch, auch wenn der Hauptvertrag abgeschlossen wird. Außerdem ist er für den entstandenen Schaden ersatzpflichtig. *Liang* plädierte dafür, dass der Makler dann zudem keinen Anspruch auf Aufwendungsersatz haben sollte.[616]

In § 962 ZGB ist nur die vorsätzliche Pflichtverletzung geregelt. Fraglich ist, ob der Makler auch bei Fahrlässigkeit schadensersatzpflichtig ist. Nach *Liang* ist das nicht so.[617] Andere Juristen vertreten die Ansicht, dass der Makler auch

610 Chen Su, Geschäftsbesorgungs-, Kommissions- und Maklervertrag, S. 199.
611 Chen Su, Geschäftsbesorgungs-, Kommissions- und Maklervertrag, S. 199 f.
612 Hu Kangsheng, The Interpretation of the Contract Law of the People's Republic of China, 3. Aufl., S. 650.
613 Chen Su, Geschäftsbesorgungs-, Kommissions- und Maklervertrag, S. 203.
614 Erstes Mittleres Volksgericht der Stadt Shanghai, 2013, Nr. 885, (2013) 沪一中民二(民)终字第885号.
615 Chen Su, Geschäftsbesorgungs-, Kommissions- und Maklervertrag, S. 203.
616 Liang Huixing, A Propositional Version with Reasons for Civil Code Draft of China (Contract Law II), S. 746.
617 Liang Huixing, A Propositional Version with Reasons for Civil Code Draft of China (Contract Law II), S. 746.

bei Fahrlässigkeit haftet. Demnach findet hier die Bestimmung des Allgemeinen Teils des Vertragsrechts § 577 ZGB (a.F. § 107 VG) Anwendung, z.B. wenn der Makler die für den Vertragsabschluss wichtigen Informationen/Umstände nicht erkundet oder überprüft.[618]

c) *Erkundungs- oder Nachprüfungspflicht*

In Deutschland hat der Handelsmakler zur Erfüllung der Informationspflicht grundsätzlich keine Erkundungs- oder Nachprüfungspflicht. Er kann die Angaben dem Auftraggeber ungeprüft weitergeben.[619] In Taiwan ist der Makler, der die Maklertätigkeit gewerblich betreibt, gemäß § 567 Abs. 2 TWZG verpflichtet, die den Vertragsschluss betreffenden Umstände, die Leistungsfähigkeit und die Fähigkeit einer jeden Partei zur Erfüllung des vorgeschlagenen Vertrags zu erkunden.

In China war hinsichtlich der Nachprüfungs- oder Erkundungspflicht für gewerbliche Makler weder im VG etwas bestimmt noch ist dazu heute etwas im ZGB geregelt. *Hu* ist der Ansicht, dass dem Makler in China wie im deutschen Recht keine Nachprüfungs- und Erkundungspflicht obliege. Der Makler sei demnach nur verpflichtet, die Umstände, die ihm bekannt sind, dem Auftraggeber ungeprüft weiterzugeben.[620] Das Oberste Volksgericht befand, dass ein Makler, der die Maklertätigkeit nicht gewerblich betreibt, keine Erkundungs- oder Nachprüfungspflicht hat.[621] Problematisch ist, dass der handelsrechtliche Begriff „Gewerbe“ in China nicht eindeutig bestimmt ist.

Im Maklervertrag kann eine Erkundungs- oder Nachprüfungspflicht des Maklers grundsätzlich vereinbart werden. In der gerichtlichen Praxis ist umstritten, ob dem Makler, z.B. dem Immobilienmakler, ohne besondere Vereinbarung eine Erkundungs- oder Nachprüfungspflicht obliegt. Manche Gerichte folgen der Ansicht, dass der Immobilienmakler grundsätzlich keine

618 Unteres Volksgericht des Stadtbezirks Qianjin der Stadt Jiamusi, 2006, Nr. 3, (2006) 前民再初字第3号; Cao Yaping, Diskussion über die Haftung des Maklers, in: Shandong Justice, 2006, Nr. 3, S. 113 ff. (114 f.); Mao Haibo, Die Lösung der Probleme bei den Streitfällen über Immobilienmakler, in: Research on Rule of Law, 2013, Nr. 4, S. 118 ff. (122).

619 MüKoHGB/Ströbl, 5. Aufl., § 93, Rn. 59.

620 Hu Kangsheng, The Interpretation of the Contract Law of the People's Republic of China, 3. Aufl., S. 649.

621 Oberstes Volksgericht, 2017, Nr. 1976, (2017) 最高法民申1976号.

Pflicht dazu hat.[622] Der Makler ist gemäß § 962 Abs. 2 ZGB (a.F. § 425 Abs. 2 VG) nur dazu verpflichtet, die ihm bekannten Informationen zu weiterzugeben. Der Auftraggeber als Vertragspartei im Hauptvertrag soll selbst die Richtigkeit der Informationen überprüfen.

Nach *Wangs* davon abweichender Meinung ist der Immobilienmakler dazu verpflichtet, die Richtigkeit der Informationen sicherzustellen. Da der Immobilienmakler über mehr Fachkenntnis als die Vertragsparteien verfüge, könne er korrekte Informationen liefern und den Kauf bzw. Verkauf für beide Partei erleichtern.[623] Ferner listet *Wang* auf, welche Informationen dies betreffen soll: Informationen zur Immobilie (z.B. Eigentum,[624] Belastungen wie Hypotheken[625]) und zum Vertragspartner (z.B. Identität und Bonität,[626] die Qualifikation des Käufers zum Kauf einer Wohnung[627]).[628]

Neben Immobilienmaklern sind nach Ansicht eines Unteren Volksgerichts auch Makler, die Verträge zu Güterbeförderungen vermitteln, zur Nachprüfung der Informationen verpflichtet.[629]

Beispielsfall: Der Makler (Doppeltätigkeit) hatte einen Vertrag über Güterbeförderungen vermittelt. Der Versender verlangte vom Makler den Schadensersatz für den Güterverlust aufgrund des Betrugs des Beförderers, da der Makler seine Pflicht verletzt habe, die Identität und den Führerschein des Beförderers zu überprüfen. Das Gericht befand, dass der Makler verpflichtet ist, wenigstens eine formale Prüfung vorzunehmen, auch wenn es für ihn letztlich nicht möglich sei, die Echtheit des Ausweisdokuments sicher zu beurteilen. Dies gehöre

---

622 Mittleres Volksgericht der Stadt Xiamen, 2005, Nr. 2390, (2005) 厦民终字第2390号; Mittleres Volksgericht der Stadt Ningbo, 2016, Nr. 2494, (2016) 浙02民终2494号.

623 Wang Juan, Die Erkundungs- und Nachprüfungspflicht des Immobilienmaklers, in: People's Judicaure (Application), 2014, Nr. 23, S. 84 ff. (84 f.).

624 Erstes Mittleres Volksgericht der Stadt Beijing, 2015, Nr. 8999, (2015) 一中民(商)终字第8999号.

625 Mittleres Volksgericht der Stadt Xiamen, 2014, Nr. 2034, (2014) 厦民终字第2034号.

626 Case of Dispute over Intermediary Contract: Li Yandong v. Shanghai Hanyu Real Estate Consultants Co., Ltd., in: Gazette of the Supreme People's Court of the People's Republic of China, 2015, Nr. 2, S. 46 ff.

627 Drittes Mittleres Volksgericht der Stadt Beijing, 2014, 13963, (2014) 三中民终字第13963号.

628 Wang Juan, Die Erkundungs- und Nachprüfungspflicht des Immobilienmaklers, in: People's Judicaure (Application), 2014, Nr. 23, S. 84 ff. (86).

629 Unteres Volksgericht des Kreises Nanle der Stadt Puyang, 2007, Nr. 580, (2007) 南民初字第580号.

zur Sorgfaltspflicht des Maklers. Deswegen musste der Makler 20 Prozent des durch den Güterverlust entstandenen Schadens ersetzen.[630]

Hat der Makler die Erkundungs- oder Nachprüfungspflicht verletzt, haftet er nur für den Schaden, der nach der Entschädigungsleistung (zivilrechtlich und strafrechtlich) des Geschäftspartners aus dem Hauptvertrag noch übrig bleibt. Danach wird der Umfang des Schadensersatzes nach dem Grad des Verschuldens des Maklers beurteilt.[631] Ferner hat der Makler keinen Vergütungsanspruch und muss die vom Auftraggeber bereits gezahlte Vergütung zurückgeben, wenn er den Gegenstand (im Beispielsfall war die Wohnung mit einer Hypothek belastet) des Hauptvertrags nicht untersucht und dem Auftraggeber diese für den Vertragsabschluss wichtige Information nicht geliefert hat.[632]

Empfehlenswert ist, im Maklervertrag zu vereinbaren, ob der Makler sich bei Erfüllung seiner Informationspflicht auch zur Erkundung oder Nachprüfung der betroffenen Informationen und Umstände verpflichtet.

d) Treuepflicht und Verschwiegenheitspflicht des Maklers

Der Makler muss bei der Nachweis-/Vermittlungstätigkeit nach Treu und Glauben handeln. Bei einem Interessenkonflikt muss das Interesse beider Parteien (bei Doppeltätigkeit des Maklers) berücksichtigt werden, und der Makler muss eine neutrale Position einnehmen.[633]

In Taiwan ist in § 575 Abs. 1 TWZG geregelt, dass der Makler durch eine Vereinbarung verpflichtet werden kann, dem Geschäftsgegner den Namen/die Firma des Auftraggebers nicht bekanntzugeben (Verschwiegenheitspflicht des Maklers). Auch wenn der Makler einen Hauptvertrag ohne Bekanntgabe des Namens oder der Firma des Auftraggebers mit dem Geschäftsgegner vermittelt hat, ist der Makler keine Vertragspartei dieses Hauptvertrags, sondern eine Hilfsperson des Auftraggebers.[634] Der Makler ist gemäß § 575 Abs. 2 TWZG verpflichtet, die Pflicht des Auftraggebers aus dem Hauptvertrag gegenüber

---

630 Mittleres Volksgericht der Stadt Xuzhou, 2005, Nr. 1591, (2005) 徐民一终字第1591号.

631 Case of Dispute over Intermediary Contract: Li Yandong v. Shanghai Hanyu Real Estate Consultants Co., Ltd., in: Gazette of the Supreme People's Court of the People's Republic of China, 2015, Nr. 2, S. 46 ff; Mittleres Volksgericht der Stadt Nanjing, 2015, Nr. 4352, (2015) 宁民终字第4352号.

632 Mittleres Volksgericht der Stadt Xiamen, 2014, Nr. 2034, (2014) 厦民终字第2034号.

633 Wang Liming, Forschung über das Vertragsrecht, 2. Aufl., Bd. 3, S. 766 f.

634 Lin Chenger, Einzelne Schuldverhältnisse des Zivilrechts, Bd. 2, S. 216.

dem Geschäftsgegner zu erfüllen und die Leistung des Geschäftsgegners anzunehmen.

In China ist diese Verschwiegenheitspflicht des Maklers weder im VG noch im ZGB geregelt, und sie ist ebenfalls durch Vereinbarung zulässig.[635] Makler und Auftraggeber können auch eine Geheimhaltung weiterer Tatsachen, die dem Makler aufgrund des Auftrags bekannt werden, vereinbaren.

2. Rechte des Maklers

a) Vergütungsanspruch gemäß § 963 Abs. 1 ZGB

Der Auftraggeber muss nach § 963 Abs. 1 S. 1 ZGB (a.F. § 426 Abs. 1 S. 1 VG) dem Handelsmakler die vereinbarte Vergütung zahlen, wenn der Makler den Abschluss eines Hauptvertrags erreicht. Wichtige Punkte des Vergütungsanspruchs – etwa seine Entstehung, die Fälligkeit und Höhe der Vergütung – werden üblicherweise vereinbart. Gibt es keine Vereinbarung oder ist die Vereinbarung unklar, können Auftraggeber und Makler gemäß § 510 Hs. 1 ZGB (a.F. § 61 Hs. 1 VG) eine ergänzende Vereinbarung darüber treffen. Können sie keine ergänzende Vereinbarung treffen, kann der Punkt gemäß § 510 Hs. 2 ZGB (a.F. § 61 Hs. 2 VG) nach den geschäftlichen Gebräuchen bestimmt werden. Ist der Punkt noch nicht bestimmt, wird er gemäß § 963 Abs. 1 S. 2 ZGB (a.F. § 426 Abs. 1 S. 2 VG) entsprechend der Maklertätigkeit vernünftig festgesetzt.

Bei Nachweis der Gelegenheit hat nur der Auftraggeber die Pflicht, dem Nachweismakler die Vergütung zu zahlen. Dagegen kann der Vermittlungsmakler gemäß § 963 Abs. 1 S. 3 ZGB (a.F. § 426 Abs. 1 S. 3 VG) seine Vergütung von beiden Parteien zur Hälfte verlangen, da beiden Parteien aus der Vermittlungstätigkeit des Maklers Vorteile erwachsen.[636] Dies gilt jedoch grundsätzlich nur, wenn der Makler von beiden Parteien beauftragt wird (Doppeltätigkeit).[637] Bei Doppeltätigkeit kann auch vereinbart werden, dass nur eine Partei die Vergütung zahlen muss.

Der Vergütungsanspruch setzt den nachgewiesenen oder vermittelten Abschluss des Hauptvertrags und eine Kausalität der Tätigkeit des Maklers für den Abschluss voraus.[638] Der Hauptvertrag muss wirksam sein. Ist

635 Cui/Han/Yu, Schuldverhältnis, S. 611.

636 Hu Kangsheng, The Interpretation of the Contract Law of the People's Republic of China, 3. Aufl., S. 652.

637 Wang Liming, Forschung über das Vertragsrecht, 2. Aufl., Bd. 3, S. 771.

638 Hu Kangsheng, The Interpretation of the Contract Law of the People's Republic of China, 3. Aufl., S. 651.

der Hauptvertrag unwirksam oder wird er angefochten, erhält der Makler keine Vergütung.[639] Ist der Hauptvertrag teilweise unwirksam, hat der Makler Anspruch auf eine entsprechende Vergütung.[640] Die Kausalität der Maklertätigkeit für das Zustandekommen des Hauptvertrags bildet in der Literatur und Rechtsprechung einen Schwachpunkt.

Wird der Hauptvertrag danach von einer Vertragspartei nicht erfüllt[641] oder wird danach vom Hauptvertrag zurückgetreten[642], berührt dies nicht den Vergütungsanspruch des Maklers. Makler und Auftraggeber können jedoch vereinbaren, dass das Entstehen des Vergütungsanspruchs des Maklers von der Ausführung des Hauptvertrags durch den Geschäftsgegner abhängig ist.[643]

§ 964 Hs. 1 ZGB (a.F. § 427 VG) besagt ausdrücklich, dass der Makler keine Vergütung beanspruchen, wenn der Hauptvertrag nicht abgeschlossen wird. Dies ist kein zwingendes Recht. Eine Individualvereinbarung über den Vergütungsanspruch des Maklers ist zulässig – auch wenn der Hauptvertrag nicht zustande kommt. Dagegen ist eine dazu vom Makler gestellte AGB-Klausel unwirksam.[644]

Die Tätigkeit des Immobilienmaklers ist komplizierter, da der Vermittlungsmakler sich grundsätzlich nicht nur zum Abschluss des Kaufvertrags über Immobilien verpflichtet, sondern auch zur weiteren Dienstleistung zur Unterstützung für die Übertragung des Eigentums an der Wohnung.

Beispielsfall: Der Immobilienmakler hatte den Abschluss eines Kaufvertrags vermittelt. Im Maklervertrag wurde vereinbart, dass der Vergütungsanspruch (in Höhe von 15.000 Yuan) des Maklers entsteht, wenn der Kaufvertrag mit einem Geschäftsgegner abgeschlossen ist. Der Auftraggeber verlangte, die vereinbarte Höhe der Vergütung zu mindern, da danach vom Kaufvertrag

---

639 Hu Kangsheng, The Interpretation of the Contract Law of the People's Republic of China, 3. Aufl., S. 651; Wang Liming, Forschung über das Vertragsrecht, Bd. 3, 2. Aufl., S. 769; Chen Su, Geschäftsbesorgungs-, Kommissions- und Maklervertrag, S. 193.

640 Mittleres Volksgericht der Stadt Taizhou, 2014, Nr. 846, (2014) 浙台商终字第846号.

641 Oberes Volksgericht der Provinz Zhejiang, 2001, Nr. 188, (2001) 浙经一终字第188号; Mittleres Volksgericht der Stadt Ningbo, 2016, Nr. 2494, (2016) 浙02民终2494号.

642 Zweites Mittleres Volksgericht der Stadt Beijing, 2011, Nr. 16243, (2011) 二中民终字第16243号; Oberstes Volksgericht, 2016, Nr. 1404, (2016) 最高法民申1404号.

643 Oberstes Volksgericht, 2016, Nr. 340, (2016) 最高法民再340号; Oberstes Volksgericht, 2017, Nr. 361, (2017) 最高法民申361号.

644 Unteres Volksgericht des neuen Stadtbezirks Pudong der Stadt Shanghai, 2011, Nr. 2563, (2011) 浦民一(民)初字第2563号.

zurückgetreten wurde. Erstens war hier die im Maklervertrag vom Makler gestellte AGB-Klausel unwirksam, wonach die Pflicht des Maklers nach dem Abschluss eines Kaufvertrags erfüllt sei und der Auftraggeber aus keinem Grund die vereinbarte Vergütung mindern oder verweigern dürfe. Zweitens war der Makler nach Abschluss des Kaufvertrags noch verpflichtet, die Vertragspartei bei der Erfüllung des Kaufvertrags zu unterstützen, z.B. bei der Übertragung des Eigentums an der Wohnung. Der Makler konnte die zusätzliche vereinbarte Pflicht nach dem Abschluss wegen Rücktritt vom Kaufvertrag nicht weiter erfüllen, weswegen das Gericht befand, dass der Makler seine Vertragspflicht nicht vollständig erfüllt hat und der Vergütungsanspruch nur 10.000 Yuan beträgt.[645]

Es gibt weitere Urteile, wonach der Makler nicht die volle vereinbarte Vergütung verlangen kann, wenn er nach Abschluss des Hauptvertrags keine weitere Dienstleistung zur Erfüllung des Hauptvertrags erbracht hat.[646]

Die Vermittlungstätigkeit und weitere zusätzliche Dienstleistungen zur Unterstützung der Erfüllung des Hauptvertrags sollten nach *Zhou/Li* nach der Rechtsnatur getrennt werden. Insoweit ist der Maklervertrag eines Immobilienmaklers ein gemischter Vertrag mit geschäftsbesorgungs- und maklerrechtlichen Elementen. Die Vergütung für zusätzliche Dienstleistungen sollte von der Maklervergütung getrennt werden.[647] Deswegen ist für den Immobilienhandel zu empfehlen, die Vergütung für die eigentliche Vermittlungstätigkeit und die Vergütung für folgende Dienstleistungen getrennt zu vereinbaren.

b) Aufwendungsersatzanspruch bei Nichtabschluss gemäß § 964 Hs. 2 ZGB

Beim Abschluss des Hauptvertrags muss der Makler gemäß § 963 Abs. 2 ZGB (a.F. § 426 Abs. 2 VG) die Aufwendung für seine Maklertätigkeit tragen. Seine

645 Erstes Mittleres Volksgericht der Stadt Shanghai, 2013, Nr. 885, (2013) 沪一中民二(民)终字第885号.

646 Erstes Mittleres Volksgericht der Stadt Shanghai, 2016, Nr. 9558, (2016) 沪01民终9558号; Erstes Mittleres Volksgericht der Stadt Shanghai, 2016, Nr. 9414, (2016) 沪01民终9414号; Mittleres Volksgericht der Stadt Nanjing, 2016, Nr. 9513, (2016) 苏 01民终9513号.

647 Zhou/Li, Forschung zu rechtlichen Fragen des Abschlusses unter Umgehung des Maklers bei Streitigkeiten über den Immobilienmaklervertrag, in: Journal of Law Application, 2011, Nr. 10, S. 94 ff. (96).

Vergütung kann diese Aufwendung abdecken.[648] Fraglich ist, ob der Makler die Aufwendung selbst tragen muss, wenn trotz seiner Maklertätigkeit kein Hauptvertrag abgeschlossen wird.

Gemäß a.F. § 427 VG hatte der Makler grundsätzlich beim Nichtabschluss des Hauptvertrags gegenüber dem Auftraggeber Aufwendungsersatzanspruch. Dieser Anspruch unterscheidet sich vom taiwanischen Maklerrecht gemäß § 569 TWZG und dem in Deutschland gemäß § 652 Abs. 2 BGB. Danach haben Makler in Taiwan und in Deutschland nur bei entsprechender Vereinbarung einen Aufwendungsersatzanspruch, sowohl bei Abschluss als auch bei Nichtabschluss des Hauptvertrags.

Tang plädierte dafür, dass diese Bestimmung zum Aufwendungsersatzanspruch im ZGB wegfallen oder eine Voraussetzung „nach Vereinbarung" eingefügt werden sollte.[649] Letztlich wird es in § 964 Hs. 2 ZGB klargestellt, dass der Makler beim Nichtabschluss des Hauptvertrags nur bei Vereinbarung Aufwendungsersatz beanspruchen kann. Diese Änderung ist zu befürworten. Ohne konkrete Vereinbarung soll der Handelsmakler als selbständiger Absatzmittler – trotz seiner erbrachten Maklertätigkeit – selbst das Geschäftsrisiko und die vergebliche Aufwendung im Falle fehlenden Abschlusserfolgs tragen.

3. Abschluss unter Umgehung des Maklers

Shui weist darauf hin, es bestehe bei der Erfüllung des Maklervertrags eine doppelte moralische Gefahr. Vor Erbringung der Maklerleistung hat der Makler eine beherrschende Stellung, da er die für den Abschluss des Hauptvertrags wichtigen Informationen kennt und er bei der Erbringung der Maklerleistung seine Treuepflicht verletzen kann. Er könnte z.B. ihm bekannte wichtige Umstände vorsätzlich verschweigen oder darüber arglistig falsch informieren. Nach Erbringung der Maklerleistung ist es umgekehrt. Ob danach der Hauptvertrag abgeschlossen wird, hängt von dessen beiden Vertragsparteien ab. Die Parteien haben das Recht, den Abschluss des nachgewiesenen oder vermittelten Hauptvertrags abzulehnen. Nur wenn der Hauptvertrag nach der Maklertätigkeit des Maklers abgeschlossen wird, hat dieser einen Vergütungsanspruch. Will der Auftraggeber den Vorteil der Maklerleistung genießen, aber

648 Hu Kangsheng, The Interpretation of the Contract Law of the People's Republic of China, 3. Aufl., S. 653.

649 Tang Wenping, My Humble Opinion to the Legislation of the Contract of Civil Code, in: Law Science Magazine, 2018, Nr. 4, S. 9 ff. (19).

die Vergütung vermeiden oder vermindern, könnte er den Hauptvertrag unter Umgehung dieses Maklers mit der anderen Partei schließen.[650]

Hier spricht man in China vom „Abschluss unter Umgehung des Maklers/跳单“. Dies ist kein juristischer Begriff, er wird jedoch häufig im Zusammenhang mit der Maklertätigkeit beim Kauf und Verkauf von gebrauchten Immobilien verwendet. Der Abschluss unter Umgehung des Maklers ist eine Handlung, bei der dem Auftraggeber (meistens der Käufer) durch die Maklertätigkeit eine interessante Wohnung bekannt wird und er aber später einen Kaufvertrag über dieselbe Wohnung ohne Beteiligung dieses Maklers abschließt.[651] Konkret geht es darum, dass der Auftraggeber selbst oder eine ihm nahestehende Person, z.B. der Ehepartner, innerhalb eines bestimmten Zeitraums nach Erbringung der Maklertätigkeit einen Kaufvertrag direkt mit dem Verkäufer oder aufgrund der Vermittlungstätigkeit eines anderen Immobilienmaklers abschließt.[652]

Als § 965 ZGB wurde die Bestimmung des Vergütungsanspruchs des Maklers unter diesem Umstand neu eingefügt. Demnach kann der Makler gegenüber dem Auftraggeber die Vergütung verlangen, wenn der Auftraggeber nach der Maklertätigkeit die Information über die Geschäftsgelegenheit oder die Dienstleistung der Vermittlung verwendet und unter Umgehung des Maklers direkt einen Hauptvertrag abschließt. Fraglich ist, ob mit „der Auftraggeber direkt einen Hauptvertrag abschließt“ nur gemeint ist, dass der Auftraggeber selbst einen Hauptvertrag ohne Beteiligung eines anderen Maklers direkt mit dem Vertragspartner abschließt. *Zhou* vertritt die Ansicht, dies könne extensiv ausgelegt werden; der Makler habe also auch Vergütungsanspruch, wenn der Auftraggeber nicht selbst, sondern eine ihm nahestehende Person einen Vertrag abschließt oder wenn ein Hauptvertrag aufgrund der Vermittlungstätigkeit eines anderen Maklers abgeschlossen wird.[653]

---

650 Shui Bing, Double Moral Hazard in Intermediation Contract, in: Law Science, 2011, Nr. 11, S. 85 ff. (89 f.).

651 Büro des Obersten Volksgerichts für die Arbeit der Anleitung mit Fällen, Verständnis und Referenz des anleitenden Falls Nr. 1 „Fall der Maklervertragsstreitigkeit Shanghai Zhongyuan Immobilienberatungsgesellschaft mit beschränkter Haftung gegen TAO Dehua“, in: People's Judicaure (Application), 2012, Nr. 7, S. 30 ff. (30).

652 Dai Mengyong, Die Feststellung und Behandlung der Handlung vom Abschluss unter Umgehung des Maklers – Fokus auf Anleitenden Fall Nr. 1, in: Cross-Strait Law Review, 2012, Nr. 12, S. 146 ff. (147).

653 Zhou Jianghong, Understanding the Changes for the Intermediary Contract in the Civil Code of China, in: Journal of Comparative Law, 2021, Nr. 2, S. 54 ff. (64).

In der Praxis kommen solche Handlungen der Auftraggeber häufig vor. Dies führt zu Vergütungsverlusten der betroffenen Makler. Deswegen ist es in der Praxis üblich, dass die Makler explizit eine Klausel zum Verbot solcher Handlungen des Auftraggebers in den Maklervertrag aufnehmen. Diese Verbotsklausel ist in der Praxis nicht nur als Individualvereinbarung, sondern häufig auch als AGB-Klausel enthalten.

Fraglich ist, ob eine Vereinbarung über das Verbot des Abschlusses unter Umgehung des Maklers (im Folgenden wird hierfür „Verbotsklausel" verwendet) wirksam und ob ein Abschluss des Auftraggebers unter Umgehung des Maklers zulässig ist. Basierend auf einem anleitenden Fall (Guiding Case) werden die folgenden Punkte diskutiert: die Wirksamkeit einer AGB-Verbotsklausel, der Vergütungsanspruch bei mehreren Maklern und das Verhältnis der Verbotsklausel zur Vereinbarung über einen Makleralleinauftrag.

a) Anleitender Fall

2010 begann das Oberste Volksgericht, einen Katalog aus Leitentscheidungen aufzustellen. Die Fälle können von Gerichten aller Stufen entschieden worden sein. Das Oberste Volksgericht wählt aus, welche Fälle als anleitender Fall/Guiding Case veröffentlicht werden. Es handelt sich bei diesen Fällen um keine Präzedenzfälle im Sinne des Common Law mit rechtlicher Bindungswirkung. Gemäß § 7 *Notice of the Supreme People's Court on Issuing the Provisions on Case Guidance*[654] sollen die Volksgerichte aller Stufen bei der Entscheidung ähnlicher Fälle den anleitenden Fall als Referenz verwenden.

Die anleitenden Fälle gelten nicht als formelle Rechtsquelle, sondern haben eine ähnliche Funktion wie die justiziellen Auslegungen[655] des Obersten Volksgerichts. Insoweit gehören sie zu den Gesetzesauslegungen des Obersten Volksgerichts.[656] Die justiziellen Auslegungen und die anleitenden Fälle basieren auf den Gesetzen. Mit den justiziellen Auslegungen können die Gesetze systematisch ergänzt werden, wohingegen es bei anleitenden Fällen immer um konkrete Einzelfälle geht.[657]

---

654 最高人民法院印发《关于案例指导工作的规定》的通知, vom Obersten Volksgericht, [2010] Nr. 51.

655 In China wird die justizielle Auslegung durch die Oberste Staatsanwaltschaft oder das Oberste Volksgericht erlassen.

656 Wang/Hei, Zur Verbesserung des chinesischen Systems der Leitentscheidung, in: Journal of Law Application, 2017, Nr. 4, S. 30 ff. (31).

657 Zhang Qian, Über die anleitenden Fälle, in: People's Judicaure (Application), 2016, Nr. 10, S. 56 ff. (61).

Der anleitende Fall zu einer Maklervertragsstreitigkeit wurde als *anleitender Fall Nr. 1* bekannt gemacht. Davor genoss der Maklervertrag in chinesischen rechtswissenschaftlichen Forschungen keine größere Aufmerksamkeit. Seit dieser Bekanntmachung sind die Forschungen über den Abschluss des Hauptvertrags unter Umgehung des Maklers ein häufig diskutiertes Thema in der chinesischen Rechtswissenschaft. Im Folgenden wird dieser anleitende Fall vorgestellt.

Sachverhalt: Der Verkäufer hatte drei Immobilienmakler beauftragt (ohne Alleinauftrag), seine Wohnung zu verkaufen. Alle drei Makler hatten einem anderen, identischen Auftraggeber (Käufer) die Informationen über diese Wohnung gegeben und ihn bei der Besichtigung der Wohnung begleitet. In einer von einem der drei Makler (Kläger) gestellten AGB-Klausel wurde vereinbart, dass der Käufer dem Makler eine Vertragsstrafe in Höhe von einem Prozent des tatsächlichen Kaufpreises leisten muss, wenn er oder eine mit ihm verbundene Person innerhalb von sechs Monaten nach der Besichtigung dieser Wohnung unter Verwendung der vom Makler gestellten Informationen/Gelegenheit mit dem Verkäufer einen Kaufvertrag unter Umgehung dieses Maklers abschließt. Letztendlich hatte der Käufer einen Kaufvertrag über diese Wohnung durch die Vermittlung eines anderen Maklers abgeschlossen und diesem eine Vergütung gezahlt. Der Kläger verlangte deshalb eine Vertragsstrafe.

Zusammenfassung der Entscheidung: Die AGB-Klausel des Klägers, dass dem Käufer verboten ist, einen Kaufvertrag mit dem Verkäufer abzuschließen, indem er die vom Makler bereitgestellten Informationen zur Wohnung verwendet, jedoch ohne den Makler zu beteiligen, ist wirksam. Wenn aber der Verkäufer für den Verkauf der gleichen Wohnung mehrere Makler beauftragt und der Käufer geeignete Informationen über dieselbe Wohnung erhalten kann, die der Öffentlichkeit zur Verfügung stehen, hat der Käufer das Recht, einen Makler mit einem niedrigen Angebotspreis und gutem Service auszuwählen, um einen Kaufvertrag abzuschließen. Bei dieser Handlung hatte der Käufer die Informationen des Klägers über die Wohnung nicht verwendet. Deswegen lag keine Vertragsverletzung des Käufers vor.[658]

658 Anleitender Fall Nr. 1: Fall der Maklervertragsstreitigkeit Shanghai Zhongyuan Immobilienberatungsgesellschaft mit beschränkter Haftung gegen TAO Dehua, Mitteilung des Obersten Volksgerichts zur Bekanntmachung der ersten Gruppe von anleitenden Fällen, Fa [2011] Nr. 354; Die deutsche Übersetzung in: Jin Zhenbao, Knut Benjamin Pißler, ZChinR 2012, S. 35–51.

In diesem anleitenden Fall hat das Gericht zum einen die Wirksamkeit der AGB-Verbotsklausel bejaht. Damit wird das Interesse der Makler geschützt, die gesunde Entwicklung des Marktes für Absatzmittler gefördert sowie Treu und Glauben im Immobilienhandel aufrechterhalten. Zum anderen hat das Gericht das Wahlrecht des Auftraggebers geschützt, womit der gerechte Wettbewerb zwischen den Maklern im Immobilienhandel gefördert, die Qualität der Dienstleistung erhöht und der Verbraucher geschützt wird.[659]

Allerdings weist dieser anleitende Fall Schwachpunkte auf und bedarf weiterer Diskussion. Das Gericht ist bei der Entscheidung zwei wichtigen Aspekten im Maklerrecht ausgewichen. Vor allem hat das Gericht diese Verbotsklausel nicht von der Vereinbarung über den Makleralleinauftrag unterschieden oder verglichen. Außerdem hat das Gericht nicht weiter den Vergütungsanspruch des Maklers bei mehreren Maklern diskutiert.

Bei Streitigkeiten muss die AGB-Verbotsklausel zuerst gemäß § 41 S. 1 VG (n.F. § 498 S. 1 ZGB) im allgemein üblichen Sinne ausgelegt werden. Gibt es mehrere mögliche Auslegungen, muss sie gemäß § 41 S. 2 VG (n.F. § 498 S. 2 ZGB) in dem Sinn ausgelegt werden, der für den Makler, der diese AGB-Verbotsklausel gestellt hat, nicht von Vorteil ist. Deswegen sollte diese AGB-Verbotsklausel nicht als Vereinbarung zum Alleinauftrag ausgelegt werden. Der Makler sollte keinen Vorteil beim Alleinauftrag haben.[660]

Tang ist folgender Auffassung: Wenn eine Verbotsklausel als Vereinbarung zum Makleralleinauftrag (Verbot des Direktabschlusses und Verbot der Beauftragung eines weiteren Maklers) ausgelegt wird, ist die Wirksamkeit der AGB-Klausel zum Makleralleinauftrag zu prüfen. Kann sie hingegen nicht als Vereinbarung zum Alleinauftrag ausgelegt werden, darf der Auftraggeber weitere Makler beauftragen, womit sich die Frage zum Vergütungsanspruch des Maklers bei Tätigkeit von mehreren Maklern stellt.[661]

---

659 Mitteilung des Obersten Volksgerichts zur Bekanntmachung der ersten Gruppe von anleitenden Fällen (最高人民法院关于发布第一批指导性案例的通知), Fa [2011] Nr. 354.

660 Zeng Pinjie, Über die Verbotsklausel des Abschlusses unter Umgehung des Maklers im Maklerrecht, in: Cross-Strait Law Review, 2012, Nr. 12, S. 129 ff. (141).

661 Tang Wenping, Von der Vertragsverletzung des Abschlusses unter Umgehung des Maklers bis zur Vergütung des Maklers, in: The Jurist, 2012, Nr. 6, S. 107 ff. (111).

b) Diskussion über die Verbotsklausel und Vergütungsanspruch des Maklers

aa) Wirksamkeit der AGB-Verbotsklausel

Eine AGB-Verbotsklausel zum Vertragsabschluss des Auftraggebers kann nach der Inhaltskontrolle unwirksam sein. Auch wenn eine Verbotsklausel dem Schutz des Vergütungsanspruchs des Maklers dient, könnte der Makler sie dazu verwenden, berechtigte Interessen des Auftraggebers zu verletzen.

In der gerichtlichen Praxis ist umstritten, ob eine vom Makler gestellte AGB-Verbotsklausel wirksam ist.

Nach h.M. ist diese Verbotsklausel wirksam, da sie darauf abzielt, dass der Auftraggeber einen Hauptvertrag unter Befolgung des Grundsatzes von Treu und Glauben abschließen soll. Der Auftraggeber schließt den Hauptvertrag unter Umgehung des Maklers ab, um die Vergütung für diesen Makler zu vermeiden oder zu vermindern. Um die moralische Gefahr zu reduzieren, sollte eine solche Verbotsklausel wirksam sein, um die Interessen der Makler zu schützen und Treu und Glauben zu bewahren.[662]

Dagegen ist die Verbotsklausel gemäß § 497 Nr. 3 ZGB (a.F. § 40 VG) unwirksam, wenn der Makler durch eine solche AGB-Klausel das Recht des Auftraggebers zur Beauftragung anderer Makler ausschließt.[663] Ferner wird neben der Verbotsklausel häufig vereinbart, dass der Auftraggeber dem Makler bei Vertragsabschluss unter Umgehung dieses Maklers eine Vertragsstrafe zahlen muss.[664] Dies erhöht die Haftung des Auftraggebers und ist deswegen unwirksam, insbesondere wenn diese Vertragsstrafe höher als die vereinbarte

662 Zhang Ning, Die Wirksamkeit der Verbotsklausel des Abschlusses unter Umgehung des Maklers und die Feststellung der Handlung des Abschlusses unter Umgehung des Maklers im Immobilienmaklervertrag, in: Journal of Law Application, 2010, Nr. 8, S. 68 ff. (70); Shui Bing, Double Moral Hazard in Intermediation Contract, in: Law Science, 2011, Nr. 11, S. 85 ff. (92).

663 Ma Yide, Wirksamkeit der AGB-Klauseln zum Haftungsausschluss und Haftungsbeschränkung, in: Law Science, 2014, Nr. 11, S. 146 ff. (148); Mittleres Volksgericht der Stadt Jincheng, 2014, Nr. 971, (2014) 晋市法民终字第971号; Mittleres Volksgericht der Stadt Quzhou, 2016, Nr. 851, (2016) 浙08民终851号.

664 Zweites Mittleres Volksgericht der Stadt Beijing, 2010, Nr. 16553, (2010) 二中民终字第16553号.

Vergütung ist, die der Makler erhalten würde, wenn der Hauptvertrag aufgrund seiner Tätigkeit abgeschlossen würde.[665]

Eine Verbotsklausel, auch eine Individualvereinbarung, ist gemäß § 151 ZGB (a.F. § 54 Abs. 1 Alt. 2 VG) anfechtbar, wenn sie bei Vertragserrichtung für den Auftraggeber deutlich ungerecht ist. Eine Vereinbarung, nach der z.B. der Auftraggeber/Käufer nach Besichtigung der Wohnung unter Begleitung des Maklers keinen Kaufvertrag über diese Wohnung unter Umgehung dieses Maklers abschließen darf, ist für den Käufer ungerecht, da die Begleitung bei der Besichtigung der Wohnung eine einfache Dienstleistung darstellt. Andere Makler könnten dem Käufer einen günstigeren Kaufpreis oder/und weniger Maklervergütung und besseren Service anbieten. Es ist für den Käufer ungerecht, wenn der Makler das Wahlrecht des Käufers nur wegen einer Besichtigung ausschließt.[666]

Ist die AGB-Verbotsklausel wirksam, müssen die Voraussetzungen für den Abschluss unter Umgehung des Maklers als Vertragsverletzung des Auftraggebers dann geklärt werden. Das für den anleitenden Fall zuständige Gericht hatte die Voraussetzungen nicht aufgelistet. In der Rechtswissenschaft gehören zu diesen Voraussetzungen: ein Hauptvertrag zwischen dem Auftraggeber und dem Geschäftspartner muss wirksam zustande gekommen sein; die Maklertätigkeit des Maklers ist kausal für das Zustandekommen des Hauptvertrags; der Zeitpunkt des Zustandekommens des Hauptvertrags liegt innerhalb der Dauer des vereinbarten Auftrags/der Verbotsklausel im Maklervertrag; der Auftraggeber schließt einen Hauptvertrag unter Umgehung dieses Maklers (Direktabschluss oder Abschluss aufgrund der Tätigkeit eines anderen Maklers) ab; der Auftraggeber handelt beim Abschluss des Hauptvertrags in der Absicht, die Vergütung dieses Maklers zu vermeiden oder zu vermindern.[667]

---

665 Dai Mengyong, Die Feststellung und Behandlung der Handlung vom Abschluss unter Umgehung des Maklers – Fokus auf dem „anleitenden Fall Nr. 1", in: Cross-Strait Law Review, 2012, Nr. 12, S. 146 ff. (153 f.).

666 Büro des Obersten Volksgerichts für die Arbeit der Anleitung mit Fällen, Verständnis und Referenz des anleitenden Falls Nr. 1 „Fall der Maklervertragsstreitigkeit Shanghai Zhongyuan Immobilienberatungsgesellschaft mit beschränkter Haftung gegen TAO Dehua", in: People's Judicaure (Application), 2012, Nr. 7, S. 30 ff. (32).

667 Zhang Ning, Die Wirksamkeit der Verbotsklausel des Abschlusses unter Umgehung des Maklers und die Feststellung der Handlung des Abschlusses unter Umgehung des Maklers im Immobilienmaklervertrag, in: Journal of Law Application, 2010, Nr. 8, S. 68 ff. (70); Dai Mengyong, Die Feststellung und Behandlung der Handlung

bb) Keine Voraussetzung der Absicht des Auftraggebers

Nach Meinung von *Zhang* ist die Absicht des Auftraggebers eine Voraussetzung der Vertragsverletzung bei Abschluss des Hauptvertrags unter Umgehung des Maklers, nämlich um die Vergütung dieses Maklers zu vermeiden oder zu vermindern.[668] Um genau zu sein, wird bei einem Direktabschluss mit dem Geschäftsgegner vermutet, dass dies mutwillig geschah, um die Bezahlung der Vergütung zu vermeiden. Hat der Auftraggeber aufgrund der Tätigkeit eines anderen Maklers einen Vertrag mit dem Geschäftsgegner geschlossen, handelt es sich grundsätzlich nicht um Arglist, da der Auftraggeber das Recht hat, einen Makler mit gutem Service auszuwählen.[669] Ausnahme hiervon wäre, dass der Makler beweisen kann, dass der Hauptvertrag aufgrund seiner Vermittlungstätigkeit unmittelbar vor dem Abschluss stand und der Auftraggeber einen Hauptvertrag ausschließlich aufgrund einer niedrigeren Maklergebühr mit einem anderen Makler abschlossen hat.[670] Eine weitere Ausnahme wäre, dass der Auftraggeber nicht beweisen kann, dem anderen Makler eine Maklervergütung gezahlt zu haben.[671]

Tang unterstützt diese Voraussetzung der Arglist des Auftraggebers zum mutwilligen Abschluss unter Umgehung des Maklers nicht, da der Auftraggeber lediglich nicht selbst direkt mit der anderen Partei den Hauptvertrag abschließen darf, es aber zulässig ist, dies aufgrund der Vermittlungstätigkeit irgendeines anderen Maklers zu tun.[672]

---

vom Abschluss unter Umgehung des Maklers – Fokus auf dem „anleitenden Fall Nr. 1", in: Cross-Strait Law Review, 2012, Nr. 12, S. 146 ff. (149 ff.).

668 Zhang Ning, Die Wirksamkeit der Verbotsklausel des Abschlusses unter Umgehung des Maklers und die Feststellung der Handlung des Abschlusses unter Umgehung des Maklers im Immobilienmaklervertrag, in: Journal of Law Application, 2010, Nr. 8, S. 68 ff. (70).

669 Dai Mengyong, Die Feststellung und Behandlung der Handlung vom Abschluss unter Umgehung des Maklers – Fokus auf den „anleitenden Fall Nr. 1", in: Cross-Strait Law Review, 2012, Nr. 12, S. 146 ff. (151).

670 Büro des Obersten Volksgerichts für die Arbeit der Anleitung mit Fällen, Verständnis und Referenz vom Anleitender Fall Nr. 1 „Fall der Maklervertragsstreitigkeit Shanghai Zhongyuan Immobilienberatungsgesellschaft mit beschränkter Haftung gegen Tao Dehua", in: People's Judicaure (Application), 2012, Nr. 7, S. 30 ff. (32).

671 Dai Mengyong, Die Feststellung und Behandlung der Handlung vom Abschluss unter Umgehung des Maklers – Fokus auf den „anleitenden Fall Nr. 1", in: Cross-Strait Law Review, 2012, Nr. 12, S. 146 ff. (151).

672 Tang Wenping, Von der Vertragsverletzung des Abschlusses unter Umgehung des Maklers bis zur Vergütung des Maklers, in: The Jurist, 2012, Nr. 6, S. 107 ff. (115).

In der juristischen Praxis befanden die Volksgerichte häufig, dass der Auftraggeber den Maklervertrag beim Abschluss eines Hauptvertrags aufgrund der Vermittlungstätigkeit eines anderen Maklers nicht verletzt hat, wenn jener dem anderen Makler eine Vergütung gezahlt hat.[673] In der Praxis hat der Auftraggeber grundsätzlich die Freiheit zu entscheiden, den Hauptvertrag aufgrund der Vermittlungstätigkeit des Maklers seiner Wahl oder ganz ohne Vermittlungstätigkeit eines Maklers direkt mit dem Geschäftsgegner abzuschließen. Der Makler hat gegenüber dem Auftraggeber einen Vergütungsanspruch, wenn seine Maklertätigkeit kausal für den wirksamen Abschluss des Hauptvertrags ist. Voraussetzung für eine Verletzung der Pflicht zur Zahlung der Vergütung ist ein Verschulden des Auftraggebers. Die Absicht des Auftraggebers bei Abschluss unter Umgehung des Maklers sollte keine Voraussetzung für diese Pflichtverletzung sein.

cc) Verwendung der Informationen und Mitursächlichkeit

Ist die Verbotsklausel nach Auslegung keine Vereinbarung zum Alleinvertrag, darf der Auftraggeber weitere Makler für den Kauf/Verkauf derselben Wohnung beauftragen. Dann stellt sich die Frage, ob der Makler einen Vergütungsanspruch geltend machen kann, wenn der Auftraggeber aufgrund der Vermittlungstätigkeit eines weiteren Maklers einen Hauptvertrag abschließt. Es geht also um die Frage der Mitursächlichkeit der Maklertätigkeit für den Abschluss des Hauptvertrags bei mehreren Maklern.

Der Kläger im anleitenden Fall verlangte die vereinbarte Vertragsstrafe. Diese Vertragsstrafe basierte auf der Vergütung des Maklers, weswegen der Diskussion über die Kausalität der Maklertätigkeit nicht ausgewichen werden sollte.[674] Hat der Käufer die Information des Klägers über die Wohnung nicht verwendet, ist der Abschluss des Hauptvertrags aufgrund der Vermittlungstätigkeit des weiteren Maklers zulässig. Der Käufer ist nicht verpflichtet, dem Kläger eine Vergütung zu zahlen. Die Beweislast für die Verwendung der Informationen trägt der Kläger/Makler.[675] Problematisch ist, dass die Kausalität der Maklertätigkeit des Klägers (Verwendung der Information) für das

---

673 Unteres Volksgericht des Bezirks Hongkou der Stadt Shanghai, 2010, Nr. 536, (2010) 虹民三(民)初字第536号; Dai Mengyong, Die Feststellung und Behandlung der Handlung vom Abschluss unter Umgehung des Maklers – Fokus auf den „anleitenden Fall Nr. 1", in: Cross-Strait Law Review, 2012, Nr. 12, S. 146 ff. (150 f.).

674 Tang Wenping, Forschung der Mitursächlichkeit der Maklertätigkeit bei mehreren Maklern, in: Political Science and Law, 2012, Nr. 12, S. 80 ff. (81).

675 Büro des Obersten Volksgerichts für die Arbeit der Anleitung mit Fällen, Verständnis und Referenz des anleitenden Falls Nr. 1 „Fall der Maklervertragsstreitigkeit

Zustandekommen des Hauptvertrags nicht im Widerspruch zur Zulässigkeit des Zustandekommens des Hauptvertrags aufgrund der Maklertätigkeit eines weiteren Maklers steht. Die Kausalität der Maklertätigkeit für das Zustandekommen des Hauptvertrags ist ein schwieriger Punkt im Maklerrecht, wobei die Frage der Mitursächlichkeit der Maklertätigkeit bei mehreren Maklern naturgemäß noch schwieriger ist. Das Gericht vertritt auf Grundlage der „Verwendung der Information“ eine einfache, aber unscharfe Vorstellung von „Kausalität“.[676] In § 965 ZGB wird die „Verwendung der Information zur Geschäftsgelegenheit oder der Dienstleistung der Vermittlung“ ausdrücklich geregelt.

Im Folgenden werden die chinesische „Verwendung der Information“ und die deutsche „Mitursächlichkeit bei mehreren Maklern“ analysiert. Nach *Tang* ist nicht entscheidend, dass der Käufer die Information tatsächlich verwendet, sondern dass diese „Verwendung“ eine Mitursächlichkeit für den Abschluss des Hauptvertrags bewirkt.[677]

Im anleitenden Fall hat das Gericht die Maklertätigkeit des Klägers für die Besichtigung der Wohnung nicht detailliert diskutiert. Der Immobilienmakler verpflichtet sich in der Regel zur Nachweistätigkeit (einschließlich der Besichtigung der Wohnung), Vermittlungstätigkeit und Unterstützung beider Parteien zur Erfüllung des Kaufvertrags (z.B. die Übertragung des Eigentums an der Wohnung).[678]

In der Praxis ist es üblich, dass der Makler vom potenziellen Käufer bei der Besichtigung der Wohnung ein Dokument mit verschiedenen Bezeichnungen wie „Bestätigung des Immobilienkaufverlangens“ oder „Bestätigung der Besichtigung der Wohnung“ unterschreiben lässt. In diesem Dokument werden üblicherweise eine Verbotsklausel und die Rechtsfolgen beim Abschluss unter Umgehung des Maklers sowie die Maklervergütung vereinbart. Grundsätzlich fungiert dieses Dokument als Maklervertrag mit dem Käufer.[679]

Shanghai Zhongyuan Immobilienberatungsgesellschaft mit beschränkter Haftung gegen TAO Dehua“, in: People's Judicature (Application), 2012, Nr. 7, S. 30 ff. (32).

676 Tang Wenping, Forschung der Mitursächlichkeit der Maklertätigkeit bei mehreren Maklern, in: Political Science and Law, 2012, Nr. 12, S. 80 ff. (82).

677 Tang Wenping, Von der Vertragsverletzung des Abschlusses unter Umgehung des Maklers bis zur Vergütung des Maklers, in: The Jurist, 2012, Nr. 6, S. 107 ff. (124).

678 Qi Muti, Die Grundlage des Vergütungsanspruchs im Maklervertrag, in: Law Science, 2018, Nr. 7, S. 117 ff. (125).

679 Büro des Obersten Volksgerichts für die Arbeit der Anleitung mit Fällen, Verständnis und Referenz des anleitenden Falles Nr. 1 „Fall der Maklervertragsstreitigkeit

Zuerst stellt sich die Frage, ob der Kläger seine Vergütung für Besichtigungen der Wohnung als Nachweistätigkeit verlangen kann. In Deutschland muss die Nachweistätigkeit oder die Vermittlungstätigkeit des Maklers für das Zustandekommen des Hauptvertrags mindestens „wesentlich“ sein.[680] Allerdings muss die Tätigkeit des Maklers nicht allein ursächlich sein. Es genügt vielmehr eine Mitursächlichkeit der Maklertätigkeit für das Zustandekommen des Hauptvertrags.[681]

In einem Beispielsfall befand das Mittlere Volksgericht der Stadt Nanjing, dass die allgemeinen Informationen zu einer angebotenen Wohnung in der Regel offen im Internet verfügbar sind. Der erste leistungserbringende Makler hatte nur die Dienstleistung der Besichtigung der Wohnung erbracht und keine weitere Vermittlungstätigkeit geleistet. Schließlich hatte der Auftraggeber einen Kaufvertrag über die gleiche Wohnung aufgrund der Vermittlungstätigkeit des zweiten leistungserbringenden Maklers abgeschlossen und ihm eine Vergütung gezahlt. Die Besichtigung der Wohnung mit dem ersten leistungserbringenden Makler war nicht unbedingt ursächlich für diesen Abschluss des Kaufvertrags gewesen, weswegen der erste leistungserbringende Makler keinen Vergütungsanspruch für seine Dienstleistung der Besichtigung der Wohnung hatte.[682] Das Gericht hat bei „nicht unbedingt ursächlich“ keine klare Vorstellung von der Kausalität der Maklertätigkeit und es ist unklar, ob eine wesentliche Maklertätigkeit und mindestens Mitursächlichkeit für das Entstehen des Vergütungsanspruchs vorliegen müssen.

Auch wenn die zeitliche Reihenfolge der Besichtigung der Wohnung der drei Makler ein logischer Grund für die „Verwendung der Information über die Wohnung“ sein kann, hat das Volksgericht im anleitenden Fall diese Reihenfolge nicht berücksichtigt. Selbst wenn der Kläger als erster der drei Makler die Besichtigung der Wohnung durchgeführt hätte, würde das nicht ergeben, dass der Auftraggeber die Informationen des Klägers verwendet hat. Es kann nicht einfach vermutet werden, dass eine „Verwendung“ vorliegt, wenn der Makler dem Auftraggeber die Information gegeben/die Wohnung gezeigt hat.[683]

Shanghai Zhongyuan Immobilienberatungsgesellschaft mit beschränkter Haftung gegen TAO Dehua“, in: People’s Judicaure (Application), 2012, Nr. 7, S. 30 ff. (31).

680 MüKoBGB/Roth, 8. Aufl., § 652, Rn. 190.

681 MüKoBGB/Roth, 8. Aufl., § 652, Rn. 192.

682 Mittleres Volksgericht der Stadt Nanjing, 2015, Nr. 7010, (2015) 宁民终字第7010号.

683 Büro des Obersten Volksgerichts für die Arbeit der Anleitung mit Fällen, Verständnis und Referenz des anleitenden Falls Nr. 1 „Fall der Maklervertragsstreitigkeit

Der Kläger im anleitenden Fall hatte die Dienstleistung der Besichtigung als dritter leistungserbringender Makler erbracht. Das heißt, dass dem Auftraggeber bereits vor dieser Besichtigung diese Wohnung bekannt war. In China ist der deutsche Begriff „Vorkenntnis des Auftraggebers von der Vertragsgelegenheit"[684] fremd.[685] Unklar ist, ob der Auftraggeber gegenüber dem Kläger den Einwand der Vorkenntnis der Gelegenheit erheben kann, und was die Folge ist, wenn er den Makler nicht auf seine Vorkenntnisse hingewiesen hat.

Der nächste Punkt ist, dass der Kläger im anleitenden Fall dem Käufer für die Wohnung einen Kaufpreis von 1.650.000 Yuan genannt hatte. Der Käufer hatte schließlich einen Kaufvertrag zum Preis von 1.450.000 Yuan abgeschlossen. Darüber wurde vom Gericht jedoch nicht diskutiert. Ein solcher höherer Preis des Maklers/Klägers sollte je nach Situation weiter berücksichtigt werden. Hat der Makler dem Auftraggeber vorsätzlich diesen höheren Kaufpreis (falsche Angaben) genannt, hat er nach § 425 Abs. 2 Alt. 2 VG (n.F. § 962 Abs. 2 Alt. 2 ZGB) wegen Verletzung der Informationspflicht keinen Vergütungsanspruch.[686] Hatte der Makler bei Angabe eines höheren Kaufpreises seine Informationspflicht nicht verletzt, der Auftraggeber jedoch einen Kaufvertrag wegen der Tätigkeit des zweiten leistungserbringenden Maklers zu einem günstigeren Kaufpreis der Wohnung abgeschlossen, ist nur die Vermittlungstätigkeit des zweiten leistungserbringenden Maklers für das Zustandekommen des Hauptvertrags kausal.[687]

Hat der Makler nicht nur die Nachweistätigkeit, sondern zudem bereits ein wenig Vermittlungstätigkeit erbracht, und der Auftraggeber schließt schließlich unter Umgehung dieses Maklers einen Hauptvertrag mit der anderen Partei ab, muss nach Ansicht von *Qi* die Mitursächlichkeit für den Abschluss des Hauptvertrags je nach Situation analysiert werden. Beim Direktabschluss liegt

---

Shanghai Zhongyuan Immobilienberatungsgesellschaft mit beschränkter Haftung gegen TAO Dehua", in: People's Judicaure (Application), 2012, Nr. 7, S. 30 ff. (32).

684 Siehe MüKoBGB/Roth, 8. Aufl., § 652, Rn. 195.

685 Tang Wenping, Von der Vertragsverletzung des Abschlusses unter Umgehung des Maklers bis zur Vergütung des Maklers, in: The Jurist, 2012, Nr. 6, S. 107 ff. (121 f.).

686 Büro des Obersten Volksgerichts für die Arbeit der Anleitung mit Fällen, Verständnis und Referenz des anleitenden Falls Nr. 1 „Fall der Maklervertragsstreitigkeit Shanghai Zhongyuan Immobilienberatungsgesellschaft mit beschränkter Haftung gegen TAO Dehua", in: People's Judicaure (Application), 2012, Nr. 7, S. 30 ff. (32).

687 Zeng Pinjie, Über die Verbotsklausel des Abschlusses unter Umgehung des Maklers im Maklerrecht, in: Cross-Strait Law Review, 2012, Nr. 12, S. 129 ff. (143).

grundsätzlich eine Kausalität der Vermittlungstätigkeit dieses Maklers für das Zustandekommen des Hauptvertrags vor. Beim Abschluss aufgrund der Vermittlungstätigkeit eines weiteren Maklers (mehrere Vermittlungsmakler) liegt grundsätzlich keine Mitursächlichkeit der Vermittlungstätigkeit des ersten leistungserbringenden Maklers vor.[688] Dagegen vertritt *Zeng* die Auffassung, dass alle Makler einen Vergütungsanspruch haben, wenn infolge der Tätigkeit mehrerer Makler ein Hauptvertrag zustande kommt. Die Vergütung kann dann nach dem jeweiligen Kausalbeitrag geteilt werden oder es wird eine Vergütung nach gleichen Teilen fingiert.[689]

Wird der Vergütungsanspruch des Maklers nicht unterstützt, kann der Makler gemäß § 427 VG (n.F. § 964 ZGB) den Ersatz der Aufwendung verlangen. *Qi* plädierte dafür, die Bestimmungen des § 427 VG (n.F. § 964 ZGB) zum Aufwendungsersatzanspruch des Maklers bei Nichtabschluss des Hauptvertrags wie folgt zu ändern: Beim Direktabschluss sollte der Makler grundsätzlich keinen Aufwendungsersatzanspruch gegenüber dem Auftraggeber haben. Bei Beauftragung eines anderen Maklers sollte der Auftraggeber sich dem ersten Makler gegenüber verpflichten, diesen über die Beauftragung weiterer Makler zu informieren. Verletzt der Auftraggeber diese Informationspflicht, sollte der erste Makler bei Vertragsabschluss aufgrund der Vermittlungstätigkeit des zweiten Maklers einen Aufwendungsersatzanspruch haben.[690] Dieser Vorschlag wurde nicht im ZGB übernommen.

c) AGB-Klausel über Makleralleinauftrag

Wenn die AGB-Verbotsklausel als Vereinbarung zum Alleinauftrag ausgelegt ist oder wenn im Maklervertrag eine AGB-Klausel zum Alleinauftrag vereinbart ist, ist zu prüfen, ob die AGB-Klausel zum Makleralleinauftrag wirksam ist. In Deutschland wird zwischen einfachem und qualifiziertem Alleinauftrag unterschieden. Beim einfachen Alleinauftrag ist es dem Auftraggeber nur während der Vertragslaufzeit verboten, einen anderen Makler zu beauftragen. Dies kann durch AGB-Klausel bestimmt werden.[691] Dagegen ist dem Auftraggeber

688 Qi Muti, Die Grundlage des Vergütungsanspruchs im Maklervertrag, in: Law Science, 2018, Nr. 7, S. 117 ff. (125 ff.).

689 Zeng Pinjie, Über die Verbotsklausel des Abschlusses unter Umgehung des Maklers im Maklerrecht, in: Cross-Strait Law Review, 2012, Nr. 12, S. 129 ff. (144).

690 Qi Muti, Die Grundlage des Vergütungsanspruchs im Maklervertrag, in: Law Science, 2018, Nr. 7, S. 117 ff. (130).

691 MüKoBGB/Roth, 8. Aufl., § 652, Rn. 246.

beim qualifizierten Alleinauftrag der Direktabschluss verboten. Dies darf nur durch Individualvereinbarung bestimmt werden, eine AGB-Klausel dazu ist unwirksam.[692]

In China wird eine solche Unterscheidung nicht vorgenommen. In der Rechtsprechung ist eine AGB-Klausel zum Makleralleinauftrag unwirksam, wenn die Laufzeit des Alleinauftrags unbeschränkt ist, der Makler aber nicht gleichzeitig zur Tätigkeit verpflichtet ist.[693] Auch wenn in der Rechtswissenschaft diskutiert wird, ob der Makler grundsätzlich eine Tätigkeitspflicht hat, verpflichtet sich der Makler beim Alleinauftrag für den Auftraggeber tätig zu sein und sich um den Abschluss des Hauptvertrags zu bemühen.[694]

In Deutschland wird das Widerrufsrecht des Auftraggebers beim Alleinauftrag für eine genau bestimmte Frist ausgeschlossen.[695] In China ist das „beliebige" Widerrufsrecht gemäß § 933 S. 1 ZGB (a.F. § 410 S. 1 VG) auf den Maklervertrag anwendbar. Im VG war nicht ausdrücklich geregelt, dass die Bestimmungen zum Geschäftsbesorgungsvertrag einschließlich der „beliebigen" Kündigung/des „beliebigen" Widerrufs auf den Maklervertrag ergänzend Anwendung finden. Allerdings wird diese Anwendung ausdrücklich in § 966 ZGB bejaht. Nach Ansicht von *Sui* ist der Maklervertrag wie der Kommissionsvertrag eine Sonderform des Geschäftsbesorgungsvertrags, womit der Auftraggeber jederzeit ohne Angabe eines Grundes den Maklervertrag widerrufen kann. Gleiches gilt beim Alleinauftrag.[696] *Mao/Lu* stimmen zu,

692 MüKoBGB/Roth, 8. Aufl., § 652, Rn. 254.

693 Erstes Mittleres Volksgericht der Stadt Shanghai, 2012, Nr. 3410, (2012) 沪一中民二(民)终字第3410号; Mao/Lu, Die Wirksamkeit und der Interessenschutz der Alleinauftrag-Klausel im Maklervertrag, People's Judicature (Case), 2013, Nr. 22, S. 23 ff. (26).

694 Shao Wenlong, Die Feststellung und Haftung der Handlung des Abschlusses unter Umgehung des Maklers im Immobilienmaklervertrag, in: People's Judicature (Case), 2012, Nr. 2, S. 20 ff. (22); Tang Wenping, Von der Vertragsverletzung des Abschlusses unter Umgehung des Maklers bis zur Vergütung des Maklers, in: The Jurist, 2012, Nr. 6, S. 107 ff. (114); Mao/Lu, Die Wirksamkeit und der Interessenschutz der Alleinauftrag-Klausel im Maklervertrag, People's Judicature (Case), 2013, Nr. 22, S. 23 ff. (26); Erstes Mittleres Volksgericht der Stadt Shanghai, 2016, Nr. 8539, (2016) 沪01民终8539号.

695 MükoBGB/Roth, 8. Aufl., § 652, Rn. 251.

696 Sui Pengsheng, Das jederzeitige ordentliche Kündigungsrecht des Auftraggebers im Maklervertrag und der Abschluss unter Umgehung des Maklers, in: Jianghuai Tribune, 2012, Nr. 4, S. 110 ff. (115).

dass das Widerrufsrecht des Auftraggebers beim Alleinauftrag nicht ausgeschlossen ist.[697]

Zu empfehlen ist, dass das Widerrufsrecht des Auftraggebers beim Makleralleinauftrag durch Vereinbarung ausgeschlossen werden sollte.

d) Zusammenfassung

In der Praxis kommt es häufig vor, dass der Auftraggeber nach einer teilweisen oder vollständigen Tätigkeit eines Maklers einen Hauptvertrag über denselben Gegenstand unter Umgehung dieses Maklers abschließt. Um seine nachteilige Situation etwas zu verbessern, verwendet der Makler häufig eine AGB-Verbotsklausel, nach der der Auftraggeber nicht selbst oder aufgrund der Maklertätigkeit eines anderen Maklers den Hauptvertrag mit dem Geschäftsgegner abschließen darf. Aus der Rechtswissenschaft und der Rechtsprechung ergibt sich nicht eindeutig, ob eine solche AGB-Verbotsklausel als Vereinbarung zum Alleinauftrag ausgelegt ist.

Ist es keine Vereinbarung zum Alleinauftrag, stellt sich die Frage nach der Wirksamkeit der AGB-Verbotsklausel und dem Vergütungsanspruch bei mehreren Maklern.

Eine wirksame AGB-Verbotsklausel folgt dem Grundsatz von Treu und Glauben, wonach der Auftraggeber unter Verwendung der vom Makler zur Verfügung gestellten Informationen keinen Hauptvertrag unter Umgehung des Maklers abschließen darf. Es sollte im Wesen um die Vergütung der Tätigkeit des Maklers gehen. Auch wenn der Auftraggeber das Recht hat, einen weiteren Makler zu beauftragen, darf er nicht frei wählen, welchen Makler er vergütet. Die Gerichte haben bei ihren Entscheidungen leider keine klaren Vorstellungen zu den wichtigen Voraussetzungen des Vergütungsanspruchs – Kausalität der Tätigkeit eines Maklers für das Zustandekommen des Hauptvertrags. In den letzten Jahren wurde das Thema „Abschluss unter Umgehung des Maklers" zusammen mit der Mitursächlichkeit der Maklertätigkeit bei mehreren Maklern intensiver in der Rechtswissenschaft analysiert.

Der Anspruch auf Vertragsstrafe oder der Vergütungsanspruch des Klägers/Maklers wurde im anleitenden Fall vom Gericht nicht unterstützt, weil es keine Verwendung der vom Kläger gestellten Informationen sah. Allerdings sollte der Anspruch des Maklers aus einem der folgenden Gründe verneint werden: Die bloße Nachweistätigkeit (Besichtigung der Wohnung) reicht für das Entstehen

697 Mao/Lu, Die Wirksamkeit und der Interessenschutz der Alleinauftrag-Klausel im Maklervertrag, People's Judicature (Case), 2013, Nr. 22, S. 23 ff. (27).

des Vergütungsanspruchs nicht aus; Bei Vorkenntnis des Auftraggebers/Käufers von der Vertragsgelegenheit ist die Nachweistätigkeit des Klägers nicht ursächlich; Der Kläger hat den Auftraggeber falsch über den Kaufpreis der Wohnung informiert und seine Informationspflicht vorsätzlich verletzt; Aufgrund der Vermittlungstätigkeit des zweiten leistungserbringenden Maklers wurde die Wohnung zu einem günstigeren Preis angeboten, weswegen nur die Vermittlungstätigkeit des zweiten Maklers und nicht die Nachweistätigkeit des Klägers für das Zustandekommen des Hauptvertrags ursächlich ist.

III. Probleme und Verbesserungsvorschläge hinsichtlich des chinesischen Handelsmaklerrechts

Der Makler sollte sich grundsätzlich nicht zur Tätigkeit (Nachweistätigkeit/Vermittlungstätigkeit) verpflichten. Beim Makleralleinauftrag sollte er sich zur Tätigkeit verpflichten.

Bei vorsätzlicher Verletzung der Informationspflicht des Maklers hat der Makler gemäß § 962 Abs. 2 ZGB keinen Vergütungsanspruch. Außerdem sollte er unter diesem Umstand keinen Aufwendungsersatz gegenüber dem Auftraggeber beanspruchen.

Analog zum taiwanischen Recht gemäß § 575 Abs. 1 TWZG wird vorgeschlagen, im Maklervertrag des ZGB noch die Bestimmung der Verschwiegenheitspflicht des Maklers zu regeln, wonach der Makler nach Vereinbarung dem Geschäftsgegner den Namen/die Firma des Auftraggebers nicht bekanntgeben darf.

Die Vereinbarung über das Verbot des Abschlusses unter Umgehung des Maklers (Verbotsklausel) sollte dahingehend diskutiert werden, ob sie als Vereinbarung eines Alleinauftrags auszulegen ist.

Im Falle unterlassener oder geminderter Vergütungszahlung an den Makler bei Abschluss unter Umgehung dieses Maklers sollte die Absicht des Auftraggebers keine Voraussetzung sein.

Die Mitursächlichkeit der Maklertätigkeit bei mehreren Maklern sollte geprüft und anerkannt werden. Liegt die Mitursächlichkeit der Maklertätigkeit vor, sollten mehrere Makler Vergütung für den Abschluss des Hauptvertrags gegenüber demselben Auftraggeber verlangen können.

Die Besonderheit beim Alleinauftrag sollte anerkannt werden. Es wird vorgeschlagen, das Widerrufsrecht des Auftraggebers (§ 933 S. 1 ZGB) beim Makleralleinauftrag auszuschließen.

Kapitel 7: Die Entwicklung eines modernen Absatzmittlungsrechts in China

Um ein modernes Absatzmittlungsrecht entwickeln zu können, müssen bestehende Schwachpunkte in der Gesetzgebung, der Rechtsanwendung durch Gerichte und der rechtswissenschaftlichen Forschung überwunden werden.

In der Rechtswissenschaft wird einer systematischen und dogmatischen Untersuchung des Absatzmittlungsrechts in China bisher nicht genug Beachtung geschenkt. Entsprechende Arbeiten könnten einen Beitrag leisten zur Verbesserung der Rechtsanwendung und für die künftige Gesetzgebung zum Absatzmittlungsrecht.

In den letzten drei Kapiteln wurden die drei klassischen und wichtigsten Vertriebsverträge als Ausgangspunkt der Untersuchung diskutiert und Verbesserungsvorschläge hinsichtlich des konkreten Absatzmittlungsrechts unterbreitet. Im vorliegenden Kapitel geht diese Untersuchung einen Schritt weiter: Analysiert werden die bestehenden Probleme des Rechts der Vertriebsverträge, bei denen der Absatzherr und seine rechtlich selbständigen, ins vertragliche Vertriebssystem eingliederten Absatzmittler längerfristig zur Absatzförderung zusammenarbeiten. Außerdem wird die Entwicklungstendenz eines modernen Absatzmittlungsrechts in China dargestellt.

I. Moderne Vertragstypen im Absatzmittlungsrecht

Bei der rechtswissenschaftlichen Untersuchung zu konkreten Fragen zu Vertriebsverträgen und der Diskussion zur Kodifikation eines allgemeinen Handelsrechts einschließlich Absatzmittlungsrecht besteht die Schwierigkeit darin, dass in der wirtschaftlichen Praxis ständig neuartigen Vertragstypen auftreten. Obwohl es beispielsweise im deutschen HGB und im taiwanischen TWZG spezielle kodifizierte Handelsvertreterverträge gibt, die dem Recht der Vertriebsverträge zum Vorbild dienen, sind taiwanische und deutsche Juristen bei ähnlichen neuartigen Vertriebsverträgen ständig vor analoge Anwendungsfragen gestellt.

In dem erst 2021 in Kraft getretenen Vertragsrecht des ZGB wurden im Vergleich mit dem VG nur unzureichend neuartige Vertragstypen eingefügt. Bedauerlich ist, dass das ZGB keinen speziellen Handelsvertretervertrag vorschreibt, der in China beim Absatzmittlungsrecht als Leitbild dienen könnte. In Ermangelung dessen ist es für chinesische Juristen eine besondere

Herausforderung, neuartige Erscheinungsformen von Vertriebsverträgen zu analysieren. Es ist dringend notwendig, aus den vielfältigen Erscheinungsformen der Vertriebsverträge ein Modell für eine grundlegende Forschung zu entwickeln.

Für die Entwicklung moderner Vertragstypen im Absatzmittlungsrecht einschließlich Handelsvertretervertrag, Vertragshändlervertrag und Franchisevertrag spielt die Rechtsprechung eine besonders wichtige Rolle. Allerdings treten in der gerichtlichen Praxis bei der Rechtsanwendung zahlreiche Probleme auf, die die Gerichte rechtzeitig erkennen und lösen sollten.

II. Anerkennung des Vertriebsrechts als eigenständiges Rechtsgebiet

Vor allem sollte das Vertriebsrecht in China als eigenständiges Rechtsgebiet und ein Sonderrecht des Handelsrechts anerkannt werden. In Deutschland ist das Vertriebsrecht im engeren Sinne ein Absatzmittlungsrecht des Absatzes von Waren und Dienstleistungen. Allerdings ist das Absatzmittlungsrecht in der chinesischen Rechtswissenschaft noch nicht systematisch entwickelt. Selbst das Handelsrecht, das als eigenständiges Rechtsgebiet erst spät anerkannt wurde, wird in Rechtswissenschaft und gerichtlicher Praxis noch nicht umfassend und tiefgehend untersucht, insbesondere nicht hinsichtlich der handelsrechtlichen Grundbegriffe. Deswegen wird auch dem auf diesen Grundbegriffen basierenden Absatzmittlungsrecht nur wenig Aufmerksamkeit geschenkt. Merkmale und Besonderheiten der Vertriebsverträge als moderne handelsrechtliche Verträge, die sich von anderen zivilrechtlichen Verträgen unterscheiden, werden selten untersucht. In der vorliegenden Arbeit wird das Absatzmittlungsrecht durch Analyse der vorhandenen, bisher nur vereinzelt durchgeführten wissenschaftlichen Untersuchungen und der einschlägigen gerichtlichen Rechtsprechung skizziert. Das Absatzmittlungsrecht sollte in der Rechtswissenschaft viel eingehender untersucht werden, um es als eigenständiges Rechtsgebiet in China entwickeln zu können.

Ferner sollten Streitigkeiten aus Vertriebsverträgen als eigenständiger Klagegrund unter dem Klagegrund der zweiten Stufe – Streitigkeiten aus Verträgen – hinzugefügt werden. Dann könnten alle Urteile im Zusammenhang mit Vertriebsverträgen in diesem Klagegrund konzentriert und ausschließlich dort eingeordnet werden. Die Klagegründe in Zivilsachen werden von den Gerichten grundsätzlich gemäß Rechtsverhältnis der betroffenen Parteien festgesetzt. Daher spielt der Klagegrund eine wichtige Rolle bei Recherchen in Urteilsdatenbanken zur Rechtsprechung hinsichtlich eines bestimmten Vertragstyps – etwa in der öffentlichen Urteilsdatenbank des Obersten Volksgerichts für alle in Kraft getretenen Urteile der Gerichte[698] und der juristischen Datenbank der Universität Peking[699]. Für Juristen sind Recherche und Analyse von Urteilen im Zusammenhang mit Vertriebsverträgen besonders schwierig und aufwendig, da mehrere Klagegründe in Betracht kommen, unter denen entsprechende Urteile eingeordnet sein können. Klagegründe im Zusammenhang mit Vertriebsverträgen sind hauptsächlich den zivilrechtlichen Streitigkeiten und den Streitigkeiten bezüglich geistigen Eigentums zuzuordnen.[700] Zu den zivilrechtlichen Streitigkeiten gehören insbesondere Streitigkeiten aus Kaufverträgen, Geschäftsbesorgungsverträgen, Kommissionsverträgen und Maklerverträgen. Streitigkeiten bezüglich geistigen Eigentums betreffen insbesondere Streitigkeiten aus Franchiseverträgen, Verträgen über Geschäftsgeheimnisse, Markenlizenzverträgen und vertikalen Monopolverträgen. Für Streitigkeiten aus anderen Typen von Vertriebsverträgen, insbesondere aus neuartigen Vertriebsverträgen, gibt es keinen eigenen Klagegrund.

Als wichtige Neuerung wurde ein neuer Klagegrund zwar die Streitigkeiten aus Handelsvertretervertrag im Jahr 2021 unter dem Klagegrund der Streitigkeiten aus Geschäftsbesorgungsvertrag hinzugefügt.[701] Die ab dem 1. Januar 2021 in Kraft getretenen Urteile hinsichtlich Handelsvertreterverträgen werden unter diesem Klagegrund eingeordnet; die Rechtsprechungssammlung ist dadurch besser zugänglich. Aufwendiger sind Recherchen zu vor dem 1. Januar 2021 in Kraft getreten Urteilen hinsichtlich Handelsvertreterverträgen und Urteilen zu den anderen Arten von Vertriebsverträgen. Denn solche Urteile sind nicht unter einem eigenen Klagegrund auffindbar, insbesondere nicht Urteile zum Vertragshändlerrecht.

Vor dem 1. Januar 2021 in Kraft getretene Urteile zum Handelsvertreterrecht sind nach wie vor unter dem Klagegrund „Streitigkeiten aus Geschäftsbesorgungsverträgen" eingeordnet. Um die konkreten Urteile im Zusammenhang mit Handelsvertreterverträgen zu finden, müssen die Juristen zunächst nach

698 https://wenshu.court.gov.cn

699 https://www.pkulaw.com

700 Die Klagegründe werden in der ersten Stufe in fünf Hauptkategorien unterteilt: Streitigkeiten im Zivilrecht, Strafrecht, geistiges Eigentum, Verwaltungsrecht und Staatshaftungsrecht.

701 Gemäß § 50 *Notice by the Supreme People's Court of Issuing the Decision to Amend the Provisions on the Causes of Action of Civil Cases (2020)* 最高人民法院印发《关于修改＜民事案件案由规定＞的决定》的通知 (2020), Fa [2020] Nr. 346, am 01.01.2021 in Kraft getreten.

Klagegrund der Streitigkeiten aus Geschäftsbesorgungsverträgen und dann nach bestimmten Stichwörtern ergänzend suchen. Allerdings kennen Fachkreise beim chinesischen Absatzmittlungsrecht keine einheitliche juristische Terminologie, beispielsweise mit Blick auf „Handelsvertreter (代理商/销售代理人)". Die in der Vertriebspraxis häufig vielfältigen Bezeichnungen haben in der Regel mehrere Bedeutungen. Deswegen ist Suche nach Stichwörtern nicht empfehlenswert.

Um künftige rechtswissenschaftliche Untersuchungen des Absatzmittlungsrechts systematischer und unkomplizierter durchführen zu können, wird vorgeschlagen, die Streitigkeiten aus Vertriebsverträgen unter einem eigenen Klagegrund hinzuzufügen. Unter diesem eigenen Klagegrund könnten die Streitigkeiten aus klassischen Arten von Vertriebsverträgen unterteilt werden. Empfehlenswert ist ferner die Einführung eines Periodikums analog der deutschen Zeitschrift *ZVertriebsR*, in dem die wichtigen Entscheidungen hinsichtlich des Vertriebsrechts gesammelt und analysiert werden können. Beispielhaft sind hier etwa die empfehlenswerten Analyseberichte zu tausenden chinesischen Gerichtsentscheidungen zu Franchisevertragsstreitigkeiten; jene wurden 2019 und 2020 von der Anwaltskanzlei Zhonglun verfasst und gemeinsam mit dem Franchiseverband CCFA veröffentlicht.[702]

III. Probleme der Rechtsanwendung durch Volksgerichte

Neben der Vernachlässigung des Vertriebsrechts als eigenständiges Rechtsgebiet bestehen einzelfallabhängig weitere spezifische Probleme bei der konkreten Rechtsanwendung durch Volksgerichte. Auch dies ist bei der Entwicklung eines modernen Absatzmittlungsrechts sehr hinderlich.

Bei der Entscheidung von Streitigkeiten aus modernen Vertriebsverträgen müssen die Gerichte alle Faktoren berücksichtigen, etwa anwendbares dispositives Recht, Vertragsparteiwillen und geschäftliche Gebräuche. Andernfalls können fragwürdige Entscheidungen resultieren und die Entwicklung innovativer Geschäftsmodelle behindert werden. Die Probleme der Rechtsanwendung konzentrieren sich hauptsächlich auf die Rechtsnaturbestimmung der konkreten Vertriebsverträge, die kategorische Anwendung des dispositiven Rechts (insbesondere die Bestimmung von Geschäftsbesorgungsvertrag und Kaufvertrag), ohne die jeweiligen Merkmale der Vertriebsverträge besonders sorgfältig

702 http://www.ccfa.org.cn/portal/cn/xiangxi.jsp?id=442688&type=33

zu ermitteln, und die zur Lösung der absatzmittlungsrechtlichen Streitigkeiten geltenden Gebräuche, die bisher zu wenig einbezogen werden.

Die o.g. Probleme sind hauptsächlich darauf zurückzuführen, dass die Gerichte die Besonderheiten des Absatzmittlungsrechts nicht erkennen und nicht richtig verstehen. Weder in der chinesischen Rechtsprechung noch in der chinesischen Rechtswissenschaft werden die zentrale Bedeutung der Interessenwahrnehmungspflicht des Absatzmittlers und der Aspekt der ständigen Betrauung des Absatzmittlers für die Abgrenzung der Vertriebsverträge von einfachen zivilrechtlichen Verträgen erkannt.

1. Rechtsprechung und Volksgerichte

Das moderne Absatzmittlungsrecht wird hauptsächlich durch die Rechtsprechung der Volksgerichte aller Stufen geprägt. Die Rechtsprechung in China – anders als rechtsverbindliche Präzedenzfälle im Common-Law-Rechtssystem – hat keine rechtliche Bindungswirkung. Dies betrifft auch Entscheidungen des Obersten Volksgerichts. Trotzdem spielt die Rechtsprechung hinsichtlich Vertriebsvertragsstreitigkeiten eine erhebliche Rolle bei der Entwicklung der Vertriebsverträge als moderne Vertragstypen. Die Gerichte können durch Entscheidung der einzelnen Fälle die neuen Arten von Vertriebsverträgen oder innovative Klauseln bewerten.

a) Oberstes Volksgericht

Neben der Entscheidung konkreter Fälle erlässt das Oberste Volksgericht gemäß § 2 *Bestimmungen des Obersten Volksgerichts über die Justiziellen Interpretationen*[703] abstrakte justizielle Interpretationen der Rechtsnormen, die Gesetzwirkung (§ 5) haben und auf konkrete Fälle als Entscheidungsgrundlage (§ 27 Abs. 1) angewendet werden sollen.

Ferner kann das Oberste Volksgericht auswählen und veröffentlichen, welche von den Gerichten aller Stufen entschiedenen Fälle anleitende Funktion haben (anleitende Fälle). Solche Fälle haben keine rechtliche Bindungswirkung (keine Entscheidungsgrundlage). Allerdings sollen die Gerichte aller Stufen bei der Entscheidung ähnlicher Streitigkeiten die anleitenden Fälle als Referenz verwenden (als Grundlage der Entscheidungsgründe).

703 最高人民法院关于司法解释工作的规定, vom Obersten Volksgericht, [2007] Nr. 12, Revision 2021 ([2021] Nr. 20).

Bis Oktober 2021 wurden insgesamt 165 anleitende Fälle veröffentlicht, von denen sich nur einer auf das Absatzmittlungsrecht bezieht, nämlich der in Kapitel 6 „Handelsmakler in China" diskutierte Fall zur Maklervertragsstreitigkeit über den Abschluss unter Umgehung des Maklers. Problematisch ist aber, wie bereits besprochen, dass zwei wichtige Punkte im Maklerrecht dabei nicht geprüft wurden: der Makleralleinauftrag und der Vergütungsanspruch bei mehreren Maklern. Das Oberste Volksgericht begegnet anhand dieses anleitenden Falls den aus Maklertätigkeiten häufig entstehenden Streitigkeiten. Jedoch ist das Verständnis des Gerichts für die in diesem Fall vorliegende Maklertätigkeit noch nicht tiefgehend genug. Zu hoffen ist, dass in naher Zukunft mehrere bedeutende Gerichtsentscheidungen zu Streitigkeiten aus Vertriebsverträgen als anleitende Fälle veröffentlicht werden.

b) Obere Volksgerichte

Die Oberen Volksgerichte können gemäß § 9 Abs. 1 *Ansichten des Obersten Volksgerichts über die Normierung des Verhältnisses zwischen übergeordneten und untergeordneten Volksgerichten bei der Rechtsprechung*[704] beispielsweise Anleitungsansichten zu bestimmten Rechtsfragen als lokale justizielle Leitlinien formulieren, an denen sich die innerhalb des jeweiligen Zuständigkeitsbereichs untergeordneten Gerichte bei ihren Entscheidungen orientieren sollen.

Bezüglich des Absatzmittlungsrechts erließ das Obere Volksgericht der Stadt Beijing 2011 eine *Anleitungsansicht zu einigen Fragen der Rechtsanwendung bei der Entscheidung von Franchisevertragsstreitigkeiten*[705], um die Vereinheitlichung der diesbezüglichen Entscheidungen in Beijing zu fördern. Jedoch handelt es sich bei vielen enthaltenen Artikeln um eine einfache Wiedergabe der bestehenden Bestimmungen der VKF. Eine leitende Wirkung für die untergeordneten Gerichte in Beijing ist durch die Anleitungsansicht praktisch nicht gegeben.

---

704 最高人民法院印发《关于规范上下级人民法院审判业务关系的若干意见》的通知, Fafa [2010] Nr. 61.

705 北京市高级人民法院关于印发《北京市高级人民法院关于审理商业特许经营合同纠纷案件适用法律若干问题的指导意见》的通知, Oberes Volksgericht der Stadt Beijing, [2011] Nr. 49.

2. Anwendung des dispositiven Rechts und ergänzende Vertragsauslegung

Bei Entscheidung von Vertriebsvertragsstreitigkeiten bestimmen die Gerichte in der Regel zunächst die Rechtsnatur eines konkreten Vertriebsvertrags. Dann kommt die Anwendung der entsprechenden Bestimmungen der typischen Verträge (dispositives Recht/abdingbare gesetzliche Regelungen) in Betracht, um Vertragslücken zu schließen. Auf diese beiden Schritte – Rechtsnaturbestimmung und Anwendung des dispositiven Rechts – greifen auch die taiwanischen Gerichte bei Entscheidungen von Vertriebsvertragsstreitigkeiten zurück.[706]

Die gerichtliche Praxis steht vor allem vor der Schwierigkeit, die Rechtsnatur jeweiliger Vertriebsverträge zu bestimmen. Die Gerichte können die Rechtsnatur derselben Erscheinungsformen von Vertriebsverträgen aufgrund unterschiedlichen Verständnisses und unterschiedlicher Auslegung uneinheitlich bestimmen. Dies führt zu uneinheitlichen Entscheidungen bei gleichartigen Streitigkeiten.

Nicht selten legen Gerichte in China komplexe Vertriebsverträge als typische Verträge aus. Am Beispiel des Vertragshändlervertrags wird deutlich, dass dieser nach der Rechtsnatur häufig als Kaufvertrag angesehen wird, ohne alle jener Elemente etwa eines Geschäftsbesorgungsvertrags zu enthalten. Bei der Geschäftstätigkeit von Vertragshändlern liegen jedoch mindestens zwei Vertragsarten vor: Vertretervertrag/Agenturvertrag/Rahmenvertrag und die einzelnen Ausführungsverträge einschließlich Kaufverträgen.

Die beiden von Absatzherren ständig betrauten Absatzmittlertypen – Handelsvertreter und Vertragshändler – verpflichten sich, die Interessen der Absatzherren wahrzunehmen. Im Vergleich mit Großhändlern ohne Interessenwahrungspflicht, auf die die Bestimmungen des Kaufvertrags anwendbar sind, sind Vertragshändler ähnlich wie Handelsvertreter tätig, also mit Interessenwahrungspflicht. Die Anwendbarkeit der Bestimmungen des Geschäftsbesorgungsvertrags, der als ein grundlegendes Element der Vertriebsverträge angesehen wird, sollte von den Gerichten berücksichtigt werden.

Problematisch ist zudem, dass Gerichte häufig nicht prüfen, ob ein dispositives Recht – etwa die fristlose „beliebige" Kündigung ohne Grund aus dem Recht des Geschäftsbesorgungsvertrags gemäß § 933 S. 1 ZGB – dem Vertragszweck der Vertriebsverträge widerspricht. Die „beliebige" Kündigung wird dahingehend bereits sporadisch in Rechtsprechung und Literatur diskutiert;

706 Wang Wenyu, Lückenfüllung der untypischen handelsrechtlichen Verträge, in: The Taiwan Law Review, 2009, Nr. 1, S. 111 ff. (124).

dort wird die Auffassung vertreten, dass diese Kündigungsart auf handelsrechtliche/entgeltliche Geschäftsbesorgungsverträge und Vertriebsverträge mit Alleinvertriebsvereinbarung nicht anwendbar ist. In Übereinstimmung damit wird diesseits vorgeschlagen, die „beliebige" Kündigung auf alle Vertriebsverträge mit Dauerschuldverhältnischarakter auszuschließen. Denn die Gefahr der möglichen überraschenden Vertragsbeendigung durch jede Partei könnte dazu führen, dass das Vertrauen aller zusammenarbeitenden Parteien zur Fortsetzung des Vertrags verwirkt wird und die Motivation zur Absatzförderung schwinden könnte.

In Taiwan wird dieses Rechtsanwendungsproblem des Kündigungsrechts aus dem Geschäftsbesorgungsvertragsrecht durch ein spezielles Recht des Handelsvertretervertrags (ordentliche Kündigung des unbefristeten Handelsvertretervertrags) gelöst. Taiwans Oberstes Gericht listet drei Arten von Vertriebsverträgen auf: Kaufvertrag, Kommissionsvertrag und Handelsvertretervertrag.[707] Ferner stellte dieses Gericht in einem anderen Fall eines Vertragshändlervertrags einen gemischten Vertrag mit Dauerschuldcharakter fest, der aus Elementen von Handelsvertretervertrag und Kaufvertrag besteht. Die Parteien haben insoweit Rechte und Pflichten aus zwei Vertragsarten, anzuwenden sind jeweils die Bestimmungen des betreffenden Vertrags. Bei Beendigung des Vertragshändlervertrags sind die Bestimmungen des Handelsvertretervertrags analog anwendbar. Genau wie im chinesischen Recht kann in Taiwan gemäß § 549 Abs. 1 TWZG jede Partei einen Geschäftsbesorgungsvertrag jederzeitig beenden. Allerdings sieht der taiwanische Gesetzgeber bei Beendigung des unbefristeten Handelsvertretervertrags (§ 561 Abs. 1 TWZG) unter Berücksichtigung des Interesses beider Parteien eine dreimonatige Kündigungsfrist vor.[708]

Wang vertritt die Auffassung, dass die taiwanischen Gerichte bei Entscheidungen über komplexere handelsrechtliche Verträge häufig das dispositive Recht zu streng anwenden. Bei Füllung einer bestehenden Vertragslücke solle die Anwendung von dispositivem Recht zuerst in Betracht kommen. Wenn diese Anwendung von dispositivem Recht unter Berücksichtigung anderer Faktoren – etwa des Vertragszwecks – im konkreten Fall nicht gerecht oder widersprüchlich sei, müsse eine ergänzende Vertragsauslegung (nach Ermittlung des

707 Oberstes Gericht von Taiwan, 1998, Nr. 362, 台湾最高法院87年度台上字第362号判决.

708 Oberstes Gericht von Taiwan, 2017, Nr. 706, 台湾最高法院106年度台上字第706号判决.

hypothetischen Parteiwillens) erfolgen. Allerdings komme es in der gerichtlichen Praxis nur sehr selten dazu, dass Vertragslücken durch ergänzende Vertragsauslegungen geschlossen würden.[709]

3. Gebräuche

Gebräuche sind zur Lösung absatzmittlungsrechtlicher Streitigkeiten nur noch von sehr eingeschränktem Wert.

In China dienen entsprechende Gebräuche dazu, Gesetzeslücken zu schließen, da jene als Rechtsquellen gemäß § 10 Hs. 2 ZGB nur angewandt werden dürfen, wenn es kein Gesetzesrecht gibt. Jedoch ist umstritten, ob hier „Gebräuche" im Sinne des Gewohnheitsrechts oder/und faktische Gebräuche gemeint sind.[710] Gebräuche können zudem Vertragslücken schließen. Gemäß §§ 142 Abs. 1, 466 Abs. 1 ZGB müssen Gebräuche bei der Vertragsauslegung berücksichtigt werden, um den wirklichen Willen der Vertragspartei zu ermitteln.

Die geschäftlichen Gebräuche (交易习惯) als ein Begriff, der im Gesetz und in der gerichtlichen Praxis bekannter ist, werden sowohl im VG als auch im Vertragsrecht des ZGB ausdrücklich beispielsweise bei Abschluss, Auslegung und Erfüllung eines Vertrags verwendet. Im Handelsverkehr sind die geschäftlichen Gebräuche (tatsächliche Übung) maßgebend, diese sind rechtlich nicht verbindlich und können von den Gerichten ermittelt werden. Das Oberste Volksgericht versuchte, die Kriterien für die Feststellung von geschäftlichen Gebräuchen zu erläutern. Gemäß § 7 E2 konnten die betroffenen Übungen unter zwei Umständen als geschäftliche Gebräuche festgestellt werden: wenn die Übung innerhalb eines bestimmten Gebietes oder einer bestimmten Branche allgemein praktiziert wurde und die Parteien diese Übung bei Vertragsabschluss kannten oder kennen mussten (die Handelsübung in bestimmten Verkehrskreisen) oder die tatsächliche Übung hatte sich nur zwischen konkreten Vertragsparteien etabliert (Geschäftsverbindungsbräuche/Vertragssitte). Weitere Bestimmungen wie die Voraussetzungen der Entstehung der geschäftlichen Gebräuche gibt es nicht.

Die praktische Bedeutung von geschäftlichen Gebräuchen bleibt gering. In der gerichtlichen Praxis berufen sich die Parteien nicht selten auf geschäftliche

709 Wang Wenyu, Lückenfüllung der untypischen handelsrechtlichen Verträge, in: The Taiwan Law Review, 2009, Nr. 1, S. 111 ff. (111).

710 Hou/He, Identification of Custom in Article 10 of Civil Code, in: Journal of Gansu Political Science and Law Institute, 2021, Nr. 2, S. 46 ff. (47).

Gebräuche, allerdings werden diese sehr selten von Gerichten als geschäftliche Gebräuche anerkannt.[711] Im Begründungsteil der meisten Urteile fehlt es daran, ob eine Übung als geschäftlicher Gebrauch festgestellt wurde und was die Gründe dafür sind.[712] Die meisten von den Gerichten festgestellten geschäftlichen Gebräuche betreffen die tatsächliche Übung zwischen konkreten Vertragsparteien. Bei der Feststellung gehen die Gerichte häufig davon aus, dass eine solche Übung ein geschäftlicher Gebrauch ist, solange sie zwischen den Parteien wiederholt praktiziert wird und dies von beiden Parteien einvernehmlich akzeptiert wird. Die Voraussetzung der Wiederholung einer Übung gilt genauso bei einem geschäftlichen Gebrauch innerhalb eines bestimmten Gebietes oder einer bestimmten Branche. Die Anerkennung der allgemeinen Übung umfasst nicht nur die konkreten Vertragsbeteiligten, sondern auch die weiteren Beteiligten innerhalb derselben Gebiete oder Branchen.[713]

Denn die Kooperation zwischen Absatzherren und ihren Absatzmittlern ist eng und langfristig. Während der Zusammenarbeit können sie eigene geschäftliche Gebräuche herausbilden. Im Beispielsfall war es zwischen den Parteien üblich und etabliert, dass der Absatzherr für den Vertragshändler monatlich einen konkreten Lieferplan erstellte, der Art und Menge der Ware und das früheste Lieferdatum enthielt. Dann schloss der Absatzmittler gemäß diesem Plan die jeweiligen Kaufverträge ab und beide Parteien erfüllten ihre Verpflichtungen einschließlich der Lieferung der vereinbarten Ware und deren anschließender Bezahlung durch den Absatzmittler.[714] Die von den Gerichten festgestellten geschäftlichen Gebräuche innerhalb der Franchise-Branche betreffen beispielsweise die Geheimhaltungspflicht[715], das Wettbewerbsverbot des Franchisenehmers[716], und den vereinbarten Mindestumsatz und das Mindestabsatzvolumen[717].

---

711 Peng/Huang (2018): Analysis and Improvement of the Judicial Application of Commercial Customs, in: Hu Yunteng (Hrsg.), the Court Reform and the Study of the Problem of Civil and Commercial Trial, S. 796 ff. (796).

712 Peng/Huang (2018): Analysis and Improvement of the Judicial Application of Commercial Customs, in: Hu Yunteng (Hrsg.), the Court Reform and the Study of the Problem of Civil and Commercial Trial, S. 796 ff. (798).

713 Hou/He, Identification of Custom in Article 10 of Civil Code, in: Journal of Gansu Political Science and Law Institute, 2021, Nr. 2, S. 46 ff. (55 f.).

714 Oberstes Volksgericht, 2013, Nr. 233, (2013) 民提字第233号.

715 Jiayuan Company v. Sandery Company, in: Gazette of the Supreme People's Court of the People's Republic of China, 2007, Nr. 2, S. 39 ff.

716 Mittleres Volksgericht der Stadt Wulumuqi, 2020, Nr. 1181, (2020) 新01民终1181号.

717 Volksgericht für Geistiges Eigentum der Stadt Beijing, 2018, Nr. 2186, (2018) 京73民终2186号.

Um eine einheitliche Rechtsanwendung zu fördern und die künftige gerichtliche Praxis zu verbessern, sollten die Gerichte bei den einzelnen Rechtsanwendungen vor allem die Merkmale des Absatzmittlungsrechts erkennen und richtig verstehen können. Anschließend müssen die Gerichte bei Füllung einer bestehenden Vertragslücke das entsprechende dispositive Recht dahingehend prüfen, ob es dem konkreten Vertragszweck widersprechen und das Interesse einer Partei unbillig beschädigen könnte. Ferner müssen die geschäftlichen Gebräuche in der absatzwirtschaftlichen Praxis berücksichtigt werden.

IV. Verhaltensregeln als Selbstregulierung des Franchiseverbands

In einigen Branchen können bestimmte Verhaltensregeln durch Organisationen – etwa Verbände – aufgrund längerer praktischer Erfahrung geschaffen werden. Neben den o.g. tatsächlichen Übungen als geschäftliche Gebräuche innerhalb bestimmter Branchen werden die Verhaltensregeln als Selbstregulierung von Branchenverbänden erarbeitet. An diese Verhaltensregeln müssen sich die Verbandsmitglieder halten.

Im Folgenden wird die praktische Wirkung anhand des chinesischen Franchiseverbands CCFA beispielhaft vorgestellt. Im Jahr 2002 erließ der CCFA einen Franchising-Ehrenkodex (Code of Ethics), um das Verhalten der dem Verband freiwillig angehörenden Mitglieder zu regeln und faires Franchising zu entwickeln. Dieser Ehrenkodex ist nicht verbindlich für Gerichtsentscheidungen zu Franchisevertragsstreitigkeiten. Der Ehrenkodex umfasst 27 Artikel und wurde 2018 überarbeitet, um Verhaltensregeln zum Verbraucherdatenschutz für Franchisegeber (§ 15) und Franchisenehmer (§ 21) zu ergänzen. Beide sollen die Verbraucherdaten ordnungsgemäß verwenden, verwalten und schützen. Der Ehrenkodex ist sehr allgemein und abstrakt gehalten; er bietet nur einen Rahmen zur Selbstregulierung und ist für die Entwicklung der Franchisetätigkeit von sehr geringem praktischem Wert.

Neben dem Franchising-Ehrenkodex stellt der CCFA seit 2020 auch ein Muster eines kommerziellen Franchisevertrags als Vorlage zur Verfügung. Denn der CCFA hatte von seinen Verbandsmitgliedern Anfragen auf Ausgestaltung der Franchiseverträge erhalten und Hinweise auf Probleme bei einzelnen, gesetzlich nicht klar geregelten Vertragsklauseln, die in der Praxis häufig zu Streitigkeiten geführt hatten. Der Haupttext der Franchisevertragsmuster umfasst elf Kapitel mit 91 Artikeln, die die in § 11 VKF aufgelisteten wesentlichen Inhalte des Franchisevertrags abdecken. Dazu gehören die wesentlichen Rechte und Pflichten der Parteien, die Vertragserfüllung und die Rechtsfolgen bei Leistungsstörung. Es ist davon auszugehen, dass Branchenverbände wie der CCFA durch entsprechende Verhaltensregeln, Beratung und Unterstützung für ihre Mitglieder zukünftig positive Auswirkungen in der Absatztätigkeit erzielen können.

V. Diskussion über die Kodifikation eines Absatzmittlungsrechts

Den Merkmalen und Besonderheiten der Vertriebsverträge wird in der gerichtlichen Praxis und in der Rechtswissenschaft kaum Beachtung geschenkt. Zudem wird bisher nur wenig darüber diskutiert bzw. dafür plädiert, dass ein spezielles Absatzmittlungsrecht kodifiziert werden sollte. Zwar ist die Kodifikation eines Absatzmittlungsrechts in naher Zukunft eher unwahrscheinlich, sie ist jedoch gleichwohl diskussionswürdig.

Aufgrund der Komplexität der Vertriebspraxis kommt es in der gerichtlichen Praxis zu zahlreichen Streitigkeiten. Eine Analyse der zahlreichen Gerichtsentscheidungen zeigt, dass einer der Gründe für unbefriedigende Entscheidungen das Fehlen eines speziellen Absatzmittlungsrechts ist, insbesondere hinsichtlich des Handelsvertretervertrags. Um diese Gesetzeslücken zu schließen, ist es daher notwendig, ein spezielles diesbezügliches Gesetz zu kodifizieren. Technisch bestehen grundsätzlich folgende drei mögliche Modelle zur Kodifizierung.

Nach erstem Modell könnten – wie im taiwanischen Recht – die Vertriebsverträge ins Vertragsrecht des Zivilgesetzbuchs aufgenommen werden. Handelsvertreterverträge würden als Spezialfall des Geschäftsbesorgungsvertrags (entgeltlicher/handelsrechtlicher Geschäftsbesorgungsvertrag) geregelt. Im ZGB sind keine Bestimmungen zu Handelsvertreterverträgen, Vertragshändlerverträgen und Franchiseverträgen enthalten, die auf eine langfristige Zusammenarbeit bei der Absatzförderung ausgelegt sind.

Im Zuge des Gesetzgebungsverfahrens zum ZGB schlug *Wang* vor, den Franchisevertrag ins Vertragsrecht im ZGB aufzunehmen. Denn der Franchisevertrag diene als Organisationsvertrag, um die absatzwirtschaftlichen Aktivitäten langfristig und netzartig zu regeln/organisieren. Im traditionellen Vertragsrecht stehe die einmalige und gelegentliche Transaktion im Vordergrund. Durch die Entwicklung des freien Marktes spielten langfristige kooperative Verträge eine immer wichtigere Rolle.[718] In einem offiziellen

718 Wang Liming, Legislative Research on the Compilation of Contract of the Civil Code, in: China Legal Science, 2017, Nr. 2, S. 25 ff. (30 f.).

Entwurf[719] des Vertragsrechtsbuchs des ZGB waren ursprünglich Bestimmungen zum Franchisevertrag enthalten gewesen. Diese wurden jedoch ohne Angabe von Gründen in allen weiteren Entwürfen gelöscht und sind auch in der letztlich verabschiedeten Version des ZGB nicht enthalten. Übernommen worden ins Buch des Vertragsrechts im ZGB sind schließlich nur der Kommissionsvertrag und der Maklervertrag, die sich auf Vertriebsverträge beziehen. Verglichen mit dem alten VG sind hinsichtlich des Absatzmittlungsrechts im ZGB keine wesentlichen Änderungen oder Fortschritte erfolgt. Es ist eher unwahrscheinlich, dass ein neuartiger Vertriebsvertrag in naher Zukunft als neues Kapitel des Vertragsrechts in ein revidiertes ZGB aufgenommen würde.

Nach zweitem Modell könnte – wie im deutschen HGB und in der aufgehobenen HVS in Shenzhen – das Handelsvertreterrecht in einem eigenständigen Handelsgesetzbuch (Gesetz des allgemeinen Handelsrechts) kodifiziert werden. Dies wird in Kapitel 2 „Handelsrecht in China" näher erläutert. Eine solche Kodifikation stößt in China bis heute auf große Vorbehalte.

Empfehlenswerter ist das dritte Modell, das in einem Einzelgesetz des Absatzmittlungsrechts die typischen Vertriebsverträge vorsieht. Dieses Modell wird jedoch bisher in China kaum diskutiert. Ein Vorteil dieses Modells besteht darin, dass es Diskussionen über die klassischen umstrittenen Grundbegriffe des Handelsrechts – etwa handelsrechtliches Subjekt und Handelsgeschäft – ausweichen kann.

Vor allem sollte klargestellt werden, dass der selbständige Absatzmittler im Sinne dieses Gesetzes darauf festgelegt wird, dass er in das Absatzsystem des

---

719 He/Li/Chen (Hrsg.), Sammlung der ZGB-Entwürfe des neuen China (Updated Edition), S. 58 ff. Spezielles Vertragsrecht für kommerzielles Franchising wird in §§ 351–369 formuliert. Im Vergleich mit den bestehenden Verwaltungsregeln – etwa VKF und VIOKF – gibt es folgende Neuerungen in diesem Entwurf: Pflicht des Franchisenehmers zur Tätigkeit im Rahmen eines einheitlichen Geschäftsmodells (§§ 351, 362); Pflicht des Franchisegebers zur Pflege von Goodwill und Image des Franchise-Systems (§ 360); Pflicht des Franchisegebers zum Schutz des Nutzungsrechts des Franchisenehmers (§ 357); Alleinvertriebsrecht des Franchisenehmers (§ 361); Kontrollrecht des Franchisegebers (§ 363); Pflicht des Franchisenehmers zum Schutz der gewerblichen Schutzrechte (§ 365) und seine Benachrichtigungspflicht bei Beschädigung der gewerblichen Schutzrechte von Dritten (§ 364); nachvertragliches Wettbewerbsverbot des Franchisenehmers und seine Karenzentschädigung (§ 368); ordentliche Kündigung von unbefristeten Franchiseverträgen (§ 367 Abs. 3); Rückgaberecht des Franchisenehmers für Anlage und Vertragsware nach Vertragsbeendigung (§ 369).

Absatzherrn eingliedert ist und sich zur interessenwahrenden Absatzförderung gegenüber dem Absatzherrn verpflichtet. Empfehlenswert ist, in diesem Gesetz die folgenden drei Typen der Vertriebsverträge zu regeln: Handelsvertretervertrag, Vertragshändlervertrag und Franchisevertrag.

Obwohl die wesentlichen Bestimmungen des Franchisevertrags fragmentiert beispielsweise im Verwaltungsrecht (VKF), in den Verhaltensregeln des Franchiseverbandes und der Anleitungsansicht des Oberen Volksgerichts Beijing bereits enthalten sind, ist es ratsam, das Franchiserecht in einem privatrechtlichen Gesetz zu vereinheitlichen. Dieses Gesetz zum Absatzmittlungsrecht sollte sich auf die rechtliche Unterstützung der Privatautonomie und die Freiheit der am Absatz Beteiligten beim Gestalten einer Absatztätigkeit konzentrieren. Ferner könnte dieses Gesetz analoge Anwendungsmöglichkeiten für künftig aufkommende neuartige Vertriebsverträge anbieten.

Empfehlenswert, jedoch für chinesische Juristen bisher wenig akzeptabel, wäre ein zwingendes Recht zum Schutz des Absatzmittlers. Geregelt werden sollte ein Ausgleichsanspruch oder Schadensersatzanspruch des Absatzmittlers nach Vertragsbeendigung. Grundsätzlich sollte dem künftigen chinesischen Handelsvertreterrecht das deutsche Handelsvertreterrecht im HGB als Vorbild dienen.

Zusammenfassung

Die vorliegende Arbeit nimmt eine Darstellung des systematischen Vertriebsrechts mittels rechtsvergleichender Untersuchung zu den drei klassischen Vertriebsverträgen vor: Handelsvertretervertrag, Kommissionär- und Kommissionsagentenvertrag und Handelsmaklervertrag.

Verglichen mit der überraschend schnellen Entwicklung der Absatzwirtschaft in China in den letzten vierzig Jahren hinkt das chinesische Vertriebsrecht in Gesetzgebung, Rechtsprechung und rechtswissenschaftlicher Forschung noch hinterher.

I. Hinsichtlich der Gesetzgebung bestehen in China bereits spezifische Verwaltungsregeln zum Franchisevertrag (VKF und VIOKF) und zivilrechtliche Regelungen zu Kommissionsvertrag und Maklervertrag im ZGB. Problematisch ist, dass es noch an spezifischen Regelungen zu Handelsvertretervertrag und Vertragshändlervertrag fehlt. Diesbezüglich kommt vor allem die Kodifikation eines allgemeinen Handelsrechts einschließlich des Handelsvertreterrechts in Betracht. Bereits während der Qing-Dynastie gab es in China seit 1904 ein eigenständiges Handelsgesetzbuch, das vom deutschen Recht beeinflusst war. Dies änderte sich in den 1930er Jahren, als ein Zivilgesetzbuch (TWZG) in Kraft trat, in dem auch handelsrechtliche Bestimmungen wie das Handelsvertreterrecht integriert waren. Dieses Gesetzbuch gilt nun nur noch in Taiwan. Nach Gründung der VR China wurde das Handelsrecht lange vernachlässigt und erst im Jahr 1992 als eigenständiges Rechtsgebiet anerkannt. Bisher bestehen lediglich zahlreiche Einzelgesetze zu den jeweiligen Bereichen des Handelsrechts – etwa das Gesellschaftsgesetz. Noch immer fehlt ein Gesetz zum allgemeinen Handelsrecht. Im Zuge des Gesetzgebungsverfahrens zum Zivilgesetzbuch (ZGB) wurde in der Rechtswissenschaft eine intensive Diskussion über das Verhältnis zwischen Zivil- und Handelsrecht geführt. Nach h.M. ist es nicht notwendig, ein selbständiges Handelsgesetzbuch neben dem ZGB zu kodifizieren, da das ZGB als grundlegende Regelung des Privatrechts angesehen werden kann. Obwohl einige Juristen immer noch eine Gesetzgebung des allgemeinen Handelsrechts fordern, wird diese in naher Zukunft wohl nicht stattfinden.

Als Kodifikationsmodell empfiehlt sich ein Einzelgesetz zum Absatzmittlungsrecht, das drei typische Arten der Vertriebsverträge regelt: Handelsvertretervertrag, Vertragshändlervertrag und Franchisevertrag. Verglichen mit deutschem Recht finden viele wesentliche Rechte und Pflichten des selbständigen

Handelsvertreters in China keine Rechtsgrundlage. Hierfür kommen vor allem das deutsche Modell des Ausgleichsanspruchs und das französische Modell des Schadensersatzanspruchs des Absatzmittlers wegen der Vertragsbeendigung in Betracht. Obwohl Verbesserungsvorschläge hinsichtlich des Handelsvertreterrechts meist auf dem deutschen Recht basieren, findet das Modell des Schadensersatzanspruchs bei chinesischen Juristen mehr Akzeptanz. Wie in Kapitel 4 „Handelsvertreter in China" näher erörtert, wird ein Schadensersatz für die vom Absatzmittler erlittenen Nachteile (entgangene Vergütungsverluste) in der gerichtlichen Praxis häufiger als Ausgleich für die vom Absatzherrn genossenen Vorteile diskutiert. Eine baldige Regelung zum Schadensersatzanspruch des Handelsvertreters ist wünschenswert. Allerdings könnte das Modell des Ausgleichsanspruchs bei zunehmender wissenschaftlicher Verbreitung des deutschen Handelsvertreterrechts in China zukünftig ebenfalls mehr Akzeptanz finden.

II. Aus der Analyse der bisherigen Rechtsprechung zum Recht der Vertriebsverträge hinsichtlich handelsrechtlicher moderner Vertragstypen geht hervor, dass die Gerichte die Merkmale der Vertriebsverträge nur unzureichend berücksichtigen.

Gerichte müssen bei der Rechtsanwendung zunächst die Rechtsnatur des einzelnen Vertriebsvertrags bestimmen. Ein komplexer moderner Vertriebsvertrag besteht häufig aus Elementen von mehreren Verträgen. Nicht selten werden Vertragshändlerverträge ausschließlich als Kaufvertrag ohne Berücksichtigung von Elementen anderer Vertragstypen bestimmt, beispielsweise von Elementen des Geschäftsbesorgungsvertrags. Bei Rechtsnaturbestimmungen sollten die Gerichte komplexe Verträge nicht streng als typischen Vertrag einordnen. Vielmehr sollten die Gerichte aufgrund der vertraglichen Vereinbarung und der Vertragserfüllung sorgfältig prüfen, um die Rechtsnatur gerecht zu bestimmen und die Vereinheitlichung der Rechtsanwendung zu verbessern.

Vertriebsverträge sind meist Dauerschuldverhältnisse, ihre Besonderheit wurde in China lange nicht berücksichtigt. Erst im ZGB ist die Beendigung eines Dauerschuldverhältnisses speziell vorgesehen: Die ordentliche Kündigung (§ 563 Abs. 2 ZGB) eines unbefristeten Vertrags. Eine weitere Besonderheit der Vertriebsverträge im deutschen § 86 Abs. 1 Hs. 2 HGB liegt darin, dass sich der Handelsvertreter gegenüber dem Unternehmer während der gesamten Ausübung der Tätigkeit zur Interessenwahrung verpflichtet. Diese allgemeine Interessenwahrungspflicht des Absatzmittlers ist in China fremd. Die sich aus der Interessenwahrungspflicht ergebenden konkreten Pflichten des Absatzmittlers – etwa Benachrichtigungspflicht und Geheimhaltungspflicht – werden jedoch üblicherweise im Vertrag vereinbart. In der modernen Absatzwirtschaft erwarten Absatzherren eines Absatzsystems von Absatzmittlern nicht nur das Absatzinteresse. Eine bloße Vereinbarung über bestimmte Mindestumsätze oder Mindestvolumen zur Anreizung der Absatzförderung des Absatzmittlers befriedigt die Interessen von Absatzherren heutzutage nicht mehr. Was zu den Interessen der Absatzherren gehört, ist je nach den konkreten Umständen unterschiedlich. Die in dem Vertriebssystem eingliederten Absatzmittler sollten die Interessen der Absatzherren prioritär gegenüber ihren Eigeninteressen verfolgen.

Zudem sollten die Gerichte bei ihrer Rechtsanwendung die selbständigen Absatzmittler mit Interessenwahrungspflicht von Großhändlern oder Einzelhändlern ohne Interessenwahrungspflicht abgrenzen. Denn die Absatzmittler mit Interessenwahrungspflicht sind gegenüber dem Absatzherrn besonders schutzbedürftig. Dieser Schutzbedürftigkeit des Absatzmittlers wird in China nur im Franchiserecht Rechnung getragen. Für die gesamte Franchising-Branche sehen die VKF eine vorvertragliche Informationspflicht des Franchisegebers (§§ 22, 23) und das Widerrufsrecht des Franchisenehmers (§ 12) vor. Die meisten privatrechtlichen Bestimmungen sind in China grundsätzlich abdingbar. Diesseits wird vorgeschlagen, einige Rechte des Absatzmittlers und Pflichten des Absatzherrn, die dem Schutz des Absatzmittlers dienen, als zwingendes Recht in einem Einzelgesetz zum Absatzmittlungsrecht zu regeln – analog zu den o.g. Bestimmungen im Franchiserecht und dem Ausgleichsanspruch oder Schadensersatzanspruch zugunsten des Absatzmittlers wegen Vertragsbeendigung.

III. Die folgenden Rechtsanwendungsprobleme und Verbesserungsvorschläge bei drei konkreten Arten von Vertriebsverträgen werden als Untersuchungsergebnisse der Rechtsvergleichung zusammengefasst.

1. Hinsichtlich der Vertragsbeendigung sieht das Allgemeine Vertragsrecht des ZGB bereits folgende Neuerungen vor, die jedoch noch verbesserungsbedürftig sind.

Einen Fortschritt stellt die Aufnahme der ordentlichen Kündigung (§ 563 Abs. 2) eines unbefristeten Vertrags im ZGB dar. Unbefristete Verträge können unter Einhaltung einer angemessenen Kündigungsfrist ordentlich gekündigt werden. Unklar ist jedoch, welche Frist noch als angemessen gilt. Eine gestaffelte Kündigungsfrist wie im deutschen Handelsvertreterrecht (§ 89 Abs. 1 HGB) wäre auch für das chinesische Absatzmittlungsrecht empfehlenswert.

Problematisch ist das neu im ZGB eingefügte Kündigungsrecht als Gestaltungsklagerecht des Schuldners bei Leistungsstörung bzw. Unmöglichkeit der Leistung des Schuldners (§ 580 Abs. 2). Die Gerichte sollten bei ihren

Entscheidungen hier besonders sorgfältig abwägen, ob diese Regelung in konkreten Streitigkeiten aus Vertriebsverträgen angewandt werden sollte.

In aufgehobenen Rechtsnormen bestand bereits eine Rechtsgrundlage für Kündigungen wegen Höherer Gewalt (§ 94 Nr. 1 VG) und Wegfalls der Geschäftsgrundlage (§ 26 E2). Diese wurde ins ZGB übernommen. Die Änderung im ZGB sieht vor, dass es keine absolute Abgrenzung des Anwendungsbereichs zwischen Höherer Gewalt (§ 563 Abs. 1 Nr. 1 ZGB, Kündigung als „einfaches" Gestaltungsrecht) und Wegfall der Geschäftsgrundlage (§ 533 ZGB, Kündigung als Gestaltungsklagerecht) mehr gibt. Zu empfehlen ist, im überschneidenden Anwendungsbereich der betroffenen Partei ein Wahlrecht zuzugestehen.

2. Folgende Schwachpunkte des Handelsvertretervertrags wegen Anwendung des dispositiven Rechts (Geschäftsbesorgungsvertrag) wurden festgestellt.

In Ermangelung eines speziellen Handelsvertreterrechts sind zur Schließung von Vertragslücken die Bestimmungen zum Geschäftsbesorgungsvertrag anwendbar. Allerdings wurde der Geschäftsbesorgungsvertrag sowohl für unentgeltliche als auch für entgeltliche/handelsrechtliche Verträge entworfen.

Die „beliebige" Kündigung durch jede Partei jederzeit und ohne Angabe von Gründen sowie die Rechtsfolgen wegen unzeitiger Kündigung (Schadensersatz) zielten in § 410 VG eher auf unentgeltliche Geschäftsbesorgungsverträge ab. Der Umfang des zu ersetzenden Schadens beschränkte sich in der Rechtsprechung früher meist auf den unmittelbaren Schaden (fälschlicherweise in der gerichtlichen Praxis mit realer Vermögenseinbuße gleichsetzt). Um die sich aus dem entgeltlichen/handelsrechtlichen Geschäftsbesorgungsvertrag einschließlich der Handelsvertreterverträge ergebenden Probleme zu lösen, wurde der Umfang des zu ersetzenden Schadens in § 933 ZGB erweitert. Insoweit ist nun der entgangene Gewinn (Erfüllungsschaden) umfasst. Die „beliebige" Kündigung wurde unverändert ins ZGB übernommen. Zu empfehlen ist, die Anwendung dieser „beliebigen" Kündigung auf Vertriebsverträge – etwa auf Handelsvertreterverträge, Kommissionsverträge und Handelsmaklerverträge – auszuschließen.

Ferner hat der Handelsvertreter (Abschlussvertreter) als Auftragnehmer ohne abweichende Vereinbarungen gemäß § 921 S. 2 ZGB für seine Geschäftstätigkeit gegenüber dem Auftraggeber einen Aufwendungsersatzanspruch. Unklar ist der Umfang der Aufwendung. Da der Handelsvertreter selbständig ist, sollte er mindestens seine allgemeinen Betriebs- und Geschäftskosten selbst tragen.

Die Bestimmungen des Geschäftsbesorgungsvertrags sind sehr allgemein und abstrakt formuliert. Am Beispiel der Hauptpflicht des Auftragnehmers zur

„Erledigung eines Auftrags“ und dem Vergütungsanspruch des Auftragnehmers bei „die beauftragte Angelegenheit erledigt“ wird ersichtlich, dass der Zeitpunkt der Entstehung der Ansprüche aus dem Handelsvertretervertrag unklar ist. Ohne abweichende Vereinbarung sollte der Handelsvertreter grundsätzlich nur zu den Bemühungen um Geschäftsvermittlung/Geschäftsabschluss verpflichtet sein. Sein Vergütungsanspruch sollte erst dann entstehen, wenn das Geschäft infolge seiner Tätigkeit wirksam abgeschlossen wird.

Der Auftragnehmer verpflichtet sich gemäß § 922 S. 1 ZGB, den Auftrag nach Weisung des Geschäftsgebers zu erledigen. Unklar ist der Umfang der Weisung. Beim Handelsvertretervertrag darf die Weisung des Absatzherrn die Selbständigkeit des Handelsvertreters nicht beeinträchtigen. Der Absatzherr darf nicht einseitig durch seine Weisung die bereits bestehenden Pflichten des Handelsvertreters erweitern oder den Umfang der Tätigkeit des Handelsvertreters verändern. Dies sollte identisch bei weiteren Vertriebsverträgen gelten, auf die die Bestimmungen des Geschäftsbesorgungsvertrags anzuwenden sind.

3. Im Vergleich mit dem deutschen Handelsvertreterrecht fehlen in China die folgenden wichtigen Rechtsgrundlagen, die ein künftiges Einzelgesetz zum Absatzmittlungsrecht beinhalten sollte.

Grundsätzlich hat der Handelsvertreter seinen Vergütungsanspruch nur für während der Vertragslaufzeit abgeschlossene Geschäfte. Für erst nach Beendigung des Handelsvertretervertrags abgeschlossene Geschäfte hat der Handelsvertreter keinen Vergütungsanspruch (keinen Anspruch auf Überhangprovision).

Der Handelsvertreter hat in China keinen Anspruch auf Bezirksvergütung oder Kundenvergütung für jene Geschäfte, die ohne seine Mitwirkung mit Kunden seines zugewiesenen Bezirkes oder Kundenkreises abgeschlossen werden.

Problematisch ist, dass das ZGB keine Kündigung von Dauerschuldverhältnissen aus wichtigem Grund vorsieht.

China kennt keine Rechtsgrundlage für Ausgleichsanspruch und Schadensersatzanspruch zugunsten des Handelsvertreters infolge Vertragsbeendigung. In der gerichtlichen Praxis verlangen nicht selten Absatzmittler wegen Beendigung der Vertriebsverträge mit Dauerschuldcharakter von ihrem Absatzherrn einen Ausgleich für die dem Absatzherrn durch ihre bereits erbrachten Leistungen erwachsenen Vorteile oder Ersatz für die ihnen selbst entstandenen Nachteile. Einige Gerichte haben erkannt, dass es ungerecht ist, Handelsvertreter nicht zu entschädigen. Allerdings fehlt es in China an einer diesbezüglichen Rechtsgrundlage und entsprechende vertragliche Vereinbarungen werden kaum getroffen. Deswegen wurden solche Ansprüche von den chinesischen Gerichten nie unterstützt.

Aus der Analyse der bisherigen Rechtsprechung geht hervor, dass chinesische Juristen zunächst sowohl den deutschen Anspruch auf Überhangprovision und Ausgleichsanspruch als auch den französischen Schadensersatzanspruch zugunsten des Absatzmittlers wegen Vertragende und Schadensersatz wegen pflichtwidrig veranlasster Vertragskündigung richtig verstehen und unterscheiden können sollten.

Absatzmittler können nach dem zivilrechtlichen Grundsatz von Gerechtigkeit aus § 6 ZGB gegenüber ihren Absatzherrn einen Ausgleich der durch die Vergütung noch nicht abgegoltenen Leistung zur Markterschließung verlangen. Aber in der Rechtsprechung beschränkten sich Gerichte hier auf die Leistung des Absatzmittlers für die nachvertraglich abgeschlossenen Geschäfte. Der im deutschen Recht bestehende Unterschied zwischen Ausgleichsanspruch und Anspruch auf Überhangprovision ist in China noch fremd.

Die Diskussion zum Schadensersatzanspruch der Handelsvertreter dreht sich meistens um den Ersatz der entgangenen Vergütung (Erfüllungsschaden) der Handelsvertreter wegen pflichtwidrig veranlasster Vertragskündigung und wegen „beliebiger" Kündigung durch den Unternehmer.

Zu betonen ist, dass der Schadenersatz wegen „beliebiger" Kündigung durch den Unternehmer mit dem französischen Modell des Schadensersatzanspruchs zugunsten des Absatzmittlers wegen Vertragsbeendigung nicht vergleichbar ist. Der Gesetzgeber hat versucht, das Anwendungsproblem der entgeltlichen Geschäftsbesorgungsverträge zu lösen, indem er in § 933 S. 2 ZGB festgelegt hat, dass der Umfang des zu ersetzenden Schadens den entgangenen Gewinn umfasst. Allerdings hat diese Reglung keine praktische Bedeutung für den Schutz der Absatzmittler. Dieser Anspruch setzt die Beendigung eines Geschäftsbesorgungsvertrags ausschließlich durch fristlose „beliebige" Kündigung ohne Grund voraus. Die Anwendung dieser Kündigung sollte auf alle Vertriebsverträge ausgeschlossen werden. Außerdem ist der Schadensersatzanspruch auf entgangenen Gewinn (Erfüllungsschaden) in China ein Schwachpunkt, da die Gerichte die Anspruchsvoraussetzung – Sicherheit der Erzielung von entgangener Vergütung nach objektivem gewöhnlichem Laufe – prüfen. Dies gilt genauso für Schadensersatzansprüche wegen Pflichtverletzung. Wegen Fehlens dieser Voraussetzung („Sicherheit") haben die meisten Gerichte Schadensersatzansprüche infolge Vertragsverletzung verneint. Allerdings sollte der Anspruch auf Ersatz eines entgangenen Gewinnes nicht wegen Fehlens der „Sicherheit" oder einer schwierig zu berechnenden Höhe des konkret geschuldeten Anspruchs abgelehnt werden. Ratsam wäre es, auf eine geregelte

„Wahrscheinlichkeit" abzustellen, wie sie im deutschen § 252 S. 2 BGB zu finden ist.

Die Prognose der Vergütungsverluste des Handelsvertreters bei unterstellter Fortsetzung des Handelsvertretervertrags wird von den Gerichten kaum weiter diskutiert. Ein Gericht vertrat die Ansicht, dass die Anspruchsvoraussetzung „Sicherheit" in einem von einem professionellen Bewertungsunternehmen für den Handelsvertreter erstellten Bewertungsbericht über die Prognose zum entgangenen Gewinn wegen Vertragsbeendigung fehlte.

Selbst wenn der Anspruch des Ersatzes der entgangenen Vergütung von einigen Gerichten unterstützt wird, wird der ersatzfähige Zeitraum nur bis zu jenem Zeitpunkt erfasst, zu welchem der Vertrag vereinbarungsgemäß beendet worden wäre.

Diesseits wird empfohlen, dass die chinesischen Gerichte die Prognose der Vergütungsverluste und weitere Nachteile der Absatzmittler bei unterstellter Fortsetzung des Handelsvertretervertrags in Zukunft nach Billigkeit prüfen. Dieser Ausgleichsanspruch oder Schadensersatzanspruch zugunsten des Absatzmittlers sollte nicht vom Verschulden des Absatzherrn abhängig gemacht werden.

4. Im Folgenden werden Schwachpunkte des Kommissionsvertrags und entsprechende Verbesserungsvorschläge aufgelistet:

Kommissionäre und Kommissionsagenten sollten rechtlich unterschieden werden. Auf den Kommissionsagentenvertrag als Dauerschuldverhältnis sind besondere Bestimmungen zur Vertragsbeendigung wie die ordentliche Kündigung anwendbar. Dem Kommissionsagenten sollten besondere Rechte des Handelsvertreters – etwa ein Ausgleichsanspruch/Schadensersatzanspruch nach Vertragsbeendigung – zustehen.

Die Bestimmungen zur Ausführungspflicht (§ 951 ZGB) und zum Vergütungsanspruch (§ 959 ZGB) des Kommissionärs sind zu allgemein gehalten. Der Kommissionär sollte grundsätzlich lediglich zur Bemühung zum Geschäftsabschluss verpflichtet sein. Nach Vereinbarung verpflichtet sich auch zum Geschäftsabschluss und zur Abwicklung eines Ausführungsgeschäfts. Der Vergütungsanspruch des Kommissionärs sollte entstehen, wenn das Ausführungsgeschäft erfüllt wird, und er sollte erloschen, wenn der Kommissionär schuldhaft das durch das Ausführungsgeschäft Erlangte nicht an den Kommittenten herausgibt.

Wenn der Kommittent nach Mahnung durch den Kommissionär das Kommissionsgut nicht annimmt, sollte dem Kommissionär neben dem gesetzlichen Hinterlegungsrecht für das Kommissionsgut auch ein Selbsthilfeverkaufsrecht zustehen.

Bei der Einkaufskommission sollte der Kommittent sich zur Untersuchung des erworbenen Kommissionsgutes und zur Benachrichtigung des Kommissionärs über die entdeckten Mängel verpflichten (Untersuchungs- und Rügepflicht).

Die Delkrederehaftung (Schadensersatz) sollte nicht kraft Gesetzes, sondern nur durch vertragliche Vereinbarung vom Kommissionär übernommen werden.

Die gesetzliche Herausgabepflicht des Kommissionärs (§ 927 ZGB) sollte nicht auf das vom Dritten aus der Geschäftsbesorgung Erlangte begrenzt werden, sondern sollte auch das vom Kommittenten zur Kommissionsausführung Erhaltene umfassen. Nicht nur Vermögensgüter, sondern auch die aus dem Ausführungsgeschäft entstandenen Forderungen sollte der Kommissionär dem Kommittenten herausgeben.

Beeinflusst vom Common Law sieht das ZGB auch die offene Stellvertretung für einen unbenannten Prinzipal (§ 925) und die verdeckte Stellvertretung (§ 926) vor. Es ist noch strittig, ob die Bestimmungen zu beiden Stellvertretungen auf Kommissionsgeschäfte anwendbar sind. Empfehlenswert ist, dass die Anwendung der Bestimmung der offenen Stellvertretung auf dem Kommissionsgeschäft ausgeschlossen werden sollte, da die offene Stellvertretung den Vertretenen und den Dritten direkt bindet. Dies steht im Widerspruch zum Relativitätsprinzip des Ausführungsgeschäfts.

In China ist die deutsche Lehre von Drittschadensliquidation und Vorausabtretungsfiktion fremd. Um die Kommittenten unter bestimmten Umständen – etwa Leistungsstörung des Dritten oder Insolvenz des Kommissionärs – vor der Abtretung zu schützen, sollte die verdeckte Stellvertretung (ausnahmsweiser Direktanspruch zwischen Kommittenten und Dritten) auf Kommissionsgeschäfte anwendbar sein.

5. Die Bestimmungen zum Maklervertrag werden neben dem Handelsmaklervertrag auch vorrangig auf Vermittlungsvertreters angewendet. Die Schwachpunkte des Handelsmaklervertrags und die entsprechenden Verbesserungsvorschläge lauten:

Strittig ist, ob der Handelsmakler sich zur Tätigkeit (Nachweistätigkeit/Vermittlungstätigkeit) verpflichtet. Das ZGB sieht einen Alleinauftrag (Verbot des Direktabschlusses oder/und Verbot der Beauftragung eines weiteren Maklers) nicht vor. Beim Alleinauftrag sollte der Makler sich zur Tätigkeit verpflichten, und das „beliebige" Widerrufsrecht des Auftraggebers sollte ausgeschlossen werden.

§ 962 ZGB sieht vor, dass ein Makler keinen Vergütungsanspruch hat, wenn er seine Informationspflicht vorsätzlich verletzt. Ergänzt werden sollte hier zudem, dass der Makler unter diesem Umstand seinen Aufwendungsersatzanspruch verlieren sollte.

Strittig ist, ob der Makler sich bei Erfüllung der Informationspflicht zusätzlich zur Erkundung oder Nachprüfung der betroffenen Informationen und Umstände verpflichtet. Es wird vorgeschlagen, dass dem Handelsmakler diese Erkundungs- und Nachprüfungspflicht zukommen sollte.

Vorgeschlagen wird außerdem, eine allgemeine Treuepflicht des Maklers und eine Verschwiegenheitspflicht des Maklers, nach Vereinbarung dem Geschäftsgegner Namen/Firma des Auftraggebers nicht bekanntzugeben, neu ins ZGB aufzunehmen.

Hinsichtlich des Vergütungsanspruchs des Maklers stellt die Prüfung des Kausalzusammenhangs zwischen der Tätigkeit des Maklers und dem Hauptvertragsabschluss in China einen Schwachpunkt dar. Bei Tätigkeit mehrerer Makler sind die deutschen Begriffe Mitursächlichkeit der Maklertätigkeit und Vorkenntnis des Auftraggebers von der Vertragsgelegenheit in China fremd und werden von den Gerichten kaum diskutiert. Es wird vorgeschlagen, dass die Maklertätigkeit für einen Hauptvertragsabschluss nicht allein ursächlich sein musste. Die Gerichte sollten bei Mitursächlichkeit den Vergütungsanspruch für Maklertätigkeit bejahen, wenn seine Tätigkeit für den Hauptvertragsabschluss „wesentlich" ist.

IV. Weiterer Forschungsbedarf ergibt sich aus dem Vergleich mit dem deutschen Vertriebsrecht. Das moderne deutsche Vertriebsrecht kann dem chinesischen Recht als Vorbild dienen. Bisher liegen jedoch nur sehr wenige chinesische rechtswissenschaftliche Aufsätze zur Vorstellung des deutschen Vertriebsrechts und ins Chinesische übersetzte deutsche Literatur hinsichtlich des Handelsrechts vor. Chinesische Juristen verstehen beispielsweise den im deutschen Recht gegebenen Anspruch auf Überhangprovision und den Ausgleichsanspruch des Absatzmittlers noch nicht richtig. Nicht selten verwechseln chinesische Juristen diese beiden Ansprüche oder setzen sie sogar völlig gleich. Außerdem haben sie nur ein sehr eingeschränktes Verständnis des Unterschieds zwischen der „beliebigen" Kündigung eines Geschäftsbesorgungsvertrags und der ordentlichen Kündigung eines unbefristeten Dauerschuldverhältnisses. Das tiefgehende und umfassende deutsche Vertriebsrecht sollte in naher Zukunft in China besser bekannt gemacht werden.

Wie gezeigt, wird das Vertriebsrecht in der chinesischen Rechtswissenschaft lange vernachlässigt. Empfehlenswert wäre, das Vertriebsrecht in China als eigenständiges Rechtsgebiet anzuerkennen. Dadurch würde sich das moderne Vertriebsrecht in China systematisch weiterentwickeln. Rechtswissenschaftliche Untersuchungen können die Gesetzgebung des Absatzmittlungsrechts und die künftigen Gerichtsentscheidungen bezüglich der Vertriebsverträge unterstützen.

Sammlung und Analyse der Rechtsprechung können zur Entwicklung des Absatzmittlungsrechts beitragen. Zurzeit ist die einschlägige Rechtsprechung in den Urteilsdatenbanken sehr fragmentiert verteilt. Um die Rechtsprechungsrecherche zu vereinfachen, wird vorgeschlagen, Streitigkeiten aus Vertriebsverträgen als selbständigen Klagegrund bei den Streitigkeiten im Zivilrecht neu aufzunehmen. Empfehlenswert ist, eine Rechtsprechungssammlung zum Absatzmittlungsrecht mittels Literatur oder Zeitschriften zu realisieren.

Abgesehen vom Absatzmittlungsrecht gehören ausgewählte Fragestellungen zum Antimonopolrecht zum Vertriebsrecht im weiteren Sinne. Erst in den letzten Jahren erhalten diese Rechtsfragen Aufmerksamkeit. In der vorliegenden Arbeit wurden vertikale Monopolvereinbarungen und der Missbrauch marktbeherrschender Stellungen diskutiert. In der Entscheidungspraxis konzentriert sich die Prüfung vertikaler Vereinbarungen bisher nur auf die vertikale Preisbindung: Festpreisbindung und Mindestpreisbindung. Die gesetzlichen Bestimmungen zu vertikalen Monopolvereinbarungen (§§ 13–15 AMG) sind sehr allgemein und abstrakt und es fehlt an weiteren Leitlinien oder Bestimmungen zur Prüfungsmethode der Preisbindungen. Dies führt dazu, dass die für die administrative Prüfung der vertikalen Monopolvereinbarung zuständigen Antimonopolvollzugsorgane einerseits und die für die Entscheidung zivilrechtlicher Streitigkeiten (Privatklage) zuständigen Volksgerichte andererseits seit Jahren grundsätzlich abweichende Prüfungsmethoden anwenden; die Volksgerichte gehen nach dem Prinzip der „Rule of reason" vor und die Antimonopolvollzugsorgane wenden das Prinzip von „Verbot und Freistellung" (generelles Verbot mit Erlaubnisvorbehalt) an. Diese voneinander abweichenden Prüfungsmethoden wurden mit der Entscheidung des Obersten Volksgerichts (Verwaltungsklage) erstmals zum Prinzip von „Verbot und Freistellung" vereinheitlicht. Allerdings hat diese Entscheidung für künftige Entscheidungen der Volksgerichte aller Stufen keine rechtliche Bindungswirkung. Die Frage zur Vereinheitlichung der Prüfungsmethoden der vertikalen Preisbindung bleibt weiterhin offen.

In der Praxis wird von den Antimonopolvollzugsorganen gemäß § 15 AMG bisher keine vertikale Preisbindung vom Verbot freigestellt. Durch die Entscheidung des Obersten Volksgerichts ist nun klarer, dass eine konkrete Wirtschaftsanalyse zur Auswirkung der Wettbewerbsbeschränkung bei Prüfung der „typischen" Monopolvereinbarung (einschließlich vertikaler Preisbindung) nicht erforderlich ist. Erforderlich ist diese Wirtschaftsanalyse dagegen bei Prüfung der „untypischen"

Monopolvereinbarung/Non-Preis-Vertriebsbindung (einschließlich etwa Gebietsbindung und Alleinvertriebsbindung). Allerdings wird bisher keine Non-Preis-Vertriebsbindung als verbotene vertikale „untypische“ Monopolvereinbarung festgestellt. Die Volksgerichte prüfen die Non-Preis-Vertriebsbindung im Sinne einer zivilrechtlichen Vertragsvereinbarung statt als wettbewerbsrechtliche Vereinbarung. Dagegen prüfen die Antimonopolvollzugsorgane die Non-Preis-Vertriebsbindung nur aus Sicht des Missbrauchs einer marktbeherrschenden Stellung.

Literaturverzeichnis

Abteilung für Marktregulierung bei der SVIH, Absatzmittler in der Praxis (经纪人实务), China Industry and Commerce Press (中国工商出版社), 2007.

Baumbach, Adolf/Hopt, Klaus Jürgen (Hrsg.), Handelsgesetzbuch, 40. Aufl., Verlag C. H. Beck, 2021.

Beijing Ruibang Yonghe Technology & Trade Co., Ltd. vs. Johnson & Johnson Medical (Shanghai) Ltd. and Johnson & Johnson Medical (China) Ltd. (dispute over vertical monopoly agreement) (北京锐邦涌和科贸有限公司诉强生（上海）医疗器材有限公司、强生（中国）医疗器材有限公司纵向垄断协议纠纷案), Gazette of the Supreme People's Court of the People's Republic of China, 2014(2), S. 42–48.

Büro des Obersten Volksgerichts für die Arbeit der Anleitung mit Fällen, Verständnis und Referenz des anleitenden Falls Nr. 1 „Fall der Maklervertragsstreitigkeit Shanghai Zhongyuan Immobilienberatungsgesellschaft mit beschränkter Haftung gegen TAO Dehua" (指导案例1号《上海中原物业顾问有限公司诉陶德华居间合同纠纷案》的理解与参照), People's Judicaure (Application), 2012(7), S. 30–32.

Cao, Yaping, Diskussion über die Haftung des Maklers (居间人损害赔偿责任探讨), Shandong Justice, 2006(3), S. 113–115.

Case of Dispute over Intermediary Contract: Li Yandong v. Shanghai Hanyu Real Estate Consultants Co., Ltd. (李彦东诉上海汉宇房地产顾问有限公司居间合同纠纷案), Gazette of the Supreme People's Court of the People's Republic of China, 2015(2), S. 46–48.

Case of Dispute over Mandate Contract: Shanghai Punch Trade Co., Ltd.v.Punch Industry Dalian Co., Ltd. (上海盘起贸易有限公司与盘起工业（大连）有限公司委托合同纠纷案), Gazette of the Supreme People's Court of the People's Republic of China, 2006(4), S. 30–35.

Chen, Fanhong, Alienation of Regulation: Research on the Imbalanced Configuration of Rights and Obligations in Commercial Franchise Agreements (管制的异化：商业特许经营合同权义配置失衡研究), Journal of CUPL, 2020(5), S. 83–101.

Chen, Jin, Die Entwicklung der Theorie des Rahmenvertrags im deutschen Recht und dessen Aufklärung (德国法上框架合同理论的演变及其启示), Political Science and Law, 2013(3), S. 125–136.

Chen, Su, Geschäftsbesorgungs-, Kommissions- und Maklervertrag (委托合同、行纪合同、居间合同), Law Press China (法律出版社), 1999.

Chen, Wenyue/Zhao, Jiangtao, Rechtsanwendung in Fällen von Außenhandelsagenturen (外贸代理案件中的法律适用问题), Journal of Law Application, 2006(3), S. 92–93.

Chen, Ziqiang, From the Laws of the EC and Germany Relating to Commercial Agency to the Laws of Our Handlungsagenten (从欧盟及德国代理商法看我国民法之代办商), Chengchi Law Review, 2010(2), S. 1–81.

Chongqing Zhengtong Pharmaceutical Co., Ltd. and the Trademark Review and Adjudication Board of the State Administration for Industry and Commerce v. Sichuan Huashu Veterinary Pharmaceutical Co., Ltd. (重庆正通药业有限公司、国家工商行政管理总局商标评审委员会与四川华蜀动物药业有限公司商标行政纠纷案), Gazette of the Supreme People's Court of the People's Republic of China, 2007(11), S. 24–31.

Cui, Jianyuan (Hrsg.), Vertragsrecht (合同法), 5. Aufl., Law Press China (法律出版社), 2010.

Cui, Jianyuan, Allgemeiner Teil des Vertragsrechts (合同法总论), 2. Aufl., China Renmin University Press (中国人民大学出版社), 2011.

Cui, Jianyuan/Han, Shiyuan/Yu, Min, Schuldverhältnis (债法), Tsinghua University Press (清华大学出版社), 2010.

Cui, Jianyuan/Long, Jun, Das „beliebige" Kündigungsrecht und dessen Einschränkungen beim Geschäftsbesorgungsvertrag (委托合同的任意解除权及其限制), Chinese Journal of Law, 2008(6). S. 73–86.

Dai, Bin/Zeng, Fanyu, Studie über zivilprozessrechtliche Fragen zur vertikalen Preismonopolvereinbarung – aus der Sicht des Falls Johnson & Johnson (纵向价格垄断协议民事诉讼法律问题研究—以强生案为视角展开), Journal of Law Application, 2016(3), S. 97–101.

Dai, Mengyong, Die Feststellung und Behandlung der Handlung vom Abschluss unter Umgehung des Maklers – Fokus auf Anleitenden Fall Nr. 1 (跳单行为的认定及处理—以"指导案例1号"为中心), Cross-Strait Law Review, 2012(12), S. 146–162.

Ding, Fengling/Fan, Jian, Research on the Concept of "Business" in China (中国商法语境下的"营业"概念考), Journal of National Prosecutors College, 2018(5), S. 138–151.

Ding, Yijie/Leibküchler, Peter/Klages, Nils/Pißler, Knut Benjamin, Zivilgesetzbuch der Volksrepublik China, ZChinR 2020, S. 207–217.

Du, Jinglin, Die Leistungsstörungen beim Kommissionverhältnis und die Rechtsbehelfe (行纪中的给付障碍和法律救济—兼论《合同法》相关规则的问题及解决), Science of Law, 2014(3), S. 86–91.

Emde, Raimond, Vertriebsrecht: §§ 84–92c HGB. Handelsvertreterrecht – Vertragshändlerrecht – Franchiserecht, 3. Aufl., De Gruyter, 2014.

Fan, Jian, Das deutsche Handelsvertreterrecht (德国代理商法律制度介评), Global Law Review, 1994(1), S. 43–53.

Fan, Jian, Handelsrecht (商法), 4. Aufl., Higher Education Press (高等教育出版社), 2011.

Fan, Jian, Rückblick und Überlegungen zum chinesischen Handelsrecht der vergangenen vierzig Jahre – 1978 bis 2018 (中国商法四十年1978–2018回顾与思考—中国特色市场经济主体与行为制度的形成与发展历程), Academic Forum, 2018(2), S. 26–35.

Fan, Jian/Li, Huan/Ding, Fengling, On the Reform of China's State – owned Enterprises against the Background of the Traditional "Official Business" System (试论传统"官商"体制镜鉴下的中国国有企业改革), Journal of Yangzhou University (Humanities and Social Sciences), 2018(6), S. 34–43.

Fan, Tao, General Principles of Commercial Law: An Ideal Choice of Chinese Commercial Legislation – Appendix: A Suggestion Draft of General Principles of Commercial Law of People's Republic of China (商法通则：中国商事立法的应然选择—附《中华人民共和国商法通则》建议稿), Journal of Henan University (Social Science), 2008(3), S. 14–24.

Fang, Xinjun, Retention or Abolition of Articles 402 and 403 of the Contract Law from the Perspective of the Codification of the Civil Law (民法典编纂视野下合同法第402条、第403条的存废), Chinese Journal of Law, 2019(1), S. 78–99.

Feng, Jiansheng, On the Typy Construction of Franchise Contracts from the Perspective of Civil Code Compilation (民法典编纂视角下商业特许经营合同的有名化), Studies in Law and Business, 2019(4), S. 14–26.

Flohr, Eckhard/Wauschkuhn, Ulf (Hrsg.), Vertriebsrecht: Handelsvertreterrecht, Vertragshändlerrecht, Franchiserecht, Kommissionsrecht, 2. Aufl., Verlag C. H. Beck, 2018.

Forschungsgruppe AGH, A Suggestion Draft of General Principles of Commercial Law of People's Republic of China (《中华人民共和国商事通则》建议稿), Commercial Law Review, 2011, S. 1–11.

Gao, Fuping, Zwei Fragen zur Kodifikation des Brokers (经纪人立法的两个原则问题), Brokerage, 2001(6), S. 74.

Gao, Fuping/Wang, Lianguo, Geschäftsbesorgungs-, Kommissions- und Maklervertrag (委托合同、行纪合同、居间合同), China Legal Publishing House (中国法制出版社), 1999.

Geng, Lin/Cui, Jianyuan, Wie der künftige Allgemeine Teil des Zivilgesetzbuchs die mittelbare Stellvertretung behandeln sollte (未来民法总则如何对待间接代理), Jilin University Journal Social Sciences Edition, 2016(3), S. 21–29.

Guan, Dedong, Geschäftsbesorgungs-, Kommissions- und Maklervertrag (委托合同、行纪合同、居间合同), China Democracy and Legal System Publishing House (中国民主法制出版社), 2003.

Guo, Yanfen/Liu, Yunsheng, On the Business Agent's Recourse of Goodwill Damage (论代理商的商誉补偿请求权), Hebei Law Science, 2007(8), S. 117–121.

Han, Shiyuan, Die Kündigung der Dauerschuldverhältnisse (继续性合同的解除—违约方解除抑或重大事由解除), Peking University Law Journal, 2020(1), S. 104–127.

Han, Shiyuan, Vertragsrecht (合同法总论), 4. Aufl., Law Press China (法律出版社), 2018.

Hao, Junqi, „Treffen" und „Umsetzen" bei der Prüfung der Voraussetzungen einer Monopolvereinbarung – Überlegung zur ersten Verwaltungsklage der vertikalen Preismonopolvereinbarung (垄断协议构成判定中的"达成"与"实施"—由首起纵向价格垄断协议行政处罚司法审查案引发的思考), Journal of Law Application, 2018(2), S. 34–40.

He, Qinhua/Li, Xiuqing/Chen, Yi (Hrsg.), Sammlung der ZGB-Entwürfe des neuen China (Updated Edition) (新中国民法典草案总览（增订本）续编), Peking University Press (北京大学出版社), 2020.

Hou, Guoyue/He, Jushi, Identification of Custom in Article 10 of Civil Code (我国《民法典》第10条中的"习惯"之识别), Journal of Gansu Political Science and Law Institute, 2021(2), S. 46–56.

Hou, Liyang, Localized Enforcement against Retail Price Maintenance: Conflictive Theories, Enforcement Diversity and Possible Solutions (转售价格维持的本土化探析：理论冲突、执法异化与路径选择), The Jurist, 2016(6), S. 70–82.

Hu, Kangsheng (Hrsg.), The Interpretation of the Contract Law of the People's Republic of China (中华人民共和国合同法释义), 3. Aufl., Law Press China (法律出版社), 2013.

Hu, Xiaojing, Die grundlegenden Fragen des Aufbaus des Systems handelsrechtlichen Subjekten in China – basiert auf dem deutschen HGB (构建我国商主体制度的基础性问题—以《德国商法典》为借鉴), Commercial Law Review, 2012(2), S. 3–19.

Hu, Yunteng (Hrsg.), The Court Reform and the Study of the Problem of Civil and Commercial Trial (法院改革与民商事审判问题研究), Volksgericht Verlag (人民法院出版社), 2018.

Jiang, Daxing, A Study on the Regulation of Commercial Legal Relation (商事关系法律调整之研究—类型化路径与法体系分工), China Legal Science, 2005(3), S. 98–107.

Jiang, Daxing, The Possible Space for the General Rules of Commercial Law/Commercial Code: Reanalysis on the Difference of Norm Content between Commercial Law and Civil Law (《商法通则》/《商法典》的可能空间? —再论商法与民法规范内容的差异性), Journal of Comparative Law, 2018(5), S. 44–70.

Jiang, Ping, Einige Ansichten zum Entwerfen eines chinesischen Zivilgesetzbuchs (关于制定民法典的几点意见), Science of Law, 1998(3), S. 3–5.

Jiang, Ping/Wang, Jiafu (Hrsg.), Wörterbuch des Zivil- und Handelsrechts (民商法学大辞书), Nanjing University Press (南京大学出版社), 1998.

Jiao, Haitao, The Regulation of Non-Price Vertical Restrains by Antimonopoly Law: Predicaments and Solutions (纵向非价格垄断协议的反垄断法规制：困境与出路), Modern Law Science, 2019(4), S. 123–139.

Jiayuan Company v. Sandery Company (家园公司诉森得瑞公司合同纠纷案), Gazette of the Supreme People's Court of the People's Republic of China, 2007(2), S. 39–42.

Jin, Zhenbao/Pißler, Knut Benjamin, Mitteilung des Obersten Volksgerichts zur Bekanntmachung der ersten Gruppe von anleitenden Fällen, ZChinR 2012, S. 35–51.

Lan, Lei, Assessing the Goodness of Argument for the Per Se Illegal Approach to RPM: Comments on the Antitrust Case between Hainan Price Bureau and Hainan Yutai Technology Feed Co., Ltd. (转售价格维持违法推定之论证优度评判—评海南省物价局与海南裕泰科技饲料有限公司行政处罚纠纷案), Competition Policy Research, 2018(4), S. 64–94.

Li, Jianwei, Forschung zu wichtigen Fragen der Gesetzgebung des Besonderen Teils des Vertragsrechts im Zivilgesetzbuch (我国民法典合同法编分则的重大立法问题研究), Political Science and Law, 2017(7), S. 14–24.

Li, Jinjuan, Der Franchisenehmer verkauft Produkte unter gefälschten eingetragenen Marken als wesentliche Vertragsverletzung (被特许人销售假冒注册商标的商品构成根本违约), People's Judicaure (Case), 2018(8), S. 79–81, 91.

Liang, Huixing, A Propositional Version with Reasons for Civil Code Draft of China – Contract Law I (中国民法典草案建议稿附理由—合同编上册), Law Press China (法律出版社), 2013.

Liang, Huixing, A Propositional Version with Reasons for Civil Code Draft of China – Contract Law II (中国民法典草案建议稿附理由—合同编下册), Law Press China (法律出版社), 2013.

Liang, Huixing, General Introduction to Civil Law (民法总论), 4. Aufl., Law Press China (法律出版社), 2011.

Liang, Huixing/Chen, Huabin, Sachenrecht (物权法), 6. Aufl., Law Press China (法律出版社), 2016.

Lin, Chenger, Einzelne Schuldverhältnisse des Zivilrechts (民法债编各论 中), Bd. 2, China Renmin University Press (中国人民大学出版社), 2007.

Lin, Huanmin, On the Necessity of Adding Commercial Franchise Contract into China's Civil Code and its Design Point (民法典合同编增设商业特许经营合同章的必要性及其制度要点), Journal of Beijing University of Aeronautics and Astronautics (Social Sciences Edition), 2019(2), S. 19–26, 51.

Lin, Ping, Über das Handelsvertreterrecht und die Verbesserung (论商事代理商制度与完善构想), Legal System and Society, 2015(25), S. 93–94.

Liu, Chengwei, A Study on the Necessity and Feasibility of Drafting "Contract Rescission by the Breaching Party" into the Civil Code (论违约方解除合同规则写入民法典之必要与可行), Journal of Cupl, 2020(3), S. 37–46.

Liu, Chengwei, Certainty Rule of Lost Profit due to Breach of Contract (违约可得利益损失的确定规则), Chinese Journal of Law, 2013(2), S. 84–101.

Liu, Jianmin, Forschung zu den gesetzlichen Regelungen des Vertragsverhältnisses zwischen Einzelhändler und Lieferanten (零供关系法律规制研究), Intellectual Property Publishing House (知识产权出版社), 2015.

Lu, Cong, Überlegungen zur Bildung eines einheitlichen Franchisevertrags mit mehreren Verträgen (数份合同形成统一的特许经营合同之考量), People's Judicature, 2020(5), S. 85–89.

Lü, Zhixing, Das System des Maklers im antiken China (我国古代居间制度及其借鉴), Contemporary Law Review, 2002(6), S. 155–157.

Ma, Yide, Wirksamkeit der AGB-Klauseln zu Haftungsausschluss und Haftungsbeschränkung (免除或限制责任格式条款的效力认定), Law Science, 2014(11), S. 146–153.

Mao, Haibo, Die Lösung der Probleme bei den Streitfällen über Immobilienmakler (司法对房地产居间纠纷案件相关困境的解决路径), Research on Rule of Law, 2013(4), S. 118–124.

Mao, Haibo/Lu, Jing, Die Wirksamkeit und der Interessenschutz der Alleinauftrag-Klausel im Maklervertrag (居间独家委托条款的效力及利益保护), People's Judicature (Case), 2013(22), S. 23–27.

Martinek, Madeleine, Gesetzgebungsgesetz der Volksrepublik China, ZChinR 2015, S. 259–284.

Martinek, Michael, Vertriebsrecht als Rechtsgebiet und Aufgabe – Zur Programmatik der neuen ZVertriebsR, ZVertriebsR, 2012(1), S. 2–16.

Martinek, Michael/Semler, Franz-Jörg/Flohr, Eckhard (Hrsg.), Handbuch des Vertriebsrechts, 4. Aufl., Verlag C. H. Beck, 2016.

Meng, Yanbei, Research on Analytical Framework of Prohibiting Abuse of Market Dominant Position – Taking Tetra Pak Case as a Sample (论禁止滥用市场支配地位行为的分析框架—以利乐反垄断案为例), Competition Policy Research, 2017(3), S. 5–12.

Miao, Yanbo, By Chinese Commercial Law General Rule Architecture – Attaching: People's Republic of China Commercial Law General Rule Draft Suggestion Manuscript (论中国"商法通则"的体系结构—附: 中华人民共和国商法通则草案建议稿), Dangdai Faxue Luntan, 2008(3), S. 16–26.

Miao, Yanbo, Über die Zukunft und Perspektiven des chinesischen Handelsrechts (论中国商法的未来及展望), Journal of Daqing Normal University, 2018(1), S. 56–70.

Oetker, Hartmut (Hrsg.), Handelsgesetzbuch, 7. Aufl., Verlag C. H. Beck, 2021.

Pißler, Knut Benjamin, Anleitungsansicht des Obersten Volksgerichts zu einigen Fragen der Behandlung von Streitfällen zu zivil- und handelsrechtlichen Verträgen in der gegenwärtigen Situation, ZChinR 2009, S. 296–303.

Pißler, Knut Benjamin, Mitteilung zur korrekten Anwendung der Erläuterungen des Obersten Volksgerichts zu einigen Fragen des „Vertragsgesetzes der Volksrepublik China" (Teil 2), ZChinR 2009, S. 294–295.

Qi, Muti, Die Grundlage des Vergütungsanspruchs im Maklervertrag (居间报酬请求权的法理依据), Law Science, 2018(7), S. 117–130.

Ren, Zhongxiu, Legislative Conception of the Rights and Obligations of Agents under the Perspective of Comparative Law (比较法视域下的代理商权利义务立法构想), On Economic Problems, 2016(9), S. 28–32.

Säcker, Franz Jürgen/Rixecker, Roland/Oetker, Hartmut/Limperg, Bettina (Hrsg.), Münchener Kommentar zum Bürgerlichen Gesetzbuch, Band 6, 8. Aufl., Verlag C. H. Beck, 2020.

Schmidt, Karsten (Hrsg.), Münchener Kommentar zum Handelsgesetzbuch, Band 1 Erstes Buch, 5. Aufl., Verlag C. H. Beck, 2021.

Schmidt, Karsten, Handelsrecht – Unternehmensrecht I, 6. Aufl., Carl Heymanns Verlag, 2014.

Shao, Wenlong, Die Feststellung und Haftung der Handlung des Abschlusses unter Umgehung des Maklers im Immobilienmaklervertrag (房地产买卖中"跳单"行为的司法认定及责任承担), People's Judicature (Case), 2012(2), S. 20–22.

Shi, Jianzhong/Hao, Junqi, Richtigkeit der Gesetzgebung über das Verbot der vertikalen Preisbindung und Verbesserungsvorschläge für die Durchsetzung (原则性禁止转售价格维持的立法正确性及其实施改进), Political Science and Law, 2017(11), S. 20–33.

Shi, Jiayou/Gao, Limei, The Defaulting Party's Right to Apply for Termination of the Contract: Controversy and Response (违约方申请解除合同权：争议与回应), Journal of Comparative Law, 2019(6), S. 36–52.

Shi, Shangkuan, Die Lehre der Einzelverträge des Schuldrechts (债法各论), Verlag der China Universität für Politikwissenschaft und Rechtswissenschaft (中国政法大学出版社), 2000.

Shi, Shaoxia, Die Formulierung der AGH ist eine Innovation des Rechtssystems und eine Notwendigkeit des Regierens der Marktbedürfnisse (制定《商法通则》是法制模式创新和市场法治需求), Journal of National Prosecutors College, 2018(3), S. 8–15.

Shi, Tiantao, Die Wiederentdeckung der Handelsbeziehungen und die Aufgabe des heutigen Handelsrechts (商事关系的重新发现与当今商法的使命), Tsinghua University Law Journal, 2017(6), S. 136–155.

Shi, Tiantao, Handelsrecht (商法学), 4. Aufl., Law Press China (法律出版社), 2010.

Shi, Tiantao, The Inheritance of the Concept of Merchants and the Dual Structure of the Commercial Subjects (商人概念的继受与商主体的二元结构), Tribune of Political Science and Law, 2018(3), S. 82–96.

Shui, Bing, Double Moral Hazard in Intermediation Contract (居间合同中的双边道德风险—以"跳单"现象为例), Law Science, 2011(11), S. 85–92.

Su, Hua, Antitrust Scrutiny of Distribution Practices (分销行为的反垄断规制), Law Press China (法律出版社), 2012.

Sui, Pengsheng, Das jederzeitige ordentliche Kündigungsrecht des Auftraggebers im Maklervertrag und der Abschluss unter Umgehung des Maklers (居间合同委托人的任意解除权及"跳单"—以最高人民法院《指导案例1号》为例), Jianghuai Tribune, 2012(4), S. 110–115, 164.

Tang, Wenping, Forschung der Mitursächlichkeit der Maklertätigkeit bei mehreren Maklern (多人居间行为共同原因性研究—从"指导案例1号"切入), Political Science and Law, 2012(12), S. 80–88.

Tang, Wenping, My Humble Opinion to the Legislation of the Contract of Civil Code (民法典合同编立法问题刍议), Law Science Magazine, 2018(4), S. 9–19.

Tang, Wenping, Von der Vertragsverletzung des Abschlusses unter Umgehung des Maklers bis zur Vergütung des Maklers (从"跳单"违约到居间报酬—"指导案例1号"评释), The Jurist, 2012(6), S. 107–125.

Von Strasser, Jingyi, Gesetz der Volksrepublik China gegen den unlauteren Wettbewerb, ZChinR 2020, S. 92–100.

Wan, Jiang, Regulation on Franchise Encroachment (窜货的法律规制), Peking University Law Journal, 2016(4), S. 1101–1119.

Wang, Chengfen, Rechtspraxis im Marketing (营销法规实务), Science Press (科学出版社), 2009.

Wang, Dongyi/Hei, Xiaobing, Zur Verbesserung des chinesischen Systems der Leitentscheidung (论我国案例指导制度的完善), Journal of Law Application, 2017(4), S. 30–33.

Wang, Jian, Forschung über die Feststellung einer Monopolvereinbarung und das Verhältnis mit dem Ausschluss oder der Beschränkung des Wettbewerbs (垄断协议认定与排除、限制竞争的关系研究), Law Science, 2014(3), S. 35–49.

Wang, Juan, Die Erkundungs- und Nachprüfungspflicht des Immobilienmaklers (房地产居间人之调查核实义务), People's Judicaure (Application), 2014(23), S. 84–87.

Wang, Liming, Die Kodifikation der ATZG unter dem Modell der Einheitskodifikation des Zivil- und Handelsrechts (民商合一体例下我国民法典总则的制定), Studies in Law and Business, 2015(4), S. 3–9.

Wang, Liming, Forschung über das Vertragsrecht (合同法研究), Bd. 3, 2. Aufl., China Renmin University Press (中国人民大学出版社), 2015.

Wang, Liming, Legislative Research on the Compilation of Contract of the Civil Code (民法分则合同编立法研究), China Legal Science, 2017(2), S. 25–47.

Wang, Liming, On Application for Discharge of Contract by Defaulting Party in Contract Deadlock (论合同僵局中违约方申请解约), Law Review, 2020(1), S. 26–38.

Wang, Wenyu, Lückenfüllung der untypischen handelsrechtlichen Verträge (非典型商业契约的漏洞填补—论任意规定与补充解释的择用), The Taiwan Law Review, 2009(1), S. 111–138.

Wang, Xiaoye, Anti-Monopoly Law (反垄断法), Law Press China (法律出版社), 2011.

Wang, Yuhong/Zhang, Xiaoling, Research on the System of Direct Intervention Right and Commissioner's Duty of Guarantee Performance in Commission Contract (行纪合同直接介入权制度与行纪人担保履行责任研究), Journal of Chang'an University (Social Science Edition), 2001(1), S. 60–62.

Wang, Zhengwu, Rehabilitation der Jingjiren (经纪人需要正名), Journal of Central University of Finance & Economics, 1993(7), S. 54–55.

Wen, Yajing, Über den Ausgleichsanspruch des Handelsvertreters (再论代理商求偿权), Legal System and Society, 2013(22), S. 277–278, 280.

Wersborg, Sarah, Bestimmungen des Obersten Volksgerichts zu einigen Fragen der Anwendung des Rechts in Verhandlungen wegen zivilrechtlicher Streitigkeiten aufgrund monopolisierender Verhaltensweisen, ZChinR 2012, S. 375–379.

Wu, Teng, „Beliebige" Kündigung und Haftung für Vertragsverletzung des Geschäftsbesorgungsvertrags (委托合同任意解除与违约责任), Modern Law Science, 2020(2), S. 62–77.

Wu, Yifeng, On the Ordinary Termination System of Indefinite Continuous Contract – Comments on the Provisions of Contract Law in Civil Code (Second Draft) (论不定期继续性合同随时终止制度—兼评《民法典合同编（二审稿）》的规定), Peking University Law Journal, 2019(2), S. 522–540.

Wu, Yiwen/Pan, Chongyang, Integration des Systems des Stellvertretungsrechts in den Kodifizierungsprozess des Zivilgesetzbuchs (民法典编纂中代理制度的体系整合), Zhejiang Social Sciences, 2016(10), S. 60–71.

Wuhan Municipal Coal Gas Corp. v. Chongqing Measuring Instrument Factory (武汉市煤气公司诉重庆检测仪表厂煤气表装配线技术转让合同、煤气表散件购销合同纠纷案), Gazette of the Supreme People's Court of the People's Republic of China, 1996(2), S. 63–65.

Xia, Xiaoxiong, Systematic Orientation and Normative Expression of Commercial Act: Reexamination of the Historical Dimension of Commercial Law (商行为的体系定位和结构转换—历史维度的再考察), Global Law Review, 2017(1), S. 49–63.

Xie, Xiaoyao, Zwischen Erfahrung und System – Eine Studie zur Rechtsprechung zum unlauteren Wettbewerb (在经验与制度之间—不正当竞争司法案例类型化研究), Law Press China (法律出版社), 2010.

Xu, Xirong, Gewerbe: das Rückgrat des Aufbaus des Handelsrechts (营业：商法建构之脊梁—域外立法及学说对中国的启示), Political Science and Law, 2012(11), S. 106–117.

Yao, Mingbin, Comments on Article 113 Paragraph 1 of the Contract Law (The Scope of Damages for Breach of Contract) (《合同法》第113条第1款（违约损害的赔偿范围）评注), The Jurist, 2020(3), S. 171–190.

Ye, Weiping, China's Choice of Analytical Models for its Anti-Monopoly Law (反垄断法分析模式的中国选择), Social Sciences in China, 2017(3), S. 96–115.

Yin, Tian, Offenkundigkeitsgrundsatz bei der zivilrechtlichen Stellvertretung und seine Entwicklung (民事代理之显名主义及其发展), Tsinghua Law Journal, 2010(4), S. 18–24

Zeng, Pinjie, Über die Verbotsklausel des Abschlusses unter Umgehung des Maklers im Maklerrecht (论居间法上之禁止跳单条款—从中国大陆最高人民法院指导案例1号谈起), Cross-Strait Law Review, 2012(12), S. 129–145.

Zhang, Bin (Hrsg.), Cases and Consideration of Foreign Trade Agency Contract Disputes (外贸代理合同纠纷—审理思路与疑难案例评析), Law Press China (法律出版社), 2014.

Zhang, Gu, Handelsrecht, dieser Einsiedlerkrebs – Über die Selbständigkeit des Handelsrechts und seine Merkmale (商法，这只寄居蟹—兼论商法的独立性及其特点), Tsinghua Forum of Rule of Law, 2005(2), S. 1–51.

Zhang, Minan, Handelsrecht (商事法学), Zhongshan Universität Verlag (中山大学出版社), 2002.

Zhang, Ning, Die Wirksamkeit der Verbotsklausel des Abschlusses unter Umgehung des Maklers und die Feststellung der Handlung des Abschlusses unter Umgehung des Maklers im Immobilienmaklervertrag (房屋买卖居间合同中规避"跳单"条款的效力和"跳单"行为的认定), Journal of Law Application, 2010(8), S. 68–70.

Zhang, Qian, Über die anleitenden Fälle (指导性案例的应然定位), People's Judicaure (Application), 2016(10), S. 56–61.

Zhang, Xuebing, The Rise and Fall of the "Crime of Illegal Speculation and Profiteering" in Contemporary Chinese History: As Seen from the Angle of Changes in the Economic System (当代中国史上"投机倒把罪"的兴废—以经济体制的变迁为视角), CPC History Studies, 2011(5), S. 35–46.

Zhang, Yan, Handelsrechtliches Stellvertretungsrecht (商事代理法), Volksgericht Verlag (人民法院出版社), 2000.

Zhang, Zhipo/Li, Xin, On Claim for Commission of Agent (论代理人的佣金请求权), Journal of Political Science and Law, 2005(6), S. 23–25.

Zhao, Lei/Xie, Jing, Studie zum Handelsrecht seit der Politik der Reform und Öffnung (改革开放以来商法学研究回顾、现状与展望), Journal of East China University of Political Science and Law, 2017(2), S. 106–116.

Zhao, Wanyi, The Independence of Commercial Law and the Independency of Commercial Adjudication (商法的独立性与商事审判的独立化), Science of Law (Journal of Northwest University of Political Science and Law), 2012(1), S. 54–64.

Zhao, Xudong, Aufbau der Struktur der Allgemeinen Grundsätze des Handelsrechts (我国《商法通则》体系的设计与建构), Journal of National Prosecutors College, 2018(3), S. 3–8.

Zheng, Shuguang/Hu, Xinjian, Über die Kodifikation des Handelsvertreterrechts in China (论我国代理商制度的立法构造), Journal of Ningbo University (Liberal arts edition), 2009(6), S. 119–125.

Zhou, Changyun, Discussion on the Outlet of State-owned Commercial "Three-level Wholesale" (国营商业"三级批发"的出路探讨), Research on Economics and Management, 1991(4), S. 55–57.

Zhou, Feng/Li, Xing, Forschung zu rechtlichen Fragen des Abschlusses unter Umgehung des Maklers bei Streitigkeiten über den Immobilienmaklervertrag (房屋买卖居间合同纠纷中"跳中介"现象的法律问题研究—以居间合同的信息匹配属性与复合型构造为视角展开), Journal of Law Application, 2011(10), S. 94–97.

Zhou, Jianghong, Schadensersatz wegen „beliebiger" Kündigung des Geschäftsbesorgungsvertrags (委托合同任意解除的损害赔偿), Chinese Journal of Law, 2017(3), S. 75–90.

Zhou, Jianghong, Understanding the Changes for the Intermediary Contract in the Civil Code of China (民法典中介合同的变革与理解—以委托合同与中介合同的参照适用关系为切入点), Journal of Comparative Law, 2021(2), S. 54–67.

Zhou, Linbin/Guan, Xinrong, General Principles of Commercial Law Theory and Practice Reconsidered: Applicable Law Perspective (我国商法总则理论与实践的再思考), Law Press China (法律出版社), 2015.

Zhu, Baoqin, Rechtspraxis im Marketing (营销法律实务), 2. Aufl., Publishing House of Electronics Industry (电子工业出版社), 2015.

Zhu, Guangxin, Expanding Classical Contracts within the Civil Code: A Systematic Thinking (民法典之典型合同类型扩增的体系性思考), SJTU Law Review, 2017(1), S. 102–113.

Zhu, Heliang, Regulierung und Entwicklung der Warenzirkulation in China (中国商品流通的规范与发展), Capital University of Economics and Business Press (首都经济贸易大学出版社), 2018.

Zhu, Peng, The Protection of Trade Secrets under the Non-compete Agreement: Collation and Research about 74 Judicial Documents from Non-compete Cases (竞业禁止协议之下企业商业秘密的保护—对74份竞业禁止案件司法文书的整理与研究), Journal of Southwest University of Political Science and Law, 2013(3), S. 43–48.

www.ingramcontent.com/pod-product-compliance
Ingram Content Group UK Ltd.
Pitfield, Milton Keynes, MK11 3LW, UK
UKHW021844290926
8980IPUK00005B/641

9 783631 887493